THE 51 BLESSED CLARETIAN MARTYRS OF BARBASTRO

51 Claretians, mostly seminarians,
were martyred in Barbastro,
Spain during the Spanish Civil War
and beatified by Pope John Paul II.
Numerous testimonies of the martyrs'
faith and courage were given by villagers
who saw them go to their death
forgiving their executioners.
With joy they gave their lives
for the glory of God
and the missionary work of the Church.
They were arrested, mistreated,
threatened and finally executed
without trial between
August 2nd and 18th 1936.

Prayer:

Jesus, Word of God
as the Claretian Martyrs of Barbastro
first answered the call to your mission,
then heroically welcomed death
in testimony of their faith,
strengthen us in our baptismal call
to live as believers
and unselfishly serve others.
Through the intercession
of these blessed martyrs,
grant what we petition
for the glory of God
and our salvation. Amen

Please notify the Claretian Missionaries of favors
granted.

Via Sacro Cuore di Maria, 5
00197 Roma

CODEX IURIS CANONICI

CODEX
IURIS CANONICI

AUCTORITATE
IOANNIS PAULI PP. II
PROMULGATUS

LIBRERIA EDITRICE VATICANA
M·DCCCC·LXXXIII

Editio impressa die XXV m. Ianuarii
a. MCMLXXXIII

Editio primum iterum impressa m. Februario
a. MCMLXXXIII

Editio secundum iterum impressa m. Februario
a. MCMLXXXIII

Volumen consutum et compactum: ISBN 88-209-1418-2.
Volumen charta spissiore contectum: ISBN 88-209-1419-0.

TYPIS OFFICINAE «ARTI GRAFICHE EDITORIALI S.R.L.», URBINI

IOANNES PAULUS EPISCOPUS

SERVUS SERVORUM DEI
AD PERPETUAM REI MEMORIAM

SACRAE DISCIPLINAE LEGES Catholica Ecclesia, procedente tempore, reformare ac renovare consuevit, ut, fidelitate erga Divinum Conditorem semper servata, eaedem cum salvifica missione ipsi concredita apte congruerent. Non alio ducti proposito Nos, exspectationem totius catholici orbis tandem explentes, hac die xxv mensis Ianuarii, anno MCMLXXXIII, Codicem Iuris Canonici recognitum foras dari iubemus. Quod dum facimus, ad eandem diem anni MCMLIX cogitatio Nostra convolat, qua Decessor Noster fel. rec. Ioannes XXIII primum publice nuntiavit captum ab se consilium reformandi vigens Corpus legum canonicarum, quod anno MCMXVII, in sollemnitate Pentecostes, fuerat promulgatum.

Quod quidem consilium Codicis renovandi una cum duobus aliis initum est, de quibus ille Pontifex eadem die est locutus, quae spectant ad voluntatem Synodum dioecesis Romanae celebrandi et Concilium Oecumenicum convocandi. Quorum eventuum, etsi prior non multum ad Codicis reformationem attineat, alter tamen, hoc est Concilium, maximi momenti est ad rem nostram quod spectat et cum eius substantia arcte coniungitur.

Quod si quaestio ponatur cur Ioannes XXIII necessitatem persenserit vigentis Codicis reformandi, responsio fortasse in eodem Codice, anno MCMXVII promulgato, invenitur. Attamen alia quoque responsio est, eademque praecipua: scilicet refor-

matio Codicis Iuris Canonici prorsus posci atque expeti vide-
batur ab ipso Concilio, quod in Ecclesiam maximopere considerationem suam converterat.

Ut omnino patet, cum primum de Codice recognoscendo nuntium datum est, Concilium negotium erat quod totum ad futu-
rum tempus pertinebat. Accedit quod eius magisterii acta ac
praesertim eius de Ecclesia doctrina annis MCMLXII-MCMLXV
perficienda erant; attamen animi perceptionem Ioannis XXIII
fuisse verissimam nemo non videt, eiusque consilium iure merito dicendum est in longinquum Ecclesiae bono prospexisse.

Quapropter novus Codex, qui hodie in publicum prodit,
praeviam Concilii operam necessario postulavit; et quamquam
una cum oecumenico illo coetu est praenuntiatus, tamen tempore eundem sequitur, quia labores, ad illum apparandum
suscepti, cum in Concilio niti deberent, nonnisi post idem
absolutum incipere potuerunt.

Mentem autem hodie convertentes ad exordium illius itine-
ris, hoc est ad diem illam XXV Ianuarii anno MCMLIX, atque ad
ipsum Ioannem XXIII, Codicis recognitionis initiatorem, fateri
debemus hunc Codicem ab uno eodemque proposito profluxisse,
rei christianae scilicet restaurandae; a quo quidem proposito
totum Concilii opus suas normas suumque ductum praesertim
accepit.

Quod si nunc considerationem intendimus ad naturam laborum, qui Codicis promulgationem praecesserunt, itemque ad
modum quo iidem confecti sunt, praesertim inter Pontificatus
Pauli VI et Ioannis Pauli I, ac deinceps usque ad praesentem diem, id claro in lumine ponatur omnino oportet, huiusmodi labores spiritu insigniter *collegiali* ad exitum esse per-
ductos; idque non solum respicit externam operis compositionem, verum etiam ipsam conditarum legum substantiam penitus afficit.

Haec vero nota collegialitatis, qua processus originis huius
Codicis eminenter distinguitur, cum magisterio et indole Con-

cilii Vaticani II plane congruit. Quare Codex non modo ob ea quae continet, sed etiam iam in suo ortu prae se fert afflatum huius Concilii, in cuius documentis Ecclesia, universale sacramentum salutis (cfr. Const. *Lumen gentium*, n. 9, 48), tamquam Populus Dei ostenditur eiusque hierarchica constitutio in Collegio Episcoporum una cum Capite suo nixa perhibetur.

Hac igitur de causa Episcopi et Episcopatus invitati sunt ad sociam operam praestandam in novo Codice apparando, ut per tam longum iter, ratione quantum fieri posset collegiali, paulatim formulae iuridicae maturescerent, quae, deinde, in usum universae Ecclesiae inservire deberent. Omnibus vero huius negotii temporibus labores participaverunt etiam *periti*, viri scilicet peculiari scientia praediti in theologica doctrina, in historia ac maxime in iure canonico, qui ex universis terrarum orbis regionibus sunt arcessiti.

Quibus singulis universis hodie gratissimi animi sensus ultro proferimus.

In primis ob oculos Nostros obversantur Cardinales vita functi, qui Commissioni praeparatoriae praefuerunt: Cardinalis Petrus Ciriaci, qui opus inchoavit, et Cardinalis Pericles Felici, qui complures per annos laborum iter moderatus est, fere usque ad metam. Cogitamus deinde Secretarios eiusdem Commissionis: Rev.mum D. Iacobum Violardo, postmodum Cardinalem, ac P. Raimundum Bidagor, Societatis Iesu sodalem, qui ambo in hoc munere explendo doctrinae ac sapientiae suae dona profuderunt. Simul cum illis recolimus Cardinales, Archiepiscopos, Episcopos, quotquot illius Commissionis membra fuerunt, necnon Consultores singulorum Coetuum a studiis hisce annis ad tam strenuum opus adhibitos, quos Deus interim ad aeterna praemia vocavit. Pro his omnibus suffragans precatio Nostra ad Deum ascendit.

Sed placet etiam commemorare viventes, in primisque hodiernum Commissionis Pro-Praesidem, nempe Venerabilem Fratrem Rosalium Castillo Lara, qui diutissime tanto muneri operam navavit egregiam; ac, post illum, dilectum filium Villelmum Onclin, sacerdotem, qui assidua diligentique cura ad felicem operis exitum valde contulit, ceterosque qui in eadem Commissione sive ut Sodales Cardinales, sive ut Officiales, Consultores Cooperatoresque in Coetibus a studiis vel in aliis Officiis, suas maximi pretii partes contulerunt, ad tantae molis tantaeque implicationis opus elaborandum atque perficiendum.

Codicem itaque hodie promulgantes, Nos plane conscii sumus hunc actum a Nostra quidem Pontificis auctoritate proficisci, ac proinde induere *naturam primatialem.* Attamen pariter conscii sumus hunc Codicem, ad materiam quod attinet, in se referre *collegialem sollicitudinem* de Ecclesia omnium Nostrorum in Episcopatu Fratrum; quinimmo, quasi ex quadam similitudine ipsius Concilii, idem Codex habendus est veluti fructus *collegialis cooperationis,* quae orta est ex expertorum hominum institutorumque viribus per universam Ecclesiam in unum coalescentibus.

Altera oritur quaestio, quidnam sit Codex Iuris Canonici. Cui interrogationi ut rite respondeatur, mente repetenda est longinqua illa hereditas iuris, quae in libris Veteris et Novi Testamenti continetur, ex qua tota traditio iuridica et legifera Ecclesiae, tamquam a suo primo fonte, originem ducit.

Christus enim Dominus uberrimam hereditatem Legis et Prophetarum, quae ex historia et experientia Populi Dei in Vetere Testamento paulatim creverat, minime destruxit, sed implevit (cfr. *Mt* 5, 17), ita ut ipsa novo et altiore modo ad hereditatem Novi Testamenti pertineret. Quamvis ergo Sanctus Paulus, mysterium paschale exponens, doceat iustificationem non ex legis operibus, sed ex fide dari (cfr. *Rm* 3, 28; cfr. *Gal* 2, 16), tamen nec vim obligantem Decalogi excludit (cfr. *Rm* 13, 8-10; cfr. *Gal* 5, 13-25; 6, 2), nec momentum disciplinae in Ecclesia Dei negat (cfr. *1 Cor,* cap. 5 et 6). Sic Novi Testamenti scripta sinunt, ut nos multo magis percipiamus hoc ipsum disciplinae momentum, utque melius intellegere valeamus vincula, quae illud arctiore modo coniungunt cum indole salvifica ipsius Evangelii nuntii.

Quae cum ita sint, satis apparet finem Codicis minime illum esse, ut in vita Ecclesiae vel christifidelium fides, gratia, charismata ac praesertim caritas substituantur. Ex contrario, Codex eo potius spectat, ut talem gignat ordinem in ecclesiali societate, qui, praecipuas tribuens partes amori, gratiae atque charismatibus, eodem tempore faciliorem reddat ordinatam eorum progressionem in vita sive ecclesialis societatis, sive etiam singulorum hominum, qui ad illam pertinent.

Codex, utpote cum sit primarium documentum legiferum Ecclesiae, innixum in hereditate iuridica et legifera Revelationis atque Traditionis, pernecessarium instrumentum censendum est, quo debitus servetur ordo tum in vita individuali atque sociali, tum in ipsa Ecclesiae navitate. Quare, praeter elementa fundamentalia structurae hierarchicae et organicae Ecclesiae a Divino Conditore statuta vel in apostolica aut ceteroqui in antiquissima traditione fundata, ac praeter praecipuas normas spectantes ad exercitium triplicis muneris ipsi Ecclesiae demandati, Codex quasdam etiam regulas atque agendi normas definiat oportet.

Instrumentum, quod Codex est, plane congruit cum natura Ecclesiae, qualis praesertim proponitur per magisterium Concilii Vaticani II in universum spectatum, peculiarique ratione per eius ecclesiologicam doctrinam. Immo, certo quodam modo, novus hic Codex concipi potest veluti magnus nisus transferendi in sermonem *canonisticum* hanc ipsam doctrinam, ecclesiologiam scilicet conciliarem. Quod si fieri nequit, ut imago Ecclesiae per doctrinam Concilii descripta perfecte in linguam *canonisticam* convertatur, nihilominus ad hanc ipsam imaginem semper Codex est referendus tamquam ad primarium exemplum, cuius lineamenta is in se, quantum fieri potest, suapte natura exprimere debet.

Inde nonnullae profluunt fundamentales normae, quibus totus regitur novus Codex, intra fines quidem materiae illi propriae, necnon ipsius linguae, quae cum ea materia cohaeret.

Quinimmo affirmari licet inde etiam proficisci notam illam, qua Codex habetur veluti complementum magisterii a Concilio Vaticano II propositi, peculiari modo quod attinet ad duas Constitutiones, dogmaticam nempe atque pastoralem.

Hinc sequitur, ut fundamentalis illa ratio *novitatis*, quae, a traditione legifera Ecclesiae numquam discedens, reperitur in Concilio Vaticano II, praesertim quod spectat ad eius ecclesiologicam doctrinam, efficiat etiam rationem *novitatis* in novo Codice.

Ex elementis autem, quae veram ac propriam Ecclesiae imaginem exprimunt, haec sunt praecipue recensenda: doctrina qua Ecclesia ut Populus Dei (cfr. Const. *Lumen gentium*, 2), et auctoritas hierarchica uti servitium proponitur (*ibid.*, 3); doctrina praeterea quae Ecclesiam uti *communionem* ostendit ac proinde mutuas statuit necessitudines quae inter Ecclesiam particularem et universalem, atque inter collegialitatem ac primatum intercedere debent; item doctrina qua omnia membra Populi Dei, modo sibi proprio, triplex Christi munus participant, sacerdotale scilicet propheticum atque regale, cui doctrinae ea etiam adnectitur, quae respicit officia ac iura christifidelium, ac nominatim laicorum; studium denique ab Ecclesia in oecumenismum impendendum.

Si igitur Concilium Vaticanum II ex Traditionis thesauro vetera et nova protulit, eiusque novitas hisce aliisque elementis continetur, manifesto patet Codicem eandem notam fidelitatis in novitate et novitatis in fidelitate in se recipere, eique conformari pro materia sibi propria suaque peculiari loquendi ratione.

Novus Codex Iuris Canonici eo tempore in lucem prodit, quo Episcopi totius Ecclesiae eius promulgationem non tantum postulant, verum etiam instanter vehementerque efflagitant.

Ac revera Codex Iuris Canonici Ecclesiae omnino necessarius est. Cum ad modum etiam socialis visibilisque compaginis sit constituta, ipsa normis indiget, ut eius hierarchica et organica structura adspectabilis fiat, ut exercitium munerum ipsi divinitus creditorum, sacrae praesertim potestatis et administrationis sacramentorum rite ordinetur, ut secundum iustitiam in caritate innixam mutuae christifidelium necessitudines componantur, singulorum iuribus in tuto positis atque definitis, ut denique communia incepta, quae ad christianam vitam perfectius usque vivendam suscipiuntur, per leges canonicas fulciantur, muniantur ac promoveantur.

Demum canonicae leges suapte natura observantiam exigunt; qua de causa quam maxima diligentia adhibita est, ut in diuturna Codicis praeparatione, accurata fieret normarum expressio eaedemque in solido iuridico, canonico ac theologico fundamento inniterentur.

Quibus omnibus consideratis, optandum sane est, ut nova canonica legislatio efficax instrumentum evadat, cuius ope Ecclesia valeat se ipsam perficere secundum Concilii Vaticani II spiritum, ac magis magisque parem se praebeat salutifero suo muneri in hoc mundo exsequendo.

Placet considerationes has Nostras fidenti animo omnibus committere, dum princeps legum ecclesiasticarum Corpus pro Ecclesia latina promulgamus.

Faxit ergo Deus, ut gaudium et pax cum iustitia et oboedientia hunc Codicem commendent, et quod iubetur a capite, servetur in corpore.

Itaque divinae gratiae auxilio freti, Beatorum Apostolorum Petri et Pauli auctoritate suffulti, certa scientia atque votis Episcoporum universi orbis adnuentes, qui nobiscum collegiali affectu adlaboraverunt, suprema qua pollemus auctoritate, Constitutione Nostra hac in posterum valitura, praesentem Codicem sic ut digestus et recognitus est, promulgamus, vim legis habere posthac pro universa Ecclesia latina iubemus ac omnium ad quos spectat custodiae ac vigilantiae tradimus servandum. Quo autem fidentius haec praescripta omnes probe percontari atque perspecte cognoscere valeant, antequam ad effectum adducantur, edicimus ac iubemus, ut ea vim obligandi sortiantur a die prima Adventus anni MCMLXXXIII. Non obstantibus quibuslibet ordinationibus, constitutionibus, privilegiis etiam speciali vel individua mentione dignis necnon consuetudinibus contrariis.

Omnes ergo filios dilectos hortamur, ut significata praecepta animo sincero ac propensa voluntate exsolvant, spe confisi fore ut Ecclesiae studiosa disciplina revirescat ac propterea animarum quoque salus magis magisque, auxiliatrice Beatissima Virgine Maria, Ecclesiae Matre, promoveatur.

Datum Romae, die xxv Ianuarii, anno MCMLXXXIII, apud Vaticanas aedes, Pontificatus Nostri quinto.

IOANNES PAULUS PP. II

PRAEFATIO

Inde a primaevae Ecclesiae temporibus mos fuit sacros canones in unum colligere, ut eorum scientia et usus et observantia faciliores evaderent, praesertim sacris ministris, quippe cum « nulli sacerdotum suos liceat canones ignorare », ut iam monuit Coelestinus Papa in epistola ad episcopos per Apuliam et Calabriam constitutos (die 21 iulii a. 429. Cfr. Jaffé² n. 371; Mansi IV, col. 469); quibus verbis consonat Concilium Toletanum IV (a. 633) quod, post restauratam disciplinam Ecclesiae in regno Visigothorum ab arianismo liberatae, praescripserat: « sciant sacerdotes scripturas sacras et canones » quia « ignorantia mater cunctorum errorum maxime in sacerdotibus Dei vitanda est » (can. 25: Mansi, X, col. 627).

Revera decursu decem primorum saeculorum passim prope innumerae effloruerunt ecclesiasticarum legum syllogae, privato potius consilio compositae, in quibus normae a Conciliis potissimum et a Romanis Pontificibus latae aliaeque e fontibus minoribus depromptae continebantur. Medio saeculo XII huiusmodi coacervatio collectionum et normarum, haud raro inter se pugnantium, item privato inceptu a monacho Gratiano in concordiam legum et collectionum redacta est. Quae concordia, postea Decretum Gratiani *nuncupata, primam constituit partem magnae illius collectionis legum Ecclesiae quae, capto exemplo a Corpore Iuris Civilis Iustiniani imperatoris,* Corpus Iuris Canonici *appellata est legesque continebat, quae duorum fere saeculorum tempore ab auctoritate suprema RR. Pontificum conditae sunt, adiuvantibus iuris canonici peritis, qui glossatores vocabantur. Quod Corpus, praeter Gratiani Decretum in quo normae superiores continebantur, constat* Libro Extra Gregorii IX, Libro VI° Bonifatii VIII, Clementinis *i.e. collectione Clementis V a Ioanne XXII promulgata, quibus accedunt huius Pontificis* Extravagantes et Extravagantes Communes *variorum RR. Pontificum Decretales numquam in collectionem authenticam collectae. Ius ecclesiasticum, quod hoc Corpus complectitur,* ius classicum *Ecclesiae catholicae constituit atque hoc nomine communiter appellatur.*

Huic autem Corpori iuris Ecclesiae Latinae respondet aliquo modo Syntagma Canonum *vel* Corpus canonum Orientale *Ecclesiae Graecae.*

Leges sequentes, praesertim tempore reformationis catholicae a Concilio Tridentino conditae atque a variis Curiae Romanae Dicasteriis posterius latae, numquam in unam syllogem digestae sunt; idque causa fuit cur legislatio extra Corpus Iuris Canonici vagans, procedente tempore, « immensum aliarum super alias coacervatarum legum cumulum » constitueret, in quo non solum inordinatio, verum etiam incertitudo cum inutilitate et lacunis plurimarum legum coniuncta effecerunt, ut ipsa disciplina Ecclesiae in periculum discrimenque in dies magis adduceretur.

Qua de causa iam tempore praeparationis Concilii Vaticani I a multis episcopis quaesitum erat, ut nova et unica legum collectio appararetur, ad curam pastoralem Populi Dei certiore tutioreque modo expediendam. Quod quidem opus, cum per actionem conciliarem ad effectum adduci non potuisset, Apostolica Sedes postea urgentioribus tantum rebus, quae ad disciplinam propius pertinere videbantur, nova legum ordinatione consuluit. Pius Papa X, denique, vix Pontificatu inito, negotium in se suscepit, cum sibi proposuisset omnes leges ecclesiasticas colligere et reformare, iussit ut opus, duce Cardinali Petro Gasparri, tandem ad effectum deduceretur.

In tam grandi tamque arduo opere peragendo in primis quaestio de forma interna et externa novae collectionis solvenda fuit. Seposito modo compilationis, quo singulae leges prolixo suo originario textu referri debuissent, visum est hodiernam codificationis rationem eligere, sicque textus praeceptum continentes et proponentes in novam ac breviorem formam redacti sunt; materia autem tota in quinque libris, qui systema institutionum iuris romani de personis, de rebus et de actionibus substantialiter imitantur, est ordinata. Opus duodecim annorum spatio peractum est, sociam ferentibus operam viris peritis, consultoribus et episcopis totius Ecclesiae. Indoles novi Codicis prooemio can. 6 clare enuntiatur: « Codex vigentem huc usque disciplinam plerumque retinet, licet opportunas immutationes afferat ». *Non agebatur ergo de iure novo condendo, sed praecipue de iure usque ad illud tempus vigente nova ratione ordinando. Pio X vita functo, haec collectio universalis, exclusiva, authentica ab eius successore Benedicto XV die 27 maii 1917 promulgata est, et a die 19 maii 1918 vim obligandi obtinuit.*

Ius universale huius Codicis Pio-Benedictini consensu omnium comprobatum est, idemque nostra aetate valde contulit ad pastorale munus efficaciter promovendum in tota Ecclesia, quae interim nova incrementa suscipiebat. Attamen, tum externae Ecclesiae condiciones in hoc mundo qui paucis decenniis tam celeres rerum vices ac tam graves morum immutationes expertus est, tum progredientes internae rationes communitatis ecclesiasticae, necessario effecerunt, ut nova legum canonicarum reformatio in dies magis urgeret atque expostularetur. Haec sane temporum signa clare perspexerat Summus Pontifex Ioannes XXIII, qui cum Synodi Romanae et Concilii Vaticani II primum nuntium dedit die 25 ianuarii 1959, simul etiam annuntiavit hos eventus necessario fore praeparationem ad exoptatam Codicis renovationem instituendam.

Re quidem vera, quamvis Commissio Codici Iuris Canonici recognoscendo die 28 martii 1963, incohato iam Concilio Oecumenico, constituta esset, Praeside Card. Petro Ciriaci et Secretario Rev.mo D. Jacobo Violardo, sodales Cardinales in coetu die 12 novembris eiusdem anni habito una cum Praeside convenerunt veros ac proprios recognitionis labores esse differendos, eosque nonnisi post absolutum Concilium incipere posse. Reformatio enim perficienda erat iuxta consilia et principia ab ipso Concilio statuenda. Interea Commissioni a Ioanne XXIII constitutae eius Successor Paulus VI die 17 aprilis 1964 septuaginta consultores adiunxit, ac postea alios sodales Cardinales nominavit et consultores e toto orbe arcessivit, ut in labore perficiendo operam suam navarent. Die 24 februarii 1965 Summus Pontifex Rev.mum P. Raymundum Bidagor S.J. novum Secretarium Commissionis nominavit, cum Rev.mus D. Violardo ad munus Secretarii Congregationis pro Disciplina Sacramentorum promotus esset, et die 17 novembris eiusdem anni

Rev.mum D. Guilelmum Onclin Secretarium Adiunctum Commissionis constituit. Card. Ciriaci vita functo, die 21 februarii 1967 novus Pro-Praeses nominatus est Archiepiscopus Pericles Felici, iam Secretarius Generalis Concilii Vaticani II, qui die 26 iunii eiusdem anni in Sacrum Cardinalium Collegium cooptatus est et deinceps munus Praesidis Commissionis suscepit. Cum autem Rev.mus P. Bidagor die 1 novembris 1973 annum octogesimum agens a munere Secretarii cessasset, die 12 februarii 1975 Exc.mus D. Rosalius Castillo Lara S.D.B., episcopus tit. Praecausensis et Coadiutor Truxillensis in Venetiola, novus Secretarius Commissionis renuntiatus est, idemque die 17 maii 1982, Cardinali Pericle Felici praemature e vivis erepto, Pro-Praeses Commissionis est constitutus.

Concilio Oecumenico Vaticano II iam ad finem vergente, coram Summo Pontifice Paulo VI die 20 novembris 1965 sollemnis Sessio habita est, cui Cardinales sodales, Secretarii, consultores et officiales Secretariae, interim constitutae, interfuerunt, ut publica inauguratio laborum Codici Iuris Canonici recognoscendo celebraretur. In allocutione Summi Pontificis quodammodo fundamenta totius laboris iacta sunt ac revera in memoria revocatur Ius Canonicum e natura Ecclesiae manare, eius radicem sitam in potestate iurisdictionis a Christo Ecclesiae tributa, necnon finem in cura animarum ad salutem aeternam consequendam esse ponendum; indoles praeterea iuris Ecclesiae illustratur, eius necessitas contra communiores obiectiones vindicatur, historia progressionis iuris et collectionum innuitur, praesertim autem urgens novae recognitionis necessitas in luce ponitur, ut Ecclesiae disciplina mutatis rerum condicionibus apte accommodetur.

Summus Pontifex insuper duo elementa Commissioni indicavit, quae universo labori praeesse deberent. Primum nempe non agebantur tantummodo de nova legum ordinatione, quemadmodum in elaborando Codice Pio-Benedictino factum erat, sed etiam ac praesertim de reformatione normarum novo mentis habitui novisque necessitatibus accommodanda, etsi ius vetus suppeditare fundamentum deberet. Accurate deinde prae oculis habenda erant in hoc recognitionis opere universa Decreta et Acta Concilii Vaticani II, cum in iis propria novationis le-

gislativae lineamenta invenirentur, sive quia normae fuerant editae, quae instituta nova et disciplinam ecclesiasticam directe respiciebant, sive etiam quia oportebat divitiae doctrinales huius Concilii, quae multum tribuerant pastorali vitae, etiam in canonica legislatione sua consectaria suumque necessarium complementum haberent.

Iteratis allocutionibus, praeceptis et consiliis etiam sequentibus annis duo praedicta elementa in mentem membrorum Commissionis revocata sunt a Summo Pontifice, qui quidem universum laborem altius dirigere atque assidue prosequi numquam cessavit.

Ut subcommissiones seu coetus a studiis opus modo organico aggredi possent, necesse erat ut ante omnia enuclearentur et approbarentur principia quaedam, quae universae Codicis recognitionis iter sequendum statuerent. Coetus quidam centralis consultorum textum documenti praeparavit, quod iussu Summi Pontificis mense octobri 1967 studio Coetus Generalis Synodi Episcoporum subiectum est. Unanimo fere consensu haec principia approbata sunt: 1°) In renovando iure indoles iuridica novi Codicis, quam postulat ipsa natura socialis Ecclesiae, omnino retinenda est. Quàre Codicis est normas praebere ut christifideles in vita christiana degenda bonorum ab Ecclesia oblatorum participes fiant, quae eos ad salutem aeternam ducant. Ideoque hunc ad finem Codex iura et obligationes uniuscuiusque erga alios et erga societatem ecclesiasticam definire atque tueri debet, quatenus ad Dei cultum et animarum salutem pertineant. 2°) Inter forum externum et forum internum, quod Ecclesiae proprium est et per saecula viguit, exsistat coordinatio, ita ut conflictus inter utrumque vitetur. 3°) Ad curam pastoralem animarum quam maxime fovendam, in novo iure, praeter virtutem iustitiae, ratio habeatur etiam caritatis, temperantiae, humanitatis, moderationis, quibus aequitati studeatur non solum in applicatione legum ab animarum pastoribus facienda, sed in ipsa legislatione, ac proinde normae nimis rigidae seponantur, immo ad exhortationes et suasiones potius recurratur, ubi non adsit necessitas stricti iuris servandi propter bonum publicum et disciplinam ecclesiasticam generalem. 4°) Ut Summus Legislator et Episcopi in cura animarum concordem operam praestent et pastorum munus modo magis positivo

*appareat, quae huc usque extraordinariae erant facultates circa di-
spensationem a legibus generalibus, ordinariae fiant, reservatis iis tantum Supremae potestati Ecclesiae universalis vel aliis auctoritatibus
superioribus, quae propter bonum commune exceptionem exigant.
5°) Probe attendatur ad principium, quod e superiore eruitur et principium subsidiarietatis vocatur, in Ecclesia eo vel magis applicandum,
quod officium episcoporum cum potestatibus adnexis est iuris divini.
Hoc principio, dum unitas legislativa et ius universale et generale servantur, convenientia etiam et necessitas propugnantur providendi utilitati praesertim singulorum institutorum per iura particularia et per
sanam autonomiam potestatis exsecutivae particularis illis agnitam.
Eodem igitur principio innixus, novus Codex sive iuribus particularibus sive potestati exsecutivae demandet, quae unitati disciplinae Ecclesiae universalis necessaria non sint, ita ut sanae sic dictae «decen-
tralizationi» opportune provideatur, remoto periculo disgregationis vel
constitutionis Ecclesiarum nationalium. 6°) Propter fundamentalem
aequalitatem omnium christifidelium et propter diversitatem officiorum
et munerum, in ipso ordine hierarchico Ecclesiae fundatam, expedit ut
iura personarum apte definiantur atque in tuto ponantur. Quod efficit,
ut exercitium potestatis clarius appareat veluti servitium, magis eius
usus firmetur, et abusus removeantur. 7°) Quae ut apte in praxim de-
ducantur, necesse est ut peculiaris cura tribuatur ordinandae procedu-
rae, quae ad iura subiectiva tuenda spectat. In novando igitur iure ad
ea attendatur quae hac in re hucusque magnopere desiderabantur, scilicet ad recursus administrativos et administrationem iustitiae. Ad haec
obtinenda, necesse est ut varia potestatis ecclesiasticae munera clare di-
stinguantur, videlicet munus legislativum, administrativum et iudiciale,
atque apte definiatur a quibusdam organis singula munera exercenda
sint. 8°) Aliquo modo recognoscendum est principium de conservanda
indole territoriali in exercitio regiminis ecclesiastici; rationes enim ho-
dierni apostolatus unitates iurisdictionales personales commendare viden-
tur. Principium igitur in iure novo condendo statuatur, quo portio
Populi Dei regendi ex regula generali territorio determinetur; sed
nihil impediat quominus, ubi utilitas id suadeat, aliae rationes, saltem*

una simul cum ratione territoriali admitti possint, tamquam criteria ad communitatem fidelium determinandam. 9°) Circa ius coactivum, cui Ecclesia tamquam societas externa, visibilis et independens renuntiare nequit, poenae sint generatim ferendae sententiae, et in solo foro externo irrogentur et remittantur. Poenae latae sententiae ad paucos casus reducantur, tantum contra gravissima delicta irrogandae. 10°) Denique, ut omnes unanimi admittunt, nova dispositio systematica Codicis, quam postulat nova accommodatio, inde ab initio adumbrari quidem, sed exacte definiri et decerni non potest. Eadem igitur peragenda erit tantum post sufficientem singularum partium recognitionem, immo postquam fere totum opus absolutum erit.

Ex his principiis, quibus novi Codicis recognitionis iter dirigi oportebat, manifesto patet necessitas applicandi passim doctrinam de Ecclesia a Concilio Vaticano II enucleatam, quippe quae statuat ut non solum ad externas ac sociales Corporis Christi Mystici rationes, verum etiam ac praecipue ad eius vitam intimam attendatur.

Ac re vera his principiis consultores in novo Codicis textu elaborando veluti manu ducti sunt.

Interea per epistulam, die 15 ianuarii 1966 ad Em.mo Cardinali Praeside Commissionis ad Praesides Conferentiarum Episcoporum missam, Episcopi universi orbis catholici rogati sunt ut vota et consilia proponerent de ipso iure condendo necnon de modo, quo relationes inter Conferentias episcoporum et Commissionem apte iniri oporteret, ad cooperationem quam maxime hac in re in bonum Ecclesiae obtinendam. Insuper quaesitum est, ut nomina iuris canonici peritorum ad Secretariam Commissionis mitterentur, qui de iudicio Episcoporum in singulis regionibus doctrina magis eminerent, indicata quoque eorundem speciali peritia, ita ut ex iis consultores et collaboratores seligi ac nominari possent. Revera initio ac decursu laborum, praeter Em.mos sodales inter consultores Commissionis episcopi, sacerdotes, religiosi, laici, iuris canonici necnon theologiae, curae pastoralis animarum et iuris civilis periti ex toto orbe christiano allecti sunt, ut operam suam conferrent ad novum Codicem Iuris canonici apparandum. Per totum laborum tempus apud Commissionem, ex quinque Continentibus ac ex

31 nationibus, uti sodales, consultores, aliique collaboratores, operam praestiterunt 105 Patres Cardinales, 77 archiepiscopi et episcopi, 73 presbyteri saeculares, 47 presbyteri religiosi, 3 religiosae, 12 laici.

Iam ante postremam Concilii Vaticani II sessionem, die 6 maii 1965 consultores Commissionis convocati sunt in privatam sessionem, in qua, de consensu Beatissimi Patris, Praeses Commissionis tres quaestiones fundamentales eorum studio commisit, quaesitum nempe est, utrum unus an duo Codices, Latinus scilicet et Orientalis, conficiendi essent; quinam ordo laborum in eo redigendo esset sequendus, seu quomodo Commissio eiusque organa procedere deberent; denique quomodo apta fieret divisio laboris variis subcommissionibus, quae simul agerent, committendi. De his quaestionibus a tribus coetibus ad id constitutis relationes confectae sunt, eaedemque ad omnes sodales sunt transmissae.

Circa easdem quaestiones Em.mi Commissionis sodales secundam suam sessionem celebraverunt die 25 novembris 1965, in qua rogati sunt, ut ad nonnulla dubia de hac re responderent.

Quoad ordinationem systematicam novi Codicis, ex voto coetus centralis consultorum, qui a die 3 ad diem 7 aprilis 1967 congregati sunt, principium de hac re redactum est Synodo Episcoporum proponendum. Post sessionem Synodi, opportunum visum est constituere, mense novembri 1967 specialem coetum consultorum, qui in studium ordinis systematici incumberent. In sessione huius coetus initio mensis aprilis 1968 habita, omnes concordes fuerunt de non recipiendis in novum Codicem nec legibus proprie liturgicis, nec normis circa processus beatificationis et canonizationis, et ne normis quidem circa relationes Ecclesiae ad extra. Placuit quoque omnibus quod in parte ubi de Populo Dei agitur, statutum personale omnium christifidelium poneretur et distincte tractaretur de potestatibus et facultatibus, quae exercitium diversorum officiorum et munerum respiciunt. Omnes denique convenerunt structuram librorum Codicis Pio- Benedictini in novo Codice integre servari non posse.

In tertia sessione Em.morum sodalium Commissionis die 28 maii 1968 habita, Patres Cardinales approbarunt, quoad substantiam, temporariam ordinationem, iuxta quam coetus studiorum, qui iam antea constituti erant, in novum ordinem sunt dispositi: « *De ordinatione systematica Codicis* », « *De normis generalibus* », « *De sacra Hierarchia* », « *De institutis perfectionis* », « *De laicis* », « *De personis physicis et moralibus in genere* », « *De matrimonio* », « *De sacramentis, excepto matrimonio* », « *De magisterio ecclesiastico* », « *De iure patrimoniali Ecclesiae* », « *De processibus* », « *De iure poenali* ».

Argumenta a coetu « *De personis physicis et iuridicis* » *(ita postea vocatus est) pertractata confluxerunt in Librum* « *De normis generalibus* ». *Item opportunum visum est constituere coetum* « *De locis et temporibus sacris deque cultu divino* ». *Ratione amplioris competentiae mutati sunt tituli aliorum coetuum: coetus* « *De laicis* » *nomen sumpsit* « *De fidelium iuribus et consociationibus deque laicis* »; *coetus* « *De religiosis* » *vocatus est* « *De institutis perfectionis* » *et denique* « *De institutis vitae consecratae per professionem consiliorum evangelicorum* ».

De methodo, quae in labore recognitionis plus quam 16 annos adhibita est, breviter memorandae sunt partes principaliores: consultores singulorum coetuum maxima cum animi deditione operam egregiam praestiterunt, solum ad Ecclesiae bonum spectantes, sive in praeparatione scripto facta votorum circa proprii schematis partes, sive in disceptatione perdurantibus sessionibus, quae statis temporibus Romae habebantur, sive in examine animadversionum, votorum et sententiarum quae de ipso schemate perveniebant ad Commissionem. Modus procedendi hic erat: singulis consultoribus, qui numero ab octo ad quattuordecim singulos coetus a studiis constituebant, argumentum significabatur quod, iure Codicis vigentis innixum, studio recognitionis subiciendum erat. Unusquisque, post examen quaestionum, votum suum scripto exaratum Secretariae Commissionis transmittebat eiusque exemplar relatori et, si tempus suppetebat, omnibus coetus membris tradebatur. In studii sessionibus, Romae iuxta calendarium laborum habendis, coctus consultores conveniebant et relatore proponente, omnes quaestiones et sententiae expendebantur, donec textus canonum etiam per partes suffragio declararetur et in schema redigeretur. In sessione relatori auxilium praestabat officialis, qui actuarii munere fungebatur.

Numerus sessionum pro unoquoque Coetu, secundum argumenta concreta, maior minorve erat, laboresque per annos protrahebantur.

Habebantur, praesertim tempore posteriore, quidam coetus mixti eo fine constituti, ut a quibusdam consultoribus, e diversis coetibus in unum convenientibus, argumenta disceptarentur, quae directe ad plures coetus spectabant et communi consilio decernerentur oportebat.

Postquam expleta est elaboratio nonnullorum schematum effecta a coetibus a studiis, concretae indicationes postulatae sunt a Supremo Legislatore circa subsequens iter in labore sequendum; quod quidem iter iuxta normas tunc impertitas hoc erat:

Schemata, una cum relatione explicativa, mittebantur ad Summum Pontificem, qui decernebat utrum ad consultationem procedendum esset. Post obtentam hanc permissionem, schemata typis edita submittebantur examini universi Episcopatus ceterorumque organorum consultationis (nempe Dicasteriorum Curiae Romanae, Universitatum et Facultatum ecclesiasticarum atque Unionis Superiorum Generalium), ut ipsa organa, intra tempus prudenter statutum — non minus quam sex menses — suam sententiam exprimendam curarent. Simul quoque schemata mittebantur ad Em.mos Commissionis sodales, ut inde ab hoc stadio laboris suas observationes sive generales sive particulares facerent.

En ordo quo schemata ad consultationem missa sunt: anno 1972: schema « De procedura administrativa »; anno 1973: « De sanctionibus in Ecclesia »; anno 1975: « De Sacramentis »; anno 1976: « De modo procedendi pro tutela iurium seu de processibus »; anno 1977: « De institutis vitae consecratae per professionem consiliorum evangelicorum »; « De normis generalibus »; « De Populo Dei »; « De Ecclesiae munere docendi »; « De locis et temporibus sacris deque cultu divino »; « De iure patrimoniali Ecclesiae ».

Procul dubio Codex Iuris Canonici recognitus apte apparari non potuisset sine inaestimabili et continua cooperatione, quam Commissioni contulerunt numerosae ac pervalidae animadversiones indolis praesertim pastoralis ab Episcopis et Conferentiis Episcoporum exhibitae. Episcopi enim plurimas scripto animadversiones fecerunt: sive generales quoad schemata in universum considerata, sive particulares quoad singulos canones.

Magna utilitate praeterea fuerunt etiam animadversiones, innixae in propria experientia circa gubernium Ecclesiae centrale, quas transmiserunt Sacrae Congregationes, Tribunalia aliaque Romanae Curiae Instituta, necnon scientificae atque technicae propositiones et suggestiones prolatae ab Universitatibus et Facultatibus ecclesiasticis ad diversas scholas ad diversasque cogitandi vias pertinentibus.

Studium, examen atque discussio collegialis omnium animadversionum generalium et particularium, quae ad Commissionem transmissae sunt, ponderosum sane immensumque laborem secum tulerunt, qui per septem annos est protractus. Secretariatus Commissionis ad amussim curavit ut ordinatim disponerentur atque in synthesim redigerentur omnes animadversiones, propositiones et suggestiones, quae, postquam consultoribus transmissae fuerant ut ab ipsis attente examinarentur, discussioni deinceps submittebantur in sessionibus collegialis laboris habendis a decem coetibus a studiis.

Nulla fuit animadversio, quae perpensa non esset maxima cum cura atque diligentia. Hoc factum est etiam cum de animadversionibus agebatur inter se contrariis (quod non raro evenit), prae oculis habendo non solum earum pondus sociologicum (nempe numerum organorum consultationis ac personarum quae ipsas proponebant), sed praesertim earum valorem doctrinalem ac pastoralem earundemque cohaerentiam cum doctrina et normis applicativis Concilii Vaticani II et cum Magisterio pontificio, itemque, ad rationem specifice technicam et scientificam quod attinet, necessariam ipsam congruitatem cum systemate iuridico canonico. Immo, quotiescumque de re dubia agebatur vel quaestiones peculiaris momenti agitabantur, tunc denuo postulabatur sententia Em.morum Commissionis sodalium in sessione plenaria coadunatorum. Aliis vero in casibus, attenta specifica materia de qua disceptabatur, consulebantur etiam Congregatio pro Doctrina Fidei aliaque Curiae Romanae Dicasteria. Multae denique correctiones et immutationes in canonibus priorum Schematum, petentibus aut suggeren-

tibus Episcopis ceterisque organis consultationum, introductae sunt, adeo ut nonnulla schemata evaserint penitus novata vel emendata.

Retractatis igitur omnibus schematibus, Secretaria Commissionis et consultores in ulteriorem eundemque ponderosum incubuerunt laborem. Agebatur enim de interna coordinatione omnium schematum curanda, de tuenda eorum uniformitate terminologica praesertim sub aspectu technico-iuridico, de redigendis canonibus in breves et concinnas formulas, ac denique de systematica ordinatione definitive statuenda, ita ut omnia et singula schemata, a distinctis coetibus parata, in unicum atque omni ex parte cohaerentem Codicem confluerent.

Nova ordinatio systematica, quae veluti sua sponte ex labore paulatim maturescente orta est, duobus principiis innititur, quorum alterum spectat ad fidelitatem erga generaliora principia iam pridem a coetu centrali statuta, alterum vero ad practicam utilitatem, ita ut novus Codex non solum a peritis, sed etiam a Pastoribus, immo et a christifidelibus omnibus facile intellegi atque in usu haberi possit.

Constat ergo novus Codex septem Libris, qui inscribuntur: De normis generalibus, De Populo Dei, De Ecclesiae munere docendi, De Ecclesiae munere sanctificandi, De bonis Ecclesiae temporalibus, De sanctionibus in Ecclesia, De processibus. *Quamvis ex differentia rubricarum quae singulis Libris veteris et novi Codicis praeponuntur, differentia quoque inter utrumque systema iam satis appareat, nihilominus multo magis ex partibus, sectionibus, titulis eorumque rubricis innovatio ordinis systematici manifesta fit. At pro certo habendum est novam ordinationem non solum materiae et indoli propriae iuris canonici magis quam veterem respondere, sed, quod maioris momenti est, magis etiam satisfacere ecclesiologiae Concilii Vaticani II iisque inde manantibus principiis quae iam initio recognitionis fuerint proposita.*

Schema totius Codicis, die 29 iunii 1980, in sollemnitate Beatorum Apostolorum Petri et Pauli, typis editum, Summo Pontifici oblatum est, qui iussit ut illud definitivi examinis et iudicii peragendi causa singulis Cardinalibus Commissionis membris mitteretur. Quo magis autem in luce poneretur participatio totius Ecclesiae in postremo quo-

que phasi laborum stadio, Summus Pontifex decrevit alios sodales: Cardinales et etiam Episcopos, ex universa Ecclesia selectos, Commissioni esse aggregandos — Episcoporum Conferentiis vel Consiliis aut Coetibus Episcoporum Conferentiarum proponentibus — atque ita eadem Commissio hac vice adaucta est ad nomerum 74 sodalium. Qui quidem, initio a. 1981, quam plurimas miserunt animadversiones, quae deinde a Secretaria Commissionis, operam navantibus consultoribus peculiari peritia praeditis in singulis materiis de quibus agebatur, accurato examini, diligenti studio et collegiali discussioni subiectae sunt. Synthesis omnium animadversionum una cum responsionibus a Secretaria et a consultoribus datis, mense augusto 1981 ad Commissionis membra transmissa est.

Sessio Plenaria, de mandato Summi Pontificis convocata, ut de toto novi Codicis textu deliberaret et suffragia definitiva ferret, a die 20 ad diem 28 octobris 1981 in Aula Synodi Episcoporum celebrata est, in eaque praesertim de sex quaestionibus maioris ponderis et momenti disceptatio instituta est, sed et de aliis etiam per petitionem decem saltem Patrum allatis. Dubio in fine Sessionis Plenariae proposito, utrumne Patribus placeret, ut post examinata in Plenaria Schema C. I. C. et emendationes iam inductas, idem Schema, introductis quae in Plenaria maioritatem obtinuerint, prae oculis quoque habitis aliis quae datae fuerint, animadversionibus, atque perpolitione facta quoad stilum et latinitatem (quae omnia Praesidi et Secretariae committuntur) dignum habeatur, quod Summo Pontifici, qui tempore et modo, quae sibi videantur, Codicem edat, quam primum praesentetur *Patres unanimo consensu reponderunt: placet.*

Textus integer Codicis hoc modo retractatus et approbatus, auctus canonibus schematis Legis Ecclesiae Fundamentalis, quos ratione materiae in Codicem inseri oportebat, atque etiam quoad latinitatem perpolitus, tandem rursus typis impressus est atque, ut iam ad promulgationem procedi posset, die 22 aprilis 1982 Summo Pontifici est traditus.

Summus Pontifex, autem, per Se ipsum, adiuvantibus quibusdam peritis auditoque Pro-Praeside Pontificiae Commissionis Codici Iuris canonici recognoscendo, huiusmodi novissimum Schema recognovit atque omnibus mature perpensis, decrevit novum Codicem promulgandum esse die 25 ianuarii 1983, anniversario scilicet primi nuntii, quem Papa Ioannes XXIII dedit de Codicis recognitione instituenda.

Cum autem Pontificia Commissio ad hoc constituta post viginti fere annos arduum sane munus sibi creditum feliciter absolverit, iam Pastoribus et christifidelibus praesto est ius novissimum Ecclesiae, quod simplicitate, perspicuitate, concinnitate ac veri iuris scientia non caret; insuper, cum sit a caritate, aequitate, humanitate non alienum, atque vero christiano spiritu plene perfusum, id ipsum externae et internae indoli Ecclesiae divinitus datae respondere studet simulque eius condicionibus ac necessitatibus in mundo huius temporis consulere exoptat. Quod si ob nimis celeres hodiernae humanae societatis immutationes, quaedam iam tempore iuris condendi minus perfecta evaserunt ac deinceps nova recognitione indigebunt, tanta virium ubertate Ecclesia pollet ut, haud secus ac praeteritis saeculis, valeat viam renovandi leges vitae suae rursus capessere. Nunc autem lex amplius ignorari nequit; Pastores securis potiuntur normis, quibus recte sacri ministerii exercitium dirigant; hinc unicuique copia datur iura et officia sibi propria cognoscendi, et arbitrio in agendo via praecluditur; abusus qui ob carentiam legum in disciplinam ecclesiasticam forte irrepserint, facilius exstirpari ac praepediri poterunt; universa denique apostolatus opera, instituta atque incepta profecto habent unde expedite progrediantur et promoveantur, quia sana ordinatio iuridica prorsus necessaria est ut ecclesiastica communitas vigeat, crescat, floreat. Quod faxit benignissimus Deus, Beatissima Virgine Maria, Ecclesiae Matre, eius Sponso S. Iosepho, Ecclesiae Patrono, SS. Petro et Paulo deprecatoribus.

CODEX IURIS CANONICI

LIBER I

DE NORMIS GENERALIBUS

Can. 1 – Canones huius Codicis unam Ecclesiam latinam respiciunt.

Can. 2 – Codex plerumque non definit ritus, qui in actionibus liturgicis celebrandis sunt servandi; quare leges liturgicae hucusque vigentes vim suam retinent, nisi earum aliqua Codicis canonibus sit contraria.

Can. 3 – Codicis canones initas ab Apostolica Sede cum nationibus aliisve societatibus politicis conventiones non abrogant neque iis derogant; eaedem idcirco perinde ac in praesens vigere pergent, contrariis huius Codicis praescriptis minime obstantibus.

Can. 4 – Iura quaesita, itemque privilegia quae, ab Apostolica Sede ad haec usque tempora personis sive physicis sive iuridicis concessa, in usu sunt nec revocata, integra manent, nisi huius Codicis canonibus expresse revocentur.

Can. 5 – § 1. Vigentes in praesens contra horum praescripta canonum consuetudines sive universales sive particulares, quae ipsis canonibus huius Codicis reprobantur, prorsus suppressae sunt, nec in posterum reviviscere sinantur; ceterae quoque suppressae habeantur, nisi expresse Codice aliud caveatur, aut centenariae sint vel immemorabiles, quae quidem, si de iudicio Ordinarii pro locorum ac personarum adiunctis submoveri nequeant, tolerari possunt.

§ 2. Consuetudines praeter ius hucusque vigentes, sive universales sive particulares, servantur.

Can. 6 – § 1. Hoc Codice vim obtinente, abrogantur:

1° Codex Iuris Canonici anno 1917 promulgatus;

2° aliae quoque leges, sive universales sive particulares, praescriptis huius Codicis contrariae, nisi de particularibus aliud expresse caveatur;

3° leges poenales quaelibet, sive universales sive particulares a Sede Apostolica latae, nisi in ipso hoc Codice recipiantur;

4° ceterae quoque leges disciplinares universales materiam respicientes, quae hoc Codice ex integro ordinatur.

§ 2. Canones huius Codicis, quatenus ius vetus referunt, aestimandi sunt ratione etiam canonicae traditionis habita.

TITULUS I

DE LEGIBUS ECCLESIASTICIS

Can. 7 – Lex instituitur cum promulgatur.

Can. 8 – § 1. Leges ecclesiasticae universales promulgantur per editionem in *Actorum Apostolicae Sedis commentario officiali,* nisi in casibus particularibus alius promulgandi modus fuerit praescriptus, et vim suam exserunt tantum expletis tribus mensibus a die qui *Actorum* numero appositus est, nisi ex natura rei illico ligent aut in ipsa lege brevior aut longior vacatio specialiter et expresse fuerit statuta.

§ 2. Leges particulares promulgantur modo a legislatore determinato et obligare incipiunt post mensem a die promulgationis, nisi alius terminus in ipsa lege statuatur.

Can. 9 – Leges respiciunt futura, non praeterita, nisi nominatim in eis de praeteritis caveatur.

Can. 10 – Irritantes aut inhabilitantes eae tantum leges habendae sunt, quibus actum esse nullum aut inhabilem esse personam expresse statuitur.

Can. 11 – Legibus mere ecclesiasticis tenentur baptizati in Ecclesia catholica vel in eandem recepti, quique sufficienti rationis usu gaudent et, nisi aliud iure expresse caveatur, septimum aetatis annum expleverunt.

Can. 12 – § 1. Legibus universalibus tenentur ubique terrarum omnes pro quibus latae sunt.

§ 2. A legibus autem universalibus, quae in certo territorio non vigent, eximuntur omnes qui in eo territorio actu versantur.

§ 3. Legibus conditis pro peculiari territorio ii subiciuntur pro quibus latae sunt, quique ibidem domicilium vel quasi-domicilium habent et simul actu commorantur, firmo praescripto can. 13.

Can. 13 – § 1. Leges particulares non praesumuntur personales, sed territoriales, nisi aliud constet.

§ 2. Peregrini non adstringuntur:

1° legibus particularibus sui territorii quamdiu ab eo absunt, nisi aut earum transgressio in proprio territorio noceat, aut leges sint personales;

2° neque legibus territorii in quo versantur, iis exceptis quae ordini publico consulunt, aut actuum sollemnia determinant, aut res immobiles in territorio sitas respiciunt.

§ 3. Vagi obligantur legibus tam universalibus quam particularibus quae vigent in loco in quo versantur.

Can. 14 – Leges, etiam irritantes et inhabilitantes, in dubio iuris non urgent; in dubio autem facti Ordinarii ab eis dispensare possunt, dummodo, si agatur de dispensatione reservata, concedi soleat ab auctoritate cui reservatur.

Can. 15 – § 1. Ignorantia vel error circa leges irritantes vel inhabilitantes earundem effectum non impediunt, nisi aliud expresse statuatur.

§ 2. Ignorantia vel error circa legem aut poenam aut circa factum proprium aut circa factum alienum notorium non praesumitur; circa factum alienum non notorium praesumitur, donec contrarium probetur.

Can. 16 – § 1. Leges authentice interpretatur legislator et is cui potestas authentice interpretandi fuerit ab eodem commissa.

§ 2. Interpretatio authentica per modum legis exhibita eandem vim habet ac lex ipsa et promulgari debet; si verba legis in se certa declaret tantum, valet retrorsum; si legem coarctet vel extendat aut dubiam explicet, non retrotrahitur.

§ 3. Interpretatio autem per modum sententiae iudicialis aut actus administrativi in re peculiari, vim legis non habet et ligat tantum personas atque afficit res pro quibus data est.

Can. 17 – Leges ecclesiasticae intellegendae sunt secundum propriam verborum significationem in textu et contextu consideratam; quae si dubia et obscura manserit, ad locos parallelos, si qui sint, ad legis finem ac circumstantias et ad mentem legislatoris est recurrendum.

Can. 18 – Leges quae poenam statuunt aut liberum iurium exercitium coarctant aut exceptionem a lege continent, strictae subsunt interpretationi.

Can. 19 – Si certa de re desit expressum legis sive universalis sive particularis praescriptum aut consuetudo, causa, nisi sit poenalis, dirimenda est attentis legibus latis in similibus, generalibus iuris principiis cum aequitate canonica servatis, iurisprudentia et praxi Curiae Romanae, communi constantique doctorum sententia.

Can. 20 – Lex posterior abrogat priorem aut eidem derogat, si id expresse edicat aut illi sit directe contraria, aut totam de integro ordinet legis prioris materiam; sed lex universalis minime derogat iuri particulari aut speciali, nisi aliud in iure expresse caveatur.

Can. 21 – In dubio revocatio legis praeexsistentis non praesumitur, sed leges posteriores ad priores trahendae sunt et his, quantum fieri potest, conciliandae.

Can. 22 – Leges civiles ad quas ius Ecclesiae remittit, in iure canonico iisdem cum effectibus serventur, quatenus iuri divino non sint contrariae et nisi aliud iure canonico caveatur.

TITULUS II
DE CONSUETUDINE

Can. 23 – Ea tantum consuetudo a communitate fidelium introducta vim legis habet, quae a legislatore approbata fuerit, ad normam canonum qui sequuntur.

Can. 24 – § 1. Nulla consuetudo vim legis obtinere potest, quae sit iuri divino contraria.

§ 2. Nec vim legis obtinere potest consuetudo contra aut praeter ius canonicum, nisi sit rationabilis; consuetudo autem quae in iure expresse reprobatur, non est rationabilis.

Can. 25 – Nulla consuetudo vim legis obtinet, nisi a communitate legis saltem recipiendae capaci cum animo iuris inducendi servata fuerit.

Can. 26 – Nisi a competenti legislatore specialiter fuerit probata, consuetudo vigenti iuri canonico contraria aut quae est praeter legem canonicam, vim legis obtinet tantum, si legitime per annos triginta continuos et completos servata fuerit; contra legem vero canonicam, quae clausulam contineat futuras consuetudines prohibentem, sola praevalere potest consuetudo centenaria aut immemorabilis.

Can. 27 – Consuetudo est optima legum interpres.

Can. 28 – Firmo praescripto can. 5, consuetudo, sive contra sive praeter legem, per contrariam consuetudinem aut legem revocatur; sed, nisi expressam de iis mentionem faciat, lex non revocat consuetudines centenarias aut immemorabiles, nec lex universalis consuetudines particulares.

TITULUS III
DE DECRETIS GENERALIBUS ET DE INSTRUCTIONIBUS

Can. 29 – Decreta generalia, quibus a legislatore competenti pro communitate legis recipiendae capaci communia feruntur praescripta, proprie sunt leges et reguntur praescriptis canonum de legibus.

Can. 30 – Qui potestate exsecutiva tantum gaudet, decretum generale, de quo in can. 29, ferre non valet, nisi in casibus particularibus ad normam iuris id ipsi a legislatore competenti expresse fuerit concessum et servatis condicionibus in actu concessionis statutis.

Can. 31 – § 1. Decreta generalia exsecutoria, quibus nempe pressius determinantur modi in lege applicanda servandi aut legum observantia urgetur, ferre valent, intra fines suae competentiae, qui potestate gaudent exsecutiva.

§ 2. Ad decretorum promulgationem et vacationem quod attinet, de quibus in § 1, serventur praescripta can. 8.

Can. 32 – Decreta generalia exsecutoria eos obligant qui tenentur legibus, quarum eadem decreta modos applicationis determinant aut observantiam urgent.

Can. 33 – § 1. Decreta generalia exsecutoria, etiamsi edantur in directoriis aliusve nominis documentis, non derogant legibus, et eorum praescripta quae legibus sint contraria omni vi carent.

§ 2. Eadem vim habere desinunt revocatione explicita aut implicita ab auctoritate competenti facta, necnon cessante lege ad cuius exsecutionem data sunt; non autem cessant resoluto iure statuentis, nisi contrarium expresse caveatur.

Can. 34 – § 1. Instructiones, quae nempe legum praescripta declarant atque rationes in iisdem exsequendis servandas evolvunt et determinant, ad usum eorum dantur quorum est curare ut leges exsecutioni mandentur, eosque in legum exsecutione obligant; eas legitime edunt, intra fines suae competentiae, qui potestate exsecutiva gaudent.

§ 2. Instructionum ordinationes legibus non derogant, et si quae cum legum praescriptis componi nequeant, omni vi carent.

§ 3. Vim habere desinunt instructiones non tantum revocatione explicita aut implicita auctoritatis competentis, quae eas edidit, eiusve superioris, sed etiam cessante lege ad quam declarandam vel exsecutioni mandandam datae sunt.

TITULUS IV
DE ACTIBUS ADMINISTRATIVIS SINGULARIBUS

CAPUT I
NORMAE COMMUNES

Can. 35 – Actus administrativus singularis, sive est decretum aut praeceptum sive est rescriptum, elici potest, intra fines suae competentiae, ab eo qui potestate exsecutiva gaudet, firmo praescripto can. 76, § 1.

Can. 36 – § 1. Actus administrativus intellegendus est secundum propriam verborum significationem et communem loquendi usum; in dubio, qui ad lites referuntur aut ad poenas comminandas infligendasve attinent aut personae iura coarctant aut iura aliis quaesita laedunt aut adversantur legi in commodum privatorum, strictae subsunt interpretationi; ceteri omnes, latae.

§ 2. Actus administrativus non debet ad alios casus praeter expressos extendi.

Can. 37 – Actus administrativus, qui forum externum respicit, scripto est consignandus; item, si fit in forma commissoria, actus huius exsecutionis.

Can. 38 – Actus administrativus, etiam si agatur de rescripto *Motu proprio* dato, effectu caret quatenus ius alteri quaesitum laedit aut legi consuetudinive probatae contrarius est, nisi auctoritas competens expresse clausulam derogatoriam addiderit.

Can. 39 – Condiciones in actu administrativo tunc tantum ad validitatem censentur adiectae, cum per particulas *si, nisi, dummodo* exprimuntur.

Can. 40 – Exsecutor alicuius actus administrativi invalide suo munere fungitur, antequam litteras receperit earumque authenticitatem et integritatem recognoverit, nisi praevia earundem notitia ad ipsum auctoritate eundem actum edentis transmissa fuerit.

Can. 41 – Exsecutor actus administrativi cui committitur merum exsecutionis ministerium, exsecutionem huius actus denegare non potest, nisi manifesto appareat eundem actum esse nullum aut alia ex gravi causa sustineri non posse aut condiciones in ipso actu administrativo appositas non esse adimpletas; si tamen actus administrativi exsecutio adiunctorum personae aut loci ratione videatur inopportuna, exsecutor exsecutionem intermittat; quibus in casibus statim certiorem faciat auctoritatem quae actum edidit.

Can. 42 – Exsecutór actus administrativi procedere debet ad mandati normam; si autem condiciones essentiales in litteris appositas non impleverit ac substantialem procedendi formam non servaverit, irrita est exsecutio.

Can. 43 – Actus administrativi exsecutor potest alium pro suo prudenti arbitrio sibi substituere, nisi substitutio prohibita fuerit, aut electa industria personae, aut substituti persona praefinita; hisce autem in casibus exsecutori licet alteri committere actus praeparatorios.

Can. 44 – Actus administrativus exsecutioni mandari potest etiam ab exsecutoris successore in officio, nisi fuerit electa industria personae.

Can. 45 – Exsecutori fas est, si quoquo modo in actus administrativi exsecutione erraverit, eundem actum iterum exsecutioni mandare.

Can. 46 – Actus administrativus non cessat resoluto iure statuentis, nisi aliud iure expresse caveatur.

Can. 47 – Revocatio actus administrativi per alium actum administrativum auctoritatis competentis effectum tantummodo obtinet a momento, quo legitime notificatur personae pro qua datus est.

Caput II
DE DECRETIS ET PRAECEPTIS SINGULARIBUS

Can. 48 – Decretum singulare intellegitur actus administrativus a competenti auctoritate exsecutiva editus, quo secundum iuris normas pro casu particulari datur decisio aut fit provisio, quae natura sua petitionem ab aliquo factam non supponunt.

Can. 49 – Praeceptum singulare est decretum quo personae aut personis determinatis aliquid faciendum aut omittendum directe et legitime imponitur, praesertim ad legis observantiam urgendam.

Can. 50 – Antequam decretum singulare ferat, auctoritas necessarias notitias et probationes exquirat, atque, quantum fieri potest, eos audiat quorum iura laedi possint.

Can. 51 – Decretum scripto feratur expressis, saltem summarie, si agatur de decisione, motivis.

Can. 52 – Decretum singulare vim habet tantum quoad res de quibus decernit et pro personis quibus datum est; eas vero ubique obligat, nisi aliud constet.

Can. 53 – Si decreta inter se sint contraria, peculiare, in iis quae peculiariter exprimuntur, praevalet generali ; si aeque sint peculiaria aut generalia, posterius tempore obrogat priori, quatenus ei contrarium est.

Can. 54 – § 1. Decretum singulare, cuius applicatio committitur exsecutori, effectum habet a momento exsecutionis ; secus a momento quo personae auctoritate ipsius decernentis intimatur.

§ 2. Decretum singulare, ut urgeri possit, legitimo documento ad normam iuris intimandum est.

Can. 55 – Firmo praescripto cann. 37 et 51, cum gravissima ratio obstet ne scriptus decreti textus tradatur, decretum intimatum habetur si ei, cui destinatur, coram notario vel duobus testibus legatur, actis redactis, ab omnibus praesentibus subscribendis.

Can. 56 – Decretum pro intimato habetur, si is cui destinatur, rite vocatus ad decretum accipiendum vel audiendum, sine iusta causa non comparuerit vel subscribere recusaverit.

Can. 57 – § 1. Quoties lex iubeat decretum ferri vel ab eo, cuius interest, petitio vel recursus ad decretum obtinendum legitime proponatur, auctoritas competens intra tres menses a recepta petitione vel recursu provideat, nisi alius terminus lege praescribatur.

§ 2. Hoc termino transacto, si decretum nondum datum fuerit, responsum praesumitur negativum, ad propositionem ulterioris recursus quod attinet.

§ 3. Responsum negativum praesumptum non eximit competentem auctoritatem ab obligatione decretum ferendi, immo et damnum forte illatum, ad normam can. 128, reparandi.

Can. 58 – § 1. Decretum singulare vim habere desinit legitima revocatione ab auctoritate competenti facta necnon cessante lege ad cuius exsecutionem datum est.

§ 2. Praeceptum singulare, legitimo documento non impositum, cessat resoluto iure praecipientis.

Caput III

DE RESCRIPTIS

Can. 59 – § 1. Rescriptum intellegitur actus administrativus a competenti auctoritate exsecutiva in scriptis elicitus, quo suapte natura, ad petitionem alicuius, conceditur privilegium, dispensatio aliave gratia.

§ 2. Quae de rescriptis statuuntur praescripta, etiam de licentiae concessione necnon de concessionibus gratiarum vivae vocis oraculo valent, nisi aliud constet.

Can. 60 – Rescriptum quodlibet impetrari potest ab omnibus qui expresse non prohibentur.

Can. 61 – Nisi aliud constet, rescriptum impetrari potest pro alio, etiam praeter eius assensum, et valet ante eiusdem acceptationem, salvis clausulis contrariis.

Can. 62 – Rescriptum in quo nullus datur exsecutor, effectum habet a momento quo datae sunt litterae; cetera, a momento exsecutionis.

Can. 63 – § 1. Validitati rescripti obstat subreptio seu reticentia veri, si in precibus expressa non fuerint quae secundum legem, stilum et praxim canonicam ad validitatem sunt exprimenda, nisi agatur de rescripto gratiae, quod *Motu proprio* datum sit.

§ 2. Item validitati rescripti obstat obreptio seu expositio falsi, si ne una quidem causa motiva proposita sit vera.

§ 3. Causa motiva in rescriptis quorum nullus est exsecutor, vera sit oportet tempore quo rescriptum datum est; in ceteris, tempore exsecutionis.

Can. 64 – Salvo iure Paenitentiariae pro foro interno, gratia a quovis dicasterio Romanae Curiae denegata, valide ab alio eiusdem Curiae dicasterio aliave competenti auctoritate infra Romanum Pontificem concedi nequit, sine assensu dicasterii quocum agi coeptum est.

Can. 65 – § 1. Salvis praescriptis §§ 2 et 3, nemo gratiam a proprio Ordinario denegatam ab alio Ordinario petat, nisi facta denegationis mentione; facta autem mentione, Ordinarius gratiam ne concedat, nisi habitis a priore Ordinario denegationis rationibus.

§ 2. Gratia a Vicario generali vel a Vicario episcopali denegata, ab alio Vicario eiusdem Episcopi, etiam habitis a Vicario denegante denegationis rationibus, valide concedi nequit.

§ 3. Gratia a Vicario generali vel a Vicario episcopali denegata et postea, nulla facta huius denegationis mentione, ab Episcopo dioecesano impetrata, invalida est; gratia autem ab Episcopo dioecesano denegata nequit valide, etiam facta denegationis mentione, ab eius Vicario generali vel Vicario episcopali, non consentiente Episcopo, impetrari.

Can. 66 – Rescriptum non fit irritum ob errorem in nomine personae cui datur vel a qua editur, aut loci in quo ipsa residet, aut rei de qua agitur, dummodo iudicio Ordinarii nulla sit de ipsa persona vel de re dubitatio.

Can. 67 – § 1. Si contingat ut de una eademque re duo rescripta inter se contraria impetrentur, peculiare, in iis quae peculiariter exprimuntur, praevalet generali.

§ 2. Si sint aeque peculiaria aut generalia, prius tempore praevalet posteriori, nisi in altero fiat mentio expressa de priore, aut nisi prior impetrator dolo vel notabili neglegentia sua rescripto usus non fuerit.

§ 3. In dubio num rescriptum irritum sit necne, recurratur ad rescribentem.

Can. 68 – Rescriptum Sedis Apostolicae in quo nullus datur exsecutor, tunc tantum debet Ordinario impetrantis praesentari, cum id in iisdem litteris praecipitur, aut de rebus agitur publicis, aut comprobari condiciones oportet.

Can. 69 – Rescriptum, cuius praesentationi nullum est definitum tempus, potest exsecutori exhiberi quovis tempore, modo absit fraus et dolus.

Can. 70 – Si in rescripto ipsa concessio exsecutori committatur, ipsius est pro suo prudenti arbitrio et conscientia gratiam concedere vel denegare.

Can. 71 – Nemo uti tenetur rescripto in sui dumtaxat favorem concesso, nisi aliunde obligatione canonica ad hoc teneatur.

Can. 72 – Rescripta ab Apostolica Sede concessa, quae exspiraverint, ab Episcopo dioecesano iusta de causa semel prorogari possunt, non tamen ultra tres menses.

Can. 73 – Per legem contrariam nulla rescripta revocantur, nisi aliud in ipsa lege caveatur.

Can. 74 – Quamvis gratia oretenus sibi concessa quis in foro interno uti possit, tenetur illam pro foro externo probare, quoties id legitime ab eo petatur.

Can. 75 – Si rescriptum contineat privilegium vel dispensationem, serventur insuper praescripta canonum qui sequuntur.

Caput IV

DE PRIVILEGIIS

Can. 76 – § 1. Privilegium, seu gratia in favorem certarum personarum sive physicarum sive iuridicarum per peculiarem actum facta, concedi potest a legislatore nècnon ab auctoritate exsecutiva cui legislator hanc potestatem concesserit.

§ 2. Possessio centenaria vel immemorabilis praesumptionem inducit concessi privilegii.

Can. 77 – Privilegium interpretandum est ad normam can. 36, § 1; sed ea semper adhibenda est interpretatio, qua privilegio aucti aliquam revera gratiam consequantur.

Can. 78 – § 1. Privilegium praesumitúr perpetuum, nisi contrarium probetur.

§ 2. Privilegium personale, quod scilicet personam sequitur, cum ipsa extinguitur.

§ 3. Privilegium reale cessat per absolutum rei vel loci interitum; privilegium vero locale, si locus intra quinquaginta annos restituatur, reviviscit.

Can. 79 – Privilegium cessat per revocationem competentis auctoritatis ad normam can. 47, firmo praescripto can. 46.

Can. 80 – § 1. Nullum privilegium per renuntiationem cessat, nisi haec a competenti auctoritate fuerit acceptata.

§ 2. Privilegio in sui dumtaxat favorem concesso quaevis persona physica renuntiare potest.

§ 3. Privilegio concesso alicui personae iuridicae, aut ratione dignitatis loci vel rei, singulae personae renuntiare nequeunt; nec ipsi personae iuridicae integrum est privilegio sibi concesso renuntiare, si renuntiatio cedat in Ecclesiae aliorumve praeiudicium.

Can. 81 – Resoluto iure concedentis, privilegium non extinguitur, nisi datum fuerit cum clausula *ad beneplacitum nostrum* vel alia aequipollenti.

Can. 82 – Per non usum vel per usum contrarium privilegium aliis haud onerosum non cessat; quod vero in aliorum gravamen cedit, amittitur, si accedat legitima praescriptio.

Can. 83 – § 1. Cessat privilegium elapso tempore vel expleto numero casuum pro quibus concessum fuit, firmo praescripto can. 142, § 2.

§ 2. Cessat quoque, si temporis progressu rerum adiuncta ita iudicio auctoritatis competentis immutata sint, ut noxium evaserit aut eius
usus illicitus fiat.

Can. 84 – Qui abutitur potestate sibi ex privilegio data, privilegio
ipso privari meretur; quare, Ordinarius, frustra monito privilegiario,
graviter abutentem privet privilegio quod ipse concessit; quod si privilegium concessum fuerit ab Apostolica Sede, eandem Ordinarius certiorem facere tenetur.

Caput V
DE DISPENSATIONIBUS

Can. 85 – Dispensatio, seu legis mere ecclesiasticae in casu particulari relaxatio, concedi potest ab iis qui potestate gaudent exsecutiva intra limites suae competentiae, necnon ab illis quibus potestas
dispensandi explicite vel implicite competit sive ipso iure sive vi legitimae delegationis.

Can. 86 – Dispensationi obnoxiae non sunt leges quatenus ea defi-
niunt, quae institutorum aut actuum iuridicorum essentialiter sunt con-
stitutiva.

Can. 87 – § 1. Episcopus dioecesanus fideles, quoties id ad eorundem spirituale bonum conferre iudicet, dispensare valet in legibus
disciplinaribus tam universalibus quam particularibus pro suo territorio vel suis subditis a suprema Ecclesiae auctoritate latis, non tamen
in legibus processualibus aut poenalibus, nec in iis quarum dispensatio
Apostolicae Sedi aliive auctoritati specialiter reservatur.

§ 2. Si difficilis sit recursus ad Sanctam Sedem et simul in mora
sit periculum gravis damni, Ordinarius quicumque dispensare valet in
iisdem legibus, etiam si dispensatio reservatur Sanctae Sedi, dummodo
agatur de dispensatione quam ipsa in iisdem adiunctis concedere solet,
firmo praescripto can. 291.

Can. 88 – Ordinarius loci in legibus dioecesanis atque, quoties id
ad fidelium bonum conferre iudicet, in legibus a Concilio plenario
vel provinciali aut ab Episcoporum conferentia latis dispensare valet.

Can. 89 – Parochus aliique presbyteri aut diaconi a lege universali et particulari dispensare non valent, nisi haec potestas ipsis expresse
concessa sit.

Can. 90 – § 1. A lege ecclesiastica ne dispensetur sine iusta et rationabili causa, habita ratione adiunctorum casus et gravitatis legis
a qua dispensatur; alias dispensatio illicita est et, nisi ab ipso legislatore eiusve superiore data sit, etiam invalida.

§ 2. Dispensatio in dubio de sufficientia causae valide et licite conceditur.

Can. 91 – Qui gaudet potestate dispensandi eam exercere valet, etiam extra territorium exsistens, in subditos, licet e territorio absentes, atque, nisi contrarium expresse statuatur, in peregrinos quoque in territorio actu degentes, necnon erga seipsum.

Can. 92 – Strictae subest interpretationi non solum dispensatio ad normam can. 36, § 1, sed ipsamet potestas dispensandi ad certum casum concessa.

Can. 93 – Dispensatio quae tractum habet successivum cessat iisdem modis quibus privilegium, necnon certa ac totali cessatione causae motivae.

TITULUS V
DE STATUTIS ET ORDINIBUS

Can. 94 – § 1. Statuta, sensu proprio, sunt ordinationes quae in universitatibus sive personarum sive rerum ad normam iuris conduntur, et quibus definiuntur earundem finis, constitutio, regimen atque agendi rationes.

§ 2. Statutis universitatis personarum obligantur solae personae quae legitime eiusdem membra sunt; statutis rerum universitatis, ii qui eiusdem moderamen curant.

§ 3. Quae statutorum praescripta vi potestatis legislativae condita et promulgata sunt, reguntur praescriptis canonum de legibus.

Can. 95 – § 1. Ordines sunt regulae seu normae quae servari debent in personarum conventibus, sive ab auctoritate ecclesiastica indictis sive a christifidelibus libere convocatis, necnon aliis in celebrationibus, et quibus definiuntur quae ad constitutionem, moderamen et rerum agendarum rationes pertinent.

§ 2. In conventibus celebrationibusve, ii regulis ordinis tenentur, qui in iisdem partem habent.

TITULUS VI
DE PERSONIS PHYSICIS ET IURIDICIS

Caput I
DE PERSONARUM PHYSICARUM CONDICIONE CANONICA

Can. 96 – Baptismo homo Ecclesiae Christi incorporatur et in eadem constituitur persona, cum officiis et iuribus quae christianis, attenta quidem eorum condicione, sunt propria, quatenus in ecclesiastica sunt communione et nisi obstet lata legitime sanctio.

Can. 97 – § 1. Persona quae duodevigesimum aetatis annum explevit, maior est; infra hanc aetatem, minor.

§ 2. Minor, ante plenum septennium, dicitur infans et censetur non sui compos, expleto autem septennio, usum rationis habere praesumitur.

Can. 98 – § 1. Persona maior plenum habet suorum iurium exercitium.

§ 2. Persona minor in exercitio suorum iurium potestati obnoxia manet parentum vel tutorum, iis exceptis in quibus minores lege divina aut iure canonico ab eorum potestate exempti sunt; ad constitutionem tutorum eorumque potestatem quod attinet, serventur praescripta iuris civilis, nisi iure canonico aliud caveatur, aut Episcopus dioecesanus in certis casibus iusta de causa per nominationem alius tutoris providendum aestimaverit.

Can. 99 – Quicumque usu rationis habitu caret, censetur non sui compos et infantibus assimilatur.

Can. 100 – Persona dicitur : *incola,* in loco ubi est eius'domicilium ; *advena,* in loco ubi quasi-domicilium habet; *peregrinus,* si versetur extra domicilium et quasi-domicilium quod adhuc retinet; *vagus,* si nullibi domicilium habeat vel quasi-domicilium.

Can. 101 – § 1. Locus originis filii, etiam neophyti, est ille in quo cum filius natus est, domicilium, aut, eo deficiente, quasi-domicilium habuerunt parentes vel, si parentes non habuerint idem domicilium vel quasi-domicilium, mater.

§ 2. Si agatur de filio vagorum, locus originis est ipsemet nativitatis locus; si de exposito, est locus in quo inventus est.

Can. 102 – § 1. Domicilium acquiritur ea in territorio alicuius paroeciae aut saltem dioecesis commoratione, quae aut coniuncta sit cum animo ibi perpetuo manendi si nihil inde avocet, aut ad quinquennium completum sit protracta.

§ 2. Quasi-domicilium acquiritur ea commoratione in territorio alicuius paroeciae aut saltem dioecesis, quae aut coniuncta sit cum animo ibi manendi saltem per tres menses si nihil inde avocet, aut ad tres menses reapse sit protracta.

§ 3. Domicilium vel quasi-domicilium in territorio paroeciae dicitur paroeciale; in territorio dioecesis, etsi non in paroecia, dioecesanum.

Can. 103 – Sodales institutorum religiosorum et societatum vitae apostolicae domicilium acquirunt in loco ubi sita est domus cui adscribuntur; quasi-domicilium in domo ubi, ad normam can. 102, § 2, commorantur.

Can. 104 – Coniuges commune habeant domicilium vel quasi-domicilium; legitimae separationis ratione vel alia iusta de causa, uterque habere potest proprium domicilium vel quasi-domicilium.

Can. 105 – § 1. Minor necessario retinet domicilium et quasi-domicilium illius, cuius potestati subicitur. Infantia egressus potest etiam quasi-domicilium proprium acquirere; atque legitime ad normam iuris civilis emancipatus, etiam proprium domicilium.

§ 2. Quicumque alia ratione quam minoritate, in tutelam vel curatelam legitime traditus est alterius, domicilium et quasi-domicilium habet tutoris vel curatoris.

Can. 106 – Domicilium et quasi-domicilium amittitur discessione a loco cum animo non revertendi, salvo praescripto can. 105.

Can. 107 – § 1. Tum per domicilium tum per quasi-domicilium suum quisque parochum et Ordinarium sortitur.

§ 2. Proprius vagi parochus vel Ordinarius est parochus vel Ordinarius loci in quo vagus actu commoratur.

§ 3. Illius quoque qui non habet nisi domicilium vel quasi-domicilium dioecesanum, parochus proprius est parochus loci in quo actu commoratur.

Can. 108 – § 1. Consanguinitas computatur per lineas et gradus.

§ 2. In linea recta tot sunt gradus quot generationes, seu quot personae, stipite dempto.

§ 3. In linea obliqua tot sunt gradus quot personae in utraque simul linea, stipite dempto.

Can. 109 – § 1. Affinitas oritur ex matrimonio valido, etsi non consummato, atque viget inter virum et mulieris consanguineos, itemque mulierem inter et viri consanguineos.

§ 2. Ita computatur ut qui sunt consanguinei viri, iidem in eadem linea et gradu sint affines mulieris, et vice versa.

Can. 110 – Filii, qui ad normam legis civilis adoptati sint, habentur ut filii eius vel eorum qui eos adoptaverint.

Can. 111 – § 1. Ecclesiae latinae per receptum baptismum adscribitur filius parentum, qui ad eam pertineant vel, si alteruter ad eam
non pertineat, ambo concordi voluntate optaverint ut proles in Ecclesia
latina baptizaretur; quodsi concors voluntas desit, Ecclesiae rituali ad
quam pater pertinet adscribitur.

§ 2. Quilibet baptizandus qui quartum decimum aetatis annum
expleverit, libere potest eligere ut in Ecclesia latina vel in alia Ecclesia rituali sui iuris baptizetur; quo in casu, ipse ad eam Ecclesiam
pertinet quam elegerit.

Can. 112 – § 1. Post receptum baptismum, alii Ecclesiae rituali sui
iuris adscribuntur :

1° qui licentiam ab Apostolica Sede obtinuerit;

2° coniux qui, in matrimonio ineundo vel eo durante, ad Ecclesiam ritualem sui iuris alterius coniugis se transire declaraverit; matrimonio autem soluto, libere potest ad latinam Ecclesiam redire;

3° filii eorum, de quibus in nn. 1 et 2, ante decimum quartum
aetatis annum completum itemque, in matrimonio mixto, filii partis
catholicae quae ad aliam Ecclesiam ritualem legitime transierit; adepta
vero hac aetate, iidem possunt ad latinam Ecclesiam redire.

§ 2. Mos, quamvis diuturnus, sacramenta secundum ritum alicuius
Ecclesiae ritualis sui iuris recipiendi, non secumfert adscriptionem
eidem Ecclesiae.

CAPUT II

DE PERSONIS IURIDICIS

Can. 113 – § 1. Catholica Ecclesia et Apostolica Sedes, moralis personae rationem habent ex ipsa ordinatione divina.

§ 2. Sunt etiam in Ecclesia, praeter personas physicas, personae
iuridicae, subiecta scilicet in iure canonico obligationum et iurium
quae ipsarum indoli congruunt.

Can. 114 – § 1. Personae iuridicae constituuntur aut ex ipso iuris
praescripto aut ex speciali competentis auctoritatis concessione per
decretum data, universitates sive personarum sive rerum in finem missioni Ecclesiae congruentem, qui singulorum finem transcendit, or-
dinatae.

§ 2. Fines, de quibus in § 1, intelleguntur qui ad opera pietatis,
apostolatus vel caritatis sive spiritualis sive temporalis attinent.

§ 3. Auctoritas Ecclesiae competens personalitatem iuridicam ne
conferat nisi iis personarum aut rerum universitatibus, quae finem per-

sequuntur reapse utilem atque, omnibus perpensis, mediis gaudent quae sufficere posse praevidentur ad finem praestitutum assequendum.

Can. 115 – § 1. Personae iuridicae in Ecclesia sunt aut universitates personarum aut universitates rerum.

§ 2. Universitas personarum, quae quidem nonnisi ex tribus saltem personis constitui potest, est collegialis, si eius actionem determinant membra, in decisionibus ferendis concurrentia, sive aequali iure sive non, ad normam iuris et statutorum; secus est non collegialis.

§ 3. Universitas rerum seu fundatio autonoma constat bonis seu rebus, sive spiritualibus sive materialibus, eamque, ad normam iuris et statutorum, moderantur sive una vel plures personae physicàe sive collegium.

Can. 116 – § 1. Personae iuridicae publicae sunt universitates personarum aut rerum, quae ab ecclesiastica auctoritate competenti constituuntur ut intra fines sibi praestitutos nomine Ecclesiae, ad normam praescriptorum iuris, munus proprium intuitu boni publici ipsis commissum expleant; ceterae personae iuridicae sunt privatae.

§ 2. Personae iuridicae publicae hac personalitate donantur sive ipso iure sive speciali competentis auctoritatis decreto eandem expresse concedenti; personae iuridicae privatae hac personalitate donantur tantum per speciale competentis auctoritatis decretum eandem personalitatem expresse concedens.

Can. 117 – Nulla personarum vel rerum universitas personalitatem iuridicam obtinere intendens, eandem consequi valet nisi ipsius statuta a competenti auctoritate sint probata.

Can. 118 – Personam iuridicam publicam repraesentant, eius nomine agentes, ii quibus iure universali vel particulari aut propriis statutis haec competentia agnoscitur; personam iuridicam privatam, ii quibus eadem competentia per statuta tribuitur.

Can. 119 – Ad actus collegiales quod attinet, nisi iure vel statutis aliud caveatur:

1° si agatur de electionibus, id vim habet iuris, quod, praesente quidem maiore parte eorum qui convocari debent, placuerit parti absolute maiori eorum qui sunt praesentes; post duo inefficacia scrutinia, suffragatio fiat super duobus candidatis qui maiorem suffragiorum partem obtinuerint, vel, si sunt plures, super duobus aetate senioribus; post tertium scrutinium, si paritas maneat, ille electus habeatur qui senior sit aetate;

2° si agatur de aliis negotiis, id vim habet iuris, quod, praesente quidem maiore parte eorum qui convocari debent, placuerit parti abso-

lute maiori eorum qui sunt praesentes; quod si post duo scrutinia
suffragia aequalia fuerint, praeses suo voto paritatem dirimere potest;

3° quod autem omnes uti singulos tangit, ab omnibus approbari
debet.

Can. 120 – § 1. Persona iuridica natura sua perpetua est; extinguitur tamen si a competenti auctoritate legitime supprimatur aut per
centum annorum spatium agere desierit; persona iuridica privata insuper extinguitur, si ipsa consociatio ad normam statutorum dissol-
vatur, aut si, de iudicio auctoritatis competentis, ipsa fundatio ad
normam statutorum esse desierit.

§ 2. Si vel unum ex personae iuridicae collegialis membris supersit, et personarum universitas secundum statuta esse non desierit, exercitium omnium iurium universitatis illi membro competit.

Can. 121 – Si universitates sive personarum sive rerum, quae sunt
personae iuridicae publicae, ita coniungantur ut ex iisdem una constituatur universitas personalitate iuridica et ipsa pollens, nova haec
persona iuridica bona iuraque patrimonialia prioribus propria obtinet
atque onera suscipit, quibus eaedem gravabantur; ad destinationem
autem praesertim bonorum et ad onerum adimpletionem quod attinet,
fundatorum oblatorumque voluntas atque iura quaesita salva esse
debent.

Can. 122 – Si universitas, quae gaudet personalitate iuridica publica, ita dividatur ut aut illius pars alii personae iuridicae uniatur
aut ex parte dismembrata distincta persona iuridica publica erigatur,
auctoritas ecclesiastica, cui divisio competat, curare debet per se vel
per exsecutorem, servatis quidem in primis tum fundatorum ac oblatorum voluntate tum iuribus quaesitis tum probatis statutis:

1° ut communia, quae dividi possunt, bona atque iura patrimonialia necnon aes alienum aliaque onera dividantur inter personas
iuridicas, de quibus agitur, debita cum proportione ex aequo et bono,
ratione habita omnium adiunctorum et necessitatum utriusque;

2° ut usus et ususfructus communium bonorum, quae divisioni
obnoxia non sunt, utrique personae iuridicae cedant, oneraque iisdem
propria utrique imponantur, servata item debita proportione ex aequo
et bono definienda.

Can. 123 – Extincta persona iuridica publica, destinatio eiusdem
bonorum iuriumque patrimonialium itemque onerum regitur iure et
statutis, quae, si sileant, obveniunt personae iuridicae immediate superiori, salvis semper fundatorum vel oblatorum voluntate necnon iuribus quaesitis; extincta persona iuridica privata, eiusdem bonorum et
onerum destinatio propriis statutis regitur.

TITULUS VII
DE ACTIBUS IURIDICIS

Can. 124 – § 1. Ad validitatem actus iuridici requiritur ut a persona habili sit positus, atque in eodem adsint quae actum ipsum essentialiter constituunt, necnon sollemnia et requisita iure ad validitatem actus imposita.

§ 2. Actus iuridicus quoad sua elementa externa rite positus praesumitur validus.

Can. 125 – § 1. Actus positus ex vi ab extrinseco personae illata, cui ipsa nequaquam resistere potuit, pro infecto habetur.

§ 2. Actus positus ex metu gravi, iniuste incusso, aut ex dolo, valet, nisi aliud iure caveatur; sed potest per sententiam iudicis rescindi, sive ad instantiam partis laesae eiusve in iure successorum sive ex officio.

Can. 126 – Actus positus ex ignorantia aut ex errore, qui versetur circa id quod eius substantiam constituit, aut qui recidit in condicionem *sine qua non,* irritus est; secus valet, nisi aliud iure caveatur, sed actus ex ignorantia aut ex errore initus locum dare potest actioni rescissoriae ad normam iuris.

Can. 127 – § 1. Cum iure statuatur ad actus ponendos Superiorem indigere consensu aut consilio alicuius collegii vel personarum coetus, convocari debet collegium vel coetus ad normam can. 166, nisi, cum agatur de consilio tantum exquirendo, aliter iure particulari aut proprio cautum sit; ut autem actus valeant requiritur ut obtineatur consensus partis absolute maioris eorum qui sunt praesentes aut omnium exquiratur consilium.

§ 2. Cum iure statuatur ad actus ponendos Superiorem indigere consensu aut consilio aliquarum personarum, uti singularum:

1° si consensus exigatur, invalidus est actus Superioris consensum earum personarum non exquirentis aut contra earum vel alicuius votum agentis;

2° si consilium exigatur, invalidus est actus Superioris easdem personas non audientis; Superior, licet nulla obligatione teneatur accedendi, ad earundem votum, etsi concors, tamen sine praevalenti ratione, suo iudicio aestimanda, ab earundem voto, praesertim concordi, ne discedat.

§ 3. Omnes quorum consensus aut consilium requiritur, obligatione tenentur sententiam suam sincere proferendi atque, si negotiorum gravitas id postulat, secretum sedulo servandi; quae quidem obligatio a Superiore urgeri potest.

Can. 128 – Quicumque illegitime actu iuridico, immo quovis alio actu dolo vel culpa posito, alteri damnum infert, obligatione tenetur damnum illatum reparandi.

TITULUS VIII
DE POTESTATE REGIMINIS

Can. 129 – § 1. Potestatis regiminis, quae quidem ex divina institutione est in Ecclesia et etiam potestas iurisdictionis vocatur, ad normam praescriptorum iuris, habiles sunt qui ordine sacro sunt insigniti.

§ 2. In exercitio eiusdem potestatis, christifideles laici ad normam iuris cooperari possunt.

Can. 130 – Potestas regiminis de se exercetur pro foro externo, quandoque tamen pro solo foro interno, ita quidem ut effectus quos eius exercitium natum est habere pro foro externo, in hoc foro non recognoscantur, nisi quatenus id determinatis pro casibus iure statuatur.

Can. 131 – § 1. Potestas regiminis ordinaria ea est, quae ipso iure alicui officio adnectitur; delegata, quae ipsi personae non mediante officio conceditur.

§ 2. Potestas regiminis ordinaria potest esse sive propria sive vicaria.

§ 3. Ei qui delegatum se asserit, onus probandae delegationis incumbit.

Can. 132 – § 1. Facultates habituales reguntur praescriptis de potestate delegata.

§ 2. Attamen nisi in eius concessione aliud expresse caveatur aut electa sit industria personae, facultas habitualis Ordinario concessa non perimitur resoluto iure Ordinarii cui concessa est, etiamsi ipse eam exsequi coeperit, sed transit ad quemvis Ordinarium qui ipsi in regimine succedit.

Can. 133 – § 1. Delegatus qui sive circa res sive circa personas mandati sui fines excedit, nihil agit.

§ 2. Fines sui mandati excedere non intelligitur delegatus qui alio modo ac in mandato determinatur, ea peragit ad quae delegatus est, nisi modus ab ipso delegante ad validitatem fuerit praescriptus.

Can. 134 – § 1. Nomine Ordinarii in iure intelleguntur, praeter Romanum Pontificem, Episcopi dioecesani aliique qui, etsi ad interim tantum, praepositi sunt alicui Ecclesiae particulari vel communitati eidem aequiparatae ad normam can. 368, necnon qui in iisdem generali gaudent potestate exsecutiva ordinaria, nempe Vicarii generales et episcopales; itemque, pro suis sodalibus, Superiores maiores clericalium institutorum religiosorum iuris pontificii et clericalium societatum vitae apostolicae iuris pontificii, qui ordinaria saltem potestate exsecutiva pollent.

§ 2. Nomine Ordinarii loci intelleguntur omnes qui in § 1 recensentur, exceptis Superioribus institutorum religiosorum et societatum vitae apostolicae.

§ 3. Quae in canonibus nominatim Episcopo dioecesano, in ambitu potestatis exsecutivae tribuuntur, intelleguntur competere dumtaxat Episcopo dioecesano aliisque ipsi in can. 381, § 2 aequiparatis, exclusis Vicario generali et episcopali, nisi de speciali mandato.

Can. 135 – § 1. Potestas regiminis distinguitur in legislativam, exsecutivam et iudicialem.

§ 2. Potestas legislativa exercenda est modo iure praescripto, et ea qua in Ecclesia gaudet legislator infra auctoritatem supremam, valide delegari nequit, nisi aliud iure explicite caveatur; a legislatore inferiore lex iuri superiori contraria valide ferri nequit.

§ 3. Potestas iudicialis, qua gaudent iudices aut collegia iudicialia, exercenda est modo iure praescripto, et delegari nequit, nisi ad actus cuivis decreto aut sententiae praeparatorios perficiendos.

§ 4. Ad potestatis exsecutivae exercitium quod attinet, serventur praescripta canonum qui sequuntur.

Can. 136 – Potestatem exsecutivam aliquis, licet extra territorium exsistens, exercere valet in subditos, etiam a territorio absentes, nisi aliud ex rei natura aut ex iuris praescripto constet; in peregrinos in territorio actu degentes, si agatur de favoribus concedendis aut de executioni mandandis sive legibus universalibus sive legibus particularibus, quibus ipsi ad normam can. 13, § 2, n. 2 tenentur.

Can. 137 – § 1. Potestas exsecutiva ordinaria delegari potest tum ad actum tum ad universitatem casuum, nisi aliud iure expresse caveatur.

§ 2. Potestas exsecutiva ab Apostolica Sede delegata subdelegari potest sive ad actum sive ad universitatem casuum, nisi electa fuerit industria personae aut subdelegatio fuerit expresse prohibita.

§ 3. Potestas exsecutiva delegata ab alia auctoritate potestatem ordinariam habente, si ad universitatem casuum delegata sit, in singulis tantum casibus subdelegari potest; si vero ad actum aut ad actus determinatos delegata sit, subdelegari nequit, nisi de expressa delegantis concessione.

§ 4. Nulla potestas subdelegata iterum subdelegari potest, nisi id expresse a delegante concessum fuerit.

Can. 138 - Potestas exsecutiva ordinaria necnon potestas ad universitatem casuum delegata, late interpretanda est, alia vero quaelibet stricte; cui tamen delegata potestas est, ea quoque intelleguntur concessa sine quibus eadem potestas exerceri nequit.

Can. 139 - § 1. Nisi aliud iure statuatur, eo quod quis aliquam auctoritatem, etiam superiorem, competentem adeat, non suspenditur alius auctoritatis competentis exsecutiva potestas, sive haec ordinaria est sive delegata.

§ 2. Causae tamen ad superiorem auctoritatem delatae ne se immisceat inferior, nisi ex gravi urgentique causa; quo in casu statim superiorem de re moneat.

Can. 140 - § 1. Pluribus in solidum ad idem negotium agendum delegatis, qui prius negotium tractare inchoaverit alios ab eodem agendo excludit, nisi postea impeditus fuerit aut in negotio peragendo ulterius procedere noluerit.

§ 2. Pluribus collegialiter ad negotium agendum delegatis, omnes procedere debent ad normam can. 119, nisi in mandato aliud cautum sit.

§ 3. Potestas exsecutiva pluribus delegata, praesumitur iisdem delegata in solidum.

Can. 141 - Pluribus successive delegatis, ille negotium expediat, cuius mandatum anterius est, nec postea revocatum fuit.

Can. 142 - § 1. Potestas delegata extinguitur: expleto mandato; elapso tempore vel exhausto numero casuum pro quibus concessa fuit; cessante causa finali delegationis; revocatione delegantis delegato directe intimata necnon renuntiatione delegati deleganti significata et ab eo acceptata; non autem resoluto iure delegantis, nisi id ex appositis clausulis appareat.

§ 2. Actus tamen ex potestate delegata, quae exercetur pro solo foro interno, per inadvertentiam positus, elapso concessionis tempore, validus est.

Can. 143 - § 1. Potestas ordinaria extinguitur amisso officio cui adnectitur.

§ 2. Nisi aliud iure caveatur, suspenditur potestas ordinaria, si contra privationem vel amotionem ab officio legitime appellatur vel recursus interponitur.

Can. 144 – § 1. In errore communi de facto aut de iure, itemque in dubio positivo et probabili sive iuris sive facti, supplet Ecclesia, pro foro tam externo quam interno, potestatem regiminis exsecutivam.

§ 2. Eadem norma applicatur facultatibus de quibus in cann. 883, 966, et 1111, § 1.

TITULUS IX
DE OFFICIIS ECCLESIASTICIS

Can. 145 – § 1. Officium ecclesiasticum est quodlibet munus ordinatione sive divina sive ecclesiastica stabiliter constitutum in finem spiritualem exercendum.

§ 2. Obligationes et iura singulis officiis ecclesiasticis propria definiuntur sive ipso iure quo officium constituitur, sive decreto auctoritatis competentis quo constituitur simul et confertur.

CAPUT I
DE PROVISIONE OFFICII ECCLESIASTICI

Can. 146 – Officium ecclesiasticum sine provisione canonica valide obtineri nequit.

Can. 147 – Provisio officii ecclesiastici fit : per liberam collationem ab auctoritate ecclesiastica competenti ; per institutionem ab eadem datam, si praecesserit praesentatio ; per confirmationem vel admissionem ab eadem factam, si praecesserit electio vel postulatio ; tandem per simplicem electionem et electi acceptationem, si electio non egeat confirmatione.

Can. 148 – Auctoritati, cuius est officia erigere, innovare et supprimere, eorundem provisio quoque competit, nisi aliud iure statuatur.

Can. 149 – § 1. Ut ad officium ecclesiasticum quis promoveatur, debet esse in Ecclesiae communione necnon idoneus, scilicet iis qualitatibus praeditus, quae iure universali vel particulari aut lege fundationis ad idem officium requiruntur.

§ 2. Provisio officii ecclesiastici facta illi qui caret qualitatibus requisitis, irrita tantum est, si qualitates iure universali vel particulari aut lege fundationis ad validitatem provisionis expresse exigantur ; secus valida est, sed rescindi potest per decretum auctoritatis competentis aut per sententiam tribunalis administrativi.

§ 3. Provisio officii simoniace facta ipso iure irrita est.

Can. 150 – Officium secumferens plenam animarum curam, ad quam adimplendam ordinis sacerdotalis exercitium requiritur, ei qui sacerdotio nondum auctus est valide conferri nequit.

Can. 151 – Provisio officii animarum curam secumferentis, sine gravi causa ne differatur.

Can. 152 – Nemini conferantur duo vel plura officia incompatibilia, videlicet quae una simul ab eodem adimpleri nequeunt.

Can. 153 – § 1. Provisio officii de iure non vacantis est ipso facto irrita, nec subsequenti vacatione convalescit.

§ 2. Si tamen agatur de officio quod de iure ad tempus determinatum confertur, provisio intra sex menses ante expletum hoc tempus fieri potest, et effectum habet a die officii vacationis.

§ 3. Promissio alicuius officii, a quocumque est facta, nullum parit iuridicum effectum.

Can. 154 – Officium de iure vacans, quod forte adhuc ab aliquo illegitime possidetur, conferri potest, dummodo rite declaratum fuerit eam possessionem non esse legitimam, et de hac declaratione mentio fiat in litteris collationis.

Can. 155 – Qui, vicem alterius negligentis vel impediti supplens, officium confert, nullam inde potestatem acquirit in personam cui collatum est, sed huius condicio iuridica perinde constituitur, ac si provisio ad ordinariam iuris normam peracta fuisset.

Can. 156 – Cuiuslibet officii provisio scripto consignetur.

Art. 1

De libera collatione

Can. 157 – Nisi aliud explicite iure statuatur, Episcopi dioecesani est libera collatione providere officiis ecclesiasticis in propria Ecclesia particulari.

Art. 2

De praesentatione

Can. 158 – § 1. Praesentatio ad officium ecclesiasticum ab eo, cui ius praesentandi competit, fieri debet auctoritati cuius est ad officium de quo agitur institutionem dare, et quidem, nisi aliud legitime cautum sit, intra tres menses ab habita vacationis officii notitia.

§ 2. Si ius praesentationis cuidam collegio aut coetui personarum competat, praesentandus designetur servatis cann. 165-179 praescriptis.

Can. 159 - Nemo invitus praesentetur; quare qui praesentandus proponitur, mentem suam rogatus, nisi intra octiduum utile recuset, praesentari potest.

Can. 160 - § 1. Qui iure praesentationis gaudet, unum aut etiam plures, et quidem tum una simul tum successive, praesentare potest.

§ 2. Nemo potest seipsum praesentare; potest autem collegium aut coetus personarum aliquem suum sodalem praesentare.

Can. 161 - § 1. Nisi aliud iure statuatur, potest qui aliquem praesentaverit non idoneum repertum, altera tantum vice, intra mensem, alium candidatum praesentare.

§ 2. Si praesentatus ante institutionem factam renuntiaverit aut de vita decesserit, potest qui iure praesentandi pollet, intra mensem ab habita renuntiationis aut mortis notitia, ius suum rursus exercere.

Can. 162 - Qui intra tempus utile, ad normam can. 158, § 1 et can. 161, praesentationem non fecerit, itemque qui bis praesentaverit non idoneum repertum, pro eo casu ius praesentationis amittit, atque auctoritati, cuius est institutionem dare, competit libere providere officio vacanti, assentiente tamen proprio provisi Ordinario.

Can. 163 - Auctoritas, cui ad normam iuris competit praesentatum instituere, instituat legitime praesentatum quem idoneum reppererit et qui acceptaverit; quod si plures legitime praesentati idonei reperti sint, eorundem unum instituere debet.

Art. 3

DE ELECTIONE

Can. 164 - Nisi aliud iure provisum fuerit, in electionibus canonicis serventur praescripta canonum qui sequuntur.

Can. 165 - Nisi aliud iure aut legitimis collegii vel coetus statutis cautum sit, si cui collegio aut coetui personarum sit ius eligendi ad officium, electio ne differatur ultra trimestre utile computandum ab habita notitia vacationis officii; quo termino inutiliter elapso, auctoritas ecclesiastica, cui ius confirmandae electionis vel ius providendi successive competit, officio vacanti libere provideat.

Can. 166 - § 1. Collegii aut coetus praeses convocet omnes ad collegium aut ad coetum pertinentes; convocatio autem, quando personalis esse debet, valet, si fiat in loco domicilii vel quasi-domicilii aut in loco commorationis.

§ 2. Si quis ex vocandis neglectus et ideo absens fuerit, electio valet; attamen ad eiusdem instantiam, probata quidem praeteritione et absentia, electio, etiam si confirmata fuerit, a competenti auctoritate rescindi debet, dummodo iuridice constet recursum saltem intra triduum ab habita notitia electionis fuisse transmissum.

§ 3. Quod si plures quam tertia pars electorum neglecti fuerint, electio est ipso iure nulla, nisi omnes neglecti reapse interfuerint.

Can. 167 – § 1. Convocatione legitime facta, suffragium ferendi ius habent praesentes die et loco in eadem convocatione determinatis, exclusa, nisi aliud statutis legitime caveatur, facultate ferendi suffragia sive per epistolam sive per procuratorem.

§ 2. Si quis ex electoribus praesens in ea domo sit, in qua fit electio, sed electioni ob infirmam valetudinem interesse nequeat, suffragium eius scriptum a scrutatoribus exquiratur.

Can. 168 – Etsi quis plures ob titulos ius habeat ferendi nomine proprio suffragii, non potest nisi unicum suffragium ferre.

Can. 169 – Ut valida sit electio, nemo ad suffragium admitti potest, qui ad collegium vel coetum non pertineat.

Can. 170 – Electio, cuius libertas quoquo modo reapse impedita fuerit, ipso iure invalida est.

Can. 171 – § 1. Inhabiles sunt ad suffragium ferendum :

1° incapax actus humani ;

2° carens voce activa ;

3° poena excommunicationis innodatus sive per sententiam iudicialem sive per decretum quo poena irrogatur vel declaratur :

4° qui ab Ecclesiae communione notorie defecit.

§ 2. Si quis ex praedictis admittatur, eius suffragium est nullum, sed electio valet, nisi constet, eo dempto, electum non rettulisse requisitum suffragiorum numerum.

Can. 172 – § 1. Suffragium, ut validum sit, esse debet :

1° liberum ; ideoque invalidum est suffragium eius, qui metu gravi aut dolo, directe vel indirecte, adactus fuerit ad eligendam certam personam aut diversas personas disiunctive ;

2° secretum, certum, absolutum, determinatum.

§ 2. Condiciones ante electionem suffragio appositae tamquam non adiectae habeantur.

Can. 173 – § 1. Antequam incipiat electio, deputentur e gremio collegii aut coetus duo saltem scrutatores.

§ 2. Scrutatores suffragia colligant et coram praeside electionis

inspiciant an schedularum numerus respondeat numero electorum, suffragia ipsa scrutentur palamque faciant quot quisque rettulerit.

§ 3. Si numerus suffragiorum superet numerum eligentium, nihil
est actum.

§ 4. Omnia electionis acta ab eo qui actuarii munere fungitur accurate describantur, et saltem ab eodem actuario, praeside ac scrutatoribus subscripta, in collegii tabulario diligenter asserventur.

Can. 174 – § 1. Electio, nisi aliud iure aut statutis caveatur, fieri
etiam potest per compromissum, dummodo nempe electores, unanimi
et scripto consensu, in unum vel plures idoneos sive de gremio sive
extraneos ius eligendi pro ea vice transferant, qui nomine omnium
ex recepta facultate eligant.

§ 2. Si agatur de collegio aut coetu ex solis clericis constanti, compromissarii in sacris debent esse constituti; secus electio est invalida.

§ 3. Compromissarii debent iuris praescripta de electione servare
atque, ad validitatem electionis, condiciones compromisso appositas,
iuri non contrarias, observare; condiciones autem iuri contrariae pro
non appositae habeantur.

Can. 175 – Cessat compromissum et ius suffragium ferendi redit
ad compromittentes:

    1° revocatione a collegio aut coetu facta, re integra;

    2° non impleta aliqua condicione compromisso apposita;

    3° electione absoluta, si fuerit nulla.

Can. 176 – Nisi aliud iure aut statutis caveatur, is electus habeatur et a collegii aut coetus praeside proclametur, qui requisitum suffragiorum numerum rettulerit, ad normam can. 119, n. 1.

Can. 177 – § 1. Electio illico intimanda est electo, qui debet intra
octiduum utile a recepta intimatione significare collegii aut coetus
praesidi utrum electionem acceptet necne; secus electio effectum non
habet.

§ 2. Si electus non acceptaverit, omne ius ex electione amittit nec
subsequenti acceptatione convalescit, sed rursus eligi potest; collegium
autem aut coetus intra mensem a cognita non-acceptatione ad novam
electionem procedere debet.

Can. 178 – Electus, acceptata electione, quae confirmatione non
egeat, officium pleno iure statim obtinet; secus non acquirit nisi ius
ad rem.

Can. 179 – § 1. Electus, si electio confirmatione indigeat, intra
octiduum utile a die acceptatae electionis confirmationem ab auctori-

tate competenti petere per se vel per alium debet; secus omni iure privatur, nisi probaverit se a petenda confirmatione iusto impedimento
detentum fuisse.

§ 2. Competens auctoritas, si electum reppererit idoneum ad normam can. 149, § 1, et electio ad normam iuris fuerit peracta, confirmationem denegare nequit.

§ 3. Confirmatio in scriptis dari debet.

§ 4. Ante intimatam confirmationem, electo non licet sese immiscere administrationi officii sive in spiritualibus sive in temporalibus,
et actus ab eo forte positi nulli sunt.

§ 5. Intimata confirmatione, electus pleno iure officium obtinet,
nisi aliud iure caveatur.

Art. 4

De postulatione

Can. 180 – § 1. Si electioni illius quem electores aptiorem putent
ac praeferant, impedimentum canonicum obstet, super quo dispensatio
concedi possit ac soleat, suis ipsi suffragiis eum possunt, nisi aliud iure
caveatur, a competenti auctoritate postulare.

§ 2. Compromissarii postulare nequeunt, nisi id in compromisso
fuerit expressum.

Can. 181 – § 1. Ut postulatio vim habeat, requiruntur saltem duae
tertiae partes suffragiorum.

§ 2. Suffragium pro postulatione exprimi debet per verbum : *postulo,*
aut aequivalens; formula : *eligo vel postulo,* aut aequipollens, valet
pro electione, si impedimentum non exsistat, secus pro postulatione.

Can. 182 – § 1. Postulatio a praeside intra octiduum utile mitti
debet ad auctoritatem competentem ad quam pertinet electionem confirmare, cuius est dispensationem de impedimento concedere, aut, si
hanc potestatem non habeat, eandem ab auctoritate superiore petere;
si non requiritur confirmatio, postulatio mitti debet ad auctoritatem
competentem ut dispensatio concedatur.

§ 2. Si intra praescriptum tempus postulatio missa non fuerit,
ipso facto nulla est, et collegium vel coetus pro ea vice privatur iure
eligendi aut postulandi, nisi probetur praesidem a mittenda postulatione iusto fuisse detentum impedimento aut dolo vel neglegentia ab
eadem tempore opportuno mittenda abstinuisse.

§ 3. Postulato nullum ius acquiritur ex postulatione; eam admittendi auctoritas competens obligatione non tenetur.

§ 4. Factam auctoritati competenti postulationem electores revocare non possunt, nisi auctoritate consentiente.

Can. 183 – § 1. Non admissa ab auctoritate competenti postulatione, ius eligendi ad collegium vel coetum redit.

§ 2. Quod si postulatio admissa fuerit, id significetur postulato, qui respondere debet ad normam can. 177, § 1.

§ 3. Qui admissam postulationem acceptat, pleno iure statim officium obtinet.

Caput II
DE AMISSIONE OFFICII ECCLESIASTICI

Can. 184 – § 1. Amittitur officium ecclesiasticum lapsu temporis praefiniti, expleta aetate iure definita, renuntiatione, translatione, amotione necnon privatione.

§ 2. Resoluto quovis modo iure auctoritatis a qua fuit collatum, officium ecclesiasticum non amittitur, nisi aliud iure caveatur.

§ 3. Officii amissio, quae effectum sortita est, quam primum omnibus nota fiat, quibus aliquod ius in officii provisionem competit.

Can. 185 – Ei, qui ob impletam aetatem aut renuntiationem acceptatam officium amittit, titulus emeriti conferri potest.

Can. 186 – Lapsu temporis praefiniti vel adimpleta aetate, amissio officii effectum habet tantum a momento, quo a competenti auctoritate scripto intimatur.

Art. 1
DE RENUNTIATIONE

Can. 187 – Quisquis sui compos potest officio ecclesiastico iusta de causa renuntiare.

Can. 188 – Renuntiatio ex metu gravi, iniuste incusso, dolo vel errore substantiali aut simoniace facta, ipso iure irrita est.

Can. 189 – § 1. Renuntiatio, ut valeat, sive acceptatione eget sive non, auctoritati fieri debet cui provisio ad officium de quo agitur pertinet, et quidem scripto vel oretenus coram duobus testibus.

§ 2. Auctoritas renuntiationem iusta et proportionata causa non innixam ne acceptet.

§ 3. Renuntiatio quae acceptatione indiget, nisi intra tres menses acceptetur, omni vi caret; quae acceptatione non indiget effectum sortitur communicatione renuntiantis ad normam iuris facta.

§ 4. Renuntiatio, quamdiu effectum sortita non fuerit, a renuntiante revocari potest; effectu secuto revocari nequit, sed qui renuntia-
vit, officium alio ex titulo consequi potest.

Art. 2

De translatione

Can. 190 - § 1. Translatio ab eo tantum fieri potest, qui ius habet
providendi officio quod amittitur et simul officio quod committitur.

§ 2. Si translatio fiat invito officii titulari, gravis requiritur causa
et, firmo semper iure rationes contrarias exponendi, servetur modus
procedendi iure praescriptus.

§ 3. Translatio, ut effectum sortiatur, scripto intimanda est.

Can. 191 - § 1. In translatione, prius officium vacat per possessionem alterius officii canonice habitam, nisi aliud iure cautum aut a
competenti auctoritate praescriptum fuerit.

§ 2. Remunerationem cum priore officio conexam translatus percipit, donec alterius possessionem canonice obtinuerit.

Art. 3

De amotione

Can. 192 - Ab officio quis amovetur sive decreto ab auctoritate
competenti legitime edito, servatis quidem iuribus forte ex contractu
quaesitis, sive ipso iure ad normam can. 194.

Can. 193 - § 1. Ab officio quod alicui confertur ad tempus indefinitum, non potest quis amoveri nisi ob graves causas atque servato
procedendi modo iure definito.

§ 2. Idem valet, ut quis ab officio, quod alicui ad tempus determinatum confertur, ante hoc tempus elapsum amoveri possit, firmo praescripto can. 624, § 3.

§ 3. Ab officio quod, secundum iuris praescripta, alicui confertur
ad prudentem discretionem auctoritatis competentis, potest quis iusta
ex causa, de iudicio eiusdem auctoritatis, amoveri.

§ 4. Decretum amotionis, ut effectum sortiatur, scripto intimandum est.

Can. 194 - § 1. Ipso iure ab officio ecclesiastico amovetur:
    1° qui statum clericalem amiserit;

2° qui a fide catholica aut a communione Ecclesiae publice defecerit;

3° clericus qui matrimonium etiam civile tantum attentaverit.

§ 2. Amotio, de qua in nn. 2 et 3, urgeri tantum potest, si de eadem auctoritatis competentis declaratione constet.

Can. 195 – Si quis, non quidem ipso iure, sed per decretum auctoritatis competentis ab officio amoveatur quo eiusdem subsistentiae providetur, eadem auctoritas curet ut ipsius subsistentiae per congruum tempus prospiciatur, nisi aliter provisum sit.

Art. 4

DE PRIVATIONE

Can. 196 – § 1. Privatio ab officio, in poenam scilicet delicti, ad normam iuris tantummodo fieri potest.

§ 2. Privatio effectum sortitur secundum praescripta canonum de iure poenali.

TITULUS X
DE PRAESCRIPTIONE

Can. 197 – Praescriptionem, tamquam modum iuris subiectivi acquirendi vel amittendi necnon ab obligationibus sese liberandi, Ecclesia recipit prout est in legislatione civili respectivae nationis, salvis exceptionibus quae in canonibus huius Codicis statuuntur.

Can. 198 – Nulla valet praescriptio, nisi bona fide nitatur, non solum initio, sed toto decursu temporis ad praescriptionem requisiti, salvo praescripto can. 1362.

Can. 199 – Praescriptioni obnoxia non sunt:

1° iura et obligationes quae sunt legis divinae naturalis aut positivae;

2° iura quae obtineri possunt ex solo privilegio apostolico;

3° iura et obligationes quae spiritualem christifidelium vitam directe respiciunt;

4° fines certi et indubii circumscriptionum ecclesiasticarum;

5° stipes et onera Missarum;

6° provisio officii ecclesiastici quod ad normam iuris exercitium ordinis sacri requirit;

7° ius visitationis et obligatio oboedientiae, ita ut christifideles a nulla auctoritate ecclesiastica visitari possint et nulli auctoritati iam subsint.

TITULUS XI
DE TEMPORIS SUPPUTATIONE

Can. 200 – Nisi aliud expresse iure caveatur, tempus supputetur ad normam canonum qui sequuntur.

Can. 201 – § 1. Tempus continuum intellegitur quod nullam patitur interruptionem.

§ 2. Tempus utile intellegitur quod ita ius suum exercenti aut persequenti competit, ut ignoranti aut agere non valenti non currat.

Can. 202 – § 1. In iure, dies intellegitur spatium constans 24 horis continuo supputandis, et incipit a media nocte, nisi aliud expresse caveatur; hebdomada spatium 7 dierum; mensis spatium 30 et annus spatium 365 dierum, nisi mensis et annus dicantur sumendi prout sunt in calendario.

§ 2. Prout sunt in calendario semper sumendi sunt mensis et annus, si tempus est continuum.

Can. 203 – § 1. Dies *a quo* non computatur in termino, nisi huius initium coincidat cum initio diei aut aliud expresse in iure caveatur.

§ 2. Nisi contrarium statuatur, dies *ad quem* computatur in termino, qui, si tempus constet uno vel pluribus mensibus aut annis, una vel pluribus hebdomadis, finitur expleto ultimo die eiusdem numeri aut, si mensis die eiusdem numeri careat, expleto ultimo die mensis.

LIBER II
DE POPULO DEI

PARS I
DE CHRISTIFIDELIBUS

Can. 204 – § 1. Christifideles sunt qui, utpote per baptismum Christo incorporati, in populum Dei sunt constituti, atque hac ratione muneris Christi sacerdotalis, prophetici et regalis suo modo participes facti, secundum propriam cuiusque condicionem, ad missionem exercendam vocantur, quam Deus Ecclesiae in mundo adimplendam concredidit.

§ 2. Haec Ecclesia, in hoc mundo ut societas constituta et ordinata, subsistit in Ecclesia catholica, a successore Petri et Episcopis in eius communione gubernata.

Can. 205 – Plene in communione Ecclesiae catholicae his in terris sunt illi baptizati, qui in eius compage visibili cum Christo iunguntur, vinculis nempe professionis fidei, sacramentorum et ecclesiastici regiminis.

Can. 206 – § 1. Speciali ratione cum Ecclesia conectuntur catechumeni, qui nempe, Spiritu Sancto movente, explicita voluntate ut eidem incorporentur expetunt, ideoque hoc ipso voto, sicut et vita fidei, spei et caritatis quam agunt, coniunguntur cum Ecclesia, quae eos iam ut suos fovet.

§ 2. Catechumenorum specialem curam habet Ecclesia quae, dum eos ad vitam ducendam evangelicam invitat eosque ad sacros ritus celebrandos introducit, eisdem varias iam largitur praerogativas, quae christianorum sunt propriae.

Can. 207 – § 1. Ex divina institutione, inter christifideles sunt in Ecclesia ministri sacri, qui in iure et clerici vocantur; ceteri autem et laici nuncupantur.

§ 2. Ex utraque hac parte habentur christifideles, qui professione consiliorum evangelicorum per vota aut alia sacra ligamina, ab Ecclesia agnita et sancita, suo peculiari modo Deo consecrantur et Ecclesiae missioni salvificae prosunt; quorum status, licet ad hierarchicam Ecclesiae structuram non spectet, ad eius tamen vitam et sanctitatem pertinet.

TITULUS I
DE OMNIUM CHRISTIFIDELIUM OBLIGATIONIBUS ET IURIBUS

Can. 208 – Inter christifideles omnes, ex eorum quidem in Christo regeneratione, vera viget quoad dignitatem et actionem aequalitas, qua cuncti, secundum propriam cuiusque condicionem et munus, ad aedificationem Corporis Christi cooperantur.

Can. 209 – § 1. Christifideles obligatione adstringuntur, sua quoque ipsorum agendi ratione, ad communionem semper servandam cum Ecclesia.

§ 2. Magna cum diligentia officia adimpleant, quibus tenentur erga Ecclesiam tum universam, tum particularem ad quam, secundum iuris praescripta, pertinent.

Can. 210 – Omnes christifideles, secundum propriam condicionem, ad sanctam vitam ducendam atque ad Ecclesiae incrementum eiusque iugem sanctificationem promovendam vires suas conferre debent.

Can. 211 – Omnes christifideles officium habent et ius adlaborandi ut divinum salutis nuntium ad universos homines omnium temporum ac totius orbis magis magisque perveniat.

Can. 212 – § 1. Quae sacri Pastores, utpote Christum repraesentantes, tamquam fidei magistri declarant aut tamquam Ecclesiae rectores statuunt, christifideles, propriae responsabilitatis conscii, christiana oboedientia prosequi tenentur.

§ 2. Christifidelibus integrum est, ut necessitates suas, praesertim spirituales, suaque optata Ecclesiae Pastoribus patefaciant.

§ 3. Pro scientia, competentia et praestantia quibus pollent, ipsis ius est, immo et aliquando officium, ut sententiam suam de his quae ad bonum Ecclesiae pertinent sacris Pastoribus manifestent eamque, salva fidei morumque integritate ac reverentia erga Pastores, attentisque communi utilitate et personarum dignitate, ceteris christifidelibus notam faciant.

Can. 213 – Ius est christifidelibus ut ex spiritualibus Ecclesiae bonis, praesertim ex verbo Dei et sacramentis, adiumenta a sacris Pastoribus accipiant.

Can. 214 – Ius est christifidelibus, ut cultum Deo persolvant iuxta praescripta proprii ritus a legitimis Ecclesiae Pastoribus approbati, utque propriam vitae spiritualis formam sequantur, doctrinae quidem Ecclesiae consentaneam.

Can. 215 – Integrum est christifidelibus, ut libere condant atque moderentur consociationes ad fines caritatis vel pietatis, aut ad vocationem christianam in mundo fovendam, utque conventus habeant ad eosdem fines in communi persequendos.

Can. 216 – Christifideles cuncti, quippe qui Ecclesiae missionem participent, ius habent ut propriis quoque inceptis, secundum suum quisque statum et condicionem, apostolicam actionem promoveant vel sustineant; nullum tamen inceptum nomen catholicum sibi vindicet, nisi consensus accesserit competentis auctoritatis ecclesiasticae.

Can. 217 – Christifideles, quippe qui baptismo ad vitam doctrinae evangelicae congruentem ducendam vocentur, ius habent ad educationem christianam, qua ad maturitatem humanae personae prosequendam atque simul ad mysterium salutis cognoscendum et vivendum rite instruantur.

Can. 218 – Qui disciplinis sacris incumbunt iusta libertate fruuntur inquirendi necnon mentem suam prudenter in iis aperiendi, in quibus peritia gaudent, servato debito erga Ecclesiae magisterium obsequio.

Can. 219 – Christifideles omnes iure gaudent ut a quacumque coactione sint immunes in statu vitae eligendo.

Can. 220 – Nemini licet bonam famam, qua quis gaudet, illegitime laedere, nec ius cuiusque personae ad propriam intimitatem tuendam violare.

Can. 221 – § 1. Christifidelibus competit ut iura, quibus in Ecclesia gaudent, legitime vindicent atque defendant in foro competenti ecclesiastico ad normam iuris.

§ 2. Christifidelibus ius quoque est ut, si ad iudicium ab auctoritate competenti vocentur, iudicentur servatis iuris praescriptis, cum aequitate applicandis.

§ 3. Christifidelibus ius est, ne poenis canonicis nisi ad normam legis plectantur.

Can. 222 – § 1. Christifideles obligatione tenentur necessitatibus subveniendi Ecclesiae, ut eidem praesto sint quae ad cultum divinum, ad opera apostolica et caritatis atque ad honestam ministrorum sustentationem necessaria sunt.

§ 2. Obligatione quoque tenentur iustitiam socialem promovendi necnon, praecepti Domini memores, ex propriis reditibus pauperibus subveniendi.

Can. 223 – § 1. In iuribus suis exercendis christifideles tum singuli tum in consociationibus adunati rationem habere debent boni communis Ecclesiae necnon iurium aliorum atque suorum erga alios officiorum.

§ 2. Ecclesiasticae auctoritati competit, intuitu boni communis, exercitium iurium, quae christifidelibus sunt propria, moderari.

TITULUS II

DE OBLIGATIONIBUS
ET IURIBUS CHRISTIFIDELIUM LAICORUM

Can. 224 – Christifideles laici, praeter eas obligationes et iura, quae cunctis christifidelibus sunt communia et ea quae in aliis canonibus statuuntur, obligationibus tenentur et iuribus gaudent quae in canonibus huius tituli recensentur.

Can. 225 – § 1. Laici, quippe qui uti omnes christifideles ad apostolatum a Deo per baptismum et confirmationem deputentur, generali obligatione tenentur et iure gaudent, sive singuli sive in consociationibus coniuncti, allaborandi ut divinum salutis nuntium ab universis hominibus ubique terrarum cognoscatur et accipiatur; quae obligatio eo vel magis urget iis in adiunctis, in quibus nonnisi per ipsos Evangelium audire et Christum cognoscere homines possunt.

§ 2. Hoc etiam peculiari adstringuntur officio, unusquisque quidem secundum propriam condicionem, ut rerum temporalium ordinem spiritu evangelico imbuant atque perficiant, et ita specialiter in iisdem rebus gerendis atque in muneribus saecularibus exercendis Christi testimonium reddant.

Can. 226 – § 1. Qui in statu coniugali vivunt, iuxta propriam vocationem, peculiari officio tenentur per matrimonium et familiam ad aedificationem populi Dei allaborandi.

§ 2. Parentes, cum vitam filiis contulerint, gravissima obligatione tenentur et iure gaudent eos educandi; ideo parentum christianorum imprimis est christianam filiorum educationem secundum doctrinam ab Ecclesia traditam curare.

Can. 227 – Ius est christifidelibus laicis, ut ipsis agnoscatur ea in rebus civitatis terrenae libertas, quae omnibus civibus competit; eadem tamen libertate utentes, curent ut suae actiones spiritu evangelico imbuantur, et ad doctrinam attendant ab Ecclesiae magisterio propositam, caventes tamen ne in quaestionibus opinabilibus propriam sententiam uti doctrinam Ecclesiae proponant.

Can. 228 – § 1. Laici qui idonei reperiantur, sunt habiles ut a sacris Pastoribus ad illa officia ecclesiastica et munera assumantur, quibus ipsi secundum iuris praescripta fungi valent.

§ 2. Laici debita scientia, prudentia et honestate praestantes, habiles sunt tamquam periti aut consiliarii, etiam in consiliis ad normam iuris, ad Ecclesiae Pastoribus adiutorium praebendum.

Can. 229 – § 1. Laici, ut secundum doctrinam christianam vivere valeant, eandemque et ipsi enuntiare atque, si opus sit, defendere possint, utque in apostolatu exercendo partem suam habere queant, obligatione tenentur et iure gaudent acquirendi eiusdem doctrinae cognitionem, propriae uniuscuiusque capacitati et condicioni aptatam.

§ 2. Iure quoque gaudent pleniorem illam in scientiis sacris acquirendi cognitionem, quae in ecclesiasticis universitatibus facultatibusve aut in institutis scientiarum religiosarum traduntur, ibidem lectiones frequentando et gradus academicos consequendo.

§ 3. Item, servatis praescriptis quoad idoneitatem requisitam statutis, habiles sunt ad mandatum docendi scientias sacras a legitima auctoritate ecclesiastica recipiendum.

Can. 230 – § 1. Viri laici, qui aetate dotibusque pollent Episcoporum conferentiae decreto statutis, per ritum liturgicum praescriptum ad ministeria lectoris et acolythi stabiliter assumi possunt; quae tamen ministeriorum collatio eisdem ius non confert ad sustentationem remunerationemve ab Ecclesia praestandam.

§ 2. Laici ex temporanea deputatione in actionibus liturgicis munus lectoris implere possunt; item omnes laici muneribus commentatoris, cantoris aliisve ad normam iuris fungi possunt.

§ 3. Ubi Ecclesiae necessitas id suadeat, deficientibus ministris, possunt etiam laici, etsi non sint lectores vel acolythi, quaedam eorundem officia supplere, videlicet ministerium verbi exercere, precibus liturgicis praeesse, baptismum conferre atque sacram Communionem distribuere, iuxta iuris praescripta.

Can. 231 – § 1. Laici, qui permanenter aut ad tempus speciali Ecclesiae servitio addicuntur, obligatione tenentur ut aptam acquirant formationem ad munus suum debite implendum requisitam, utque hoc munus conscie, impense et diligenter adimpleant.

§ 2. Firmo praescripto can. 230, § 1, ius habent ad honestam remunerationem suae condicioni aptatam, qua decenter, servatis quoque iuris civilis praescriptis, necessitatibus propriis ac familiae providere valeant; itemque iis ius competit ut ipsorum praevidentiae et securitati sociali et assistentiae sanitariae, quam dicunt, debite prospiciatur.

TITULUS III
DE MINISTRIS SACRIS SEU DE CLERICIS

Caput I
DE CLERICORUM INSTITUTIONE

Can. 232 – Ecclesiae officium est atque ius proprium et exclusivum eos instituendi, qui ad ministeria sacra deputantur.

Can. 233 – § 1. Universae communitati christianae officium incumbit fovendarum vocationum, ut necessitatibus ministerii sacri in tota Ecclesia sufficienter provideatur; speciatim hoc officio tenentur familiae christianae, educatores atque peculiari ratione sacerdotes, praesertim parochi. Episcopi dioecesani, quorum maxime est de vocationibus provehendis curam habere, populum sibi commissum de momento ministerii sacri deque ministrorum in Ecclesia necessitate edoceant, atque incepta ad vocationes fovendas, operibus praesertim ad hoc institutis, suscitent ac sustentent.

§ 2. Solliciti sint insuper sacerdotes, praesertim vero Episcopi dioecesani, ut qui maturioris aetatis viri ad ministeria sacra sese vocatos aestiment, prudenter verbo opereque adiuventur ac debite praeparentur.

Can. 234 – § 1. Serventur, ubi exsistunt, atque foveantur seminaria minora aliave instituta id genus, in quibus nempe, vocationum fovendarum gratia, provideatur ut peculiaris formatio religiosa una cum institutione humanistica et scientifica tradatur; immo, ubi id expedire iudicaverit Episcopus dioecesanus, seminarii minoris similisve instituti erectioni prospiciat.

§ 2. Nisi certis in casibus adiuncta aliud suadeant, iuvenes quibus animus est ad sacerdotium ascendere, ea ornentur humanistica et scientifica formatione, qua iuvenes in sua quisque regione ad studia superiora peragenda praeparantur.

Can. 235 – § 1. Iuvenes, qui ad sacerdotium accedere intendunt, ad formationem spiritualem convenientem et ad officia propria instituantur in seminario maiore per totum formationis tempus, aut, si adiuncta de iudicio Episcopi dioecesani id postulent, per quattuor saltem annos.

§ 2. Qui extra seminarium legitime morantur, ab Episcopo dioecesano commendentur pio et idoneo sacerdoti, qui invigilet ut ad vitam spiritualem et ad disciplinam sedulo efformentur.

Can. 236 – Aspirantes ad diaconatum permanentem secundum Episcoporum conferentiae praescripta ad vitam spiritualem alendam informentur atque ad officia eidem ordini propria rite adimplenda instruantur :

1° iuvenes per tres saltem annos in aliqua domo peculiari degentes, nisi graves ob rationes Episcopus dioecesanus aliter statuerit ;

2° maturioris aetatis viri, sive coelibes sive coniugati, ratione ad tres annos protracta et ab eadem Episcoporum conferentia definita.

Can. 237 – § 1. In singulis dioecesibus sit seminarium maius, ubi id fieri possit atque expediat ; secus concredantur alumni, qui ad sacra ministeria sese praeparent, alieno seminario aut erigatur seminarium interdioecesanum.

§ 2. Seminarium interdioecesanum ne erigatur nisi prius approbatio Apostolicae Sedis, tum ipsius seminarii erectionis tum eiusdem statutorum, obtenta fuerit, et quidem ab Episcoporum conferentia, si agatur de seminario pro universo eius territorio, secus ab Episcopis quorum interest.

Can. 238 – § 1. Seminaria legitime erecta ipso iure personalitate iuridica in Ecclesia gaudent.

§ 2. In omnibus negotiis pertractandis personam seminarii gerit eius rector, nisi de certis negotiis auctoritas competens aliud statuerit.

Can. 239 – § 1. In quolibet seminario habeantur rector, qui ei praesit, et si casus ferat vice-rector, oeconomus, atque si alumni in ipso seminario studiis se dedant, etiam magistri, qui varias disciplinas tradant apta ratione inter se compositas.

§ 2. In quolibet seminario unus saltem adsit spiritus director, relicta libertate alumnis adeundi alios sacerdotes, qui ad hoc munus ab Episcopo deputati sint.

§ 3. Seminarii statutis provideantur rationes, quibus curam rectoris, in disciplina praesertim servanda, participent ceteri moderatores, magistri, immo et ipsi alumni.

Can. 240 – § 1. Praeter confessarios ordinarios, alii regulariter ad seminarium accedant confessarii, atque, salva quidem seminarii disciplina, integrum semper sit alumnis quemlibet confessarium sive in seminario sive extra illud adire.

§ 2. In decisionibus ferendis de alumnis ad ordines admittendis aut e seminario dimittendis, numquam directoris spiritus et confessariorum votum exquiri potest.

Can. 241 – § 1. Ad seminarium maius ab Episcopo dioecesano admittantur tantummodo ii qui, attentis eorum dotibus humanis et mo-

ralibus, spiritualibus et intellectualibus, eorum valetudine physica et
psychica necnon recta voluntate, habiles aestimantur qui ministeriis
sacris perpetuo sese dedicent.

§ 2. Antequam recipiantur, documenta exhibere debent de susceptis
baptismo et confirmatione aliaque quae, secundum praescripta institutionis sacerdotalis Rationis requiruntur.

§ 3. Si agatur de iis admittendis, qui ex alieno seminario vel
instituto religioso dimissi fuerint, requiritur insuper testimonium respectivi superioris praesertim de causa eorum dimissionis vel discessus.

Can. 242 – § 1. In singulis nationibus habeatur institutionis sacerdotalis Ratio, ab Episcoporum conferentia, attentis quidem normis
a suprema Ecclesiae auctoritate latis, statuenda et a Sancta Sede
approbanda, novis quoque adiunctis, approbante item Sancta Sede,
accommodanda, qua institutionis in seminario tradendae definiantur
summa principia atque normae generales necessitatibus pastoralibus
uniuscuiusque regionis vel provinciae, aptatae.

§ 2. Normae Rationis, de qua in § 1, serventur in omnibus seminariis, tum dioecesanis tum interdioecesanis.

Can. 243 – Habeat insuper unumquodque seminarium ordinationem propriam, ab Episcopo dioecesano aut, si de seminario interdioecesano agatur, ab Episcopis quorum interest, probatam, qua normae
institutionis sacerdotalis Rationis adiunctis particularibus accommo-
dentur, ac pressius determinentur praesertim disciplinae capita quae
ad alumnorum cotidianam vitam et totius seminarii ordinem spectant.

Can. 244 – Alumnorum in seminario formatio spiritualis et institutio doctrinalis harmonice componantur, atque ad id ordinentur, ut
iidem iuxta uniuscuiusque indolem una cum debita maturitate humana
spiritum Evangelii et arctam cum Christo necessitudinem acquirant.

Can. 245 – § 1. Per formationem spiritualem alumni idonei fiant ad
ministerium pastorale fructuose exercendum et ad spiritum missionalem
efformentur, discentes ministerium expletum semper in fide viva et in
caritate ad propriam sanctificationem conferre; itemque illas exco-
lere discant virtutes quae in hominum consortione pluris fiunt, ita
quidem ut ad aptam conciliationem inter bona humana et supernatu-
ralia pervenire valeant.

§ 2. Ita formentur alumni ut, amore Ecclesiae Christi imbuti, Pontifici Romano Petri successori humili et filiali caritate devinciantur,
proprio Episcopo tamquam fidi cooperatores adhaereant et sociam cum
fratribus operam praestent; per vitam in seminario communem atque
per amicitiae coniunctionisque necessitudinem cum aliis excultam praeparentur ad fraternam unionem cum dioecesano presbyterio, cuius in
Ecclesiae servitio erunt consortes.

Can. 246 – § 1. Celebratio Eucharistica centrum sit totius vitae seminarii, ita ut cotidie alumni, ipsam Christi caritatem participantes, animi robur pro apostolico labore et pro vita sua spirituali praesertim ex hoc ditissimo fonte hauriant.

§ 2. Efformentur ad celebrationem liturgiae horarum, qua Dei ministri, nomine Ecclesiae pro toto populo sibi commisso, immo pro universo mundo, Deum deprecantur.

§ 3. Foveantur cultus Beatae Mariae Virginis etiam per mariale rosarium, oratio mentalis aliaque pietatis exercitia, quibus alumni spiritum orationis acquirant atque vocationis suae robur consequantur.

§ 4. Ad sacramentum paenitentiae frequenter accedere assuescant alumni, et commendatur ut unusquisque habeat moderatorem suae vitae spiritualis libere quidem electum, cui confidenter conscientiam aperire possit.

§ 5. Singulis annis alumni exercitiis spiritualibus vacent.

Can. 247 – § 1. Ad servandum statum coelibatus congrua educatione praeparentur, eumque ut peculiare Dei donum in honore habere discant.

§ 2. De officiis et oneribus quae ministris sacris Ecclesiae propria sunt, alumni debite reddantur certiores, nulla vitae sacerdotalis difficultate reticita.

Can. 248 – Institutio doctrinalis tradenda eo spectat, ut alumni, una cum cultura generali necessitatibus loci ac temporis consentanea, amplam atque solidam acquirant in disciplinis sacris doctrinam, ita ut, propria fide ibi fundata et inde nutrita, Evangelii doctrinam hominibus sui temporis apte, ratione eorundem ingenio accommodata, nuntiare valeant.

Can. 249 – Institutionis sacerdotalis Ratione provideatur ut alumni non tantum accurate linguam patriam edoceantur, sed etiam linguam latinam bene calleant necnon congruam habeant cognitionem alienarum linguarum, quarum scientia ad eorum formationem aut ad ministerium pastorale exercendum necessaria aut utilis videatur.

Can. 250 – Quae in ipso seminario philosophica et theologica studia ordinantur, aut successive aut coniuncte peragi possunt, iuxta institutionis sacerdotalis Rationem; eadem completum saltem sexennium complectantur, ita quidem ut tempus philosophicis disciplinis dedicandum integrum biennium, studiis vero theologicis integrum quadriennium adaequet.

Can. 251 – Philosophica institutio, quae innixa sit oportet patrimonio philosophico perenniter valido, et rationem etiam habeat philo-

sophicae investigationis progredientis aetatis, ita tradatur, ut alumnorum formationem humanam perficiat, mentis aciem provehat, eosque
ad studia theologica peragenda aptiores reddat.

Can. 252 – § 1. Institutio theologica, in lumine fidei, sub Magisterii ductu, ita impertiatur, ut alumni integram doctrinam catholicam, divina Revelatione innixam, cognoscant, propriae vitae spiritualis
reddant alimentum eamque, in ministerio exercendo, rite annuntiare
ac tueri valeant.

§ 2. In sacra Scriptura peculiari diligentia erudiantur alumni,
ita ut totius sacrae Scripturae conspectum acquirant.

§ 3. Lectiones habeantur theologiae dogmaticae, verbo Dei scripto
una cum sacra Traditione semper innixae, quarum ope alumni mysteria
salutis, s. Thoma praesertim magistro, intimius penetrare addiscant,
itemque lectiones theologiae moralis et pastoralis, iuris canonici, liturgiae, historiae ecclesiasticae, necnon aliarum disciplinarum, auxilia-
rium atque specialium, ad normam praescriptorum institutionis sacerdotalis Rationis.

Can. 253 – § 1. Ad magistri munus in disciplinis philosophicis,
theologicis et iuridicis, ab Episcopo aut ab Episcopis, quorum interest,
ii tantum nominentur qui, virtutibus praestantes, laurea doctorali
aut licentia potiti sunt in universitate studiorum aut facultate a Sancta
Sede recognita.

§ 2. Curetur ut distincti totidem nominentur magistri qui do-
ceant sacram Scripturam, theologiam dogmaticam, theologiam moralem, liturgiam, philosophiam, ius canonicum, historiam ecclesiasticam,
aliasque, quae propria methodo tradendae sunt, disciplinas.

§ 3. Magister qui a munere suo graviter deficiat, ab auctoritate,
de qua in § 1, amoveatur.

Can. 254 – § 1. Magistri in disciplinis tradendis de intima universae doctrinae fidei unitate et harmonia iugiter solliciti sint, ut unam
scientiam alumni se discere experiantur; quo aptius id obtineatur,
adsit in seminario qui integram studiorum ordinationem moderetur.

§ 2. Ita alumni edoceantur, ut et ipsi habiles fiant ad quaestiones
aptis investigationibus propriis scientifica methodo examinandas; habeantur igitur exercitationes, in quibus, sub moderamine magistrorum,
alumni proprio labore studia quaedam persolvere discant.

Can. 255 – Licet universa alumnorum in seminario formatio pastoralem finem persequatur, institutio stricte pastoralis in eodem ordinetur, qua alumni principia et artes addiscant quae, attentis quoque
loci ac temporis necessitatibus, ad ministerium Dei populum docendi,
sanctificandi et regendi exercendum pertineant.

Can. 256 – § 1. Diligenter instruantur alumni in iis quae peculiari ratione ad sacrum ministerium spectant, praesertim in arte catechetica et homiletica exercenda, in cultu divino peculiarique modo in sacramentis celebrandis, in commercio cum hominibus, etiam non catholicis vel non credentibus, habendo, in paroecia administranda atque in ceteris muneribus adimplendis.

§ 2. Edoceantur alumni de universae Ecclesiae necessitatibus, ita ut sollicitudinem habeant de vocationibus promovendis, de quaestionibus missionalibus, oecumenicis necnon de aliis, socialibus quoque, urgentioribus.

Can. 257 – § 1. Alumnorum institutioni ita provideatur, ut non tantum Ecclesiae particularis in cuius servitio incardinentur, sed universae quoque Ecclesiae sollicitudinem habeant, atque paratos se exhibeant Ecclesiis particularibus, quarum gravis urget necessitas, sese devovere.

§ 2. Curet Episcopus dioecesanus ut clerici, a propria Ecclesia particulari ad Ecclesiam particularem alterius regionis transmigrare intendentes, apte praeparentur ad ibidem sacrum ministerium exercendum, ut scilicet et linguam regionis addiscant, et eiusdem institutorum, condicionum socialium, usuum et consuetudinum intellegentiam habeant.

Can. 258 – Ut apostolatus exercendi artem in opere ipso etiam addiscant, alumni, studiorum curriculo decurrente, praesertim vero feriarum tempore, praxi pastorali initientur per opportunas, sub moderamine semper sacerdotis periti, exercitationes, alumnorum aetati et locorum condicioni aptatas, de iudicio Ordinarii determinandas.

Can. 259 – § 1. Episcopo dioecesano aut, si de seminario interdioecesano agatur, Episcopis quorum interest, competit quae ad seminarii superius regimen et administrationem spectant, decernere.

§ 2. Episcopus dioecesanus aut, si de seminario interdioecesano agatur, Episcopi quorum interest, frequenter seminarium ipsi visitent, in formationem suorum alumnorum necnon in institutionem, quae in eodem tradatur, philosophicam et theologicam invigilent, et de alumnorum vocatione, indole, pietate ac profectu cognitionem sibi comparent, maxime intuitu sacrarum ordinationum conferendarum.

Can. 260 – Rectori, cuius est cotidianum moderamen curare seminarii, ad normam quidem institutionis sacerdotalis Rationis ac seminarii ordinationis, omnes in propriis muneribus adimplendis obtemperare debent.

Can. 261 – § 1. Seminarii rector itemque, sub eiusdem auctoritate, moderatores et magistri pro parte sua curent ut alumni normas

Ratione institutionis sacerdotalis necnon seminarii ordinatione prae-scriptas adamussim servent.

§ 2. Sedulo provideant seminarii rector atque studiorum modera-tor ut magistri suo munere rite fungantur, secundum praescripta Rationis institutionis sacerdotalis ac seminarii ordinationis.

Can. 262 – Exemptum a regimine paroeciali seminarium esto : et pro omnibus qui in seminario sunt, parochi officium, excepta materia matrimoniali et firmo praescripto can. 985, obeat seminarii rector eiusve delegatus.

Can. 263 – Episcopus dioecesanus vel, si de seminario interdioece-sano agatur, Episcopi quorum interest, pro parte ab eis communi consilio determinata, curare debent ut provideatur seminarii consti-tutioni et conservationi, alumnorum sustentationi necnon magistrorum remunerationi aliisque seminarii necessitatibus.

Can. 264 – § 1. Ut seminarii necessitatibus provideatur, praeter stipem de qua in can. 1266, potest Episcopus in dioecesi tributum imponere.

§ 2. Tributo pro seminario obnoxiae sunt cunctae personae iuri-dicae ecclesiasticae, etiam privatae quae sedem in dioecesi habeant, nisi solis eleemosynis sustententur aut in eis collegium discentium vel docentium ad commune Ecclesiae bonum promovendum actu habeatur ; huiusmodi tributum debet esse generale, reditibus eorum qui eidem obnoxii sunt proportionatum, atque iuxta necessitates seminarii deter-minatum.

Caput II

DE CLERICORUM ADSCRIPTIONE SEU INCARDINATIONE

Can. 265 – Quemlibet clericum oportet esse incardinatum aut alicui Ecclesiae particulari vel Praelaturae personali, aut alicui instituto vitae consecratae vel societati hac facultate praeditis, ita ut clerici acephali seu vagi minime admittantur.

Can. 266 – § 1. Per receptum diaconatum aliquis fit clericus et in-cardinatur Ecclesiae particulari vel Praelaturae personali pro cuius servitio promotus est.

§ 2. Sodalis in instituto religioso votis perpetuis professus aut societati clericali vitae apostolicae definitive incorporatus, per receptum diaconatum incardinatur tamquam clericus eidem instituto aut socie-tati, nisi ad societates quod attinet aliter ferant constitutiones.

§ 3. Sodalis instituti saecularis per receptum diaconatum incar-dinatur Ecclesiae particulari pro cuius servitio promotus est, nisi vi concessionis Sedis Apostolicae ipsi instituto incardinetur.

Can. 267 – § 1. Ut clericus iam incardinatus alii Ecclesiae particulari valide incardinetur, ab Episcopo dioecesano obtinere debet litteras ab eodem subscriptas excardinationis; et pariter ab Episcopo dioecesano Ecclesiae particularis cui se incardinari desiderat, litteras ab eodem subscriptas incardinationis.

§ 2. Excardinatio ita concessa effectum non sortitur nisi incardinatione obtenta in alia Ecclesia particulari.

Can. 268 – § 1. Clericus qui a propria Ecclesia particulari in aliam legitime transmigraverit, huic Ecclesiae particulari, transacto quinquennio, ipso iure incardinatur, si talem voluntatem in scriptis manifestaverit tum Episcopo dioecesano Ecclesiae hospitis tum Episcopo dioecesano proprio, neque horum alteruter ipsi contrariam scripto mentem intra quattuor menses a receptis litteris significaverit.

§ 2. Per admissionem perpetuam aut definitivam in institutum vitae consecratae aut in societatem vitae apostolicae, clericus qui, ad normam can. 266, eidem instituto aut societati incardinatur, a propria Ecclesia particulari excardinatur.

Can. 269 – Ad incardinationem clerici Episcopus dioecesanus ne deveniat nisi :

1° necessitas aut utilitas suae Ecclesiae particularis id exigat, et salvis iuris praescriptis honestam sustentationem clericorum respicientibus;

2° ex legitimo documento sibi constiterit de concessa excardinatione, et habuerit praeterea ab Episcopo dioecesano excardinanti, sub secreto si opus sit, de clerici vita, moribus ac studiis opportuna testimonia;

3° clericus eidem Episcopo dioecesano scripto declaraverit se novae Ecclesiae particularis servitio velle addici ad normam iuris.

Can. 270 – Excardinatio licite concedi potest iustis tantum de causis, quales sunt Ecclesiae utilitas aut bonum ipsius clerici; denegari autem non potest nisi exstantibus gravibus causis; licet tamen clerico, qui se gravatum censuerit et Episcopum receptorem invenerit, contra decisionem recurrere.

Can. 271 – § 1. Extra casum verae necessitatis Ecclesiae particularis propriae, Episcopus dioecesanus ne deneget licentiam transmigrandi clericis, quos paratos sciat atque aptos aestimet qui regiones petant gravi cleri inopia laborantes, ibidem sacrum ministerium peracturi; prospiciat vero ut per conventionem scriptam cum Episcopo dioecesano loci, quem petunt, iura et officia eorundem clericorum stabiliantur.

§ 2. Episcopus dioecesanus licentiam ad aliam Ecclesiam particularem transmigrandi concedere potest suis clericis ad tempus praefinitum, etiam pluries renovandum, ita tamen ut iidem clerici propriae Ecclesiae particulari incardinati maneant, atque in eandem redeuntes omnibus gaudeant iuribus, quae haberent si in ea sacro ministerio addicti fuissent.

§ 3. Clericus qui legitime in aliam Ecclesiam particularem transierit propriae Ecclesiae manens incardinatus, a proprio Episcopo dioecesano iusta de causa revocari potest, dummodo serventur conventiones cum altero Episcopo initae atque naturalis aequitas; pariter, iisdem condicionibus servatis, Episcopus dioecesanus alterius Ecclesiae particularis iusta de causa poterit eidem clerico licentiam ulterioris commorationis in suo territorio denegare.

Can. 272 – Excardinationem et incardinationem, itemque licentiam ad aliam Ecclesiam particularem transmigrandi concedere nequit Administrator dioecesanus, nisi post annum a vacatione sedis episcopalis, et cum consensu collegii consultorum.

CAPUT III
DE CLERICORUM OBLIGATIONIBUS ET IURIBUS

Can. 273 – Clerici speciali obligatione tenentur Summo Pontifici et suo quisque Ordinario reverentiam et oboedientiam exhibendi.

Can. 274 – § 1. Soli clerici obtinere possunt officia ad quorum exercitium requiritur potestas ordinis aut potestas regiminis ecclesiastici.

§ 2. Clerici, nisi legitimo impedimento excusentur, munus, quod ipsis a suo Ordinario commissum fuerit, suscipere ac fideliter adimplere tenentur.

Can. 275 – § 1. Clerici, quippe qui omnes ad unum conspirent opus, ad aedificationem nempe Corporis Christi, vinculo fraternitatis et orationis inter se uniti sint, et cooperationem inter se prosequantur, iuxta iuris particularis praescripta.

§ 2. Clerici missionem agnoscant et promoveant, quam pro sua quisque parte laici in Ecclesia et in mundo exercent.

Can. 276 – § 1. In vita sua ducenda ad sanctitatem persequendam peculiari ratione tenentur clerici, quippe qui, Deo in ordinis receptione novo titulo consecrati, dispensatores sint mysteriorum Dei in servitium Eius populi.

§ 2. Ut hanc perfectionem persequi valeant:

1° imprimis ministerii pastoralis officia fideliter et indefesse adimpleant;

2° duplici mensa sacrae Scripturae et Eucharistiae vitam suam spiritualem nutriant; enixe igitur sacerdotes invitantur ut cotidie Sacrificium eucharisticum offerant, diaconi vero ut eiusdem oblationem cotidie participent;

3° obligatione tenentur sacerdotes necnon diaconi ad presbyteratum aspirantes cotidie liturgiam horarum persolvendi secundum proprios et probatos liturgicos libros; diaconi autem permanentes eandem persolvant pro parte ab Episcoporum conferentia definita;

4° pariter tenentur ad vacandum recessibus spiritualibus, iuxta iuris particularis praescripta;

5° sollicitantur ut orationi mentali regulariter incumbant, frequenter ad paenitentiae sacramentum accedant, Deiparam Virginem peculiari veneratione colant, aliisque mediis sanctificationis utantur communibus et particularibus.

Can. 277 – § 1. Clerici obligatione tenentur servandi perfectam perpetuamque propter Regnum coelorum continentiam, ideoque ad coelibatum adstringuntur, quod est peculiare Dei donum, quo quidem sacri ministri indiviso corde Christo facilius adhaerere possunt atque Dei hominumque servitio liberius sese dedicare valent.

§ 2. Debita cum prudentia clerici se gerant cum personis, quarum frequentatio ipsorum obligationem ad continentiam servandam in discrimen vocare aut in fidelium scandalum vertere possit.

§ 3. Competit Episcopo dioecesano ut hac de re normas statuat magis determinatas utque de huius obligationis observantia in casibus particularibus iudicium ferat.

Can. 278 – § 1. Ius est clericis saecularibus sese consociandi cum aliis ad fines statui clericali congruentes prosequendos.

§ 2. Magni habeant clerici saeculares praesertim illas consociationes quae, statutis a competenti auctoritate recognitis, per aptam et convenienter approbatam vitae ordinationem et fraternum iuvamen, sanctitatem suam in ministerii exercitio fovent, quaeque clericorum inter se et cum proprio Episcopo unioni favent.

§ 3. Clerici abstineant a constituendis aut participandis consociationibus, quarum finis aut actio cum obligationibus statui clericali propriis componi nequeunt vel diligentem muneris ipsis ab auctoritate ecclesiastica competenti commissi adimpletionem praepedire possunt.

Can. 279 – § 1. Clerici studia sacra, recepto etiam sacerdotio, prosequantur, et solidam illam doctrinam, sacra Scriptura fundatam, a maioribus traditam et communiter ab Ecclesia receptam sectentur, uti documentis praesertim Conciliorum ac Romanorum Pontificum determinatur, devitantes profanas vocum novitates et falsi nominis scientiam.

§ 2. Sacerdotes, iuxta iuris particularis praescripta, praelectiones pastorales post ordinationem sacerdotalem instituendas frequentent atque, statutis eodem iure temporibus, aliis quoque intersint praelectionibus, conventibus theologicis aut conferentiis, quibus ipsis praebeatur occasio pleniorem scientiarum sacrarum et methodorum pastoralium cognitionem acquirendi.

§ 3. Aliarum quoque scientiarum, earum praesertim quae cum sacris conectuntur, cognitionem prosequantur, quatenus praecipue ad ministerium pastorale exercendum confert.

Can. 280 – Clericis valde commendatur quaedam vitae communis consuetudo; quae quidem, ubi viget, quantum fieri potest, servanda est.

Can. 281 – § 1. Clerici, cum ministerio ecclesiastico se dedicant, remunerationem merentur quae suae condicioni congruat, ratione habita tum ipsius muneris naturae, tum locorum temporumque condicionum, quaque ipsi possint necessitatibus vitae suae necnon aequae retributioni eorum, quorum servitio egent, providere.

§ 2. Item providendum est ut gaudeant illa sociali adsistentia, qua eorum necessitatibus, si infirmitate, invaliditate vel senectute laborent, apte prospiciatur.

§ 3. Diaconi uxorati, qui plene ministerio ecclesiastico sese devovent, remunerationem merentur qua sui suaeque familiae sustentationi providere valeant; qui vero ratione professionis civilis, quam exercent aut exercuerunt, remunerationem obtineant, ex perceptis inde reditibus sibi suaeque familiae necessitatibus consulant.

Can. 282 – § 1. Clerici vitae simplicitatem colant et ab omnibus quae vanitatem sapiunt se abstineant.

§ 2. Bona, quae occasione exercitii ecclesiastici officii ipsis obveniunt, quaeque supersunt, provisa ex eis honesta sustentatione et omnium officiorum proprii status adimpletione, ad bonum Ecclesiae operaque caritatis impendere velint.

Can. 283 – § 1. Clerici, licet officium residentiale non habeant, a sua tamen dioecesi per notabile tempus, iure particulari determinandum, sine licentia saltem praesumpta Ordinarii proprii, ne discedant.

§ 2. Ipsis autem competit ut debito et sufficienti quotannis gaudeant feriarum tempore, iure universali vel particulari determinato.

Can. 284 – Clerici decentem habitum ecclesiasticum, iuxta normas ab Episcoporum conferentia editas atque legitimas locorum consuetudines, deferant.

Can. 285 – § 1. Clerici ab iis omnibus, quae statum suum dedecent, prorsus abstineant, iuxta iuris particularis praescripta.

§ 2. Ea quae, licet non indecora, a clericali tamen statu aliena sunt, clerici vitent.

§ 3. Officia publica, quae participationem in exercitio civilis potestatis secumferunt, clerici assumere vetantur.

§ 4. Sine licentia sui Ordinarii, ne ineant gestiones bonorum ad laicos pertinentium aut officia saecularia, quae secumferunt onus reddendarum rationum; a fideiubendo, etiam de bonis propriis, inconsulto proprio Ordinario, prohibentur; item a subscribendis syngraphis, quibus nempe obligatio solvendae pecuniae, nulla definita causa, suscipitur, abstineant.

Can. 286 – Prohibentur clerici per se vel per alios, sive in propriam sive in aliorum utilitatem, negotiationem aut mercaturam exercere, nisi de licentia legitimae auctoritatis ecclesiasticae.

Can. 287 – § 1. Clerici pacem et concordiam iustitia innixam inter homines servandam quam maxime semper foveant.

§ 2. In factionibus politicis atque in regendis consociationibus syndicalibus activam partem ne habeant, nisi iudicio competentis auctoritatis ecclesiasticae, Ecclesiae iura tuenda aut bonum commune promovendum id requirant.

Can. 288 – Diaconi permanentes praescriptis canonum 284, 285, §§ 3 et 4, 286, 287, § 2 non tenentur, nisi ius particulare aliud statuat.

Can. 289 – § 1. Cum servitium militare statui clericali minus congruat, clerici itemque candidati ad sacros ordines militiam ne capessant voluntarii, nisi de sui Ordinarii licentia.

§ 2. Clerici utantur exemptionibus, quas ab exercendis muneribus et publicis civilibus officiis a statu clericali alienis, in eorum favorem eaedem leges aut conventiones vel consuetudines concedunt, nisi in casibus particularibus aliter Ordinarius proprius decreverit.

Caput IV

DE AMISSIONE STATUS CLERICALIS

Can. 290 – Sacra ordinatio, semel valide recepta, numquam irrita fit. Clericus tamen statum clericalem amittit:

1° sententia iudiciali aut decreto administrativo, quo invaliditas sacrae ordinationis declaratur;

2° poena dimissionis legitime irrogata;

3° rescripto Apostolicae Sedis; quod vero rescriptum diaconis ob graves tantum causas, presbyteris ob gravissimas causas ab Apostolica Sede conceditur.

Can. 291 – Praeter casus de quibus in can. 290, n. 1, amissio status clericalis non secumfert dispensationem ab obligatione coelibatus, quae ab uno tantum Romano Pontifice conceditur.

Can. 292 – Clericus qui statum clericalem ad normam iuris amittit, cum eo amittit iura statui clericali propria, nec ullis iam adstringitur obligationibus status clericalis, firmo praescripto can. 291; potestatem ordinis exercere prohibetur, salvo praescripto can. 976; eo ipso privatur omnibus officiis, muneribus et potestate qualibet delegata.

Can. 293 – Clericus qui statum clericalem amisit, nequit denuo inter clericos adscribi, nisi per Apostolicae Sedis rescriptum.

TITULUS IV
DE PRAELATURIS PERSONALIBUS

Can. 294 – Ad aptam presbyterorum distributionem promovendam aut ad peculiaria opera pastoralia vel missionalia pro variis regionibus aut diversis coetibus socialibus perficienda, praelaturae personales quae presbyteris et diaconis cleri saecularis constent, ab Apostolica Sede, auditis quarum interest Episcoporum conferentiis, erigi possunt.

Can. 295 – § 1. Praelatura personalis regitur statutis ab Apostolica Sede conditis, eique praeficitur Praelatus ut Ordinarius proprius, cui ius est nationale vel internationale seminarium erigere necnon alumnos incardinare, eosque titulo servitii praelaturae ad ordines promovere.

§ 2. Praelatus prospicere debet sive spirituali institutioni illorum, quos titulo praedicto promoverat, sive eorundem decorae sustentationi.

Can. 296 – Conventionibus cum praelatura initis, laici operibus apostolicis praelaturae personalis sese dedicare possunt; modus vero huius organicae cooperationis atque praecipua officia et iura cum illa coniuncta in statutis apte determinentur.

Can. 297 – Statuta pariter definiant rationes praelaturae personalis cum Ordinariis locorum, in quorum Ecclesiis particularibus ipsa praelatura sua opera pastoralia vel missionalia, praevio consensu Episcopi dioecesani, exercet vel exercere desiderat.

TITULUS V
DE CHRISTIFIDELIUM CONSOCIATIONIBUS

Caput I
NORMAE COMMUNES

Can. 298 – § 1. In Ecclesia habentur consociationes distinctae ab institutis vitae consecratae et societatibus vitae apostolicae, in quibus christifideles, sive clerici sive laici sive clerici et laici simul, communi opera contendunt ad perfectiorem vitam fovendam, aut ad cultum publicum vel doctrinam christianam promovendam, aut ad alia apostolatus opera, scilicet ad evangelizationis incepta, ad pietatis vel caritatis opera exercenda et ad ordinem temporalem christiano spiritu animandum.

§ 2. Christifideles sua nomina dent iis praesertim consociationibus, quae a competenti auctoritate ecclesiastica aut erectae aut laudatae vel commendatae sint.

Can. 299 – § 1. Integrum est christifidelibus, privata inter se conventione inita, consociationes constituere ad fines de quibus in can. 298, § 1 persequendos, firmo praescripto can. 301, § 1.

§ 2. Huiusmodi consociationes, etiamsi ab auctoritate ecclesiastica laudentur vel commendentur, consociationes privatae vocantur.

§ 3. Nulla christifidelium consociatio privata in Ecclesia agnoscitur, nisi eius statuta ab auctoritate competenti recognoscantur.

Can. 300 – Nulla consociatio nomen « catholica » sibi assumat, nisi de consensu competentis auctoritatis ecclesiasticae, ad normam can. 312.

Can. 301 – § 1. Unius auctoritatis ecclesiasticae competentis est erigere christifidelium consociationes, quae sibi proponant doctrinam christianam nomine Ecclesiae tradere aut cultum publicum promovere, vel quae alios intendant fines, quorum prosecutio natura sua eidem auctoritati ecclesiasticae reservatur.

§ 2. Auctoritas ecclesiastica competens, si id expedire iudicaverit, christifidelium consociationes quoque erigere potest ad alios fines spirituales directe vel indirecte prosequendos, quorum consecutioni per privatorum incepta non satis provisum sit.

§ 3. Christifidelium consociationes quae a competenti auctoritate ecclesiastica eriguntur, consociationes publicae vocantur.

Can. 302 – Christifidelium consociationes clericales, eae dicuntur, quae sub moderamine sunt clericorum, exercitium ordinis sacri assumunt atque uti tales a competenti auctoritate agnoscuntur.

Can. 303 – Consociationes, quarum sodales, in saeculo spiritum alicuius instituti religiosi participantes, sub altiore eiusdem instituti moderamine, vitam apostolicam ducunt et ad perfectionem christianam contendunt, tertii ordines dicuntur aliove congruenti nomine vocantur.

Can. 304 – § 1. Omnes christifidelium consociationes, sive publicae sive privatae, quocumque titulo seu nomine vocantur, sua habeant statuta, quibus definiantur consociationis finis seu obiectum sociale, sedes, regimen et condiciones ad partem in iisdem habendam requisitae, quibusque determinentur agendi rationes, attentis quidem temporis et loci necessitate vel utilitate.

§ 2. Titulum seu nomen sibi eligant, temporis et loci usibus accommodatum, maxime ab ipso fine, quem intendunt, selectum.

Can. 305 – § 1. Omnes christifidelium consociationes subsunt vigilantiae auctoritatis ecclesiasticae competentis, cuius est curare ut in iisdem integritas fidei ac morum servetur, et invigilare ne in disciplinam ecclesiasticam abusus irrepant, cui itaque officium et ius competunt ad normam iuris et statutorum easdem invisendi; subsunt etiam eiusdem auctoritatis regimini secundum praescripta canonum, qui sequuntur.

§ 2. Vigilantiae Sanctae Sedis subsunt consociationes cuiuslibet generis; vigilantiae Ordinarii loci subsunt consociationes dioecesanae necnon aliae consociationes, quatenus in dioecesi operam exercent.

Can. 306 – Ut quis consociationis iuribus atque privilegiis, indulgentiis aliisque gratiis spiritualibus eidem consociationi concessis fruatur, necesse est et sufficit ut secundum iuris praescripta et propria consociationis statuta, in eandem valide receptus sit et ab eadem non sit legitime dimissus.

Can. 307 – § 1. Membrorum receptio fiat ad normam iuris ac statutorum uniuscuiusque consociationis.

§ 2. Eadem persona adscribi potest pluribus consociationibus.

§ 3. Sodales institutorum religiosorum possunt consociationibus, ad normam iuris proprii, de consensu sui Superioris nomen dare.

Can. 308 – Nemo legitime adscriptus a consociatione dimittatur, nisi iusta de causa ad normam iuris et statutorum.

Can. 309 – Consociationibus legitime constitutis ius est, ad normam iuris et statutorum, edendi peculiares normas ipsam consociationem respicientes, celebrandi comitia, designandi moderatores, officiales, ministros atque bonorum administratores.

Can. 310 – Consociatio privata quae persona iuridica non fuerit constituta, qua talis subiectum esse non potest obligationum et iurium; christifideles tamen in ea consociati coniunctim obligationes contrahere atque uti condomini et compossessores iura et bona acquirere et possidere possunt; quae iura et obligationes per mandatarium seu procuratorem exercere valent.

Can. 311 – Sodales institutorum vitae consecratae qui consociationibus suo instituto aliquo modo unitis praesunt aut assistunt, curent ut eaedem consociationes operibus apostolatus in dioecesi exsistentibus adiutorium praebeant, cooperantes praesertim, sub directione Ordinarii loci, cum consociationibus quae ad apostolatum in dioecesi exercendum ordinantur.

CAPUT II

DE CHRISTIFIDELIUM CONSOCIATIONIBUS PUBLICIS

Can. 312 – § 1. Ad erigendas consociationes publicas auctoritas competens est:

1° pro consociationibus universalibus atque internationalibus, Sancta Sedes;

2° pro consociationibus nationalibus, quae scilicet ex ipsa erectione destinantur ad actionem in tota natione exercendam, Episcoporum conferentia in suo territorio;

3° pro consociationibus dioecesanis, Episcopus dioecesanus in suo cuiusque territorio, non vero Administrator dioecesanus, iis tamen consociationibus exceptis quarum erigendarum ius ex apostolico privilegio aliis reservatum est.

§ 2. Ad validam erectionem consociationis aut sectionis consociationis in dioecesi, etiamsi id vi privilegii apostolici fiat, requiritur consensus Episcopi dioecesani scripto datus; consensus tamen ab Episcopo dioecesano praestitus pro erectione domus instituti religiosi valet etiam ad erigendam in eadem domo vel ecclesia ei adnexa consociationem quae illius instituti sit propria.

Can. 313 – Consociatio publica itemque consociationum publicarum confoederatio, ipso decreto quo ab auctoritate ecclesiastica ad normam can. 312 competenti erigitur, persona iuridica constituitur et missionem recipit, quatenus requiritur, ad fines quos ipsa sibi nomine Ecclesiae persequendos proponit.

Can. 314 – Cuiuslibet consociationis publicae statuta, eorumque recognitio vel mutatio, approbatione indigent auctoritatis ecclesiasticae cui competit consociationis erectio ad normam can. 312, § 1.

Can. 315 – Consociationes publicae incepta propriae indoli congrua sua sponte suscipere valent, eaedemque reguntur ad normam statutorum, sub altiore tamen directione auctoritatis ecclesiasticae, de qua in can. 312, § 1.

Can. 316 – § 1. Qui publice fidem catholicam abiecerit vel a communione ecclesiastica defecerit vel excommunicatione irrogata aut declarata irretitus sit, valide in consociationes publicas recipi nequit.

§ 2. Qui legitime adscripti in casum inciderint de quo in § 1, praemissa monitione, a consociatione dimittantur, servatis eius statutis et salvo iure recursus ad auctoritatem ecclesiasticam, de qua in can. 312, § 1.

Can. 317 – § 1. Nisi aliud in statutis praevideatur, auctoritatis ecclesiasticae, de qua in can. 312, § 1, est consociationis publicae moderatorem ab ipsa consociatione publica electum confirmare aut praesentatum instituere aut iure proprio nominare; cappellanum vero seu assistentem ecclesiasticum, auditis ubi id expediat consociationis officialibus maioribus, nominat eadem auctoritas ecclesiastica.

§ 2. Norma in § 1 statuta valet etiam pro consociationibus a sodalibus institutorum religiosorum vi apostolici privilegii extra proprias ecclesias vel domos erectis; in consociationibus vero a sodalibus institutorum religiosorum in propria ecclesia vel domo erectis, nominatio aut confirmatio moderatoris et cappellani pertinet ad Superiorem instituti, ad normam statutorum.

§ 3. In consociationibus quae non sunt clericales, laici exercere valent munus moderatoris; cappellanus seu adsistens ecclesiasticus ad illud munus ne assumatur, nisi aliud in statutis caveatur.

§ 4. In publicis christifidelium consociationibus quae directe ad apostolatum exercendum ordinantur, moderatores ne ii sint, qui in factionibus politicis officium directionis adimplent.

Can. 318 – § 1. In specialibus adiunctis, ubi graves rationes id requirant, potest ecclesiastica auctoritas, de qua in can. 312, § 1, designare commissarium, qui eius nomine consociationem ad tempus moderetur.

§ 2. Moderatorem consociationis publicae iusta de causa removere potest qui eum nominavit aut confirmavit, auditis tamen tum ipso moderatore tum consociationis officialibus maioribus ad normam statutorum; cappellanum vero removere potest, ad normam cann. 192-195, qui eum nominavit.

Can. 319 – § 1. Consociatio publica legitime erecta, nisi aliud cautum sit, bona quae possidet ad normam statutorum administrat sub superiore directione auctoritatis ecclesiasticae de qua in can. 312, § 1, cui quotannis administrationis rationem reddere debet.

§ 2. Oblationum quoque et eleemosynarum, quas collegerit, eidem auctoritati fidelem erogationis rationem reddere debet.

Can. 320 – § 1. Consociationes a Sancta Sede erectae nonnisi ab eadem supprimi possunt.

§ 2. Ob graves causas ab Episcoporum conferentia supprimi possunt consociationes ab eadem erectae; ab Episcopo dioecesano consociationes a se erectae, et etiam consociationes ex apostolico indulto a sodalibus institutorum religiosorum de consensu Episcopi dioecesani erectae.

§ 3. Consociatio publica ab auctoritate competenti ne supprimatur, nisi auditis eius moderatore aliisque officialibus maioribus.

CAPUT III

DE CHRISTIFIDELIUM CONSOCIATIONIBUS PRIVATIS

Can. 321 – Consociationes privatas christifideles secundum statutorum praescripta dirigunt et moderantur.

Can. 322 – § 1. Consociatio christifidelium privata personalitatem iuridicam acquirere potest per decretum formale auctoritatis ecclesiasticae competentis, de qua in can. 312.

§ 2. Nulla christifidelium consociatio privata personalitatem iuridicam acquirere potest, nisi eius statuta ab auctoritate ecclesiastica, de qua in can. 312, § 1, sint probata; statutorum vero probatio consociationis naturam privatam non immutat.

Can. 323 – § 1. Licet christifidelium consociationes privatae autonomia gaudeant ad normam can. 321, subsunt vigilantiae auctoritatis ecclesiasticae ad normam can. 305, itemque eiusdem auctoritatis regimini.

§ 2. Ad auctoritatem ecclesiasticam etiam spectat, servata quidem autonomia consociationibus privatis propria, invigilare et curare ut virium dispersio vitetur, earumque apostolatus exercitium ad bonum commune ordinetur.

Can. 324 – § 1. Christifidelium consociatio privata libere sibi moderatorem et officiales designat, ad normam statutorum.

§ 2. Christifidelium consociatio privata consiliarium spiritualem, si quemdam exoptet, libere sibi eligere potest inter sacerdotes ministerium legitime in dioecesi exercentes; qui tamen indiget confirmatione Ordinarii loci.

Can. 325 – § 1. Christifidelium consociatio privata ea bona quae possidet libere administrat, iuxta statutorum praescripta, salvo iure auctoritatis ecclesiasticae competentis vigilandi ut bona in fines associationis adhibeantur.

§ 2. Eadem subest loci Ordinarii auctoritati ad normam can. 1301 quod attinet ad administrationem erogationemque bonorum, quae ipsi ad pias causas donata aut relicta sint.

Can. 326 – § 1. Extinguitur christifidelium consociatio privata ad normam statutorum; supprimi etiam potest a competenti auctoritate, si eius actio in grave damnum cedit doctrinae vel disciplinae ecclesiasticae, aut scandalo est fidelium.

§ 2. Destinatio bonorum consociationis extinctae ad normam statutorum determinanda est, salvis iuribus quaesitis atque oblatorum voluntate.

Caput IV
NORMAE SPECIALES DE LAICORUM CONSOCIATIONIBUS

Can. 327 – Christifideles laici magni faciant consociationes ad spirituales fines, de quibus in can. 298, constitutas, eas speciatim quae rerum temporalium ordinem spiritu christiano animare sibi proponunt atque hoc modo intimam inter fidem et vitam magnopere fovent unionem.

Can. 328 – Qui praesunt consociationibus laicorum, iis etiam quae vi privilegii apostolici erectae sunt, curent ut suae cum aliis christifidelium consociationibus, ubi id expediat, cooperentur, utque variis operibus christianis, praesertim in eodem territorio exsistentibus, libenter auxilio sint.

Can. 329 – Moderatores consociationum laicorum curent, ut sodales consociationis ad apostolatum laicis proprium exercendum debite efformentur.

PARS II

DE ECCLESIAE
CONSTITUTIONE HIERARCHICA

SECTIO I
DE SUPREMA ECCLESIAE AUCTORITATE

Caput I
DE ROMANO PONTIFICE DEQUE COLLEGIO EPISCOPORUM

Can. 330 – Sicut, statuente Domino, sanctus Petrus et ceteri Apostoli unum Collegium constituunt, pari ratione Romanus Pontifex, successor Petri, et Episcopi, successores Apostolorum, inter se coniunguntur.

Art. 1
De Romano Pontifice

Can. 331 – Ecclesiae Romanae Episcopus, in quo permanet munus a Domino singulariter Petro, primo Apostolorum, concessum et successoribus eius transmittendum, Collegii Episcoporum est caput, Vicarius Christi atque universae Ecclesiae his in terris Pastor; qui ideo vi muneris sui suprema, plena, immediata et universali in Ecclesia gaudet ordinaria potestate, quam semper libere exercere valet.

Can. 332 – § 1. Plenam et supremam in Ecclesia potestatem Romanus Pontifex obtinet legitima electione ab ipso acceptata una cum episcopali consecratione. Quare, eandem potestatem obtinet a momento acceptationis electus ad summum pontificatum, qui episcopali charactere insignitus est. Quod si charactere episcopali electus careat, statim ordinetur Episcopus.

§ 2. Si contingat ut Romanus Pontifex muneri suo renuntiet, ad validitatem requiritur ut renuntiatio libere fiat et rite manifestetur, non vero ut a quopiam acceptetur.

Can. 333 – § 1. Romanus Pontifex, vi sui muneris, non modo in universam Ecclesiam potestate gaudet, sed et super omnes Ecclesias particulares earumque coetus ordinariae potestatis obtinet principatum, quo quidem insimul roboratur atque vindicatur potestas propria, ordinaria et immediata, qua in Ecclesias particulares suae curae commissas Episcopi pollent.

§ 2. Romanus Pontifex in munere supremi Ecclesiae Pastoris explendo, communione cum ceteris Episcopis immo et universa Ecclesia semper est coniunctus; ipsi ius tamen est, iuxta Ecclesiae necessitates, determinare modum, sive personalem sive collegialem, huius muneris exercendi.

§ 3. Contra sententiam vel decretum Romani Pontificis non datur appellatio neque recursus.

Can. 334 – In eius munere exercendo, Romano Pontifici praesto sunt Episcopi, qui eidem cooperatricem operam navare valent variis rationibus, inter quas est synodus Episcoporum. Auxilio praeterea ei sunt Patres Cardinales, necnon aliae personae itemque varia secundum temporum necessitates instituta; quae personae omnes et instituta, nomine et auctoritate ipsius, munus sibi commisum explent, in bonum omnium Ecclesiarum, iuxta normas iure definitas.

Can. 335 – Sede romana vacante aut prorsus impedita, nihil innovetur in Ecclesiae universae regimine: serventur autem leges speciales pro iisdem adiunctis latae.

Art. 2
De Collegio Episcoporum

Can. 336 – Collegium Episcoporum, cuius caput est Summus Pontifex cuiusque membra sunt Episcopi vi sacramentalis consecrationis et hierarchica communione cum Collegii capite et membris, et in quo corpus apostolicum continuo perseverat, una cum capite suo, et numquam sine hoc capite, subiectum quoque supremae et plenae potestatis in universam Ecclesiam exsistit.

Can. 337 – § 1. Potestatem in universam Ecclesiam Collegium Episcoporum sollemni modo exercet in Concilio Oecumenico.

§ 2. Eandem potestatem exercet per unitam Episcoporum in mundo dispersorum actionem, quae uti talis a Romano Pontifice sit indicta aut libere recepta, ita ut verus actus collegialis efficiatur.

§ 3. Romani Pontificis est secundum necessitates Ecclesiae seligere et promovere modos, quibus Episcoporum Collegium munus suum quoad universam Ecclesiam collegialiter exerceat.

Can. 338 – § 1. Unius Romani Pontificis est Concilium Oecumenicum convocare, eidem per se vel per alios praesidere, item Concilium transferre, suspendere vel dissolvere, eiusque decreta approbare.

§ 2. Eiusdem Romani Pontificis est res in Concilio tractandas determinare atque ordinem in Concilio servandum constituere; propositis a Romano Pontifice quaestionibus Patres Concilii alias addere possunt, ab eodem Romano Pontifice probandas.

Can. 339 – § 1. Ius est et officium omnibus et solis Episcopis qui membra sint Collegii Episcoporum, ut Concilio Oecumenico cum suffragio deliberativo intersint.

§ 2. Ad Concilium Oecumenicum insuper alii aliqui, qui episcopali dignitate non sint insigniti, vocari possunt a suprema Ecclesiae auctoritate, cuius est eorum partes in Concilio determinare.

Can. 340 – Si contingat Apostolicam Sedem durante Concilii celebratione vacare, ipso iure hoc intermittitur, donec novus Summus Pontifex illud continuari iusserit aut dissolverit.

Can. 341 – § 1. Concilii Oecumenici decreta vim obligandi non habent nisi una cum Concilii Patribus a Romano Pontifice approbata, ab eodem fuerint confirmata et eius iussu promulgata.

§ 2. Eadem confirmatione et promulgatione, vim obligandi ut habeant, egent decreta quae ferat Collegium Episcoporum, cum actionem proprie collegialem ponit iuxta alium a Romano Pontifice inductum vel libere receptum modum.

Caput II
DE SYNODO EPISCOPORUM

Can. 342 – Synodus Episcoporum coetus est Episcoporum qui, ex diversis orbis regionibus selecti, statutis temporibus una conveniunt ut arctam coniunctionem inter Romanum Pontificem et Episcopos foveant, utque eidem Romano Pontifici ad incolumitatem incrementumque fidei et morum, ad disciplinam ecclesiasticam servandam et firmandam consiliis adiutricem operam praestent, necnon quaestiones ad actionem Ecclesiae in mundo spectantes perpendant.

Can. 343 – Synodi Episcoporum est de quaestionibus pertractandis disceptare atque expromere optata, non vero easdem dirimere de iisque ferre decreta, nisi certis in casibus potestate deliberativa eandem instruxerit Romanus Pontifex, cuius est in hoc casu decisiones synodi ratas habere.

Can. 344 – Synodus Episcoporum directe subest auctoritati Romani Pontificis, cuius quidem est:

1° synodum convocare, quotiescumque id ipsi opportunum videatur, locumque designare ubi coetus habendi sint;

2° sodalium, qui ad normam iuris peculiaris eligendi sunt, electionem ratam habere aliosque sodales designare et nominare;

3° argumenta quaestionum pertractandarum statuere opportuno tempore ad normam iuris peculiaris ante synodi celebrationem;

4° rerum agendarum ordinem definire;

5° synodo per se aut per alios praeesse;

6° synodum ipsam concludere, transferre, suspendere et dissolvere.

Can. 345 – Synodus Episcoporum congregari potest aut in coetum generalem, in quo scilicet res tractantur ad bonum Ecclesiae universae directe spectantes, qui quidem coetus est sive ordinarius sive extraordinarius, aut etiam in coetum specialem, in quo nempe aguntur negotia quae directe ad determinatam determinatasve regiones attinent.

Can. 346 – § 1. Synodus Episcoporum quae in coetum generalem ordinarium congregatur, constat sodalibus quorum plerique sunt Episcopi, electi pro singulis coetibus ab Episcoporum conferentiis secundum rationem iure peculiari synodi determinatam; alii vi eiusdem iuris deputantur; alii a Romano Pontifice directe nominantur; quibus accedunt aliqui sodales institutorum religiosorum clericalium, qui ad normam eiusdem iuris peculiaris eliguntur.

§ 2. Synodus Episcoporum in coetum generalem extraordinarium congregata ad negotia tractanda quae expeditam requirant definitionem, constat sodalibus quorum plerique, Episcopi, a iure peculiari synodi deputantur ratione officii quod adimplent, alii vero a Romano Pontifice directe nominantur; quibus accedunt aliqui sodales institutorum religiosorum clericalium ad normam eiusdem iuris electi.

§ 3. Synodus Episcoporum, quae in coetum specialem congregatur, constat sodalibus delectis praecipue ex iis regionibus pro quibus convocata est, ad normam iuris peculiaris, quo synodus regitur.

Can. 347 – § 1. Cum synodi Episcoporum coetus a Romano Pontifice concluditur, explicit munus in eadem Episcopis aliisque sodalibus commissum.

§ 2. Sede Apostolica post convocatam synodum aut inter eius celebrationem vacante, ipso iure suspenditur synodi coetus, itemque munus sodalibus in eodem commissum, donec novus Pontifex coetum aut dissolvendum aut continuandum decreverit.

Can. 348 – § 1. Synodi Episcoporum habetur secretaria generalis permanens, cui praeest Secretarius generalis, a Romano Pontifice nominatus, cuique praesto est consilium secretariae, constans Episcopis, quorum alii, ad normam iuris peculiaris, ab ipsa synodo Episcoporum eliguntur, alii a Romano Pontifice nominantur, quorum vero omnium munus explicit, ineunte novo coetu generali.

§ 2. Pro quolibet synodi Episcoporum coetu praeterea unus aut plures secretarii speciales constituuntur qui a Romano Pontifice nominantur, atque in officio ipsis commisso permanent solum usque ad expletum synodi coetum.

Caput III

DE SANCTAE ROMANAE ECCLESIAE CARDINALIBUS

Can. 349 – S. R. E. Cardinales peculiare Collegium constituunt, cui competit ut electioni Romani Pontificis provideat ad normam iuris peculiaris; Cardinales item Romano Pontifici adsunt sive collegialiter agendo, cum ad quaestiones maioris momenti tractandas in unum convocantur, sive ut singuli, scilicet variis officiis, quibus funguntur, eidem Romano Pontifici operam praestando in cura praesertim cotidiana universae Ecclesiae.

Can. 350 – § 1. Cardinalium Collegium in tres ordines distribuitur: episcopalem, ad quem pertinent Cardinales quibus a Romano Pontifice titulus assignatur Ecclesiae suburbicariae, necnon Patriarchae orientales qui in Cardinalium Collegium relati sunt; presbyteralem et diaconalem.

§ 2. Cardinalibus ordinis presbyteralis ac diaconalis suus cuique titulus aut diaconia in Urbe assignatur a Romano Pontifice.

§ 3. Patriarchae orientales in Cardinalium Collegium assumpti in titulum habent suam patriarchalem sedem.

§ 4. Cardinalis Decanus in titulum habet dioecesim Ostiensem, una cum alia Ecclesia quam in titulum iam habebat.

§ 5. Per optionem in Consistorio factam et a Summo Pontifice approbatam, possunt, servata prioritate ordinis et promotionis, Cardinales ex ordine presbyterali transire ad alium titulum et Cardinales ex ordine diaconali ad aliam diaconiam et, si per integrum decennium in ordine diaconali permanserint, etiam ad ordinem presbyteralem.

§ 6. Cardinalis ex ordine diaconali transiens per optionem ad ordinem presbyteralem, locum obtinet ante omnes illos Cardinales presbyteros, qui post ipsum ad Cardinalatum assumpti sunt.

Can. 351 – § 1. Qui Cardinales promoveantur, libere a Romano Pontifice seliguntur viri, saltem in ordine presbyteratus constituti, doctrina, moribus, pietate necnon rerum agendarum prudentia egregie praestantes; qui nondum sunt Episcopi, consecrationem episcopalem recipere debent.

§ 2. Cardinales creantur Romani Pontificis decreto, quod quidem coram Cardinalium Collegio publicatur; inde a publicatione facta officiis tenentur atque iuribus gaudent lege definitis.

§ 3. Promotus ad cardinalitiam dignitatem, cuius creationem Romanus Pontifex annuntiaverit, nomen autem in pectore sibi reservans, nullis interim tenetur Cardinalium officiis nullisque eorum gaudet iuribus; postquam autem a Romano Pontifice eius nomen publicatum fuerit, iisdem tenetur officiis fruiturque iuribus, sed iure praecedentiae gaudet a die reservationis in pectore.

Can. 352 – § 1. Cardinalium Collegio praeest Decanus, eiusque impediti vices sustinet Subdecanus; Decanus, vel Subdecanus, nulla in ceteros Cardinales gaudet potestate regiminis, sed ut primus inter pares habetur.

§ 2. Officio Decani vacante, Cardinales titulo Ecclesiae suburbicariae decorati, iique soli, praesidente Subdecano si adsit, aut antiquiore ex ipsis, e coetus sui gremio unum eligant qui Decanum Collegii agat; eius nomen ad Romanum Pontificem deferant, cui competit electum probare.

§ 3. Eadem ratione de qua in § 2, praesidente ipso Decano, eligitur Subdecanus; Subdecani quoque electionem probare Romano Pontifici competit.

§ 4. Decanus et Subdecanus, si in Urbe domicilium non habeant, illud ibidem acquirant.

Can. 353 – § 1. Cardinales collegiali actione supremo Ecclesiae Pastori praecipue auxilio sunt in Consistoriis, in quibus iussu Romani Pontificis eoque praesidente congregantur; Consistoria habentur ordinaria aut extraordinaria.

§ 2. In Consistorium ordinarium, convocantur omnes Cardinales, saltem in Urbe versantes, ad consultationem de quibusdam negotiis gravibus, communius tamen contingentibus, aut ad actus quosdam maxime sollemnes peragendos.

§ 3. In Consistorium extraordinarium, quod celebratur cum peculiares Ecclesiae necessitates vel graviora negotia tractanda id suadeant, convocantur omnes Cardinales.

§ 4. Solum Consistorium ordinarium, in quo aliquae sollemnitates celebrantur, potest esse publicum, cum scilicet praeter Cardinales admittuntur Praelati, legati societatum civilium aliive ad illud invitati.

Can. 354 – Patres Cardinales dicasteriis aliisve institutis permanentibus Romanae Curiae et Civitatis Vaticanae praepositi, qui septuagesimum quintum aetatis annum expleverint, rogantur ut renuntiationem ab officio exhibeant Romano Pontifici qui, omnibus perpensis, providebit.

Can. 355 – § 1. Cardinali Decano competit electum Romanum Pontificem in Episcopum ordinare, si electus ordinatione indigeat; impedito Decano, idem ius competit Subdecano, eoque impedito, antiquiori Cardinali ex ordine episcopali.

§ 2. Cardinalis Proto-diaconus nomen novi electi Summi Pontificis populo annuntiat; item pallia Metropolitis imponit eorumve procuratoribus tradit, vice Romani Pontificis.

Can. 356 – Cardinales obligatione tenentur cum Romano Pontifice sedulo cooperandi; Cardinales itaque quovis officio in Curia fungentes, qui non sint Episcopi dioecesani, obligatione tenentur residendi in Urbe; Cardinales qui alicuius dioecesis curam habent ut Episcopi dioecesani, Urbem petant quoties a Romano Pontifice convocentur.

Can. 357 – § 1. Cardinales, quibus Ecclesia suburbicaria aut ecclesia in Urbe in titulum est assignata, postquam in eiusdem venerunt possessionem, earundem dioecesium et ecclesiarum bonum consilio et patrocinio promoveant, nulla tamen in easdem potestate regiminis pollentes, ac nulla ratione sese in iis interponentes, quae ad earum bonorum administrationem, ad disciplinam aut ecclesiarum servitium spectant.

§ 2. Cardinales extra Urbem et extra propriam dioecesim degentes, in iis quae ad sui personam pertinent exempti sunt a potestate regiminis Episcopi dioecesis in qua commorantur.

Can. 358 – Cardinali, cui a Romano Pontifice hoc munus committitur ut in aliqua sollemni celebratione vel personarum coetu eius personam sustineat, uti *Legatus a latere,* scilicet tamquam eius alter ego, sicuti et illi cui adimplendum concreditur tamquam ipsius *misso speciali* certum munus pastorale, ea tantum competunt quae ab ipso Romano Pontifice eidem demandantur.

Can. 359 – Sede Apostolica vacante, Cardinalium Collegium ea tantum in Ecclesia gaudet potestate, quae in peculiari lege eidem tribuitur.

Caput IV
DE CURIA ROMANA

Can. 360 – Curia Romana, qua negotia Ecclesiae universae Summus Pontifex expedire solet et quae nomine et auctoritate ipsius munus explet in bonum et in servitium Ecclesiarum, constat Secretaria Status seu Papali, Consilio pro publicis Ecclesiae negotiis, Congregationibus, Tribunalibus, aliisque Institutis, quorum omnium constitutio et competentia lege peculiari definiuntur.

Can. 361 – Nomine Sedis Apostolicae vel Sanctae Sedis in hoc Codice veniunt non solum Romanus Pontifex, sed etiam, nisi ex rei natura vel sermonis contextu aliud appareat, Secretaria Status, Consilium pro publicis Ecclesiae negotiis, aliaque Romanae Curiae Instituta.

Caput V
DE ROMANI PONTIFICIS LEGATIS

Can. 362 – Romano Pontifici ius est nativum et independens Legatos suos nominandi ac mittendi sive ad Ecclesias particulares in variis nationibus vel regionibus, sive simul ad Civitates et ad publicas Auctoritates, itemque eos transferendi et revocandi, servatis quidem normis iuris internationalis, quod attinet ad missionem et revocationem Legatorum apud Res Publicas constitutorum.

Can. 363 – § 1. Legatis Romani Pontificis officium committitur ipsius Romani Pontificis stabili modo gerendi personam apud Ecclesias particulares aut etiam apud Civitates et publicas Auctoritates, ad quas missi sunt.

§ 2. Personam gerunt Apostolicae Sedis ii quoque, qui in pontificiam Missionem ut Delegati aut Observatores deputantur apud Consilia internationalia aut apud Conferentias et Conventus.

Can. 364 – Praecipuum munus Legati pontificii est ut firmiora et efficaciora in dies reddantur unitatis vincula, quae inter Apostolicam Sedem et Ecclesias particulares intercedunt. Ad pontificium ergo Legatum pertinet pro sua dicione:

1° ad Apostolicam Sedem notitias mittere de condicionibus in quibus versantur Ecclesiae particulares, deque omnibus quae ipsam vitam Ecclesiae et bonum animarum attingant;

2° Episcopis actione et consilio adesse, integro quidem manente eorundem legitimae potestatis exercitio;

3° crebras fovere relationes cum Episcoporum conferentia, eidem omnimodam operam praebendo;

4° ad nominationem Episcoporum quod attinet, nomina candidatorum Apostolicae Sedi transmittere vel proponere necnon processum informativum de promovendis instruere, secundum normas ab Apostolica Sede datas;

5° anniti ut promoveantur res quae ad pacem, ad progressum et consociatam populorum operam spectant;

6° operam conferre cum Episcopis, ut opportuna foveantur commercia inter Ecclesiam catholicam et alias Ecclesias vel communitates ecclesiales, immo et religiones non christianas;

7° ea quae pertinent ad Ecclesiae et Apostolicae Sedis missionem, consociata cum Episcopis actione, apud moderatores Civitatis tueri;

8° exercere praeterea facultates et cetera explere mandata quae ipsi ab Apostolica Sede committantur.

Can. 365 – § 1. Legati pontificii, qui simul legationem apud Civitates iuxta iuris internationalis normas exercet, munus quoque peculiare est:

1° promovere et fovere necessitudines inter Apostolicam Sedem et Auctoritates Rei Publicae;

2° quaestiones pertractare quae ad relationes inter Ecclesiam et Civitatem pertinent; et peculiari modo agere de concordatis aliisque huiusmodi conventionibus conficiendis et ad effectum deducendis.

§ 2. In negotiis, de quibus in § 1, expediendis, prout adiuncta suadeant, Legatus pontificius sententiam et consilium Episcoporum dicionis ecclesiasticae exquirere ne omittat, eosque de negotiorum cursu certiores faciat.

Can. 366 – Attenta peculiari Legati muneris indole:

1° sedes Legationis pontificiae a potestate regiminis Ordinarii loci exempta est, nisi agatur de matrimoniis celebrandis;

2° Legato pontificio fas est, praemonitis, quantum fieri potest, locorum Ordinariis, in omnibus ecclesiis suae legationis liturgicas celebrationes, etiam in pontificalibus, peragere.

Can. 367 – Pontificii Legati munus non exspirat vacante Sede Apostolica, nisi aliud in Litteris pontificiis statuatur; cessat autem expleto mandato, revocatione eidem intimata, renuntiatione a Romano Pontifice accepta.

SECTIO II

DE ECCLESIIS PARTICULARIBUS
DEQUE EARUNDEM COETIBUS

TITULUS I

DE ECCLESIIS PARTICULARIBUS
ET DE AUCTORITATE IN IISDEM CONSTITUTA

Caput I

DE ECCLESIIS PARTICULARIBUS

Can. 368 – Ecclesiae particulares, in quibus et ex quibus una et unica Ecclesia catholica exsistit, sunt imprimis dioeceses, quibus, nisi aliud constet, assimilantur praelatura territorialis et abbatia territorialis, vicariatus apostolicus et praefectura apostolica necnon administratio apostolica stabiliter erecta.

Can. 369 – Dioecesis est populi Dei portio, quae Episcopo cum cooperatione presbyterii pascenda concreditur, ita ut, pastori suo adhaerens ab eoque per Evangelium et Eucharistiam in Spiritu Sancto congregata, Ecclesiam particularem constituat, in qua vere inest et operatur una sancta catholica et apostolica Christi Ecclesia.

Can. 370 – Praelatura territorialis aut abbatia territorialis est certa populi Dei portio, territorialiter quidem circumscripta, cuius cura, specialia ob adiuncta, committitur alicui Praelato aut Abbati, qui eam, ad instar Episcopi dioecesani, tamquam proprius eius pastor regat.

Can. 371 – § 1. Vicariatus apostolicus vel praefectura apostolica est certa populi Dei portio quae, ob peculiaria adiuncta, in dioecesim nondum est constituta, quaeque pascenda committitur Vicario apostolico aut Praefecto apostolico, qui eam nomine Summi Pontificis regant.

§ 2. Administratio apostolica est certa populi Dei portio, quae ob speciales et graves omnino rationes a Summo Pontifice in dioecesim non erigitur, et cuius cura pastoralis committitur Administratori apostolico, qui eam nomine Summi Pontificis regat.

Can. 372 – § 1. Pro regula habeatur ut portio populi Dei quae Dioecesim aliamve Ecclesiam particularem constituat, certo territorio circumscribatur, ita ut omnes comprehendat fideles in territorio habitantes.

§ 2. Attamen, ubi de iudicio supremae Ecclesiae auctoritatis, auditis Episcoporum conferentiis quarum interest, utilitas id suadeat, in eodem territorio erigi possunt Ecclesiae particulares ritu fidelium aliave simili ratione distinctae.

Can. 373 – Unius supremae auctoritatis est Ecclesias particulares erigere; quae legitime erectae, ipso iure personalitate iuridica gaudent.

Can. 374 – § 1. Quaelibet dioecesis aliave Ecclesia particularis dividatur in distinctas partes seu paroecias.

§ 2. Ad curam pastoralem per communem actionem fovendam plures paroeciae viciniores coniungi possunt in peculiares coetus, uti sunt vicariatus foranei.

CAPUT II

DE EPISCOPIS

Art. 1

DE EPISCOPIS IN GENERE

Can. 375 – § 1. Episcopi, qui ex divina institutione in Apostolorum locum succedunt per Spiritum Sanctum qui datus est eis, in Ecclesia Pastores constituuntur, ut sint et ipsi doctrinae magistri, sacri cultus sacerdotes et gubernationis ministri.

§ 2. Episcopi ipsa consecratione episcopali recipiunt cum munere sanctificandi munera quoque docendi et regendi, quae tamen natura sua nonnisi in hierarchica communione cum Collegii capite et membris exercere possunt.

Can. 376 – Episcopi vocantur *dioecesani,* quibus scilicet alicuius dioecesis cura commissa est; ceteri *titulares* appellantur.

Can. 377 – § 1. Episcopos libere Summus Pontifex nominat, aut legitime electos confirmat.

§ 2. Singulis saltem trienniis Episcopi provinciae ecclesiasticae vel, ubi adiuncta id suadeant, Episcoporum conferentiae, communi consilio et secreto elenchum componant presbyterorum etiam sodalium institutorum vitae consecratae, ad episcopatum aptiorum, eumque Apostolicae Sedi transmittant, firmo manente iure uniuscuiusque Episcopi Apostolicae Sedi nomina presbyterorum, quos episcopali munere dignos et idoneos putet, seorsim patefaciendi.

§ 3. Nisi aliter legitime statutum fuerit, quoties nominandus est Episcopus dioecesanus aut Episcopus coadiutor, ad ternos, qui dicuntur, Apostolicae Sedi proponendos, pontificii Legati est singillatim requirere et cum ipsa Apostolica Sede communicare, una cum suo voto, quid suggerant Metropolita et Suffraganei provinciae, ad quam providenda dioecesis pertinet vel quacum in coetum convenit, necnon conferentiae Episcoporum praeses; pontificius Legatus, insuper, quosdam e collegio consultorum et capitulo cathedrali audiat et, si id expedire iudicaverit, sententiam quoque aliorum ex utroque clero necnon laicorum sapientia praestantium singillatim et secreto exquirat.

§ 4. Nisi aliter legitime provisum fuerit, Episcopus dioecesanus, qui auxiliarem suae dioecesi dandum aestimet, elenchum trium saltem presbyterorum ad hoc officium aptiorum Apostolicae Sedi proponat.

§ 5. Nulla in posterum iura et privilegia electionis, nominationis, praesentationis vel designationis Episcoporum civilibus auctoritatibus conceduntur.

Can. 378 – § 1. Ad idoneitatem candidatorum Episcopatus requiritur ut quis sit:

1° firma fide, bonis moribus, pietate, animarum zelo, sapientia, prudentia et virtutibus humanis excellens, ceterisque dotibus praeditus quae ipsum aptum efficiant ad officium de quo agitur explendum;

2° bona exsistimatione gaudens;

3° annos natus saltem triginta quinque;

4° a quinquennio saltem in presbyteratus ordine constitutus;

5° laurea doctoris vel saltem licentia in sacra Scriptura, theologia aut iure canonico potitus in instituto studiorum superiorum a Sede Apostolica probato, vel saltem in iisdem disciplinis vere peritus.

§ 2. Iudicium definitivum de promovendi idoneitate ad Apostolicam Sedem pertinet.

Can. 379 – Nisi legitimo detineatur impedimento, quicumque ad Episcopatum promotus debet intra tres menses ab acceptis apostolicis litteris consecrationem episcopalem recipere, et quidem antequam officii sui possessionem capiat.

Can. 380 – Antequam canonicam possessionem sui officii capiat, promotus fidei professionem emittat atque iusiurandum fidelitatis erga Apostolicam Sedem praestet secundum formulam ab eadem Apostolica Sede probatam.

Art. 2

De Episcopis dioecesanis

Can. 381 – § 1. Episcopo dioecesano in dioecesi ipsi commissa omnis competit potestas ordinaria, propria et immediata, quae ad exercitium eius muneris pastoralis requiritur, exceptis causis quae iure aut Summi Pontificis decreto supremae aut alii auctoritati ecclesiasticae reserventur.

§ 2. Qui praesunt aliis communitatibus fidelium, de quibus in can. 368, Episcopo dioecesano in iure aequiparantur, nisi ex rei natura aut iuris praescripto aliud appareat.

Can. 382 – § 1. Episcopus promotus in exercitium officii sibi commissi sese ingerere nequit, ante captam dioecesis canonicam possessionem; exercere tamen valet officia, quae in eadem dioecesi tempore promotionis iam retinebat, firmo praescripto can. 409, § 2.

§ 2. Nisi legitimo detineatur impedimento, promotus ad officium Episcopi dioecesani debet canonicam suae dioecesis possessionem capere, si iam non sit consecratus Episcopus, intra quattuor menses a receptis apostolicis litteris; si iam sit consecratus, intra duos menses ab iisdem receptis.

§ 3. Canonicam dioecesis possessionem capit Episcopus simul ac in ipsa dioecesi, per se vel per procuratorem, apostolicas litteras collegio consultorum ostenderit, praesente curiae cancellario, qui rem in acta referat, aut, in dioecesibus noviter erectis, simul ac clero populoque in ecclesia cathedrali praesenti earundem litterarum communicationem procuraverit, presbytero inter praesentes seniore in acta referente.

§ 4. Valde commendatur ut captio canonicae possessionis cum actu liturgico in ecclesia cathedrali fiat, praesente clero et populo.

Can. 383 – § 1. In exercendo munere pastoris, Episcopus dioecesanus sollicitum se praebeat erga omnes christifideles qui suae curae committuntur, cuiusvis sint aetatis, condicionis vel nationis, tum in territorio habitantes tum in eodem ad tempus versantes, animum intendens apostolicum ad eos etiam qui ob vitae suae condicionem ordinaria cura pastorali non satis frui valeant necnon ad eos qui a religionis praxi defecerint.

§ 2. Fideles diversi ritus in sua dioecesi si habeat, eorum spiritualibus necessitatibus provideat sive per sacerdotes aut paroecias eiusdem ritus, sive per Vicarium episcopalem.

§ 3. Erga fratres, qui in plena communione cum Ecclesia catholica non sint, cum humanitate et caritate se gerat, oecumenismum quoque fovens prout ab Eclesia intellegitur.

§ 4. Commendatos sibi in Domino habeat non baptizatos, ut et ipsis caritas eluceat Christi, cuius testis coram omnibus Episcopus esse debet.

Can. 384 – Episcopus dioecesanus peculiari sollicitudine prosequatur presbyteros, quos tamquam adiutores et consiliarios audiat, eorum iura tutetur et curet ut ipsi obligationes suo statui proprias rite adimpleant iisdemque praesto sint media et institutiones, quibus ad vitam spiritualem et intellectualem fovendam egeant; item curet ut eorum honestae sustentationi atque adsistentiae sociali, ad normam iuris, prospiciatur.

Can. 385 – Episcopus dioecesanus vocationes ad diversa ministeria et ad vitam consecratam quam maxime foveat, speciali cura vocationum sacerdotalium et missionalium adhibita.

Can. 386 – § 1. Veritates fidei credendas et moribus applicandas Episcopus dioecesanus fidelibus proponere et illustrare tenetur, per se ipse frequenter praedicans; curet etiam ut praescripta canonum de ministerio verbi, de homilia praesertim et catechetica institutione sedulo serventur, ita ut universa doctrina christiana omnibus tradatur.

§ 2. Integritatem et unitatem fidei credendae mediis, quae aptiora videantur, firmiter tueatur, iustam tamen libertatem agnoscens in veritatibus ulterius perscrutandis.

Can. 387 – Episcopus dioecesanus, cum memor sit se obligatione teneri exemplum sanctitatis praebendi in caritate, humilitate et vitae simplicitate, omni ope promovere studeat sanctitatem christifidelium secundum uniuscuiusque propriam vocationem atque, cum sit praecipuus mysteriorum Dei dispensator, iugiter annitatur ut christifideles suae curae commissi sacramentorum celebratione in gratia crescant utque paschale mysterium cognoscant et vivant.

Can. 388 – § 1. Episcopus dioecesanus, post captam dioecesis possessionem, debet singulis diebus dominicis aliisque diebus festis de praecepto in sua regione Missam pro populo sibi commisso applicare.

§ 2. Episcopus Missam pro populo diebus, de quibus in § 1, per se ipse celebrare et applicare debet; si vero ab hac celebratione legitime impediatur, iisdem diebus per alium, vel aliis diebus per se ipse applicet.

§ 3. Episcopus cui praeter propriam dioecesim aliae, titulo etiam administrationis, sunt commissae, obligationi satisfacit unam Missam pro universo populo sibi commisso applicando.

§ 4. Episcopus qui obligationi, de qua in §§ 1-3, non satisfecerit, quam primum pro populo tot Missas applicet quot omiserit.

Can. 389 – Frequenter praesit in ecclesia cathedrali aliave ecclesia suae dioecesis sanctissimae Eucharistiae celebrationi, in festis praesertim de praecepto aliisque sollemnitatibus.

Can. 390 – Episcopus dioecesanus in universa sua dioecesi pontificalia exercere potest; non vero extra propriam dioecesim sine expresso vel saltem rationabiliter praesumpto Ordinarii loci consensu.

Can. 391 – § 1. Episcopi dioecesani est Ecclesiam particularem sibi commissam cum potestate legislativa, exsecutiva et iudiciali regere, ad normam iuris.

§ 2. Potestatem legislativam exercet ipse Episcopus; potestatem exsecutivam exercet sive per se sive per Vicarios generales aut episcopales ad normam iuris; potestatem iudicialem sive per se sive per Vicarium iudicialem et iudices ad normam iuris.

Can. 392 – § 1. Ecclesiae universae unitatem cum tueri debeat, Episcopus disciplinam cunctae Ecclesiae communem promovere et ideo observantiam omnium legum ecclesiasticarum urgere tenetur.

§ 2. Advigilet ne abusus in ecclesiasticam disciplinam irrepant, praesertim circa ministerium verbi, celebrationem sacramentorum et sacramentalium, cultum Dei et sanctorum, necnon bonorum administrationem.

Can. 393 – In omnibus negotiis iuridicis dioecesis, Episcopus dioecesanus eiusdem personam gerit.

Can. 394 – § 1. Varias apostolatus rationes in dioecesi foveat Episcopus, atque curet ut in universa dioecesi, vel in eiusdem particularibus districtibus, omnia apostolatus opera, servata uniuscuiusque propria indole, sub suo moderamine coordinentur.

§ 2. Urgeat officium, quo tenentur fideles ad apostolatum pro sua cuiusque condicione et aptitudine exercendum, atque ipsos adhortetur ut varia opera apostolatus, secundum necessitates loci et temporis, participent et iuvent.

Can. 395 – § 1. Episcopus dioecesanus, etiamsi coadiutorem aut auxiliarem habeat, tenetur lege personalis in dioecesi residentiae.

§ 2. Praeterquam causa visitationis Sacrorum Liminum, vel Conciliorum, Episcoporum synodi, Episcoporum conferentiae, quibus interesse debet, aliusve officii sibi legitime commissi, a dioecesi aequa de causa abesse potest non ultra mensem, sive continuum sive intermissum, dummodo cautum sit ne ex eius absentia dioecesis quidquam detrimenti capiat.

§ 3. A dioecesi ne absit diebus Nativitatis, Hebdomadae Sanctae et Resurrectionis Domini, Pentecostes et Corporis Christi, nisi ex gravi urgentique causa.

§ 4. Si ultra sex menses Episcopus a dioecesi illegitime abfuerit, de eius absentia Metropolita Sedem Apostolicam certiorem faciat; quod si agatur de Metropolita, idem faciat antiquior suffraganeus.

Can. 396 – § 1. Tenetur Episcopus obligatione dioecesis vel ex toto vel ex parte quotannis visitandae, ita ut singulis saltem quinquenniis universam dioecesim, ipse per se vel, si legitime fuerit impeditus, per Episcopum coadiutorem, aut per auxiliarem, aut per Vicarium generalem vel episcopalem, aut per alium presbyterum visitet.

§ 2. Fas est Episcopo sibi eligere quos maluerit clericos in visitatione comites atque adiutores, reprobato quocumque contrario privilegio vel consuetudine.

Can. 397 – § 1. Ordinariae episcopali visitationi obnoxiae sunt personae, instituta catholica, res et loca sacra, quae intra dioecesis ambitum continentur.

§ 2. Sodales institutorum religiosorum iuris pontificii eorumque domos Episcopus visitare potest in casibus tantum iure expressis.

Can. 398 – Studeat Episcopus debita cum diligentia pastoralem visitationem absolvere; caveat ne superfluis sumptibus cuiquam gravis onerosusve sit.

Can. 399 – § 1. Episcopus dioecesanus tenetur singulis quinquenniis relationem Summo Pontifici exhibere super statu dioecesis sibi commissae, secundum formam et tempus ab Apostolica Sede definita.

§ 2. Si annus pro exhibenda relatione determinatus ex toto vel ex parte inciderit in primum biennium ab inito dioecesis regimine, Episcopus pro ea vice a conficienda et exhibenda relatione abstinere potest.

Can. 400 – § 1. Episcopus dioecesanus, eo anno quo relationem Summo Pontifici exhibere tenetur, nisi aliter ab Apostolica Sede statutum fuerit, ad Urbem, Beatorum Apostolorum Petri et Pauli sepulcra veneraturus, accedat et Romano Pontifici se sistat.

§ 2. Episcopus praedictae obligationi per se ipse satisfaciat, nisi legitime sit impeditus; quo in casu eidem satisfaciat per coadiutorem, si quem habeat, vel auxiliarem, aut per idoneum sacerdotem sui presbyterii, qui in sua dioecesi resideat.

§ 3. Vicarius apostolicus huic obligationi satisfacere potest per procuratorem etiam in Urbe degentem; Praefectus apostolicus hac obligatione non tenetur.

Can. 401 – § 1. Episcopus dioecesanus, qui septuagesimum quintum aetatis annum expleverit, rogatur ut renuntiationem ab officio exhibeat Summo Pontifici, qui omnibus inspectis adiunctis providebit.

§ 2. Enixe rogatur Episcopus dioecesanus, qui ob infirmam valetudinem aliamve gravem causam officio suo adimplendo minus aptus evaserit, ut renuntiationem ab officio exhibeat.

Can. 402 – § 1. Episcopus, cuius renuntiatio ab officio acceptata fuerit, titulum emeriti suae dioecesis retinet, atque habitationis sedem, si id exoptet, in ipsa dioecesi servare potest, nisi certis in casibus ob specialia adiuncta ab Apostolica Sede aliter provideatur.

§ 2. Episcoporum conferentia curare debet ut congruae et dignae Episcopi renuntiantis sustentationi provideatur, attenta quidem primaria obligatione, qua tenetur dioecesis cui ipse inservivit.

Art. 3

De Episcopis coadiutoribus et auxiliaribus

Can. 403 – § 1. Cum pastorales dioecesis necessitates id suadeant, unus vel plures Episcopi auxiliares, petente Episcopo dioecesano, constituantur; Episcopus auxiliaris iure successionis non gaudet.

§ 2. Gravioribus in adiunctis, etiam indolis personalis, Episcopo dioecesano dari potest Episcopus auxiliaris specialibus instructus facultatibus.

§ 3. Sancta Sedes, si magis opportunum id ipsi videatur, ex officio constituere potest Episcopum coadiutorem, qui et ipse specialibus instruitur facultatibus; Episcopus coadiutor iure successionis gaudet.

Can. 404 – § 1. Episcopus coadiutor officii sui possessionem capit, cum litteras apostolicas nominationis, per se vel per procuratorem, ostenderit Episcopo dioecesano atque collegio consultorum, praesente curiae cancellario, qui rem in acta referat.

§ 2. Episcopus auxiliaris officii sui possessionem capit, cum litteras apostolicas nominationis ostenderit Episcopo dioecesano, praesente curiae cancellario, qui rem in acta referat.

§ 3. Quod si Episcopus dioecesanus plene sit impeditus, sufficit ut tum Episcopus coadiutor, tum Episcopus auxiliaris litteras apostolicas nominationis ostendant collegio consultorum, praesente curiae cancellario.

Can. 405 – § 1. Episcopus coadiutor, itemque Episcopus auxiliaris, obligationes et iura habent quae determinantur praescriptis canonum qui sequuntur, atque in litteris suae nominationis definiuntur.

§ 2. Episcopus coadiutor et Episcopus auxiliaris, de quo in can. 403, § 2, Episcopo dioecesano in universo dioecesis regimine adstant atque eiusdem absentis vel impediti vices supplent.

Can. 406 – § 1. Episcopus coadiutor, itemque Episcopus auxiliaris, de quo in can. 403, § 2, ab Episcopo dioecesano Vicarius generalis constituatur; insuper ipsi prae ceteris Episcopus dioecesanus committat quae ex iure mandatum speciale requirant.

§ 2. Nisi in litteris apostolicis aliud provisum fuerit et firmo praescripto § 1, Episcopus dioecesanus auxiliarem vel auxiliares suos constituat Vicarios generales vel saltem Vicarios episcopales, ab auctoritate sua, aut Episcopi coadiutoris vel Episcopi auxiliaris de quo in can. 403, § 2, dumtaxat dependentes.

Can. 407 – § 1. Ut quam maxime praesenti et futuro dioecesis bono faveatur, Episcopus dioecesanus, coadiutor atque Episcopus auxiliaris de quo in can. 403, § 2, in rebus maioris momenti sese invicem consulant.

§ 2. Episcopus dioecesanus in perpendendis causis maioris momenti, praesertim indolis pastoralis, Episcopos auxiliares prae ceteris consulere velit.

§ 3. Episcopus coadiutor et Episcopus auxiliaris, quippe qui in partem sollicitudinis Episcopi dioecesani vocati sint, munia sua ita exerceant, ut concordi cum ipso opera et animo procedant.

Can. 408 – § 1. Episcopus coadiutor et Episcopus auxiliaris, iusto impedimento non detenti, obligantur ut, quoties Episcopus dioecesanus id requirat, pontificalia et alias functiones obeant, ad quas Episcopus dioecesanus tenetur.

§ 2. Quae episcopalia iura et functiones Episcopus coadiutor aut auxiliaris potest exercere, Episcopus dioecesanus habitualiter alii ne committat.

Can. 409 – § 1. Vacante sede episcopali, Episcopus coadiutor statim fit Episcopus dioecesis pro qua fuerat constitutus, dummodo possessionem legitime ceperit.

§ 2. Vacante sede episcopali, nisi aliud a competenti auctoritate statutum fuerit, Episcopus auxiliaris, donec novus Episcopus possessionem sedis ceperit, omnes et solas servat potestates et facultates quibus sede plena, tamquam Vicarius generalis vel tamquam Vicarius episcopalis, gaudebat; quod si ad munus Administratoris dioecesani non fuerit designatus, eandem suam potestatem, a iure quidem collatam, exerceat sub auctoritate Administratoris dioecesani, qui regimini dioecesis praeest.

Can. 410 – Episcopus coadiutor et Episcopus auxiliaris obligatione tenentur, sicut et ipse Episcopus dioecesanus, residendi in dioecesi; a qua, praeterquam ratione alicuius officii extra dioecesim implendi aut feriarum causa, quae ultra mensem ne protrahantur, nonnisi ad breve tempus discedant.

Can. 411 – Episcopo coadiutori et auxiliari, ad renuntiationem ab officio quod attinet, applicantur praescripta cann. 401 et 402, § 2.

Caput III

DE SEDE IMPEDITA ET DE SEDE VACANTE

Art. 1

De sede impedita

Can. 412 – Sedes episcopalis impedita intellegitur, si captivitate, relegatione, exsilio aut inhabilitate Episcopus dioecesanus plane a munere pastorali in dioecesi procurando praepediatur, ne per litteras quidem valens cum dioecesanis communicare.

Can. 413 – § 1. Sede impedita, regimen dioecesis, nisi aliter Sancta Sedes providerit, competit Episcopo coadiutori, si adsit; eo deficiente aut impedito, alicui Episcopo auxiliari aut Vicario generali vel episcopali aliive sacerdoti, servato personarum ordine statuto in elencho ab Episcopo dioecesano quam primum a capta dioecesis possessione componendo; qui elenchus cum Metropolita communicandus singulis saltem trienniis renovetur atque a cancellario sub secreto servetur.

§ 2. Si deficiat aut impediatur Episcopus coadiutor atque elenchus, de quo in § 1, non suppetat, collegii consultorum est sacerdotem eligere, qui dioecesim regat.

§ 3. Qui dioecesis regimen, ad normam §§ 1 vel 2, susceperit, quam primum Sanctam Sedem moneat de sede impedita ac de suscepto munere.

Can. 414 – Quilibet ad normam can. 413 vocatus ut ad interim dioecesis curam pastoralem gerat pro tempore quo sedes impeditur tantum, in cura pastorali dioecesis exercenda tenetur obligationibus atque potestate gaudet, quae iure Administratori dioecesano competunt.

Can. 415 – Si Episcopus dioecesanus poena ecclesiastica a munere exercendo prohibeatur, Metropolita aut, si is deficiat vel de eodem agatur, suffraganeus antiquior promotione ad Sanctam Sedem statim recurrat, ut ipsa provideat.

Art. 2

DE SEDE VACANTE

Can. 416 – Sedes episcopalis vacat Episcopi dioecesani morte, renuntiatione a Romano Pontifice acceptata, translatione ac privatione Episcopo intimata.

Can. 417 – Vim habent omnia quae gesta sunt a Vicario generali aut Vicario episcopali, donec certam de obitu Episcopi dioecesani notitiam iidem acceperint, itemque quae ab Episcopo dioecesano aut a Vicario generali vel episcopali gesta sunt, donec certam de memoratis actibus pontificiis notitiam receperint.

Can. 418 – § 1. A certa translationis notitia, Episcopus intra duos menses debet dioecesim *ad quam* petere eiusque canonicam possessionem capere; die autem captae possessionis dioecesis novae, dioecesis *a qua* vacat.

§ 2. A certa translationis notitia usque ad canonicam novae dioecesis possessionem, Episcopus translatus in dioecesi *a qua*:

1° Administratoris dioecesani potestatem obtinet eiusdemque obligationibus tenetur, cessante qualibet Vicarii generalis et Vicarii episcopalis potestate, salvo tamen can. 409, § 2;

2° integram percipit remunerationem officio propriam.

Can. 419 – Sede vacante, regimen dioecesis, usque ad constitutionem Administratoris dioecesani, ad Episcopum auxiliarem, et si plures sint, ad eum qui promotione sit antiquior devolvitur; deficiente autem Episcopo auxiliari, ad collegium consultorum, nisi a Sancta Sede aliter provisum fuerit. Qui ita regimen dioecesis assumit, sine mora convocet collegium competens ad deputandum Administratorem dioecesanum.

Can. 420 – In vicariatu vel praefectura apostolica, sede vacante, regimen assumit Pro-Vicarius vel Pro-Praefectus ad hunc tantum effectum a Vicario vel a Praefecto immediate post captam possessionem nominatus, nisi aliter a Sancta Sede statutum fuerit.

Can. 421 – § 1. Intra octo dies ab accepta vacationis sedis episcopalis notitia, Administrator dioecesanus, qui nempe dioecesim ad interim regat, eligendus est a collegio consultorum, firmo praescripto can. 502, § 3.

§ 2. Si intra praescriptum tempus Administrator dioecesanus, quavis de causa, non fuerit legitime electus, eiusdem deputatio devolvitur ad Metropolitam, et si vacans sit ipsa Ecclesia metropolitana aut metropolitana simul et suffraganea, ad Episcopum suffraganeum promotione antiquiorem.

Can. 422 – Episcopus auxiliaris et, si is deficiat, collegium consultorum quantocius de morte Episcopi, itemque electus in Administratorem dioecesanum de sua electione Sedem Apostolicam certiorem faciant.

Can. 423 – § 1. Unus deputetur Administrator dioecesanus, reprobata contraria consuetudine; secus electio irrita est.

§ 2. Administrator dioecesanus ne simul sit oeconomus; quare si oeconomus dioecesis in Administratorem electus fuerit, alium pro tempore oeconomum eligat consilium a rebus oeconomicis.

Can. 424 – Administrator dioecesanus eligatur ad normam cann. 165-178.

Can. 425 – § 1. Valide ad munus Administratoris dioecesani deputari tantum potest sacerdos qui trigesimum quintum aetatis annum expleverit et ad eandem vacantem sedem non fuerit iam electus, nominatus vel praesentatus.

§ 2. In Administratorem dioecesanum eligatur sacerdos, qui sit doctrina et prudentia praestans.

§ 3. Si praescriptae in § 1 condiciones posthabitae fuerint, Metropolita aut, si ipsa Ecclesia metropolitana vacans, fuerit, Episcopus suffraganeus promotione antiquior, agnita rei veritate, Administratorem pro ea vice deputet; actus autem illius qui contra praescripta § 1 sit electus, sunt ipso iure nulli.

Can. 426 – Qui, sede vacante, ante deputationem Administratoris dioecesani, dioecesim regat, potestate gaudet quam ius Vicario generali agnoscit.

Can. 427 – § 1. Administrator dioecesanus tenetur obligationibus et gaudet potestate Episcopi dioecesani, iis exclusis quae ex rei natura aut ipso iure excipiuntur.

§ 2. Administrator dioecesanus, acceptata electione, potestatem obtinet, quin requiratur ullius confirmatio, firma obligatione de qua in can. 833, n. 4.

Can. 428 – § 1. Sede vacante nihil innovetur.

§ 2. Illi qui ad interim dioecesis regimen curant, vetantur quidpiam agere quod vel dioecesi vel episcopalibus iuribus praeiudicium aliquod afferre possit; speciatim prohibentur ipsi, ac proinde alii quicumque, quominus sive per se sive per alium curiae dioecesanae documenta quaelibet subtrahant vel destruant, aut in iis quidquam immutent.

Can. 429 – Administrator dioecesanus obligatione tenetur residendi in dioecesi et applicandi Missam pro populo ad normam can. 388.

Can. 430 – § 1. Munus Administratoris dioecesani cessat per captam a novo Episcopo dioecesis possessionem.

§ 2. Administratoris dioecesani remotio Sanctae Sedi reservatur; renuntiatio quae forte ab ipso fiat, authentica forma exhibenda est collegio ad electionem competenti, neque acceptatione eget; remoto aut renuntiante Administratore dioecesano, aut eodem defuncto, alius eligatur Administrator dioecesanus ad normam can. 421.

TITULUS II
DE ECCLESIARUM PARTICULARIUM COETIBUS

Caput I
DE PROVINCIIS ECCLESIASTICIS ET DE REGIONIBUS ECCLESIASTICIS

Can. 431 – § 1. Ut communis diversarum dioecesium vicinarum, iuxta personarum et locorum adiuncta, actio pastoralis promoveatur, utque Episcoporum dioecesanorum inter se relationes aptius foveantur, Ecclesiae particulares viciniores componantur in provincias ecclesiasticas certo territorio circumscriptas.

§ 2. Dioeceses exemptae deinceps pro regula ne habeantur; itaque singulae dioeceses aliaeque Ecclesiae particulares intra territorium alicuius provinciae ecclesiasticae exsistentes huic provinciae ecclesiasticae adscribi debent.

§ 3. Unius supremae Ecclesiae auctoritatis est, auditis quorum interest Episcopis, provincias ecclesiasticas constituere, supprimere aut innovare.

Can. 432 – § 1. In provincia ecclesiastica auctoritate, ad normam iuris, gaudent concilium provinciale atque Metropolita.

§ 2. Provincia ecclesiastica ipso iure personalitate iuridica gaudet.

Can. 433 – § 1. Si utilitas id suadeat, praesertim in nationibus ubi numerosiores adsunt Ecclesiae particulares, provinciae ecclesiasticae viciniores, proponente Episcoporum conferentia, a Sancta Sede in regiones ecclesiasticas coniungi possunt.

§ 2. Regio ecclesiastica in personam iuridicam erigi potest.

Can. 434 – Ad conventum Episcoporum regionis ecclesiasticae pertinet cooperationem et actionem pastoralem communem in regione fovere; quae tamen in canonibus huius Codicis conferentiae Episcoporum tribuuntur potestates eidem conventui non competunt, nisi quaedam specialiter a Sancta Sede ei concessa fuerint.

Caput II

DE METROPOLITIS

Can. 435 - Provinciae ecclesiasticae praeest Metropolita, qui est Archiepiscopus dioecesis cui praeficitur; quod officium cum sede episcopali, a Romano Pontifice determinata aut probata, coniunctum est.

Can. 436 - § 1. In dioecesibus suffraganeis Metropolitae competit :

1° vigilare ut fides et disciplina ecclesiastica accurate serventur, et de abusibus, si qui habeantur, Romanum Pontificem certiorem facere ;

2° canonicam visitationem peragere, causa prius ab Apostolica Sede probata, si eam suffraganeus neglexerit ;

3° deputare Administratorem dioecesanum, ad normam cann. 421, § 2 et 425, § 3.

§ 2. Ubi adiuncta id postulent, Metropolita ab Apostolica Sede instrui potest peculiaribus muneribus et potestate in iure particulari determinandis.

§ 3. Nulla alia in dioecesibus suffraganeis competit Metropolitis potestas regiminis ; potest vero in omnibus ecclesiis, Episcopo dioecesano praemonito, si ecclesia sit cathedralis, sacras exercere functiones, uti Episcopus in propria dioecesi.

Can. 437 - § 1. Metropolita obligatione tenetur, intra tres menses a recepta consecratione episcopali, aut, si iam consecratus fuerit, a provisione canonica, per se aut per procuratorem a Romano Pontifice petendi pallium, quo quidem significatur potestas qua, in communione cum Ecclesia Romana, Metropolita in propria provincia iure instruitur.

§ 2. Metropolita, ad normam legum liturgicarum, pallio uti potest intra quamlibet ecclesiam provinciae ecclesiasticae cui praeest, minime vero extra eandem, ne accedente quidem Episcopi dioecesani assensu.

§ 3. Metropolita, si ad aliam sedem metropolitanam transferatur, novo indiget pallio.

Can. 438 - Patriarchae et Primatis titulus, praeter praerogativam honoris, nullam in Ecclesia latina secumfert regiminis potestatem, nisi de aliquibus ex privilegio apostolico aut probata consuetudine aliud constet.

Caput III

DE CONCILIIS PARTICULARIBUS

Can. 439 - § 1. Concilium plenarium, pro omnibus scilicet Ecclesiis particularibus eiusdem conferentiae Episcoporum, celebretur quoties id ipsi Episcoporum conferentiae, approbante Apostolica Sede, necessarium aut utile videatur.

§ 2. Norma in § 1 statuta valet etiam de concilio provinciali celebrando in provincia ecclesiastica, cuius termini cum territorio nationis
coincidunt.

Can. 440 – § 1. Concilium provinciale, pro diversis Ecclesiis particularibus eiusdem provinciae ecclesiasticae, celebretur quoties id, de
iudicio maioris partis Episcoporum dioecesanorum provinciae, opportunum videatur, salvo can. 439, § 2.

§ 2. Sede metropolitana vacante, concilium provinciale ne convocetur.

Can. 441 – Episcoporum conferentiae est :

1° convocare concilium plenarium ;

2° locum ad celebrandum concilium intra territorium conferentiae Episcoporum eligere ;

3° inter Episcopos dioecesanos concilii plenarii eligere praesidem,
ab Apostolica Sede approbandum ;

4° ordinem agendi et quaestiones tractandas determinare, concilii plenarii initium ac periodum indicere, illud transferre, prorogare
et absolvere.

Can. 442 – § 1. Metropolitae, de consensu maioris partis Episcoporum suffraganeorum, est :

1° convocare concilium provinciale ;

2° locum ad celebrandum concilium provinciale intra provinciae
territorium eligere ;

3° ordinem agendi et quaestiones tractandas determinare, concilii provincialis initium et periodum indicere, illud transferre, prorogare et absolvere.

§ 2. Metropolitae, eoque legitime impedito, Episcopi suffraganei ab
aliis Episcopis suffraganeis electi est concilio provinciali praeesse.

Can. 443 – § 1. Ad concilia particularia convocandi sunt atque in
eisdem ius habent suffragii deliberativi :

1° Episcopi dioecesani ;

2° Episcopi coadiutores et auxiliares ;

3° alii Episcopi titulares qui peculiari munere sibi ab Apostolica
Sede aut ab Episcoporum conferentia demandato in territorio funguntur.

§ 2. Ad concilia particularia vocari possunt alii Episcopi titulares
etiam emeriti in territorio degentes ; qui quidem ius habent suffragii
deliberativi.

§ 3. Ad concilia particularia vocandi sunt cum suffragio tantum
consultivo :

1° Vicarii generales et Vicarii episcopales omnium in territorio
Ecclesiarum particularium ;

2° Superiores maiores institutorum religiosorum et societatum vitae apostolicae numero tum pro viris tum pro mulieribus ab Episcoporum conferentia aut a provinciae Episcopis determinando, respective electi ab omnibus Superioribus maioribus institutorum et societatum, quae in territorio sedem habent;

3° Rectores universitatum ecclesiasticarum et catholicarum atque decani facultatum theologiae et iuris canonici, quae in territorio sedem habent;

4° Rectores aliqui seminariorum maiorum, numero ut in n. 2 determinando, electi a rectoribus seminariorum quae in territorio sita sunt.

§ 4. Ad concilia particularia vocari etiam possunt, cum suffragio tantum consultivo, presbyteri aliique christifideles, ita tamen ut eorum numerus non excedat dimidiam partem eorum de quibus in §§ 1-3.

§ 5. Ad concilia provincialia praeterea invitentur capitula cathedralia, itemque consilium presbyterale et consilium pastorale uniuscuiusque Ecclesiae particularis, ita quidem ut eorum singula duos ex suis membris mittant, collegialiter ab iisdem designatos; qui tamen votum habent tantum consultivum.

§ 6. Ad concilia particularia, si id iudicio Episcoporum conferentiae pro concilio plenario aut Metropolitae una cum Episcopis suffraganeis pro concilio provinciali expediat, etiam alii ut hospites invitari poterunt.

Can. 444 – § 1. Omnes qui ad concilia particularia convocantur, eisdem interesse debent, nisi iusto detineantur impedimento, de quo concilii praesidem certiorem facere tenentur.

§ 2. Qui ad concilia particularia convocantur et in eis suffragium habent deliberativum, si iusto detineantur impedimento, procuratorem mittere possunt; qui procurator votum habet tantum consultivum.

Can. 445 – Concilium particulare pro suo territorio curat ut necessitatibus pastoralibus populi Dei provideatur atque potestate gaudet regiminis, praesertim legislativa, ita ut, salvo semper iure universali Ecclesiae, decernere valeat quae ad fidei incrementum, ad actionem pastoralem communem ordinandam et ad moderandos mores et disciplinam ecclesiasticam communem servandam, inducendam aut tuendam opportuna videantur.

Can. 446 – Absoluto concilio particulari, praeses curet ut omnia acta concilii ad Apostolicam Sedem transmittantur; decreta a concilio edicta ne promulgentur, nisi postquam ab Apostolica Sede recognita fuerint; ipsius concilii est definire modum promulgationis decretorum et tempus quo decreta promulgata obligare incipiant.

Caput IV
DE EPISCOPORUM CONFERENTIIS

Can. 447 – Episcoporum conferentia, institutum quidem permanens, est coetus Episcoporum alicuius nationis vel certi territorii, munera quaedam pastoralia coniunctim pro christifidelibus eius territorii exercentium, ad maius bonum provehendum, quod hominibus praebet Ecclesia, praesertim per apostolatus formas et rationes temporis et loci adiunctis apte accommodatas, ad normam iuris.

Can. 448 – § 1. Episcoporum conferentia regula generali comprehendit praesules omnium Ecclesiarum particularium eiusdem nationis, ad normam can. 450.

§ 2. Si vero, de iudicio Apostolicae Sedis, auditis quorum interest Episcopis dioecesanis, personarum aut rerum adiuncta id suadeant, Episcoporum conferentia erigi potest pro territorio minoris aut maioris amplitudinis, ita ut vel tantum comprehendat Episcopos aliquarum Ecclesiarum particularium in certo territorio constitutarum vel praesules Ecclesiarum particularium in diversis nationibus exstantium; eiusdem Apostolicae Sedis est pro earundem singulis peculiares normas statuere.

Can. 449 – § 1. Unius supremae Ecclesiae auctoritatis est, auditis quorum interest Episcopis, Episcoporum conferentias erigere, supprimere aut innovare.

§ 2. Episcoporum conferentia legitime erecta ipso iure personalitate iuridica gaudet.

Can. 450 – § 1. Ad Episcoporum conferentiam ipso iure pertinent omnes in territorio Episcopi dioecesani eisque iure aequiparati, itemque Episcopi coadiutores, Episcopi auxiliares atque ceteri Episcopi titulares peculiari munere, sibi ab Apostolica Sede vel ab Episcoporum conferentia demandato, in eodem territorio fungentes; invitari quoque possunt Ordinarii alterius ritus, ita tamen ut votum tantum consultivum habeant, nisi Episcoporum conferentiae statuta aliud decernant.

§ 2. Ceteri Episcopi titulares necnon Legatus Romani Pontificis non sunt de iure membra Episcoporum conferentiae.

Can. 451 – Quaelibet Episcoporum conferentia sua conficiat statuta, ab Apostolica Sede recognoscenda, in quibus, praeter alia, ordinentur conferentiae conventus plenarii habendi, et provideantur consilium Episcoporum permanens et secretaria generalis conferentiae, atque alia etiam officia et commissiones quae iudicio conferentiae fini consequendo efficacius consulant.

Can. 452 - § 1. Quaelibet Episcoporum conferentia sibi eligat praesidem, determinet quisnam, praeside legitime impedito, munere propraesidis fungatur, atque secretarium generalem designet, ad normam statutorum.

§ 2. Praeses conferentiae, atque eo legitime impedito pro-praeses, non tantum Episcoporum conferentiae conventibus generalibus, sed etiam consilio permanenti praeest.

Can. 453 - Conventus plenarii Episcoporum conferentiae habeantur semel saltem singulis annis, et praeterea quoties id postulent peculiaria adiuncta, secundum statutorum praescripta.

Can. 454 - § 1. Suffragium deliberativum in conventibus plenariis Episcoporum conferentiae ipso iure competit Episcopis dioecesanis eisque qui iure ipsis aequiparantur, necnon Episcopis coadiutoribus.

§ 2. Episcopis auxiliaribus ceterisque Episcopis titularibus qui ad Episcoporum conferentiam pertinent, suffragium competit deliberativum aut consultivum, iuxta statutorum conferentiae praescripta ; firmum tamen sit eis solis, de quibus in § 1, competere suffragium deliberativum, cum agitur de statutis conficiendis aut immutandis.

Can. 455 - § 1. Episcoporum conferentia decreta generalia ferre tantummodo potest in causis, in quibus ius universale id praescripserit aut peculiare Apostolicae Sedis mandatum sive motu proprio sive ad petitionem ipsius conferentiae id statuerit.

§ 2. Decreta de quibus in § 1, ut valide ferantur in plenario conventu, per duas saltem ex tribus partibus suffragiorum Praesulum, qui voto deliberativo fruentes ad conferentiam pertinent, proferri debent, atque vim obligandi non obtinent, nisi ab Apostolica Sede recognita, legitime promulgata fuerint.

§ 3. Modus promulgationis et tempus a quo decreta vim suam exserunt, ab ipsa Episcoporum conferentia determinantur.

§ 4. In casibus in quibus nec ius universale nec peculiare Apostolicae Sedis mandatum potestatem, de qua in § 1, Episcoporum conferentiae concessit, singuli Episcopi dioecesani competentia integra manet, nec conferentia eiusve praeses nomine omnium Episcoporum agere valet, nisi omnes et singuli Episcopi consensum dederint.

Can. 456 - Absoluto conventu plenario Episcoporum conferentiae, relatio de actis conferentiae necnon eius decreta a praeside ad Apostolicam Sedem transmittantur, tum ut in eiusdem notitiam acta perferantur, tum ut decreta, si quae sint, ab eadem recognosci possint.

Can. 457 – Consilii Episcoporum permanentis est curare, ut res in plenario conventu conferentiae agendae praeparentur et decisiones in conventu plenario statutae debite exsecutioni mandentur; eiusdem etiam est alia negotia peragere, quae ipsi ad normam statutorum committuntur.

Can. 458 – Secretariae generalis est :

1° relationem componere actorum et decretorum conventus plenarii conferentiae necnon actorum consilii Episcoporum permanentis, et eadem cum omnibus conferentiae membris communicare, alia etiam acta conscribere, quae ipsi a conferentiae praeside aut a consilio permanenti componenda committuntur;

2° communicare cum Episcoporum conferentiis finitimis acta et documenta quae a conferentia in plenario conventu aut a consilio Episcoporum permanenti ipsis transmitti statuuntur.

Can. 459 – § 1. Foveantur relationes inter Episcoporum conferentias, praesertim viciniores, ad maius bonum promovendum ac tuendum.

§ 2. Quoties vero actiones aut rationes a conferentiis ineuntur formam internationalem praeseferentes, Apostolica Sedes audiatur oportet.

TITULUS III
DE INTERNA ORDINATIONE ECCLESIARUM PARTICULARIUM

CAPUT I
DE SYNODO DIOECESANA

Can. 460 – Synodus dioecesana est coetus delectorum sacerdotum aliorumque christifidelium Ecclesiae particularis, qui in bonum totius communitatis dioecesanae Episcopo dioecesano adiutricem operam praestant, ad normam canonum qui sequuntur.

Can. 461 – § 1. Synodus dioecesana in singulis Ecclesiis particularibus celebretur cum, iudicio Episcopi dioecesani et audito consilio presbyterali, adiuncta id suadeant.

§ 2. Si Episcopus plurium dioecesium curam habet, aut unius curam habet uti Episcopus proprius alterius vero uti Administrator, unam synodum dioecesanam ex omnibus dioecesibus sibi commissis convocare potest.

Can. 462 – § 1. Synodum dioecesanam convocat solus Episcopus dioecesanus, non autem qui ad interim dioecesi praeest.

§ 2. Synodo dioecesanae praeest Episcopus dioecesanus, qui tamen Vicarium generalem aut Vicarium episcopalem pro singulis sessionibus synodi ad hoc officium implendum delegare potest.

Can. 463 – § 1. Ad synodum dioecesanam vocandi sunt uti synodi sodales eamque participandi obligatione tenentur :

1° Episcopus coadiutor atque Episcopi auxiliares;

2° Vicarii generales et Vicarii episcopales, necnon Vicarius iudicialis;

3° canonici ecclesiae cathedralis;

4° membra consilii presbyteralis;

5° christifideles laici, etiam sodales institutorum vitae consecratae, a consilio pastorali eligendi, modo et numero ab Episcopo dioecesano determinandis, aut, ubi hoc consilium non exstet, ratione ab Episcopo dioecesano determinata;

6° rector seminarii dioecesani maioris;

7° vicarii foranei;

8° unus saltem presbyter ex unoquoque vicariatu foraneo eligendus ab omnibus qui curam animarum inibi habeant; item eligendus est alius presbyter qui, eodem impedito, in eius locum substituatur;

9° aliqui Superiores institutorum religiosorum et societatum vitae apostolicae, quae in dioecesi domum habent, eligendi numero et modo ab Episcopo dioecesano determinatis.

§ 2. Ad synodum dioecesanam ab Episcopo dioecesano vocari uti synodi sodales possunt alii quoque, sive clerici, sive institutorum vitae consecratae sodales, sive christifideles laici.

§ 3. Ad synodum dioecesanam Episcopus dioecesanus, si id opportunum duxerit, invitare potest uti observatores aliquos ministros aut sodales Ecclesiarum vel communitatum ecclesialium, quae non sunt in plena cum Ecclesia catholica communione.

Can. 464 – Synodi sodalis, si legitimo detineatur impedimento, non potest mittere procuratorem qui ipsius nomine eidem intersit; Episcopum vero dioecesanum de hoc impedimento certiorem faciat.

Can. 465 – Propositae quaestiones omnes liberae sodalium disceptationi in synodi sessionibus subiciantur.

Can. 466 – Unus in synodo dioecesana legislator est Episcopus dioecesanus, aliis synodi sodalibus voto tantummodo consultivo gaudentibus; unus ipse synodalibus declarationibus et decretis subscribit, quae eius auctoritate tantum publici iuris fieri possunt.

Can. 467 – Episcopus dioecesanus textus declarationum ac decretorum synodalium communicet cum Metropolita necnon cum Episcoporum conferentia.

Can. 468 – § 1. Episcopo dioecesano competit pro suo prudenti iudicio synodum dioecesanam suspendere necnon dissolvere.

§ 2. Vacante vel impedita sede episcopali, synodus dioecesana ipso iure intermittitur, donec Episcopus dioecesanus, qui succedit, ipsam continuari decreverit aut eandem extinctam declaraverit.

CAPUT II

DE CURIA DIOECESANA

Can. 469 – Curia dioecesana constat illis institutis et personis, quae Episcopo operam praestant in regimine universae dioecesis, praesertim in actione pastorali dirigenda, in administratione dioecesis curanda, necnon in potestate iudiciali exercenda.

Can. 470 – Nominatio eorum, qui officia in curia dioecesana exercent, spectat ad Episcopum dioecesanum.

Can. 471 – Omnes qui ad officia in curia admittuntur debent:

1° promissionem emittere de munere fideliter adimplendo, secundum rationem iure vel ab Episcopo determinatam;

2° secretum servare intra fines et secundum modum iure aut ab Episcopo determinatos.

Can. 472 – Circa causas atque personas quae in curia ad exercitium potestatis iudicialis pertinent, serventur praescripta Libri VII *De processibus;* de iis autem quae ad administrationem dioecesis spectant, serventur praescripta canonum qui sequuntur.

Can. 473 – § 1. Episcopus dioecesanus curare debet ut omnia negotia quae ad universae dioecesis administrationem pertinent, debite coordinentur et ad bonum portionis populi Dei sibi commissae aptius procurandum ordinentur.

§ 2. Ipsius Episcopi dioecesani est coordinare actionem pastoralem Vicariorum sive generalium sive episcopalium; ubi id expediat, nominari potest Moderator curiae, qui sacerdos sit oportet, cuius est sub Episcopi auctoritate ea coordinare quae ad negotia administrativa tractanda attinent, itemque curare ut ceteri curiae addicti officium sibi commissum rite adimpleant.

§ 3. Nisi locorum adiuncta iudicio Episcopi aliud suadeant, Moderator curiae nominetur Vicarius generalis aut, si plures sint, unus ex Vicariis generalibus.

§ 4. Ubi id expedire iudicaverit, Episcopus, ad actionem pastoralem aptius fovendam, constituere potest consilium episcopale, constans scilicet Vicariis generalibus et Vicariis episcopalibus.

Can. 474 – Acta curiae quae effectum iuridicum habere nata sunt, subscribi debent ab Ordinario a quo emanant, et quidem ad validitatem, ac simul a curiae cancellario vel notario; cancellarius vero Moderatorem curiae de actis certiorem facere tenetur.

Art. 1
DE VICARIIS GENERALIBUS ET EPISCOPALIBUS

Can. 475 – § 1. In unaquaque dioecesi constituendus est ab Episcopo dioecesano Vicarius generalis, qui potestate ordinaria ad normam canonum qui sequuntur instructus, ipsum in universae dioecesis regimine adiuvet.

§ 2. Pro regula generali habeatur ut unus constituatur Vicarius generalis, nisi dioecesis amplitudo vel incolarum numerus aut aliae rationes pastorales aliud suadeant.

Can. 476 – Quoties rectum dioecesis regimen id requirat, constitui etiam possunt ab Episcopo dioecesano unus vel plures Vicarii episcopales, qui nempe aut in determinata dioecesis parte aut in certo negotiorum genere aut quoad fideles determinati ritus vel certi personarum coetus, eadem gaudent potestate ordinaria, quae iure universali Vicario generali competit, ad normam canonum qui sequuntur.

Can. 477 – § 1. Vicarius generalis et episcopalis libere ab Episcopo dioecesano nominantur et ab ipso libere removeri possunt, firmo praescripto can. 406; Vicarius episcopalis, qui non sit Episcopus auxiliaris, nominetur tantum ad tempus, in ipso constitutionis actu determinandum.

§ 2. Vicario generali absente vel legitime impedito, Episcopus dioecesanus alium nominare potest, qui eius vices suppleat; eadem norma applicatur pro Vicario episcopali.

Can. 478 – § 1. Vicarius generalis et episcopalis sint sacerdotes annos nati non minus triginta, in iure canonico aut theologia doctores vel licentiati vel saltem in iisdem disciplinis vere periti, sana doctrina, probitate, prudentia ac rerum gerendarum experientia commendati.

§ 2. Vicarii generalis et episcopalis munus componi non potest cum munere canonici paenitentiarii, neque committi consanguineis Episcopi usque ad quartum gradum.

Can. 479 – § 1. Vicario generali, vi officii, in universa dioecesi competit potestas exsecutiva quae ad Episcopum dioecesanum iure pertinet, ad ponendos scilicet omnes actus administrativos, iis tamen exceptis quos Episcopus sibi reservaverit vel qui ex iure requirant speciale Episcopi mandatum.

§ 2. Vicario episcopali ipso iure eadem competit potestas de qua in § 1, sed quoad determinatam territorii partem aut negotiorum genus aut fideles determinati ritus vel coetus tantum pro quibus constitutus est, iis causis exceptis quas Episcopus sibi aut Vicario generali reservaverit, aut quae ex iure requirunt speciale Episcopi mandatum.

§ 3. Ad Vicarium generalem atque ad Vicarium episcopalem, intra ambitum eorum competentiae, pertinent etiam facultates habituales ab Apostolica Sede Episcopo concessae, necnon rescriptorum exsecutio, nisi aliud expresse cautum fuerit aut electa fuerit industria personae Episcopi dioecesani.

Can. 480 – Vicarius generalis et Vicarius episcopalis de praecipuis negotiis et gerendis et gestis Episcopo dioecesano referre debent, nec umquam contra voluntatem et mentem Episcopi dioecesani agant.

Can. 481 – § 1. Expirat potestas Vicarii generalis et Vicarii episcopalis expleto tempore mandati, renuntiatione, itemque, salvis cann. 406 et 409, remotione eisdem ab Episcopo dioecesano intimata, atque sedis episcopalis vacatione.

§ 2. Suspenso munere Episcopi dioecesani, suspenditur potestas Vicarii generalis et Vicarii episcopalis, nisi episcopali dignitate aucti sint.

Art. 2

De cancellario aliisque notariis et de archivis

Can. 482 – § 1. In qualibet curia constituatur cancellarius, cuius praecipuum munus, nisi aliter iure particulari statuatur, est curare ut acta curiae redigantur et expediantur, atque eadem in curiae archivo custodiantur.

§ 2. Si necesse videatur, cancellario dari potest adiutor, cui nomen sit vice-cancellarii.

§ 3. Cancellarius necnon vice-cancellarius sunt eo ipso notarii et secretarii curiae.

Can. 483 – § 1. Praeter cancellarium, constitui possunt alii notarii, quorum quidem scriptura seu subscriptio publicam fidem facit, et quidem sive ad quaelibet acta, sive ad acta iudicialia dumtaxat, sive ad acta certae causae aut negotii tantum.

§ 2. Cancellarius et notarii debent esse integrae famae et omni suspicione maiores; in causis quibus fama sacerdotis in discrimen vocari possit, notarius debet esse sacerdos.

Can. 484 – Officium notariorum est:

1° conscribere acta et instrumenta circa decreta, dispositiones, obligationes vel alia quae eorum operam requirunt;

2° in scriptis fideliter redigere quae geruntur, eaque cum significatione loci, diei, mensis et anni subsignare;

3° acta vel instrumenta legitime petenti ex regesto, servatis servandis, exhibere et eorum exempla cum autographo conformia declarare.

Can. 485 – Cancellarius aliique notarii libere ab officio removeri possunt ab Episcopo dioecesano, non autem ab Administratore dioecesano, nisi de consensu collegii consultorum.

Can. 486 – § 1. Documenta omnia, quae dioecesim vel paroecias respiciunt, maxima cura custodiri debent.

§ 2. In unaquaque curia erigatur, in loco tuto, archivum seu tabularium dioecesanum, in quo instrumenta et scripturae quae ad negotia dioecesana tum spiritualia tum temporalia spectant, certo ordine disposita et diligenter clausa custodiantur.

§ 3. Documentorum, quae in archivo continentur, conficiatur inventarium seu catalogus, cum brevi singularum scripturarum synopsi.

Can. 487 – § 1. Archivum clausum sit oportet eiusque clavem habeant solum Episcopus et cancellarius; nemini licet illud ingredi nisi de Episcopi aut Moderatoris curiae simul et cancellarii licentia.

§ 2. Ius est iis quorum interest, documentorum, quae natura sua sunt publica quaeque ad statum suae personae pertinent, documentum authenticum scriptum vel photostaticum per se vel per procuratorem recipere.

Can. 488 – Ex archivo non licet efferre documenta, nisi ad breve tempus tantum atque de Episcopi aut insimul Moderatoris curiae et cancellarii consensu.

Can. 489 – § 1. Sit in curia dioecesana archivum quoque secretum, aut saltem in communi archivo armarium seu scrinium, omnino clausum et obseratum, quod de loco amoveri nequeat, in quo scilicet documenta secreto servanda cautissime custodiantur.

§ 2. Singulis annis destruantur documenta causarum criminalium in materia morum, quarum rei vita cesserunt aut quae a decennio sententia condemnatoria absolutae sunt, retento facti brevi summario cum textu sententiae definitivae.

Can. 490 – § 1. Archivi secreti clavem habeat tantummodo Episcopus.

§ 2. Sede vacante, archivum vel armarium secretum ne aperiatur, nisi in casu verae necessitatis, ab ipso Administratore dioecesano.

§ 3. Ex archivo vel armario secreto documenta ne efferantur.

Can. 491 – § 1. Curet Episcopus dioecesanus ut acta et documenta archivorum quoque ecclesiarum cathedralium, collegiatarum, paroecialium, aliarumque in suo territorio exstantium diligenter serventur, atque inventaria seu catalogi conficiantur duobus exemplaribus, quorum alterum in proprio archivo, alterum in archivo dioecesano serventur.

§ 2. Curet etiam Episcopus dioecesanus ut in dioecesi habeatur archivum historicum atque documenta valorem historicum habentia in eodem diligenter custodiantur et systematice ordinentur.

§ 3. Acta et documenta de quibus in §§ 1 et 2, ut inspiciantur aut efferantur, serventur normae ab Episcopo dioecesano statutae.

Art. 3
De consilio a rebus oeconomicis et de oeconomo

Can. 492 – § 1. In singulis dioecesibus constituatur consilium a rebus oeconomicis, cui praesidet ipse Episcopus dioecesanus eiusve delegatus, et quod constat tribus saltem christifidelibus, in re oeconomica necnon in iure civili vere peritis et integritate praestantibus, ab Episcopo nominatis.

§ 2. Membra consilii a rebus oeconomicis ad quinquennium nominentur, sed expleto hoc tempore ad alia quinquennia assumi possunt.

§ 3. A consilio a rebus oeconomicis excluduntur personae quae cum Episcopo usque ad quartum gradum consanguinitatis vel affinitatis coniunctae sunt.

Can. 493 – Praeter munera ipsi commissa in Libro V *De bonis Ecclesiae temporalibus,* consilii a rebus oeconomicis est quotannis, iuxta Episcopi dioecesani indicationes, rationem apparare quaestuum et erogationum quae pro universo dioecesis regimine anno venturo praevidentur, necnon, anno exeunte, rationem accepti et expensi probare.

Can. 494 – § 1. In singulis dioecesibus ab Episcopo, auditis collegio consultorum atque consilio a rebus oeconomicis, nominetur oeconomus, qui sit in re oeconomica vere peritus et probitate prorsus praestans.

§ 2. Oeconomus nominetur ad quinquennium, sed expleto hoc tempore ad alia quinquennia nominari potest; durante munere, ne amoveatur nisi ob gravem causam ab Episcopo aestimandam, auditis collegio consultorum atque consilio a rebus oeconomicis.

§ 3. Oeconomi est, secundum rationem a consilio a rebus oeconomicis definitam, bona dioecesis sub auctoritate Episcopi administrare atque ex quaestu dioecesis constituto expensas facere, quas Episcopus aliive ab ipso deputati legitime ordinaverint.

§ 4. Anno vertente, oeconomus consilio a rebus oeconomicis rationem accepti et expensi reddere debet.

CAPUT III

DE CONSILIO PRESBYTERALI
ET DE COLLEGIO CONSULTORUM

Can. 495 – § 1. In unaquaque dioecesi constituatur consilium presbyterale, coetus scilicet sacerdotum, qui tamquam senatus sit Episcopi, presbyterium repraesentans, cuius est Episcopum in regimine dioecesis ad normam iuris adiuvare, ut bonum pastorale portionis populi Dei ipsi commissae quam maxime provehatur.

§ 2. In vicariatibus et praefecturis apostolicis Vicarius vel Praefectus constituant consilium ex tribus saltem presbyteris missionariis, quorum sententiam, etiam per epistolam, audiant in gravioribus negotiis.

Can. 496 – Consilium presbyterale habeat propria statuta ab Episcopo dioecesano approbata, attentis normis ab Episcoporum conferentia prolatis.

Can. 497 – Ad designationem quod attinet sodalium consilii presbyteralis:

1° dimidia circiter pars libere eligatur a sacerdotibus ipsis, ad normam canonum qui sequuntur, necnon statutorum;

2° aliqui sacerdotes, ad normam statutorum, esse debent membra nata, qui scilicet ratione officii ipsis demandati ad consilium pertineant;

3° Episcopo dioecesano integrum est aliquos libere nominare.

Can. 498 – § 1. Ius electionis tum activum tum passivum ad consilium presbyterale constituendum habent:

1° omnes sacerdotes saeculares in dioecesi incardinati;

2° sacerdotes saeculares in dioecesi non incardinati, necnon sacerdotes sodales alicuius instituti religiosi aut societatis vitae apostolicae, qui in dioecesi commorantes, in eiusdem bonum aliquod officium exercent.

§ 2. Quatenus statuta id provideant, idem ius electionis conferri potest aliis sacerdotibus, qui domicilium aut quasi-domicilium in dioecesi habent.

Can. 499 – Modus eligendi membra consilii presbyteralis statutis determinandus est, ita quidem ut, quatenus id fieri possit, sacerdotes presbyterii repraesententur, ratione habita maxime diversorum ministeriorum variarumque dioecesis regionum.

Can. 500 – § 1. Episcopi dioecesani est consilium presbyterale convocare, eidem praesidere atque quaestiones in eodem tractandas determinare aut a membris propositas recipere.

§ 2. Consilium presbyterale gaudet voto tantum consultivo; Episcopus dioecesanus illud audiat in negotiis maioris momenti, eius autem consensu eget solummodo in casibus iure expresse definitis.

§ 3. Consilium presbyterale numquam agere valet sine Episcopo dioecesano, ad quem solum etiam cura spectat ea divulgandi quae ad normam § 2 statuta sunt.

Can. 501 – § 1. Membra consilii presbyteralis designentur ad tempus, in statutis determinatum, ita tamen ut integrum consilium vel aliqua eius pars intra quinquennium renovetur.

§ 2. Vacante sede, consilium presbyterale cessat eiusque munera implentur a collegio consultorum; intra annum a capta possessione Episcopus debet consilium presbyterale noviter constituere.

§ 3. Si consilium presbyterale munus sibi in bonum dioecesis commissum non adimpleat aut eodem graviter abutatur, Episcopus dioecesanus, facta consultatione cum Metropolita, aut si de ipsa sede metropolitana agatur cum Episcopo suffraganeo promotione antiquiore, illud dissolvere potest, sed intra annum debet noviter constituere.

Can. 502 – § 1. Inter membra consilii presbyteralis ab Episcopo dioecesano libere nominantur aliqui sacerdotes, numero non minore quam sex nec maiore quam duodecim, qui collegium consultorum ad quinquennium constituant, cui competunt munera iure determinata; expleto tamen quinquennio munera sua propria exercere pergit usquedum novum collegium constituatur.

§ 2. Collegio consultorum praeest Episcopus dioecesanus; sede autem impedita aut vacante, is qui ad interim Episcopi locum tenet aut, si constitutus nondum fuerit, sacerdos ordinatione antiquior in collegio consultorum.

§ 3. Episcoporum conferentia statuere potest ut munera collegii consultorum capitulo cathedrali committantur.

§ 4. In vicariatu et praefectura apostolica munera collegii consultorum competunt consilio missionis, de quo in can. 495, § 2, nisi aliud iure statuatur.

Caput IV

DE CANONICORUM CAPITULIS

Can. 503 – Capitulum canonicorum, sive cathedrale sive collegiale, est sacerdotum collegium, cuius est functiones liturgicas sollemniores in ecclesia cathedrali aut collegiali persolvere; capituli cathedralis praeterea est munera adimplere, quae iure aut ab Episcopo dioecesano ei committuntur.

Can. 504 – Capituli cathedralis erectio, innovatio aut suppressio Sedi Apostolicae reservantur.

Can. 505 – Unumquodque capitulum, sive cathedrale sive collegiale, sua habeat statuta, per legitimum actum capitularem condita atque ab Episcopo dioecesano probata ; quae statuta ne immutentur neve abrogentur, nisi approbante eodem Episcopo dioecesano.

Can. 506 – § 1. Statuta capituli, salvis semper fundationis legibus, ipsam capituli constitutionem et numerum canonicorum determinent ; definiant quaenam a capitulo et a singulis canonicis ad cultum divinum necnon ad ministerium persolvendum sint peragenda ; decernant conventus in quibus capituli negotia agantur atque, salvis quidem iuris universalis praescriptis, condiciones statuant ad validitatem liceitatemque negotiorum requisitas.

§ 2. In statutis etiam definiantur emolumenta, tum stabilia tum occasione perfuncti muneris solvenda necnon, attentis normis a Sancta Sede latis, quaenam sint canonicorum insignia.

Can. 507 – § 1. Inter canonicos habeatur qui capitulo praesit, atque alia etiam constituantur officia ad normam statutorum, ratione quoque habita usus in regione vigentis.

§ 2. Clericis ad capitulum non pertinentibus, committi possunt alia officia, quibus ipsi, ad normam statutorum, canonicis auxilium praebent.

Can. 508 – § 1. Paenitentiarius canonicus tum ecclesiae cathedralis tum ecclesiae collegialis vi officii habet facultatem ordinariam, quam tamen aliis delegare non potest, absolvendi in foro sacramentali a censuris latae sententiae non declaratis, Apostolicae Sedi non reservatis, in dioecesi extraneos quoque, dioecesanos autem etiam extra territorium dioecesis.

§ 2. Ubi deficit capitulum, Episcopus dioecesanus sacerdotem constituat ad idem munus implendum.

Can. 509 – § 1. Episcopi dioecesani, audito capitulo, non autem Administratoris dioecesani, est omnes et singulos conferre canonicatus, tum in ecclesia cathedrali tum in ecclesia collegiali, revocato quolibet contrario privilegio ; eiusdem Episcopi est confirmare electum ab ipso capitulo, qui eidem praesit.

§ 2. Canonicatus Episcopus dioecesanus conferat tantum sacerdotibus doctrina vitaeque integritate praestantibus, qui laudabiliter ministerium exercuerunt.

Can. 510 – § 1. Capitulo canonicorum ne amplius uniantur paroeciae ; quae unitae alicui capitulo exstent, ab Episcopo dioecesano a capitulo separentur.

§ 2. In ecclesia, quae simul sit paroecialis et capitularis, designetur parochus, sive inter capitulares delectus, sive non; qui parochus omnibus obstringitur officiis atque gaudet iuribus et facultatibus quae ad normam iuris propria sunt parochi.

§ 3. Episcopi dioecesani est certas statuere normas, quibus officia pastoralia parochi atque munera capitulo propria debite componantur, cavendo ne parochus capitularibus nec capitulum paroecialibus functionibus impedimento sit; conflictus, si quidam habeantur, dirimat Episcopus dioecesanus, qui imprimis curet ut fidelium necessitatibus pastoralibus apte prospiciatur.

§ 4. Quae ecclesiae, paroeciali simul et capitulari, conferantur eleemosynae, praesumuntur datae paroeciae, nisi aliud constet.

Caput V
DE CONSILIO PASTORALI

Can. 511 – In singulis dioecesibus, quatenus pastoralia adiuncta id suadeant, constituatur consilium pastorale, cuius est sub auctoritate Episcopi ea quae opera pastoralia in dioecesi spectant investigare, perpendere atque de eis conclusiones practicas proponere.

Can. 512 – § 1. Consilium pastorale constat christifidelibus qui in plena communione sint cum Ecclesia catholica, tum clericis, tum membris institutorum vitae consecratae, tum praesertim laicis, quique designantur modo ab Episcopo dioecesano determinato.

§ 2. Christifideles, qui deputantur ad consilium pastorale, ita seligantur ut per eos universa populi Dei portio, quae dioecesim constituat, revera configuretur, ratione habita diversarum dioecesis regionum, condicionum socialium et professionum, necnon partis quam sive singuli sive cum aliis coniuncti in apostolatu habent.

§ 3. Ad consilium pastorale ne deputentur nisi christifideles certa fide, bonis moribus et prudentia praestantes.

Can. 513 – § 1. Consilium pastorale constituitur ad tempus, iuxta praescripta statutorum, quae ab Episcopo dantur.

§ 2. Sede vacante, consilium pastorale cessat.

Can. 514 – § 1. Consilium pastorale, quod voto gaudet tantum consultivo, iuxta necessitates apostolatus convocare eique praeesse ad solum Episcopum dioecesanum pertinet; ad quem etiam unice spectat, quae in consilio pertractata sunt publici iuris facere.

§ 2. Saltem semel in anno convocetur.

Caput VI

DE PAROECIIS,
DE PAROCHIS ET DE VICARIIS PAROECIALIBUS

Can. 515 – § 1. Paroecia est certa communitas christifidelium in Ecclesia particulari stabiliter constituta, cuius cura pastoralis, sub auctoritate Episcopi dioecesani, committitur parocho, qua proprio eiusdem pastori.

§ 2. Paroecias erigere, supprimere aut eas innovare unius est Episcopi dioecesani, qui paroecias ne erigat aut supprimat, neve eas notabiliter innovet, nisi audito consilio presbyterali.

§ 3. Paroecia legitime erecta personalitate iuridica ipso iure gaudet.

Can. 516 – § 1. Nisi aliud iure caveatur, paroeciae aequiparatur quasi-paroecia, quae est certa in Ecclesia particulari communitas christifidelium, sacerdoti uti pastori proprio commissa, ob peculiaria adiuncta in paroeciam nondum erecta.

§ 2. Ubi quaedam communitates in paroeciam vel quasi-paroeciam erigi non possint, Episcopus dioecesanus alio modo earundem pastorali curae prospiciat.

Can. 517 – § 1. Ubi adiuncta id requirant, paroeciae aut diversarum simul paroeciarum cura pastoralis committi potest pluribus in solidum sacerdotibus, ea tamen lege, ut eorundem unus curae pastoralis exercendae sit moderator, qui nempe actionem coniunctam dirigat atque de eadem coram Episcopo respondeat.

§ 2. Si ob sacerdotum penuriam Episcopus dioecesanus aestimaverit participationem in exercitio curae pastoralis paroeciae concredendam esse diacono aliive personae sacerdotali charactere non insignitae aut personarum communitati, sacerdotem constituat aliquem qui, potestatibus et facultatibus parochi instructus, curam pastoralem moderetur.

Can. 518 – Paroecia regula generali sit territorialis, quae scilicet omnes complectatur christifideles certi territorii; ubi vero id expediat, constituantur paroeciae personales, ratione ritus, linguae, nationis christifidelium alicuius territorii atque alia etiam ratione determinatae.

Can. 519 – Parochus est pastor proprius paroeciae sibi commissae, cura pastorali communitatis sibi concreditae fungens sub auctoritate Episcopi dioecesani, cuius in partem ministerii Christi vocatus est, ut pro eadem communitate munera exsequatur docendi, sanctificandi et regendi, cooperantibus etiam aliis presbyteris vel diaconis atque operam conferentibus christifidelibus laicis, ad normam iuris.

Can. 520 – § 1. Persona iuridica ne sit parochus; Episcopus autem dioecesanus, non vero Administrator dioecesanus, de consensu competentis Superioris, potest paroeciam committere instituto religioso clericali vel societati clericali vitae apostolicae, eam erigendo etiam in ecclesia instituti aut societatis, hac tamen lege ut unus presbyter sit paroeciae parochus, aut, si cura pastoralis pluribus in solidum committatur, moderator, de quo in can. 517, § 1.

§ 2. Paroeciae commissio, de qua in § 1, fieri potest sive in perpetuum sive ad certum praefinitum tempus; in utroque casu fiat mediante conventione scripta inter Episcopum dioecesanum et competentem Superiorem instituti vel societatis inita, qua inter alia expresse et accurate definiantur, quae ad opus explendum, ad personas eidem addicendas et ad res oeconomicas spectent.

Can. 521 – § 1. Ut quis valide in parochum assumatur, oportet sit in sacro presbyteratus ordine constitutus.

§ 2. Sit praeterea sana doctrina et morum probitate praestans, animarum zelo aliisque virtutibus praeditus, atque insuper qualitatibus gaudeat quae ad paroeciam, de qua agitur, curandam iure sive universali sive particulari requiruntur.

§ 3. Ad officium parochi alicui conferendum, oportet de eius idoneitate, modo ab Episcopo dioecesano determinato, etiam per examen, certo constet.

Can. 522 – Parochus stabilitate gaudeat oportet ideoque ad tempus indefinitum nominetur; ad certum tempus tantum ab Episcopo dioecesano nominari potest, si id ab Episcoporum conferentia, per decretum admissum fuerit.

Can. 523 – Firmo praescripto can. 682, parochi officii provisio Episcopo dioecesano competit et quidem libera collatione, nisi cuidam sit ius praesentationis aut electionis.

Can. 524 – Vacantem paroeciam Episcopus dioecesanus conferat illi quem, omnibus perpensis adiunctis, aestimet idoneum ad paroecialem curam in eadem implendam, omni personarum acceptione remota; ut iudicium de idoneitate ferat, audiat vicarium foraneum aptasque investigationes peragat, auditis, si casus ferat, certis presbyteris necnon christifidelibus laicis.

Can. 525 – Sede vacante aut impedita, ad Administratorem dioecesanum aliumve dioecesim ad interim regentem pertinet:

1° institutionem vel confirmationem concedere presbyteris, qui ad paroeciam legitime praesentati aut electi fuerint;

2° parochos nominare, si sedes ab anno vacaverit aut impedita sit.

Can. 526 – § 1. Parochus unius paroeciae tantum curam paroecialem habeat; ob penuriam tamen sacerdotum aut alia adiuncta, plurium vicinarum paroeciarum cura eidem parocho concredi potest.

§ 2. In eadem paroecia unus tantum habeatur parochus aut moderator ad normam can. 517, § 1, reprobata contraria consuetudine et revocato quolibet contrario privilegio.

Can. 527 – § 1. Qui ad curam pastoralem paroeciae gerendam promotus est, eandem obtinet et exercere tenetur a momento captae possessionis.

§ 2. Parochum in possessionem mittit loci Ordinarius aut sacerdos ab eodem delegatus, servato modo lege particulari aut legitima consuetudine recepto; iusta tamen de causa potest idem Ordinarius ab eo modo dispensare; quo in casu dispensatio paroeciae communicata locum tenet captae possessionis.

§ 3. Loci Ordinarius praefiniat tempus intra quod paroeciae possessio capi debeat; quo inutiliter praeterlapso, nisi iustum obstiterit impedimentum, paroeciam vacare declarare potest.

Can. 528 – § 1. Parochus obligatione tenetur providendi ut Dei verbum integre in paroecia degentibus annuntietur; quare curet ut christifideles laici in fidei veritatibus edoceantur, praesertim homilia diebus dominicis et festis de praecepto habenda necnon catechetica institutione tradenda, atque foveat opera quibus spiritus evangelicus, etiam ad iustitiam socialem quod attinet, promoveatur; peculiarem curam habeat de puerorum iuvenumque educatione catholica; omni ope satagat, associata etiam sibi christifidelium opera, ut nuntius evangelicus ad eos quoque perveniat, qui a religione colenda recesserint aut veram fidem non profiteantur.

§ 2. Consulat parochus ut sanctissima Eucharistia centrum sit congregationis fidelium paroecialis; allaboret ut christifideles, per devotam sacramentorum celebrationem, pascantur, peculiarique modo ut frequenter ad sanctissimae Eucharistiae et paenitentiae sacramenta accedant; annitatur item ut iidem ad orationem etiam in familiis peragendam ducantur atque conscie et actuose partem habeant in sacra liturgïa, quam quidem, sub auctoritate Episcopi dioecesani, parochus in sua paroecia moderari debet et, ne abusus irrepant, invigilare tenetur.

Can. 529 – § 1. Officium pastoris sedulo ut adimpleat, parochus fideles suae curae commissos cognoscere satagat; ideo familias visitet, fidelium sollicitudines, angores et luctus praesertim, participans eosque in Domino confortans necnon, si in quibusdam defecerint, prudenter corrigens; aegrotos, praesertim morti proximos, effusa caritate adiuvet, eos sollicite sacramentis reficiendo eorumque animas Deo commendando;

peculiari diligentia prosequatur pauperes, afflictos, solitarios, e patria exsules itemque peculiaribus difficultatibus gravatos; allaboret etiam ut coniuges et parentes ad officia propria implenda sustineantur et in familia vitae christianae incrementum foveat.

§ 2. Partem quam christifideles laici in missione Ecclesiae propriam habent, parochus agnoscat et promoveat, consociationes eorundem ad fines religionis fovendo. Cum proprio Episcopo et cum dioecesis presbyterio cooperetur, allaborans etiam ut fideles communionis paroecialis curam habeant, iidemque tum dioecesis tum Ecclesiae universae membra se sentiant operaque ad eandem communionem promovendam participent vel sustineant.

Can. 530 – Functiones specialiter parocho commissae sunt quae sequuntur :

1° administratio baptismi ;

2° administratio sacramenti confirmationis iis qui in periculo mortis versantur, ad normam can. 883, n. 3 ;

3° administratio Viatici necnon unctionis infirmorum, firmo praescripto can. 1003, §§ 2 et 3, atque apostolicae benedictionis impertitio ;

4° assistentia matrimoniis et benedictio nuptiarum ;

5° persolutio funerum ;

6° fontis baptismalis tempore paschali benedictio, ductus processionum extra ecclesiam, necnon benedictiones extra ecclesiam sollemnes ;

7° celebratio eucharistica sollemnior diebus dominicis et festis de praecepto.

Can. 531 – Licet paroeciale quoddam munus alius expleverit, oblationes quas hac occasione a christifidelibus recipit ad massam paroecialem deferat, nisi de contraria offerentis voluntate constet quoad oblationes voluntarias; Episcopo dioecesano, audito consilio presbyterali, competit statuere praescripta, quibus destinationi harum oblationum necnon remunerationi clericorum idem munus implentium provideatur.

Can. 532 – In omnibus negotiis iuridicis parochus personam gerit paroeciae, ad normam iuris; curet ut bona paroeciae administrentur ad normam cann. 1281-1288.

Can. 533 – § 1. Parochus obligatione tenetur residendi in domo paroeciali prope ecclesiam; in casibus tamen particularibus, si iusta adsit causa, loci Ordinarius permittere potest ut alibi commoretur, praesertim in domo pluribus presbyteris communi, dummodo paroecialium perfunctioni munerum rite apteque sit provisum.

§ 2. Nisi gravis obstet ratio, parocho, feriarum gratia, licet quotannis a paroecia abesse ad summum per unum mensem continuum aut intermissum; quo in feriarum tempore dies non computantur, quibus semel in anno parochus spirituali recessui vacat; parochus autem, ut ultra hebdomadam a paroecia absit, tenetur de hoc loci Ordinarium monere.

§ 3. Episcopi dioecesani est normas statuere quibus prospiciatur ut, parochi absentia durante, curae provideatur paroeciae per sacerdotem debitis facultatibus instructum.

Can. 534 – § 1. Parochus, post captam paroeciae possessionem, obligatione tenetur singulis diebus dominicis atque festis in sua dioecesi de praecepto Missam pro populo sibi commisso applicandi; qui vero ab hac celebratione legitime impediatur, iisdem diebus per alium aut aliis diebus per se ipse applicet.

§ 2. Parochus, qui plurium paroeciarum curam habet, diebus de quibus in § 1, unam tantum Missam pro universo sibi commisso populo applicare tenetur.

§ 3. Parochus qui obligationi de qua in §§ 1 et 2 non satisfecerit, quam primum pro populo tot Missas applicet, quot omiserit.

Can. 535 – § 1. In unaquaque paroecia habeantur libri paroeciales, liber scilicet baptizatorum, matrimoniorum, defunctorum, aliique secundum Episcoporum conferentiae aut Episcopi dioecesani praescripta; prospiciat parochus ut iidem libri accurate conscribantur atque diligenter asserventur.

§ 2. In libro baptizatorum adnotentur quoque confirmatio, necnon quae pertinent ad statum canonicum christifidelium, ratione matrimonii, salvo quidem praescripto can. 1133, ratione adoptionis, itemque ratione suscepti ordinis sacri, professionis perpetuae in instituto religioso emissae necnon mutati ritus; eaeque adnotationes in documento accepti baptismi semper referantur.

§ 3. Unicuique paroeciae sit proprium sigillum; testimonia quae de statu canonico christifidelium dantur, sicut et acta omnia quae momentum iuridicum habere possunt, ab ipso parocho eiusve delegato subscribantur et sigillo paroeciali muniantur.

§ 4. In unaquaque paroecia habeatur tabularium seu archivum, in quo libri paroeciales custodiantur, una cum Episcoporum epistulis aliisque documentis, necessitatis utilitatisve causa servandis; quae omnia, ab Episcopo dioecesano eiusve delegato, visitationis vel alio opportuno tempore inspicienda, parochus caveat ne ad extraneorum manus perveniant.

§ 5. Libri paroeciales antiquiores quoque diligenter custodiantur, secundum praescripta iuris particularis.

Can. 536 – § 1. Si, de iudicio Episcopi dioecesani, audito consilio presbyterali, opportunum sit, in unaquaque paroecia constituatur consilium pastorale, cui parochus praeest et in quo christifideles una cum illis qui curam pastoralem vi officii sui in paroecia participant, ad actionem pastoralem fovendam suum adiutorium praestent.

§ 2. Consilium pastorale voto gaudet tantum consultivo et regitur normis ab Episcopo dioecesano statutis.

Can. 537 – In unaquaque paroecia habeatur consilium a rebus oeconomicis, quod praeterquam iure universali, regitur normis ab Episcopo dioecesano latis et in quo christifideles, secundum easdem normas selecti, parocho in administratione bonorum paroeciae adiutorio sint, firmo praescripto can. 532.

Can. 538 – § 1. Parochus ab officio cessat amotione aut translatione ab Episcopo dioecesano ad normam iuris peracta, renuntiatione iusta de causa ab ipso parocho facta et, ut valeat, ab eodem Episcopo acceptata, necnon lapsu temporis si, iuxta iuris particularis de quo in can. 522 praescripta, ad tempus determinatum constitutus fuerit.

§ 2. Parochus, qui est sodalis instituti religiosi aut in societate vitae apostolicae incardinatus, ad normam can. 682, § 2 amovetur.

§ 3. Parochus, expleto septuagesimo quinto aetatis anno, rogatur ut renuntiationem ab officio exhibeat Episcopo dioecesano, qui, omnibus personae et loci inspectis adiunctis, de eadem acceptanda aut differenda decernat; renuntiantis congruae sustentationi et habitationi ab Episcopo dioecesano providendum est, attentis normis ab Episcoporum conferentia statutis.

Can. 539 – Cum vacat paroecia aut cum parochus ratione captivitatis, exsilii vel relegationis, inhabilitatis vel infirmae valetudinis aliusve causae a munere pastorali in paroecia exercendo praepeditur, ab Episcopo dioecesano quam primum deputetur administrator paroecialis, sacerdos scilicet qui parochi vicem suppleat ad normam can. 540.

Can. 540 – § 1. Administrator paroecialis iisdem adstringitur officiis iisdemque gaudet iuribus ac parochus, nisi ab Episcopo dioecesano aliter statuatur.

§ 2. Administratori paroeciali nihil agere licet, quod praeiudicium afferat iuribus parochi aut damno esse possit bonis paroecialibus.

§ 3. Administrator paroecialis post expletum munus, parocho rationem reddat.

Can. 541 – § 1. Vacante paroecia itemque parocho a munere pastorali exercendo impedito, ante administratoris paroecialis constitutionem, paroeciae regimen interim assumat vicarius paroecialis; si

plures sint, is qui sit nominatione antiquior, et si vicarii desint, parochus iure particulari definitus.

§ 2. Qui paroeciae regimen ad normam § 1 assumpserit, loci Ordinarium de paroeciae vacatione statim certiorem faciat.

Can. 542 – Sacerdotes quibus in solidum, ad normam can. 516, § 1,
alicuius paroeciae aut diversarum simul paroeciarum cura pastoralis
committitur:

1° praediti sint oportet qualitatibus, de quibus in can. 521;

2° nominentur vel instituantur ad normam praescriptorum
cann. 522 et 524;

3° curam pastoralem obtinent tantum a momento captae possessionis; eorundem moderator in possessionem mittitur ad normam praescriptorum can. 527, § 2; pro ceteris vero sacerdotibus fidei professio
legitime facta locum tenet captae possessionis.

Can. 543 – § 1. Si sacerdotibus in solidum cura pastoralis alicuius paroeciae aut diversarum simul paroeciarum committatur, singuli eorum, iuxta ordinationem ab iisdem statutam, obligatione tenentur munera et functiones parochi persolvendi de quibus in
cann. 528, 529 et 530; facultas matrimoniis assistendi, sicuti et potestates omnes dispensandi ipso iure parocho concessae, omnibus competunt, exercendae tamen sunt sub directione moderatoris.

§ 2. Sacerdotes omnes qui ad coetum pertinent:

1° obligatione tenentur residentiae;

2° communi consilio ordinationem statuant, qua eorum unus Missam pro populo celebret, ad normam can. 534;

3° solus moderator in negotiis iuridicis personam gerit paroeciae
aut paroeciarum coetui commissarum.

Can. 544 – Cum cesset ab officio aliquis sacerdos e coetu, de quo in
can. 517, § 1, vel coetus moderator, itemque cum eorundem aliquis inhabilis fiat ad munus pastorale exercendum, non vacat paroecia vel paroeciae, quarum cura coetui committitur; Episcopi autem dioecesani
est alium nominare moderatorem; antequam vero ab Episcopo alius
nominetur, hoc munus adimpleat sacerdos eiusdem coetus nominatione
antiquior.

Can. 545 – § 1. Quoties ad pastoralem paroeciae curam debite adimplendam necesse aut opportunum sit, parocho adiungi possunt unus
aut plures vicarii paroeciales, qui, tamquam parochi cooperatores eiusque sollicitudinis participes, communi cum parocho consilio et studio,
atque sub eiusdem auctoritate operam in ministerio pastorali praestent.

§ 2. Vicarius paroecialis constitui potest sive ut opem ferat in universo ministerio pastorali explendo, et quidem aut pro tota paroecia
aut pro determinata paroeciae parte aut pro certo paroeciae christifidelium coetu, sive etiam ut operam impendat in certum ministerium
in diversis simul paroeciis persolvendum.

Can. 546 – Ut quis valide vicarius paroecialis nominetur, oportet
sit in sacro presbyteratus ordine constitutus.

Can. 547 – Vicarium paroecialem libere nominat Episcopus dioecesanus, auditis, si opportunum id iudicaverit, parocho aut parochis
paroeciarum pro quibus constituitur, necnon vicario foraneo, firmo
praescripto can. 682, § 1.

Can. 548 – § 1. Vicarii paroecialis obligationes et iura, praeterquam canonibus huius capitis, statutis dioecesanis necnon litteris Episcopi dioecesani definiuntur, specialius autem mandato parochi determinantur.

§ 2. Nisi aliud expresse litteris Episcopi dioecesani caveatur, vicarius paroecialis ratione officii obligatione tenetur parochum in universo paroeciali ministerio adiuvandi, excepta quidem applicatione
Missae pro populo, itemque, si res ferat ad normam iuris, parochi vicem
supplendi.

§ 3. Vicarius paroecialis regulariter de inceptis pastoralibus pro-
spectis et susceptis ad parochum referat, ita ut parochus et vicarius
aut vicarii, coniunctis viribus, pastorali curae providere valeant paroeciae, cuius simul sunt sponsores.

Can. 549 – Absente parocho, nisi aliter Episcopus dioecesanus providerit ad normam can. 533, § 3, et nisi Administrator paroecialis constitutus fuerit, serventur praescripta can. 541, § 1; vicarius hoc in
casu omnibus etiam obligationibus tenetur parochi, excepta obligatione
applicandi Missam pro populo.

Can. 550 – § 1. Vicarius paroecialis obligatione tenetur residendi
in paroecia aut, si pro diversis simul paroeciis constitutus est, in
earum aliqua; loci tamen Ordinarius, iusta de causa, permittere potest
ut alibi resideat, praesertim in domo pluribus presbyteris communi,
dummodo pastoralium perfunctio munerum nullum exinde detrimentum
capiat.

§ 2. Curet loci Ordinarius ut inter parochum et vicarios aliqua
vitae communis consuetudo in domo paroeciali, ubi id fieri possit, provehatur.

§ 3. Ad tempus feriarum quod attinet, vicarius paroecialis eodem
gaudet iure ac parochus.

Can. 551 – Ad oblationes quod attinet, quas occasione perfuncti ministerii pastoralis christifideles vicario faciunt, serventur praescripta can. 531.

Can. 552 – Vicarius paroecialis ab Episcopo dioecesano aut ab Administratore dioecesano amoveri potest, iusta de causa, firmo praescripto can. 682, § 2.

CAPUT VII

DE VICARIIS FORANEIS

Can. 553 – § 1. Vicarius foraneus, qui etiam decanus vel archipresbyter vel alio nomine vocatur, est sacerdos qui vicariatui foraneo praeficitur.

§ 2. Nisi aliud iure particulari statuatur, vicarius foraneus nominatur ab Episcopo dioecesano, auditis pro suo prudenti iudicio sacerdotibus qui in vicariatu de quo agitur ministerium exercent.

Can. 554 – § 1. Ad officium vicarii foranei, quod cum officio parochi certae paroeciae non ligatur, Episcopus seligat sacerdotem quem, inspectis loci ac temporis adiunctis, idoneum iudicaverit.

§ 2. Vicarius foraneus nominetur ad certum tempus, iure particulari determinatum.

§ 3. Vicarium foraneum iusta de causa, pro suo prudenti arbitrio, Episcopus dioecesanus ab officio libere amovere potest.

Can. 555 – § 1. Vicario foraneo, praeter facultates iure particulari ei legitime tributas, officium et ius est:

1° actionem pastoralem in vicariatu communem promovendi et coordinandi;

2° prospiciendi ut clerici sui districtus vitam ducant proprio statui congruam atque officiis suis diligenter satisfaciant;

3° providendi ut religiosae functiones secundum sacrae liturgiae praescripta celebrentur, ut decor et nitor ecclesiarum sacraeque supellectilis, maxime in celebratione eucharistica et custodia sanctissimi Sacramenti, accurate serventur, ut recte conscribantur et debite custodiantur libri paroeciales, ut bona ecclesiastica sedulo administrentur; denique ut domus paroecialis debita diligentia curetur.

§ 2. In vicariatu sibi concredito vicarius foraneus:

1° operam det ut clerici, iuxta iuris particularis praescripta, statutis temporibus intersint praelectionibus, conventibus theologicis aut conferentiis, ad normam can. 272, § 2;

2° curet ut presbyteris sui districtus subsidia spiritualia praesto sint, itemque maxime sollicitus sit de iis, qui in difficilioribus versantur circumstantiis aut problematibus anguntur.

§ 3. Curet vicarius foraneus ut parochi sui districtus, quos graviter aegrotantes noverit, spiritualibus ac materialibus auxiliis ne careant, utque eorum qui decesserint, funera digne celebrentur; provideat quoque ne, occasione aegrotationis vel mortis, libri, documenta, sacra supellex aliaque, quae ad Ecclesiam pertinent, depereant aut asportentur.

§ 4. Vicarius foraneus obligatione tenetur secundum determinationem ab Episcopo dioecesano factam, sui districtus paroecias visitare.

Caput VIII
DE ECCLESIARUM RECTORIBUS ET DE CAPPELLANIS

Art. 1
De ecclesiarum rectoribus

Can. 556 – Ecclesiarum rectores hic intelleguntur sacerdotes, quibus cura demandatur alicuius ecclesiae, quae nec sit paroecialis nec capitularis, nec adnexa domui communitatis religiosae aut societatis vitae apostolicae, quae in eadem officia celebret.

Can. 557 – § 1. Ecclesiae rector libere nominatur ab Episcopo dioecesano, salvo iure eligendi aut praesentandi, si cui legitime competat; quo in casu Episcopi dioecesani est rectorem confirmare vel instituere.

§ 2. Etiam si ecclesia pertineat ad aliquod clericale institutum religiosum iuris pontificii, Episcopo dioecesano competit rectorem a Superiore praesentatum instituere.

§ 3. Rector ecclesiae, quae coniuncta sit cum seminario aliove collegio quod a clericis regitur, est rector seminarii vel collegii, nisi aliter Episcopus dioecesanus constituerit.

Can. 558 – Salvo can. 262, rectori non licet functiones paroeciales de quibus in can. 530, nn. 1-6, in ecclesia sibi commissa peragere, nisi consentiente aut, si res ferat, delegante parocho.

Can. 559 – Potest rector in ecclesia sibi commissa liturgicas celebrationes etiam sollemnes peragere, salvis legitimis fundationis legibus, atque dummodo de iudicio loci Ordinarii nullo modo ministerio paroeciali noceant.

Can. 560 – Loci Ordinarius, ubi id opportunum censeat, potest rectori praecipere ut determinatas in ecclesia sua pro populo celebret functiones etiam paroeciales, necnon ut ecclesia pateat certis christifidelium coetibus ibidem liturgicas celebrationes peracturis.

Can. 561 – Sine rectoris aliusve legitimi superioris licentia, nemini licet in ecclesia Eucharistiam celebrare, sacramenta administrare aliasve sacras functiones peragere; quae licentia danda aut deneganda est ad normam iuris.

Can. 562 – Ecclesiae rector, sub auctoritate loci Ordinarii servatisque legitimis statutis et iuribus quaesitis, obligatione tenetur prospiciendi ut sacrae functiones secundum normas liturgicas et canonum praescripta digne in ecclesia celebrentur, onera fideliter adimpleantur, bona diligenter administrentur, sacrae supellectilis atque aedium sacrarum conservationi et decori provideatur, neve quidpiam fiat quod sanctitati loci ac reverentiae domui Dei debitae quoquo modo non congruat.

Can. 563 – Rectorem ecclesiae, etsi ab aliis electum aut praesentatum, loci Ordinarius ex iusta causa, pro suo prudenti arbitrio ab officio amovere potest, firmo praescripto can. 682, § 2.

Art. 2

De cappellanis

Can. 564 – Cappellanus est sacerdos, cui stabili modo committitur cura pastoralis, saltem ex parte, alicuius communitatis aut peculiaris coetus christifidelium, ad normam iuris universalis et particularis exercenda.

Can. 565 – Nisi iure aliud caveatur aut cuidam specialia iura legitime competant, cappellanus nominatur ab Ordinario loci, cui etiam pertinet praesentatum instituere aut electum confirmare.

Can. 566 – § 1. Cappellanus omnibus facultatibus instructus sit oportet quas recta cura pastoralis requirit. Praeter eas quae iure particulari aut speciali delegatione conceduntur, cappellanus vi officii facultate gaudet audiendi confessiones fidelium suae curae commissorum, verbi Dei eis praedicandi, Viaticum et unctionem infirmorum administrandi necnon sacramentum confirmationis eis conferendi, qui in periculo mortis versentur.

§ 2. In valetudinariis, carceribus et itineribus maritimis, cappellanus praeterea facultatem habet, his tantum in locis exercendam, a censuris latae sententiae non reservatis neque declaratis absolvendi, firmo tamen praescripto can. 976.

Can. 567 – § 1. Ad nominationem cappellani domus instituti religiosi laicalis, Ordinarius loci ne procedat, nisi consulto Superiore, cui ius est, audita communitate, quemdam sacerdotem proponere.

§ 2. Cappellani est liturgicas functiones celebrare aut moderari; ipsi tamen non licet in regimine interno instituti sese immiscere.

Can. 568 – Pro iis qui ob vitae condicionem ordinaria parochorum cura frui non valent, uti sunt migrantes, exsules, profugi, nomades, navigantes, constituantur, quatenus fieri possit, cappellani.

Can. 569 – Cappellani militum legibus specialibus reguntur.

Can. 570 – Si communitatis aut coetus sedi adnexa est ecclesia non paroecialis, cappellanus sit rector ipsius ecclesiae, nisi cura communitatis aut ecclesiae aliud exigat.

Can. 571 – In exercitio sui pastoralis muneris, cappellanus debitam cum parocho servet coniunctionem.

Can. 572 – Quod attinet ad amotionem cappellani, servetur praescriptum can. 563.

PARS III
DE INSTITUTIS VITAE CONSECRATAE ET DE SOCIETATIBUS VITAE APOSTOLICAE

SECTIO I
DE INSTITUTIS VITAE CONSECRATAE

TITULUS I
NORMAE COMMUNES OMNIBUS INSTITUTIS VITAE CONSECRATAE

Can. 573 – § 1. Vita consecrata per consiliorum evangelicorum professionem est stabilis vivendi forma qua fideles, Christum sub actione Spiritus Sancti pressius sequentes, Deo summe dilecto totaliter dedicantur, ut, in Eius honorem atque Ecclesiae aedificationem mundique salutem novo et peculiari titulo dediti, caritatis perfectionem in servitio Regni Dei consequantur et, praeclarum in Ecclesia signum effecti, caelestem gloriam praenuntient.

§ 2. Quam vivendi formam in institutis vitae consecratae, a competenti Ecclesiae auctoritate canonice erectis, libere assumunt christifideles, qui per vota aut alia sacra ligamina iuxta proprias institutorum leges, consilia evangelica castitatis, paupertatis et oboedientiae profitentur et per caritatem, ad quam ducunt, Ecclesiae eiusque mysterio speciali modo coniunguntur.

Can. 574 – § 1. Status eorum, qui in huiusmodi institutis consilia evangelica profitentur, ad vitam et sanctitatem Ecclesiae pertinet, et ideo ab omnibus in Ecclesia fovendus et promovendus est.

§ 2. Ad hunc statum quidam christifideles specialiter a Deo vocantur, ut in vita Ecclesiae peculiari dono fruantur et, secundum finem et spiritum instituti, eiusdem missioni salvificae prosint.

Can. 575 – Consilia evangelica in Christi Magistri doctrina et exemplis fundata, donum sunt divinum, quod Ecclesia a Domino accepit Eiusque gratia semper conservat.

Can. 576 – Competentis Ecclesiae auctoritatis est consilia evangelica interpretari, eorundem praxim legibus moderari atque stabiles inde vivendi formas canonica approbatione constituere itemque, pro parte sua, curare ut instituta secundum spiritum fundatorum et sanas traditiones crescant et floreant.

Can. 577 – Permulta in Ecclesia sunt instituta vitae consecratae, quae donationes habent differentes secundum gratiam quae data est eis: Christum, enim, pressius sequuntur sive orantem, sive Regnum Dei annuntiantem, sive hominibus benefacientem, sive cum eis in saeculo conversantem, semper autem voluntatem Patris facientem.

Can. 578 – Fundatorum mens atque proposita a competenti auctoritate ecclesiastica sancita circa naturam, finem, spiritum et indolem instituti, necnon eius sanae traditiones, quae omnia patrimonium eiusdem instituti constituunt, ab omnibus fideliter servanda sunt.

Can. 579 – Episcopi dioecesani, in suo quisque territorio, instituta vitae consecratae formali decreto erigere possunt, dummodo Sedes Apostolica consulta fuerit.

Can. 580 – Aggregatio alicuius instituti vitae consecratae ad aliud reservatur competenti auctoritati instituti aggregantis, salva semper canonica autonomia instituti aggregati.

Can. 581 – Dividere institutum in partes, quocumque nomine veniant, novas erigere, erectas coniungere vel aliter circumscribere ad competentem instituti auctoritatem pertinet, ad normam constitutionum.

Can. 582 – Fusiones et uniones institutorum vitae consecratae uni Sedi Apostolicae reservantur; eidem quoque reservantur confoederationes et foederationes.

Can. 583 – Immutationes in institutis vitae consecratae ea afficientes, quae a Sede Apostolica approbata fuerunt, absque eiusdem licentia fieri nequeunt.

Can. 584 – § 1. Institutum supprimere ad unam Sedem Apostolicam spectat, cui etiam reservatur de eius bonis temporalibus statuere.

Can. 585 – Instituti partes supprimere ad auctoritatem competentem eiusdem instituti pertinet.

Can. 586 – § 1. Singulis institutis iusta autonomia vitae, praesertim regiminis, agnoscitur, qua gaudeant in Ecclesia propria disciplina atque integrum servare valeant suum patrimonium, de quo in can. 578.

§ 2. Ordinariorum locorum est hanc autonomiam servare ac tueri.

Can. 587 – § 1. Ad propriam singulorum institutorum vocationem et identitatem fidelius tuendam, in cuiusvis instituti codice fundamentali seu constitutionibus contineri debent, praeter ea quae in can. 578 servanda statuuntur, normae fundamentales circa instituti regimen et sodalium disciplinam, membrorum incorporationem atque institutionem, necnon proprium sacrorum ligaminum obiectum.

§ 2. Codex huiusmodi a competenti auctoritate Ecclesiae approbatur et tantummodo cum eiusdem consensu mutari potest.

§ 3. In hoc codice elementa spiritualia et iuridica apte componantur; normae tamen absque necessitate ne multiplicentur.

§ 4. Ceterae normae a competenti instituti auctoritate statutae apte in aliis codicibus colligantur, quae tamen iuxta exigentias locorum et temporum congrue recognosci et aptari possunt.

Can. 588 – § 1. Status vitae consecratae, suapte natura, non est nec clericalis nec laicalis.

§ 2. Institutum clericale illud dicitur quod, ratione finis seu propositi a fundatore intenti vel vi legitimae traditionis, sub moderamine est clericorum, exercitium ordinis sacri assumit, et qua tale ab Ecclesiae auctoritate agnoscitur.

§ 3. Institutum vero laicale illud appellatur quod, ab Ecclesiae auctoritate qua tale agnitum, vi eius naturae, indolis et finis munus habet proprium, a fundatore vel legitima traditione definitum, exercitium ordinis sacri non includens.

Can. 589 – Institutum vitae consecratae dicitur iuris pontificii, si a Sede Apostolica erectum aut per eiusdem formale decretum approbatum est; iuris vero dioecesani, si ab Episcopo dioecesano erectum, approbationis decretum a Sede Apostolica non est consecutum.

Can. 590 – § 1. Instituta vitae consecratae, utpote ad Dei totiusque Ecclesiae servitium speciali modo dicata, supremae eiusdem auctoritati peculiari ratione subduntur.

§ 2. Singuli sodales Summo Pontifici, tamquam supremo eorum Superiori, etiam ratione sacri vinculi oboedientiae parere tenentur.

Can. 591 – Quo melius institutorum bono atque apostolatus neces-sitatibus provideatur, Summus Pontifex, ratione sui in universam Ecclesiam primatus, intuitu utilitatis communis, instituta vitae con-secratae ab Ordinariorum loci regimine eximere potest sibique soli vel alii ecclesiasticae auctoritati subicere.

Can. 592 – § 1. Quo melius institutorum communio cum Sede Apo-stolica foveatur, modo et tempore ab eadem statutis, quilibet supre-mus Moderator brevem conspectum status et vitae instituti eidem Apo-stolicae Sedi mittat.

§ 2. Cuiuslibet instituti Moderatores promoveant notitiam docu-mentorum Sanctae Sedis, quae sodales sibi concreditos respiciunt, eorumque observantiam curent.

Can. 593 – Firmo praescripto can. 586, instituta iuris pontificii quoad regimen internum et disciplinam immediate et exclusive pote-stati Sedis Apostolicae subiciuntur.

Can. 594 – Institutum iuris dioecesani, firmo can. 586, permanet sub speciali cura Episcopi dioecesani.

Can. 595 – § 1. Episcopi sedis principis est constitutiones appro-bare et immutationes in eas legitime introductas confirmare, salvis iis in quibus Apostolica Sedes manus apposuerit, necnon negotia maiora totum institutum respicientia tractare, quae potestatem internae aucto-ritatis superent, consultis tamen ceteris Episcopis dioecesanis, si insti-tutum ad plures dioeceses propagatum fuerit.

§ 2. Episcopus dioecesanus potest dispensationes a constitutioni-bus concedere in casibus particularibus.

Can. 596 – § 1. Institutorum Superiores et capitula in sodales ea gaudent potestate, quae iure universali et constitutionibus definitur.

§ 2. In institutis autem religiosis clericalibus iuris pontificii pol-lent insuper potestate ecclesiastica regiminis pro foro tam externo quam interno.

§ 3. Potestati de qua in § 1 applicantur praescripta cann. 131, 133 et 137-144.

Can. 597 – § 1. In vitae consecratae institutum admitti potest qui-libet catholicus, recta intentione praeditus, qui qualitates habeat iure universali et proprio requisitas nulloque detineatur impedimento.

§ 2. Nemo admitti potest sine congrua praeparatione.

Can. 598 – § 1. Unumquodque institutum, attentis indole et finibus propriis, in suis constitutionibus definiat modum quo consilia evangelica castitatis, paupertatis et oboedientiae, pro sua vivendi ratione, servanda sunt.

§ 2. Sodales vero omnes debent non solum consilia evangelica fideliter integreque servare, sed etiam secundum ius proprium instituti vitam componere atque ita ad perfectionem sui status contendere.

Can. 599 – Evangelicum castitatis consilium propter Regnum coelorum assumptum, quod signum est mundi futuri et fons uberioris fecunditatis in indiviso corde, obligationem secumfert continentiae perfectae in coelibatu.

Can. 600 – Evangelicum consilium paupertatis ad imitationem Christi, qui propter nos egenus factus est cum esset dives, praeter vitam re et spiritu pauperem, operose in sobrietate ducendam et a terrenis divitiis alienam, secumfert dependentiam et limitationem in usu et dispositione bonorum ad normam iuris proprii singulorum institutorum.

Can. 601 – Evangelicum oboedientiae consilium, spiritu fidei et amoris in sequela Christi usque ad mortem oboedientis susceptum, obligat ad submissionem voluntatis erga legitimos Superiores, vices Dei gerentes, cum secundum proprias constitutiones praecipiunt.

Can. 602 – Vita fraterna, unicuique instituto propria, qua sodales omnes in peculiarem veluti familiam in Christo coadunantur, ita definiatur ut cunctis mutuo adiutorio evadat ad suam cuiusque vocationem adimplendam. Fraterna autem communione, in caritate radicata et fundata, sodales exemplo sint universalis in Christo reconciliationis.

Can. 603 – § 1. Praeter vitae consecratae instituta, Ecclesia agnoscit vitam eremiticam seu anachoreticam, qua christifideles arctiore a mundo secessu, solitudinis silentio, assidua prece et paenitentia, suam in laudem Dei et mundi salutem vitam devovent.

§ 2. Eremita, uti Deo deditus in vita consecrata, iure agnoscitur si tria evangelica consilia, voto vel alio sacro ligamine firmata, publice profiteatur in manu Episcopi dioecesani et propriam vivendi rationem sub ductu eiusdem servet.

Can. 604 – § 1. Hisce vitae consecratae formis accedit ordo virginum quae, sanctum propositum emittentes Christum pressius sequendi, ab Episcopo dioecesano iuxta probatum ritum liturgicum Deo consecrantur, Christo Dei Filio mystice desponsantur et Ecclesiae servitio dedicantur.

§ 2. Ad suum propositum fidelius servandum et ad servitium Ecclesiae, proprio statui consonum, mutuo adiutorio perficiendum, virgines consociari possunt.

Can. 605 – Novas formas vitae consecratae approbare uni Sedi Apostolicae reservatur. Episcopi dioecesani autem nova vitae consecratae dona a Spiritu Sancto Ecclesiae concredita discernere satagant iidemque adiuvent promotores ut proposita meliore quo fieri potest modo exprimant aptisque statutis protegant, adhibitis praesertim generalibus normis in hac parte contentis.

Can. 606 – Quae de institutis vitae consecratae eorumque sodalibus statuuntur, pari iure de utroque sexu valent, nisi ex contextu sermonis vel ex rei natura aliud constet.

TITULUS II
DE INSTITUTIS RELIGIOSIS

Can. 607 – § 1. Vita religiosa, utpote totius personae consecratio, mirabile in Ecclesia manifestat conubium a Deo conditum, futuri saeculi signum. Ita religiosus plenam suam consummat donationem veluti sacrificium Deo oblatum, quo tota ipsius exsistentia fit continuus Dei cultus in caritate.

§ 2. Institutum religiosum est societas in qua sodales secundum ius proprium vota publica perpetua vel temporaria, elapso tamen tempore renovanda, nuncupant atque vitam fraternam in communi ducunt.

§ 3. Testimonium publicum a religiosis Christo et Ecclesiae reddendum illam secumfert a mundo separationem, quae indoli et fini uniuscuiusque instituti est propria.

Caput I
DE DOMIBUS RELIGIOSIS
EARUMQUE ERECTIONE ET SUPPRESSIONE

Can. 608 – Communitas religiosa habitare debet in domo legitime constituta sub auctoritate Superioris ad normam iuris designati; singulae domus habeant saltem oratorium, in quo Eucharistia celebretur et asservetur ut vere sit centrum communitatis.

Can. 609 – § 1. Instituti religiosi domum eriguntur ab auctoritate competenti iuxta constitutiones, praevio Episcopi dioecesani consensu in scriptis dato.

§ 2. Ad erigendum monasterium monialium requiritur insuper licentia Apostolicae Sedis.

Can. 610 – § 1. Domorum erectio fit prae oculis habita utilitate Ecclesiae et instituti atque in tuto positis iis quae ad vitam religiosam sodalium rite agendam requiruntur, iuxta proprios instituti fines et spiritum.

§ 2. Nulla domus erigatur nisi iudicari prudenter possit fore ut congrue sodalium necessitatibus provideatur.

Can. 611 – Consensus Episcopi dioecesani ad erigendam domum religiosam alicuius instituti secumfert ius :

1° vitam ducendi secundum indolem et fines proprios instituti ;

2° opera instituto propria exercendi ad normam iuris, salvis condicionibus in consensu appositis ;

3° pro institutis clericalibus habendi ecclesiam, salvo praescripto can. 1215, § 3, et sacra ministeria peragendi, servatis de iure servandis.

Can. 612 – Ut domus religiosa ad opera apostolica destinetur diversa ab illis pro quibus constituta est, requiritur consensus Episcopi dioecesani ; non vero, si agatur de conversione, quae, salvis fundationis legibus, ad internum regimen et disciplinam dumtaxat referatur.

Can. 613 – § 1. Domus religiosa canonicorum regularium et monachorum sub proprii Moderatoris regimine et cura sui iuris est, nisi constitutiones aliter ferant.

§ 2. Moderator domus sui iuris est de iure Superior maior.

Can. 614 – Monasteria monialium cuidam virorum instituto consociata propriam vitae rationem et regimen iuxta constitutiones obtinent. Mutua iura et obligationes ita definiantur ut ex consociatione spirituale bonum proficere possit.

Can. 615 – Monasterium sui iuris, quod praeter proprium Moderatorem alium Superiorem maiorem non habet, neque alicui religiosorum instituto ita consociatum est ut eiusdem Superior vera potestate constitutionibus determinata in tale monasterium gaudeat, ad normam iuris peculiari vigilantiae Episcopi dioecesani committitur.

Can. 616 – § 1. Domus religiosa legitime erecta supprimi potest a supremo Moderatore ad normam constitutionum, consulto Episcopo dioecesano. De bonis domus suppressae provideat ius proprium instituti, salvis fundatorum vel offerentium voluntatibus et iuribus legitime quaesitis.

§ 2. Suppressio unicae domus instituti ad Sanctam Sedem pertinet, cui etiam reservatur de bonis in casu statuere.

§ 3. Supprimere domum sui iuris, de qua in can. 613, est capituli generalis, nisi constitutiones aliter ferant.

§ 4. Monialium monasterium sui iuris supprimere ad Sedem Apostolicam pertinet, servatis ad bona quod attinet praescriptis constitutionum.

Caput II

DE INSTITUTORUM REGIMINE

Art. 1

De Superioribus et consiliis

Can. 617 – Superiores suum munus adimpleant suamque potestatem exerceant ad normam iuris universalis et proprii.

Can. 618 – Superiores in spiritu servitii suam potestatem a Deo per ministerium Ecclesiae receptam exerceant. Voluntati igitur Dei in munere explendo dociles, ipsi subditos regant uti filios Dei, ac promoventes cum reverentia personae humanae illorum voluntariam oboedientiam, libenter eos audiant necnon eorum conspirationem in bonum instituti et Ecclesiae foveant, firma tamen ipsorum auctoritate decernendi et praecipiendi quae agenda sunt.

Can. 619 – Superiores suo officio sedulo incumbant et una cum sodalibus sibi commissis studeant aedificare fraternam in Christo communitatem, in qua Deus ante omnia quaeratur et diligatur. Ipsi igitur nutriant sodales frequenti verbi Dei pabulo eosque adducant ad sacrae liturgiae celebrationem. Eis exemplo sint in virtutibus colendis et in observantia legum et traditionum proprii instituti; eorum necessitatibus personalibus convenienter subveniant, infirmos sollicite curent ac visitent, corripiant inquietos, consolentur pusillanimes, patientes sint erga omnes.

Can. 620 – Superiores maiores sunt, qui totum regunt institutum, vel eius provinciam, vel partem eidem aequiparatam, vel domum sui iuris, itemque eorum vicarii. His accedunt Abbas Primas et Superior congregationis monasticae, qui tamen non habent omnem potestatem, quam ius universale Superioribus maioribus tribuit.

Can. 621 – Plurium domorum coniunctio quae sub eodem Superiore partem immediatam eiusdem instituti constituat, et ab auctoritate legitima canonice erecta sit, nomine venit provinciae.

Can. 622 – Supremus Moderator potestatem obtinet in omnes instituti provincias, domos et sodales, exercendam secundum ius proprium; ceteri Superiores ea gaudent intra fines sui muneris.

Can. 623 – Ut sodales ad munus Superioris valide nominentur aut eligantur, requiritur congruum tempus post professionem perpetuam vel definitivam, a iure proprio vel, si agatur de Superioribus maioribus, a constitutionibus determinandum.

Can. 624 – § 1. Superiores ad certum et conveniens temporis spatium iuxta naturam et necessitatem instituti constituantur, nisi pro supremo Moderatore et pro Superioribus domus sui iuris constitutiones aliter ferant.

§ 2. Ius proprium aptis normis provideat, ne Superiores, ad tempus definitum constituti, diutius sine intermissione in regiminis officiis versentur.

§ 3. Possunt tamen durante munere ab officio amoveri vel in aliud transferri ob causas iure proprio statutas.

Can. 625 – § 1. Supremus instituti Moderator electione canonica designetur ad normam constitutionum.

§ 2. Electionibus Superioris monasterii sui iuris, de quo in can. 615, et supremi Moderatoris instituti iuris dioecesani praeest Episcopus sedis principis.

§ 3. Ceteri Superiores ad normam constitutionum constituantur; ita tamen ut, si eligantur, confirmatione Superioris maioris competentis indigeant; si vero a Superiore nominentur, apta consultatio praecedat.

Can. 626 – Superiores in collatione officiorum et sodales in electionibus normas iuris universalis et proprii servent, abstineant a quovis abusu et acceptione personarum, et, nihil praeter Deum et bonum instituti prae oculis habentes, nominent aut eligant quos in Domino vere dignos et aptos sciant. Caveant praeterea in electionibus a suffragiorum procuratione sive directe sive indirecte, tam pro seipsis quam pro aliis.

Can. 627 – § 1. Ad normam constitutionum, Superiores proprium habeant consilium, cuius opera in munere exercendo utantur oportet.

§ 2. Praeter casus in iure universali praescriptis, ius proprium determinet casus in quibus consensus vel consilium ad valide agendum requiratur ad normam can. 127 exquirendum.

Can. 628 – § 1. Superiores qui iure proprio instituti ad hoc munus designantur, statis temporibus domos et sodales sibi commissos iuxta normas eiusdem iuris proprii visitent.

§ 2. Episcopi dioecesani ius et officium est visitare etiam quoad disciplinam religiosam :

1° monasteria sui iuris de quibus in can. 615 ;

2° singulas domos instituti iuris dioecesani in proprio territorio sitas.

§ 3. Sodales fiducialiter agant cum visitatore, cui legitime interroganti respondere tenentur secundum veritatem in caritate ; nemini vero fas est quoquo modo sodales ab hac obligatione avertere, aut visitationis scopum aliter impedire.

Can. 629 – In sua quisque domo Superiores commorentur, nec ab eadem discedant, nisi ad normam iuris proprii.

Can. 630 – § 1. Superiores sodalibus debitam agnoscant libertatem circa paenitentiae sacramentum et conscientiae moderamen, salva tamen instituti disciplina.

§ 2. Solliciti sint Superiores ad normam iuris proprii, ut sodalibus idonei confessarii praesto sint, apud quos frequenter confiteri possint.

§ 3. In monasteriis monialium, in domibus formationis et in communitatibus numerosioribus laicalibus habeantur confessarii ordinarii ab Ordinario loci probati, collatis consiliis cum communitate, nulla tamen facta obligatione ad'illos accedendi.

§ 4. Subditorum confessiones Superiores ne audiant, nisi sponte sua sodales id petant.

§ 5. Sodales cum fiducia Superiores adeant, quibus animum suum libere ac sponte aperire possunt. Vetantur autem Superiores eos quoquo modo inducere ad conscientiae manifestationem sibi peragendam.

Art. 2

De capitulis

Can. 631 – § 1. Capitulum generale, quod supremam auctoritatem ad normam constitutionum in instituto obtinet, ita efformetur ut totum institutum repraesentans, verum signum eiusdem unitatis in caritate evadat. Eius praecipue est : patrimonium instituti, de quo in can. 578, tueri et accommodatam renovationem iuxta ipsum promovere, Moderatorem supremum eligere, maiora negotia tractare, necnon normas edicere, quibus omnes parere tenentur.

§ 2. Compositio et ambitus potestatis capituli definiantur in constitutionibus ; ius proprium ulterius determinet ordinem servandum in celebratione capituli, praesertim quod ad electiones et rerum agendarum rationes attinet.

§ 3. Iuxta normas in iure proprio determinatas, non modo provinciae et communitates locales, sed etiam quilibet sodalis optata sua et suggestiones capitulo generali libere mittere potest.

Can. 632 – Ius proprium accurate determinet quae pertineant ad alia instituti capitula et ad alias similes coadunationes, nempe ad eorum naturam, auctoritatem, compositionem, modum procedendi et tempus celebrationis.

Can. 633 – § 1. Organa participationis vel consultationis munus sibi commissum fideliter expleant ad normam iuris universalis et proprii, eademque suo modo curam et participationem omnium sodalium pro bono totius instituti vel communitatis exprimant.

§ 2. In his mediis participationis et consultationis instituendis et adhibendis sapiens servetur discretio, atque modus eorum agendi indoli et fini instituti sit conformis.

Art. 3
De bonis temporalibus eorumque administratione

Can. 634 – § 1. Instituta, provinciae et domus, utpote personae iuridicae ipso iure, capaces sunt acquirendi, possidendi, administrandi et alienandi bona temporalia, nisi haec capacitas in constitutionibus excludatur vel coarctetur.

§ 2. Vitent tamen quamlibet speciem luxus, immoderati lucri et bonorum cumulationis.

Can. 635 – § 1. Bona temporalia institutorum religiosorum, utpote ecclesiastica, reguntur praescriptis Libri V *De bonis Ecclesiae temporalibus,* nisi aliud expresse caveatur.

§ 2. Quodlibet tamen institutum aptas normas statuat de usu et administratione bonorum, quibus paupertas sibi propria foveatur, defendatur et exprimatur.

Can. 636 – § 1. In quolibet instituto et similiter in qualibet provincia quae a Superiore maiore regitur, habeatur oeconomus, a Superiore maiore distinctus et ad normam iuris proprii constitutus, qui administrationem bonorum gerat sub directione respectivi Superioris. Etiam in communitatibus localibus instituatur, quantum fieri potest, oeconomus a Superiore locali distinctus.

§ 2. Tempore et modo iure proprio statutis, oeconomi et alii administratores auctoritati competenti peractae administrationis rationem reddant.

Can. 637 – Monasteria sui iuris, de quibus in can. 615, Ordinario loci rationem administrationis reddere debent semel in anno; loci Ordinario insuper ius esto cognoscendi de rationibus oeconomicis domus religiosae iuris dioecesani.

Can. 638 – § 1. Ad ius proprium pertinet, intra ambitum iuris universalis, determinare actus qui finem et modum ordinariae administrationis excedant, atque ea statuere quae ad valide ponendum actum extraordinariae administrationis necessaria sunt.

§ 2. Expensas et actus iuridicos ordinariae administrationis valide, praeter Superiores, faciunt, intra fines sui muneris, officiales quoque, qui in iure proprio ad hoc designantur.

§ 3. Ad validitatem alienationis et cuiuslibet negotii in quo condicio patrimonialis personae iuridicae peior fieri potest, requiritur licentia in scripto data Superioris competentis cum consensu sui consilii. Si tamen agatur de negotio quod summam a Sancta Sede pro cuiusque regione definitam superet, itemque de rebus ex voto Ecclesiae donatis aut de rebus pretiosis artis vel historiae causa, requiritur insuper ipsius Sanctae Sedis licentia.

§ 4. Pro monasteriis sui iuris, de quibus in can. 615, et institutis iuris dioecesani accedat necesse est consensus Ordinarii loci in scriptis praestitus.

Can. 639 – § 1. Si persona iuridica debita et obligationes contraxerit etiam cum Superiorum licentia, ipsa tenetur de eisdem respondere.

§ 2. Si sodalis cum licentia Superioris contraxerit de suis bonis, ipse respondere debet, si vero de mandato Superioris negotium instituti gesserit, institutum respondere debet.

§ 3. Si contraxerit religiosus sine ulla Superiorum licentia, ipse respondere debet, non autem persona iuridica.

§ 4. Firmum tamen esto, contra eum, in cuius rem aliquid ex inito contractu versum est, semper posse actionem institui.

§ 5. Caveant Superiores religiosi ne debita contrahenda permittant, nisi certo constet ex consuetis reditibus posse debiti foenus solvi et intra tempus non nimis longum per legitimam amortizationem reddi summam capitalem.

Can. 640 – Instituta, ratione habita singulorum locorum, testimonium caritatis et paupertatis quasi collectivum reddere satagant et pro viribus ex propriis bonis aliquid conferant ad Ecclesiae necessitatibus et egenorum sustentationi subveniendum.

Caput III

DE CANDIDATORUM ADMISSIONE
ET DE SODALIUM INSTITUTIONE

Art. 1

De admissione in novitiatum

Can. 641 – Ius candidatos admittendi ad novitiatum pertinet ad Superiores maiores ad normam iuris proprii.

Can. 642 – Superiores vigilanti cura eos tantum admittant qui, praeter aetatem requisitam, habeant valetudinem, aptam indolem et sufficientes maturitatis qualitates ad vitam instituti propriam amplectendam; quae valetudo, indoles et maturitas comprobentur adhibitis etiam, si opus fuerit, peritis, firmo praescripto can. 220.

Can. 643 – § 1. Invalide ad novitiatum admittitur:

1° qui decimum septimum aetatis annum nondum compleverit;

2° coniux, durante matrimonio;

3° qui sacro vinculo cum aliquo instituto vitae consecratae actu obstringitur vel in aliqua societate vitae apostolicae incorporatus est, salvo praescripto can. 684;

4° qui institutum ingreditur vi, metu gravi aut dolo inductus, vel is quem Superior eodem modo inductus recipit;

5° qui celaverit suam incorporationem in aliquo instituto vitae consecratae aut in aliqua societate vitae apostolicae.

§ 2. Ius proprium potest alia impedimenta etiam ad validitatem admissionis constituere vel condiciones apponere.

Can. 644 – Superiores ad novitiatum ne admittant clericos saeculares inconsulto proprio ipsorum Ordinario, nec aere alieno gravatos qui ad solvendum pares non sint.

Can. 645 – § 1. Candidati, antequam ad novitiatum admittantur, testimonium baptismatis et confirmationis necnon status liberi exhibere debent.

§ 2. Si agatur de admittendis clericis iisve qui in aliud institutum vitae consecratae, in societatem vitae apostolicae vel in seminarium admissi fuerint, requiritur insuper testimonium respective Ordinarii loci vel Superioris maioris instituti, vel societatis, vel rectoris seminarii.

§ 3. Ius proprium exigere potest alia testimonia de requisita idoneitate candidatorum et de immunitate ab impedimentis.

§ 4. Superiores alias quoque informationes, etiam sub secreto, petere possunt, si ipsis necessarium visum fuerit.

Art. 2

De novitiatu et novitiorum institutione

Can. 646 – Novitiatus, quo vita in instituto incipitur, ad hoc ordinatur, ut novitii vocationem divinam, et quidem instituti propriam, melius agnoscant, vivendi modum instituti experiantur eiusque spiritu mentem et cor informent, atque ipsorum propositum et idoneitas comprobentur.

Can. 647 – § 1. Domus novitiatus erectio, translatio et suppressio fiant per decretum scripto datum supremi Moderatoris instituti de consensu sui consilii.

§ 2. Novitiatus, ut validus sit, peragi debet in domo ad hoc rite designata. In casibus particularibus et ad modum exceptionis, ex concessione Moderatoris supremi de consensu sui consilii, candidatus novitiatum peragere potest in alia instituti domo, sub moderamine alicuius probati religiosi, qui vices magistri novitiorum gerat.

§ 3. Superior maior permittere potest ut novitiorum coetus, per certa temporis spatia, in alia instituti domo, a se designata, commoretur.

Can. 648 – § 1. Novitiatus, ut validus sit, duodecim menses in ipsa novitiatus communitate peragendos complecti debet, firmo praescripto can. 647, § 3.

§ 2. Ad novitiorum institutionem perficiendam, constitutiones, praeter tempus de quo in § 1, unum vel plura exercitationis apostolicae tempora extra novitiatus communitatem peragenda statuere possunt.

§ 3. Novitiatus ultra biennium ne extendatur.

Can. 649 – § 1. Salvis praescriptis can. 647, § 3 et can. 648, § 2, absentia a domo novitiatus quae tres menses, sive continuos sive intermissos, superet, novitiatum invalidum reddit. Absentia quae quindecim dies superet, suppleri debet.

§ 2. De venia competentis Superioris maioris, prima professio anticipari potest, non ultra quindecim dies.

Can. 650 – § 1. Scopus novitiatus exigit ut novitii sub directione magistri efformentur iuxta rationem institutionis iure proprio definiendam.

§ 2. Regimen novitiorum, sub auctoritate Superiorum maiorum, uni magistro reservatur.

Can. 651 – § 1. Novitiorum magister sit sodalis instituti qui vota perpetua professus sit et legitime designatus.

§ 2. Magistro, si opus fuerit, cooperatores dari possunt, qui ei subsint quoad moderamen novitiatus et institutionis rationem.

§ 3. Novitiorum institutioni praeficiantur sodales sedulo praeparati qui, aliis oneribus non impediti, munus suum fructuose et stabili modo absolvere possint.

Can. 652 – § 1. Magistri eiusque cooperatorum est novitiorum vocationem discernere et comprobare, eosque gradatim ad vitam perfectionis instituti propriam rite ducendam efformare.

§ 2. Novitii ad virtutes humanas et christianas excolendas adducantur; per orationem et sui abnegationem in pleniorem perfectionis viam introducantur; ad mysterium salutis contemplandum et sacras Scripturas legendas et meditandas instruantur; ad Dei cultum in sacra liturgia excolendum praeparentur; rationem addiscant vitam ducendi Deo hominibusque in Christo per consilia evangelica consecratam; de instituti indole et spiritu, fine et disciplina, historia et vita edoceantur atque amore erga Ecclesiam eiusque sacros Pastores imbuantur.

§ 3. Novitii, propriae responsabilitatis conscii, ita cum magistro suo active collaborent ut gratiae divinae vocationis fideliter respondeant.

§ 4. Curent instituti sodales, ut in opere institutionis novitiorum pro parte sua cooperentur vitae exemplo et oratione.

§ 5. Tempus novitiatus, de quo in.can. 648, § 1, in opus formationis proprie impendatur, ideoque novitii ne occupentur in studiis et muniis, quae hanc formationem non directe inserviunt.

Can. 653 – § 1. Novitius institutum libere deserere potest; competens autem instituti auctoritas potest eum dimittere.

§ 2. Exacto novitiatu, si idoneus iudicetur, novitius ad professionem temporariam admittatur, secus dimittatur; si dubium supersit de eius idoneitate, potest probationis tempus a Superiore maiore ad normam iuris proprii, non tamen ultra sex menses prorogari.

Art. 3

DE PROFESSIONE RELIGIOSA

Can. 654 – Professione religiosa sodales tria consilia evangelica observanda voto publico assumunt, Deo per Ecclesiae ministerium consecrantur et instituto incorporantur cum iuribus et officiis iure definitis.

Can. 655 – Professio temporaria ad tempus iure proprio definitum emittatur, quod neque triennio brevius neque sexennio longius sit.

Can. 656 – Ad validitatem professionis temporariae requiritur ut:
1° qui eam emissurus est, decimum saltem octavum aetatis annum compleverit;
2° novitiatus valide peractus sit;
3° habeatur admissio a competenti Superiore cum voto sui consilii ad normam iuris libere facta;
4° sit expressa et absque vi, metu gravi aut dolo emissa;
5° a legitimo Superiore per se vel per alium recipiatur.

Can. 657 – § 1. Expleto tempore ad quod professio emissa fuerit, religiosus, qui sponte petat et idoneus iudicetur, ad renovationem professionis vel ad professionem perpetuam admittatur, secus discedat.

§ 2. Si opportunum vero videatur, periodus professionis temporariae a competenti Superiore, iuxta ius proprium, prorogari potest, ita
tamen ut totum tempus, quo sodalis votis temporariis adstringitur,
non superet novennium.

§ 3. Professio perpetua anticipari potest ex iusta causa, non tamen
ultra trimestrem.

Can. 658 – Praeter condiciones de quibus in can. 656, nn. 3, 4
et 5 aliasque iure proprio appositas, ad validitatem professionis perpetuae requiritur:

1° vigesimus primus saltem aetatis annus completus;

2° praevia professio temporaria saltem per triennium, salvo praescripto can. 657, § 3.

Art. 4
DE RELIGIOSORUM INSTITUTIONE

Can. 659 – § 1. In singulis institutis, post primam professionem
omnium sodalium institutio perficiatur ad vitam instituti propriam
plenius ducendam et ad eius missionem aptius prosequendam.

§ 2. Quapropter ius proprium rationem definire debet huius institutionis eiusdemque durationis, attentis Ecclesiae necessitatibus atque
hominum temporumque condicionibus, prout a fine et indole instituti
exigitur.

§ 3. Institutio sodalium, qui ad sacros ordines suscipiendos praeparantur, iure universali regitur et propria instituti ratione studiorum.

Can. 660 – § 1. Institutio sit systematica, captui sodalium accommodata, spiritualis et apostolica, doctrinalis simul ac practica, titulis
etiam congruentibus, tam ecclesiasticis quam civilibus, pro opportunitate obtentis.

§ 2. Perdurante tempore huius institutionis, sodalibus officia et
opera ne committantur, quae eam impediant.

Can. 661 – Per totam vitam religiosi formationem suam spiritualem, doctrinalem et practicam sedulo prosequantur; Superiores autem
eis adiumenta et tempus ad hoc procurent.

CAPUT IV

DE INSTITUTORUM EORUMQUE
SODALIUM OBLIGATIONIBUS ET IURIBUS

Can. 662 – Religiosi sequelam Christi in Evangelio propositam et in constitutionibus proprii instituti expressam tamquàm supremam vitae regulam habeant.

Can. 663 – § 1. Rerum divinarum contemplatio et assidua cum Deo in oratione unio omnium religiosorum primum et praecipuum sit officium.

§ 2. Sodales cotidie pro viribus Sacrificium eucharisticum participent, sanctissimum Corpus Christi recipiant et ipsum Dominum in Sacramento praesentem adorent.

§ 3. Lectioni sacrae Scripturae et orationi mentali vacent, iuxta iuris proprii praescripta liturgiam horarum digne celebrent, firma pro clericis obligatione de qua in can. 276, § 2, n. 3, et alia pietatis exercitia peragant.

§ 4. Speciali cultu Virginem Deiparam, omnis vitae consecratae exemplum et tutamen, etiam per mariale rosarium prosequantur.

§ 5. Annua sacri recessus tempora fideliter servent.

Can. 664 – In animi erga Deum conversionem insistant religiosi, conscientiam etiam cotidie examinent et paenitentiae sacramentum frequenter accedant.

Can. 665 – § 1. Religiosi in propria domo religiosa habitent vitam communem servantes, nec ab ea discedant nisi de licentia sui Superioris. Si autem agatur de diuturna a domo absentia, Superior maior, de consensu sui consilii atque iusta de causa, sodali concedere potest ut extra domum instituti degere possit, non tamen ultra annum, nisi causa infirmitatis curandae, ratione studiorum aut apostolatus exercendi nomine instituti.

§ 2. Sodalis, qui e domo religiosa illegitime abest cum animo sese subducendi a potestate Superiorum, sollicite ab eisdem quaeratur et adiuvetur ut redeat et in sua vocatione perseveret.

Can. 666 – In usu mediorum communicationis servetur necessaria discretio atque vitentur quae sunt vocationi propriae nociva et castitati personae consecratae periculosa.

Can. 667 – § 1. In omnibus domibus clausura indoli et missioni instituti accommodata servetur secundum determinationes proprii iuris, aliqua parte domus religiosae solis sodalibus semper reservata.

§ 2. Strictior disciplina clausurae in monasteriis ad vitam contemplativam ordinatis servanda est.

§ 3. Monasteria monialium, quae integre ad vitam contemplativam ordinantur, clausuram *papalem*, iuxta normas scilicet ab Apostolica Sede datas, observare debent. Cetera monialium monasteria clausuram propriae indoli accommodatam et in constitutionibus definitam servent.

§ 4. Episcopus dioecesanus facultatem habet ingrediendi, iusta de causa, intra clausuram monasteriorum monialium, quae sita sunt in sua dioecesi, atque permittendi, gravi de causa et assentiente Antistita, ut alii in clausuram admittantur, ac moniales ex ipsa egrediantur ad tempus vere necessarium.

Can. 668 – § 1. Sodales ante primam professionem suorum bonorum administrationem cedant cui maluerint et, nisi constitutiones aliud ferant, de eorum usu et usufructu libere disponant. Testamentum autem, quod etiam in iure civili sit validum, saltem ante professionem perpetuam condant.

§ 2. Ad has dispositiones iusta de causa mutandas et ad quemlibet actum ponendum circa bona temporalia, licentia Superioris competentis ad normam iuris proprii indigent.

§ 3. Quidquid religiosus propria acquirit industria vel ratione instituti, acquirit instituto. Quae ei ratione pensionis, subventionis vel assecurationis quoquo modo obveniunt, instituto acquiruntur, nisi aliud iure proprio statuatur.

§ 4. Qui ex instituti natura plene bonis suis renuntiare debet, illam renuntiationem, forma, quantum fieri potest, etiam iure civili valida, ante professionem perpetuam faciat a die emissae professionis valituram. Idem faciat professus a votis perpetuis, qui ad normam iuris proprii bonis suis pro parte vel totaliter de licentia supremi Moderatoris renuntiare velit.

§ 5. Professus, qui ob instituti naturam plene bonis suis renuntiaverit, capacitatem acquirendi et possidendi amittit, ideoque actus voto paupertatis contrarios invalide ponit. Quae autem ei post renuntiationem obveniunt, instituto cedunt ad normam iuris proprii.

Can. 669 – § 1. Religiosi habitum instituti deferant, ad normam iuris proprii confectum, in signum suae consecrationis et in testimonium paupertatis.

§ 2. Religiosi clerici instituti, quod proprium non habet habitum, vestem clericalem ad normam can. 284 assumant.

Can. 670 – Institutum debet sodalibus suppeditare omnia quae ad normam constitutionum necessaria sunt ad suae vocationis finem assequendum.

Can. 671 – Religiosus munera et officia extra proprium institutum ne recipiat absque licentia legitimi Superioris.

Can. 672 – Religiosi adstringuntur praescriptis cann. 277, 285, 286, 287 et 289, et religiosi clerici insuper praescriptis can. 279 § 2; in institutis laicalibus iuris pontificii, licentia de qua in can. 285, § 4, concedi potest a proprio Superiore maiore.

Caput V

DE APOSTOLATU INSTITUTORUM

Can. 673 – Omnium religiosorum apostolatus primum in eorum vitae consecratae testimonio consistit, quod oratione et paenitentia fovere tenentur.

Can. 674 – Instituta, quae integre ad contemplationem ordinantur, in Corpore Christi mystico praeclaram semper partem obtinent: Deo enim eximium laudis sacrificium offerunt, populum Dei uberrimis sanctitatis fructibus collustrant eumque exemplo movent necnon arcana fecunditate apostolica dilatant. Qua de causa, quantumvis actuosi apostolatus urgeat necessitas, sodales horum institutorum advocari nequeunt ut in variis ministeriis pastoralibus operam adiutricem praestent.

Can. 675 – § 1. In institutis operibus apostolatus deditis, apostolica actio ad ipsam eorundem naturam pertinet. Proinde, tota vita sodalium spiritu apostolico imbuatur, tota vero actio apostolica spiritu religioso informetur.

§ 2. Actio apostolica ex intima cum Deo unione semper procedat eandemque confirmet et foveat.

§ 3. Actio apostolica, nomine et mandato Ecclesiae exercenda, in eius communione peragatur.

Can. 676 – Laicalia instituta, tum virorum tum mulierum, per misericordiae opera spiritualia et corporalia munus pastorale Ecclesiae participant hominibusque diversissima praestant servitia; quare in suae vocationis gratia fideliter permaneant.

Can. 677 – § 1. Superiores et sodales missionem et opera instituti propria fideliter retineant; ea tamen, attentis temporum et locorum necessitatibus, prudenter accommodent, novis etiam et opportunis mediis adhibitis.

§ 2. Instituta autem, si quas habeant associationes christifidelium sibi coniunctas, speciali cura adiuvent, ut genuino spiritu suae familiae imbuantur.

Can. 678 – § 1. Religiosi subsunt potestati Episcoporum, quos devoto obsequio ac reverentia prosequi tenentur, in iis quae curam animarum, exercitium publicum cultus divini et alia apostolatus opera respiciunt.

§ 2. In apostolatu externo exercendo religiosi propriis quoque Superioribus subsunt et disciplinae instituti fideles permanere debent; quam obligationem ipsi Episcopi, si casus ferat, urgere ne omittant.

§ 3. In operibus apostolatus religiosorum ordinandis Episcopi dioecesani et Superiores religiosi collatis consiliis procedant oportet.

Can. 679 – Episcopus dioecesanus, urgente gravissima causa, sodali instituti religiosi prohibere potest quominus in dioecesi commoretur, si eius Superior maior monitus prospicere neglexerit, re tamen ad Sanctam Sedem statim delata.

Can. 680 – Inter varia instituta, et etiam inter eadem et clerum saecularem, ordinata foveatur cooperatio necnon, sub moderamine Episcopi dioecesani, omnium operum et actionum apostolicarum coordinatio, salvis indole, fine singulorum institutorum et legibus fundationis.

Can. 681 – § 1. Opera quae ab Episcopo dioecesano committuntur religiosis, eiusdem Episcopi auctoritati et directioni subsunt, firmo iure Superiorum religiosorum ad normam can. 678, §§ 2 et 3.

§ 2. In his casibus ineatur conventio scripta inter Episcopum dioecesanum et competentem instituti Superiorem, qua, inter alia, expresse et accurate definiantur quae ad opus explendum, ad sodales eidem addicendos et ad res oeconomicas spectent.

Can. 682 – § 1. Si de officio ecclesiastico in dioecesi alicui sodali religioso conferendo agatur, ab Episcopo dioecesano religiosus nominatur, praesentante vel saltem assentiente competenti Superiore.

§ 2. Religiosus ab officio commisso amoveri potest ad nutum sive auctoritatis committentis, monito Superiore religioso, sive Superioris, monito committente, non requisito alterius consensu.

Can. 683 – § 1. Ecclesias et oratoria, quibus christifideles habitualiter accedunt, scholas aliaque opera religionis vel caritatis sive spiritualis sive temporalis religiosis commissa, Episcopus dioecesanus visitare potest, sive per se sive per alium, tempore visitationis pastoralis et etiam in casu necessitatis; non vero scholas, quae exclusive pateant propriis instituti alumnis.

§ 2. Quod si forte abusus deprehenderit, frustra Superiore religioso monito, propria auctoritate ipse per se providere potest.

CAPUT VI

DE SEPARATIONE SODALIUM AB INSTITUTO

Art. 1

DE TRANSITU AD ALIUD INSTITUTUM

Can. 684 – § 1. Sodalis a votis perpetuis nequit a proprio ad aliud institutum religiosum transire, nisi ex concessione supremi Moderatoris utriusque instituti et de consensu sui cuiusque consilii.

§ 2. Sodalis, post peractam probationem quae ad tres saltem annos protrahenda est, ad professionem perpetuam in novo instituto admitti potest. Si autem sodalis hanc professionem emittere renuat vel ad eam emittendam a competentibus Superioribus non admittatur, ad pristinum institutum redeat, nisi indultum saecularizationis obtinuerit.

§ 3. Ut religiosus a monasterio sui iuris ad aliud eiusdem instituti vel foederationis aut confoederationis transire possit, requiritur et sufficit consensus Superioris maioris utriusque monasterii et capituli monasterii recipientis, salvis aliis requisitis iure proprio statutis; nova professio non requiritur.

§ 4. Ius proprium determinet tempus et modum probationis, quae professioni sodalis in novo instituto praemittenda est.

§ 5. Ut ad institutum saeculare aut ad societatem vitae apostolicae vel ex illis ad institutum religiosum fiat transitus, requiritur licentia Sanctae Sedis, cuius mandatis standum est.

Can. 685 – § 1. Usque ad emissionem professionis in novo instituto, manentibus votis, iura et obligationes quae sodalis in priore instituto habebat, suspenduntur; ab incepta tamen probatione, ipse ad observantiam iuris proprii novi instituti tenetur.

§ 2. Per professionem in novo instituto sodalis eidem incorporatur, cessantibus votis, iuribus et obligationibus praecedentibus.

Art. 2

DE EGRESSU AB INSTITUTO

Can. 686 – § 1. Supremus Moderator, de consensu sui consilii, sodali a votis perpetuis professo, gravi de causa concedere potest indultum exclaustrationis, non tamen ultra triennium, praevio consensu Ordinarii loci in quo commorari debet, si agitur de clerico. Indultum prorogare vel illud ultra triennium concedere Sanctae Sedi vel, si de institutis iuris dioecesani agitur, Episcopo dioecesano reservatur.

§ 2. Pro monialibus indultum exclaustrationis concedere unius Apostolicae Sedis est.

§ 3. Petente supremo Moderatore de consensu sui consilii, exclaustratio imponi potest a Sancta Sede pro sodale instituti iuris pontificii vel ab Episcopo dioecesano pro sodale instituti iuris dioecesani, ob graves causas, servata aequitate et caritate.

Can. 687 – Sodalis exclaustratus exoneratus habetur ab obligationibus, quae cum nova suae vitae condicione componi nequeunt, itemque sub dependentia et cura manet suorum Superiorum et etiam Ordinarii loci, praesertim si de clerico agitur. Habitum instituti deferre potest, nisi aliud in indulto statuatur. Voce tamen activa et passiva caret.

Can. 688 – § 1. Qui expleto professionis tempore ab instituto egredi voluerit, illud derelinquere potest.

§ 2. Qui perdurante professione temporaria, gravi de causa, petit ut institutum derelinquat, indultum discedendi consequi potest in instituto iuris pontificii a supremo Moderatore de consensu sui consilii; in institutis autem iuris dioecesani et in monasteriis de quibus in can. 615 indultum, ut valeat, confirmari debet ab Episcopo domus assignationis.

Can. 689 – § 1. Sodalis, expleta professione temporaria, si iustae causae affuerint, a competenti Superiore maiore, audito suo consilio, a subsequenti professione emittenda excludi potest.

§ 2. Infirmitas physica vel psychica, etiam post professionem contracta, quae, de iudicio peritorum, sodalem, de quo in § 1, reddit ineptum ad vitam in instituto ducendam, causam constituit eum non admittendi ad professionem renovandam vel ad perpetuam emittendam, nisi ob neglegentiam instituti vel ob laborem in instituto peractum infirmitas contracta fuerit.

§ 3. Si vero religiosus, perdurantibus votis temporariis, amens evaserit, etsi novam professionem emittere non valeat, ab instituto tamen dimitti non potest.

Can. 690 – § 1. Qui, expleto novitiatu vel post professionem, legitime ab instituto egressus fuerit, a Moderatore supremo de consensu sui consilii rursus admitti potest sine onere repetendi novitiatum; eiusdem autem Moderatoris erit determinare congruam probationem praeviam professioni temporariae et tempus votorum ante professionem perpetuam praemittendum, ad normam cann. 655 et 657.

§ 2. Eadem facultate gaudet Superior monasterii sui iuris cum consensu sui consilii.

Can. 691 – § 1. Professus a votis perpetuis indultum discedendi ab instituto ne petat, nisi ob gravissimas causas coram Domino perpensas; petitionem suam deferat supremo instituti Moderatori, qui eam una cum voto suo suique consilii auctoritati competenti transmittat.

§ 2. Huiusmodi indultum in institutis iuris pontificii Sedi Apostolicae reservatur; in institutis vero iuris dioecesani, id etiam Episcopus dioecesis, in qua domus assignationis sita est, concedere potest.

Can. 692 – Indultum discedendi legitime concessum et sodali notificatum, nisi in actu notificationis ab ipso sodale reiectum fuerit, ipso iure secumfert dispensationem a votis necnon ab omnibus obligationibus ex professione ortis.

Can. 693 – Si sodalis sit clericus, indultum non conceditur priusquam inveniat Episcopum qui eum in dioecesi incardinet vel ʼsaltem ad experimentum recipiat. Si ad experimentum recipiatur, transacto quinquennio, ipso iure dioecesi incardinatur, nisi Episcopus eum recusaverit.

Art. 3
De dimissione sodalium

Can. 694 – § 1. Ipso facto dimissus ab instituto habendus est sodalis qui:

1° a fide catholica notorie defecerit;

2° matrimonium contraxerit vel, etiam civiliter tantum, attentaverit.

§ 2. His in casibus Superior maior cum suo consilio, nulla mora interposita, collectis probationibus, declarationem facti emittat, ut iuridice constet de dimissione.

Can. 695 – § 1. Sodalis dimitti debet ob delicta de quibus in cann. 1397, 1398 et 1395, nisi in delictis, de quibus in can. 1395, § 2, Superior censeat dimissionem non esse omnino necessariam et emendationi sodalis atque restitutioni iustitiae et reparationi scandali satis alio modo consuli posse.

§ 2. Hisce in casibus, Superior maior, collectis probationibus circa facta et imputabilitatem, sodali dimittendo accusationem atque probationes significet, data eidem facultate sese defendendi. Acta omnia a Superiore maiore et a notario subscripta, una cum responsionibus sodalis scripto redactis et ab ipso sodale subscriptis, supremo Moderatori transmittantur.

Can. 696 – § 1. Sodalis dimitti etiam potest ob alias causas, dummodo sint graves, externae, imputabiles et iuridice comprobatae, uti sunt: habitualis neglectus obligationum vitae consecratae; iteratae violationes sacrorum vinculorum; pertinax inoboedientia legitimis praescriptis Superiorum in materia gravi; grave scandalum ex culpabili modo agendi sodalis ortum; pertinax sustentatio vel diffusio doctrinarum ab Ecclesiae magisterio damnatarum; publica adhaesio ideologiis materialismo vel atheismo infectis; illegitima absentia, de qua in can. 665, § 2, per semestre protracta; aliae causae similis gravitatis iure proprio instituti forte determinatae.

§ 2. Ad dimissionem sodalis a votis temporariis, etiam causae minoris gravitatis in iure proprio statutae sufficiunt.

Can. 697 – In casibus de quibus in can. 696, si Superior maior, audito suo consilio, censuerit processum dimissionis esse inchoandum:

1° probationes colligat vel compleat;

2° sodalem scripto vel coram duobus testibus moneat cum explicita comminatione subsecuturae dimissionis nisi resipiscat, clare significata causa dimissionis et data sodali plena facultate sese defendendi; quod si monitio incassum cedat, ad alteram monitionem, spatio saltem quindecim dierum interposito, procedat;

3° si haec quoque monitio incassum ceciderit et Superior maior cum suo consilio censuerit de incorrigibilitate satis constare et defensiones sodalis insufficientes esse, post quindecim dies ab ultima monitione frustra elapsos, acta omnia ab ipso Superiore maiore et a notario subscripta una cum responsionibus sodalis ab ipso sodale subscriptis supremo Moderatori transmittat.

Can. 698 – In omnibus casibus, de quibus in cann. 695 et 696, firmum semper manet ius sodalis cum supremo Moderatore communicandi et illi directe suas defensiones exhibendi.

Can. 699 – § 1. Supremus Moderator cum suo consilio, quod ad validitatem saltem quattuor membris constare debet, collegialiter procedat ad probationes, argumenta et defensiones accurate perpendenda, et si per secretam suffragationem id decisum fuerit, decretum dimissionis ferat, expressis ad validitatem saltem summarie motivis in iure et in facto.

§ 2. In monasteriis sui iuris, de quibus in can. 615, dimissionem decernere pertinet ad Episcopum dioecesanum, cui Superior acta a consilio suo recognita submittat.

Can. 700 – Decretum dimissionis vim non habet, nisi a Sancta Sede confirmatum fuerit, cui decretum et acta omnia transmittenda sunt; si agatur de instituto iuris dioecesani, confirmatio spectat ad Episcopum dioecesis ubi sita est domus, cui religiosus adscriptus est. Decretum vero, ut valeat, indicare debet ius, quo dimissus gaudet, recurrendi intra decem dies a recepta notificatione ad auctoritatem competentem. Recursus effectum habet suspensivum.

Can. 701 – Legitima dimissione ipso facto cessant vota necnon iura et obligationes ex professione promanantia. Si tamen sodalis sit clericus, sacros ordines exercere nequit, donec Episcopum inveniat qui eum post congruam probationem in dioecesi, ad normam can. 693, recipiat vel saltem exercitium sacrorum ordinum permittat.

Can. 702 – § 1. Qui ex instituto religioso legitime egrediantur vel ab eo legitime dimissi fuerint, nihil ab eodem repetere possunt ob quamlibet operam in eo praestitam.

§ 2. Institutum tamen aequitatem et evangelicam caritatem servet erga sodalem, qui ab eo separatur.

Can. 703 – In casu gravis scandali exterioris vel gravissimi nocumenti instituto imminentis, sodalis statim a Superiore maiore vel, si periculum sit in mora, a Superiore locali cum consensu sui consilii e domo religiosa eici potest. Superior maior, si opus sit, dimissionis processum ad normam iuris instituendum curet, aut rem Sedi Apostolicae deferat.

Can. 704 – De sodalibus, qui ab instituto sunt quoquo modo separati, fiat mentio in relatione Sedi Apostolicae mittenda, de qua in can. 592, § 1.

CAPUT VII
DE RELIGIOSIS AD EPISCOPATUM EVECTIS

Can. 705 – Religiosus ad episcopatum evectus instituti sui sodalis remanet, sed vi voti oboedientiae uni Romano Pontifici obnoxius est, et obligationibus non adstringitur, quas ipse prudenter iudicet cum sua condicione componi non posse.

Can. 706 – Religiosus de quo supra :

1° si per professionem dominium bonorum amiserit, bonorum quae ipsi obveniant habet usum, usumfructum et administrationem ; proprietatem vero Episcopus dioecesanus aliique, de quibus in can. 381, § 2, acquirunt Ecclesiae particulari ; ceteri, instituto vel Sanctae Sedi, prout institutum capax est possidendi vel minus ;

2° si per professionem dominium bonorum non amiserit, bonorum, quae habebat, recuperat usum, usumfructum et administrationem ; quae postea ipsi obveniant, sibi plene acquirit ;

3° in utroque autem casu de bonis, quae ipsi obveniant non intuitu personae, disponere debet secundum offerentium voluntatem.

Can. 707 – § 1. Religiosus Episcopus emeritus habitationis sedem sibi eligere potest etiam extra domos sui instituti, nisi aliud a Sede Apostolica provisum fuerit.

§ 2. Quoad eius congruam et dignam sustentationem, si cuidam dioecesi inserviverit, servetur can. 402, § 2, nisi institutum proprium talem sustentationem providere voluerit ; secus Sedes Apostolica aliter provideat.

Caput VIII

DE CONFERENTIIS SUPERIORUM MAIORUM

Can. 708 – Superiores maiores utiliter in conferentiis seu consiliis consociari possunt ut, collatis viribus, allaborent sive ad finem singulorum institutorum plenius assequendum, salvis semper eorum autonomia, indole proprioque spiritu, sive ad communia negotia pertractanda, sive ad congruam coordinationem et cooperationem cum Episcoporum conferentiis et etiam cum singulis Episcopis instaurandam.

Can. 709 – Conferentiae Superiorum maiorum sua habeant statuta a Sancta Sede approbata, a qua unice, etiam in personam iuridicam, erigi possunt et sub cuius supremo moderamine manent.

TITULUS III

DE INSTITUTIS SAECULARIBUS

Can. 710 – Institutum saeculare est institutum vitae consecratae, in quo christifideles in saeculo viventes ad caritatis perfectionem contendunt atque ad mundi sanctificationem praesertim ab intus conferre student.

Can. 711 – Instituti saecularis sodalis vi suae consecrationis propriam in populo Dei canonicam condicionem, sive laicalem sive clericalem, non mutat, servatis iuris praescriptis quae instituta vitae consecratae respiciunt.

Can. 712 – Firmis praescriptis cann. 598-601, constitutiones statuant vincula sacra, quibus evangelica consilia in instituto assumuntur, et definiant obligationes quas eadem vincula inducunt, servata tamen in vitae ratione semper propria instituti saecularitate.

Can. 713 – § 1. Sodales horum institutorum propriam consecrationem in actuositate apostolica exprimunt et exercent, iidemque, ad instar fermenti, omnia spiritu evangelico imbuere satagunt ad robur et incrementum Corporis Christi.

§ 2. Sodales laici, munus Ecclesiae evangelizandi, in saeculo et ex saeculo, participant sive per testimonium vitae christianae et fidelitatis erga suam consecrationem, sive per adiutricem quam praebent operam ad ordinandas secundum Deum res temporales atque ad mundum virtute Evangelii informandum. Suam etiam cooperationem, iuxta propriam vitae rationem saecularem, in communitatis ecclesialis servitium offerunt.

§ 3. Sodales clerici per vitae consecratae testimonium, praesertim in presbyterio, peculiari caritate apostolica confratribus adiutorio sunt, et in populo Dei mundi sanctificationem suo sacro ministerio perficiunt.

Can. 714 – Sodales vitam in ordinariis mundi condicionibus vel soli, vel in sua quisque familia, vel in vitae fraternae coetu, ad normam constitutionum ducant.

Can. 715 – § 1. Sodales clerici in dioecesi incardinati ab Episcopo dioecesano dependent, salvis iis quae vitam consecratam in proprio instituto respiciunt.

§ 2. Qui vero ad normam can. 266, § 3 instituto incardinantur, si ad opera instituti propria vel ad regimen instituti destinentur, ad instar religiosorum ab Episcopo dependent.

Can. 716 – § 1. Sodales omnes vitam instituti, secundum ius proprium, actuose participent.

§ 2. Eiusdem instituti sodales communionem inter se servent, sollicite curantes spiritus unitatem et genuinam fraternitatem.

Can. 717 – § 1. Constitutiones proprium regiminis modum praescribant, tempus quo Moderatores suo officio fungantur et modum quo iidem designantur, definiant.

§ 2. Nemo in Moderatorem supremum designetur, qui non sit definitive incorporatus.

§ 3. Qui regimini instituti praepositi sunt, curent ut eiusdem spiritus unitas servetur et actuosa sodalium participatio promoveatur.

Can. 718 – Administratio bonorum instituti, quae paupertatem evangelicam exprimere et fovere debet, regitur normis Libri V *De bonis Ecclesiae temporalibus* necnon iure proprio instituti. Item ius proprium definiat obligationes praesertim oeconomicas instituti erga sodales, qui pro ipso operam impendunt.

Can. 719 – § 1. Sodales, ut vocationi suae fideliter respondeant eorumque actio apostolica ex ipsa unione cum Christo procedat, sedulo orationi vacent, sacrarum Scripturarum lectioni apto modo incumbant, annua recessus tempora servent atque alia spiritualia exercitia iuxta ius proprium peragant.

§ 2. Eucharistiae celebratio, quantum fieri potest cotidiana, sit totius eorum vitae consecratae fons et robur.

§ 3. Libere ad sacramentum paenitentiae accedant, quod frequenter recipiant.

§ 4. Necessarium conscientiae moderamen libere obtineant atque huius generis consilia a suis etiam Moderatoribus, si velint, requirant.

Can. 720 – Ius admittendi in institutum, vel ad probationem vel ad sacra vincula sive temporaria sive perpetua aut definitiva assumenda, ad Moderatores maiores cum suo consilio ad normam constitutionum pertinet.

Can. 721 – § 1. Invalide admittitur ad initialem probationem :

1° qui maiorem aetatem nondum attigerit;

2° qui sacro vinculo in aliquo instituto vitae consecratae actu obstringitur, aut in societate vitae apostolicae incorporatus est;

3° coniux durante matrimonio.

§ 2. Constitutiones possunt alia admissionis impedimenta etiam ad validitatem statuere vel condiciones apponere.

§ 3. Praeterea, ut quis recipiatur, habeat oportet maturitatem, quae ad vitam instituti propriam recte ducendam est necessaria.

Can. 722 – § 1. Probatio initialis eo ordinetur, ut candidati suam divinam vocationem et quidem instituti propriam aptius cognoscant iidemque in spiritu et vivendi modo instituti exerceantur.

§ 2. Ad vitam secundum evangelica consilia ducendam candidati rite instituantur atque ad eandem integre in apostolatum convertendam edoceantur, eas adhibentes evangelizationis formas, quae instituti fini, spiritui et indoli magis respondeant.

§ 3. Huius probationis modus et tempus ante sacra vincula in instituto primum suscipienda, biennio non brevius, in constitutionibus definiantur.

Can. 723 – § 1. Elapso probationis initialis tempore, candidatus qui idoneus iudicetur, tria consilia evangelica, sacro vinculo firmata, assumat vel ab instituto discedat.

§ 2. Quae prima incorporatio, quinquennio non brevior, ad normam constitutionum temporaria sit.

§ 3. Huius incorporationis tempore elapso, sodalis, qui idoneus iudicetur, admittatur ad incorporationem perpetuam vel definitivam, vinculis scilicet temporariis semper renovandis.

§ 4. Incorporatio definitiva, quoad certos effectus iuridicos in constitutionibus statuendos, perpetuae aequiparatur.

Can. 724 – § 1. Institutio post vincula sacra primum assumpta iugiter secundum constitutiones est protrahenda.

§ 2. Sodales in rebus divinis et humanis pari gressu instituantur; de continua vero eorum spirituali formatione seriam habeant curam instituti Moderatores.

Can. 725 – Institutum sibi associare potest, aliquo vinculo in constitutionibus determinato, alios christifideles, qui ad evangelicam perfectionem secundum spiritum instituti contendant eiusdemque missionem participent.

Can. 726 – § 1. Elapso tempore incorporationis temporariae, sodalis institutum libere derelinquere valet vel a sacrorum vinculorum renovatione iusta de causa a Moderatore maiore, audito suo consilio, excludi potest.

§ 2. Sodalis temporariae incorporationis id sponte petens, indultum discedendi a supremo Moderatore de consensu sui consilii gravi de causa obtinere valet.

Can. 727 – § 1. Sodalis perpetue incorporatus, qui institutum derelinquere velit, indultum discedendi, re coram Domino serio perpensa, a Sede Apostolica per Moderatorem supremum petat, si institutum est iuris pontificii; secus etiam ab Episcopo dioecesano, prout in constitutionibus definitur.

§ 2. Si agatur de clerico instituto incardinato, servetur praescriptum can. 693.

Can. 728 – Indulto discedendi legitime concesso, cessant omnia vincula necnon iura et obligationes ab incorporatione promanantia.

Can. 729 – Sodalis ab instituto dimittitur ad normam cann. 694 et 695; constitutiones praeterea determinent alias causas dimissionis, dummodo sint proportionate graves, externae, imputabiles et iuridice comprobatae, atque modus procedendi servetur in cann. 697-700 statutus. Dimisso applicatur praescriptum can. 701.

Can. 730 – Ut sodalis instituti saecularis ad aliud institutum saeculare transeat, serventur praescripta cann. 684, §§ 1, 2, 4 et 685; ut vero ad aliud vel ex alio instituto vitae consecratae fiat transitus, licentia requiritur Sedis Apostolicae, cuius mandatis standum est.

SECTIO II

DE SOCIETATIBUS VITAE APOSTOLICAE

Can. 731 – § 1. Institutis vitae consecratae accedunt societates vitae apostolicae, quarum sodales, sine votis religiosis, finem apostolicum societatis proprium prosequuntur et, vitam fraternam in communi ducentes, secundum propriam vitae rationem, per observantiam constitutionum ad perfectionem caritatis tendunt.

§ 2. Inter has sunt societates in quibus sodales, aliquo vinculo constitutionibus definito, consilia evangelica assumunt.

Can. 732 – Quae in cann. 578-597, et 606 statuuntur, societatibus vitae apostolicae applicantur, salva tamen uniuscuiusque societatis natura; societatibus vero, de quibus in can. 731, § 2, etiam cann. 598-602 applicantur.

Can. 733 – § 1. Domus erigitur et communitas localis constituitur a competenti auctoritate societatis, praevio consensu Episcopi dioecesani in scriptis dato, qui etiam consuli debet, cum agitur de eius suppressione.

§ 2. Consensus ad erigendam domum secumfert ius habendi saltem oratorium, in quo sanctissima Eucharistia celebretur et asservetur.

Can. 734 – Regimen societatis a constitutionibus determinatur, servatis, iuxta naturam uniuscuiusque societatis, cann. 617-633.

Can. 735 – § 1. Sodalium admissio, probatio, incorporatio et institutio determinantur iure proprio cuiusque societatis.

§ 2. Ad admissionem in societatem quod attinet, serventur condiciones in cann. 642-645 statutae.

§ 3. Ius proprium determinare debet rationem probationis et institutionis fini et indoli societatis accommodatam, praesertim doctrinalem, spiritualem et apostolicam, ita ut sodales vocationem divinam agnoscentes ad missionem et vitam societatis apte praeparentur.

Can. 736 – § 1. In societatibus clericalibus clerici ipsi societati incardinantur, nisi aliter ferant constitutiones.

§ 2. In iis quae ad rationem studiorum et ad ordines suscipiendos pertinent, serventur normae clericorum saecularium, firma tamen § 1.

Can. 737 – Incorporatio secumfert ex parte sodalium obligationes et iura in constitutionibus definita, ex parte autem societatis, curam sodales ad finem propriae vocationis perducendi, iuxta constitutiones.

Can. 738 – § 1. Sodales omnes subsunt propriis Moderatoribus ad normam constitutionum in iis quae vitam internam et disciplinam societatis respiciunt.

§ 2. Subsunt quoque Episcopo dioecesano in iis quae cultum publicum, curam animarum aliaque apostolatus opera respiciunt, attentis cann. 679-683.

§ 3. Relationes sodalis dioecesi incardinati cum Episcopo proprio constitutionibus vel particularibus conventionibus definiuntur.

Can. 739 – Sodales, praeter obligationes quibus, uti sodales, obnoxii sunt secundum constitutiones, communibus obligationibus clericorum adstringuntur, nisi ex natura rei vel ex contextu sermonis aliud constet.

Can. 740 – Sodales habitare debent in domo vel in communitate legitime constituta et servare vitam communem, ad normam iuris proprii, quo quidem etiam absentiae a domo vel communitate reguntur.

Can. 741 – § 1. Societates et, nisi aliter ferant constitutiones, earum partes et domus, personae sunt iuridicae et, qua tales, capaces bona temporalia acquirendi, possidendi, administrandi et alienandi, ad normam praescriptorum Libri V *De bonis Ecclesiae temporalibus,* cann. 636, 638 et 639, necnon iuris proprii.

§ 2. Sodales capaces quoque sunt, ad normam iuris proprii, bona temporalia acquirendi, possidendi, administrandi de iisque disponendi, sed quidquid ipsis intuitu societatis obveniat, societati acquiritur.

Can. 742 – Egressus et dimissio sodalis nondum definitive incorporati reguntur constitutionibus cuiusque societatis.

Can. 743 – Indultum discedendi a societate, cessantibus iuribus et obligationibus ex incorporatione promanantibus, firmo praescripto can. 693, sodalis definitive incorporatus a supremo Moderatore cum consensu eius consilii obtinere potest, nisi id iuxta constitutiones Sanctae Sedi reservetur.

Can. 744 – § 1. Supremo quoque Moderatori cum consensu sui consilii pariter reservatur licentiam concedere sodali definitive incorporato ad aliam societatem vitae apostolicae transeundi, suspensis interim iuribus et obligationibus propriae societatis, firmo tamen iure redeundi ante definitivam incorporationem in novam societatem.

§ 2. Ut transitus fiat ad institutum vitae consecratae vel ex eo ad societatem vitae apostolicae, licentia requiritur Sanctae Sedis, cuius mandatis standum est.

Can. 745 – Supremus Moderator cum consensu sui consilii sodali definitive incorporato concedere potest indultum vivendi extra societatem, non tamen ultra triennium, suspensis iuribus et obligationibus quae cum ipsius nova condicione componi non possunt; permanet tamen sub cura Moderatorum. Si agitur de clerico, requiritur praeterea consensus Ordinarii loci in quo commorari debet, sub cuius cura et dependentia etiam manet.

Can. 746 – Ad dimissionem sodalis definitive incorporati serventur, congrua congruis referendo, cann. 694-704.

LIBER III
DE ECCLESIAE MUNERE DOCENDI

Can. 747 – § 1. Ecclesiae, cui Christus Dominus fidei depositum concredidit ut ipsa, Spiritu Sancto assistente, veritatem revelatam sancte custodiret, intimius perscrutaretur, fideliter annuntiaret atque exponeret, officium est et ius nativum, etiam mediis communicationis socialis sibi propriis adhibitis, a qualibet humana potestate independens, omnibus gentibus Evangelium praedicandi.

§ 2. Ecclesiae competit semper et ubique principia moralia etiam de ordine sociali annuntiare, necnon iudicium ferre de quibuslibet rebus humanis, quatenus personae humanae iura fundamentalia aut animarum salus id exigant.

Can. 748 – § 1. Omnes homines veritatem in iis, quae Deum eiusque Ecclesiam respiciunt, quaerere tenentur eamque cognitam amplectendi ac servandi obligatione vi legis divinae adstringuntur et iure gaudent.

§ 2. Homines ad amplectendam fidem catholicam contra ipsorum conscientiam per coactionem adducere nemini umquam fas est.

Can. 749 – § 1. Infallibilitate in magisterio, vi muneris sui gaudet Summus Pontifex quando ut supremus omnium christifidelium Pastor et Doctor, cuius est fratres suos in fide confirmare, doctrinam de fide vel de moribus tenendam definitivo actu proclamat.

§ 2. Infallibilitate in magisterio pollet quoque Collegium Episcoporum quando magisterium exercent Episcopi in Concilio Oecumenico coadunati cum, ut fidei et morum doctores et iudices, pro universa Ecclesia doctrinam de fide vel de moribus definitive tenendam declarant; aut quando per orbem dispersi, communionis nexum inter se et cum Petri successore servantes, una cum eodem Romano Pontifice authentice res fidei vel morum docentes, in unam sententiam tamquam definitive tenendam conveniunt.

§ 3. Infallibiliter definita nulla intellegitur doctrina nisi id manifeste constiterit.

Can. 750 – Fide divina et catholica ea omnia credenda sunt quae verbo Dei scripto vel tradito, uno scilicet fidei deposito Ecclesiae com-

misso, continentur, et insimul ut divinitus revelata proponuntur, sive
ab Ecclesiae magisterio sollemni, sive ab eius magisterio ordinario et
universali ; quod scilicet communi adhaesione christifidelium sub ductu
sacri magisterii manifestatur ; tenentur igitur omnes quascumque de
vitare doctrinas iisdem contrarias.

Can. 751 – Dicitur haeresis, pertinax, post receptum baptismum,
alicuius veritatis fide divina et catholica credendae denegatio, aut de
eadem pertinax dubitatio ; apostasia, fidei christianae ex toto repu
diatio ; schisma, subiectionis Summo Pontifici aut communionis cum
Ecclesiae membris eidem subditis detrectatio.

Can. 752 – Non quidem fidei assensus, religiosum tamen intellectus
et voluntatis obsequium praestandum est doctrinae, quam sive Summus
Pontifex sive Collegium Episcoporum de fide vel de moribus enuntiant,
cum magisterium authenticum exercent, etsi definitivo actu eandem
proclamare non intendant ; christifideles ergo devitare curent quae cum
eadem non congruant.

Can. 753 – Episcopi, qui sunt in communione cum Collegii capite
et membris, sive singuli sive in conferentiis Episcoporum aut in con
ciliis particularibus congregati, licet infallibilitate in docendo non pol
leant, christifidelium suae curae commissorum authentici sunt fidei
doctores et magistri ; cui authentico magisterio suorum Episcoporum
christifideles religioso animi obsequio adhaerere tenentur.

Can. 754 – Omnes christifideles obligatione tenentur servandi con
stitutiones et decreta, quae ad doctrinam proponendam et erroneas
opiniones proscribendas fert legitima Ecclesiae auctoritas, speciali
vero ratione, quae edit Romanus Pontifex vel Collegium Episcoporum.

Can. 755 – § 1. Totius Collegii Episcoporum et Sedis Apostolicae
imprimis est fovere et dirigere motum oecumenicum apud catholicos,
cuius finis est unitatis redintegratio inter universos christianos ad quam
promovendam Ecclesia ex voluntate Christi tenetur.

§ 2. Episcoporum item est, et, ad normam iuris, Episcoporum confe
rentiarum, eandem unitatem promovere atque pro variis adiunctorum
necessitatibus vel opportunitatibus, normas practicas impertire, atten
tis praescriptis a suprema Ecclesiae auctoritate latis.

TITULUS I
DE DIVINI VERBI MINISTERIO

Can. 756 – § 1. Quoad universam Ecclesiam munus Evangelii an-nuntiandi praecipue Romano Pontifici et Collegio Episcoporum com-missum est.

§ 2. Quoad Ecclesiam particularem sibi concreditam illud munus exercent singuli Episcopi, qui quidem totius ministerii verbi in eadem sunt moderatores; quandoque vero aliqui Episcopi coniunctim illud explent quoad diversas simul Ecclesias, ad normam iuris.

Can. 757 – Presbyterorum, qui quidem Episcoporum cooperatores sunt, proprium est Evangelium Dei annuntiare; praesertim hoc officio tenentur, quoad populum sibi commissum, parochi aliique quibus cura animarum concreditur; diaconorum etiam est in ministerio verbi po-pulo Dei, in communione cum Episcopo eiusque presbyterio, inservire.

Can. 758 – Sodales institutorum vitae consecratae, vi propriae Deo consecrationis, peculiari modo Evangelii testimonium reddunt, iidemque in Evangelio annuntiando ab Episcopo in auxilium convenienter assu-muntur.

Can. 759 – Christifideles laici, vi baptismatis et confirmationis, verbo et vitae christianae exemplo evangelici nuntii sunt testes; vocari etiam possunt ut in exercitio ministerii verbi cum Episcopo et presby-teris cooperentur.

Can. 760 – In ministerio verbi, quod sacra Scriptura, Traditione, liturgia, magisterio vitaque Ecclesiae innitatur oportet, Christi myste-rium integre ac fideliter proponatur.

Can. 761 – Varia media ad doctrinam christianam annuntiandam adhibeantur quae praesto sunt, imprimis praedicatio atque catechetica institutio, quae quidem semper principem locum tenent, sed et pro-positio doctrinae in scholis, in academiis, conferentiis et coadunatio-nibus omnis generis, necnon eiusdem diffusio per declarationes publicas a legitima auctoritate occasione quorundam eventuum factas, prelo aliisque instrumentis communicationis socialis.

Caput I
DE VERBI DEI PRAEDICATIONE

P.O. 4

Can. 762 – Cum Dei populus primum coadunetur verbo Dei vivi, quod ex ore sacerdotum omnino fas est requirere, munus praedicatio-nis magni habeant sacri ministri, cum inter praecipua ipsorum officia sit Evangelium Dei omnibus annuntiare.

Can. 763 – Episcopis ius est ubique, non exclusis ecclesiis et oratoriis institutorum religiosorum iuris pontificii, Dei verbum praedicare,
nisi Episcopus loci in casibus particularibus expresse renuerit.

Can. 764 – Salvo praescripto can. 765, facultate ubique praedicandi,
de consensu saltem praesumpto rectoris ecclesiae exercenda, gaudent
presbyteri et diaconi, nisi ab Ordinario competenti eadem facultas
restricta fuerit aut sublata, aut lege particulari licentia expressa requiratur.

Can. 765 – Ad praedicandum religiosis in eorum ecclesiis vel oratoriis licentia requiritur Superioris ad normam constitutionum competentis.

Can. 766 – Ad praedicandum in ecclesia vel oratorio admitti possunt laici, si certis in adiunctis necessitas id requirat aut in casibus
particularibus utilitas id suadeat, iuxta Episcoporum conferentiae praescripta, et salvo can. 767, § 1.

Can. 767 – § 1. Inter praedicationis formas eminet homilia, quae
est pars ipsius liturgiae et sacerdoti aut diacono reservatur; in eadem
per anni liturgici cursum ex textu sacro fidei mysteria et normae vitae
christianae exponantur.

§ 2. In omnibus Missis diebus dominicis et festis de praecepto,
quae concursu populi celebrantur, homilia habenda est nec omitti
potest nisi gravi de causa.

§ 3. Valde commendatur ut, si sufficiens detur populi concursus,
homilia habeatur etiam in Missis quae infra hebdomadam, praesertim
tempore adventus et quadragesimae aut occasione alicuius festi vel
luctuosi eventus, celebrentur.

§ 4. Parochi aut ecclesiae rectoris est curare ut haec praescripta
religiose serventur.

Can. 768 – § 1. Divini verbi praecones christifidelibus imprimis
proponant quae ad Dei gloriam hominumque salutem credere et facere
oportet.

§ 2. Impertiant quoque fidelibus doctrinam, quam Ecclesiae magisterium proponit de personae humanae dignitate et libertate, de familiae unitate et stabilitate eiusque muniis, de obligationibus quae ad
homines in societate coniunctos pertinent, necnon de rebus temporalibus iuxta ordinem a Deo statutum componendis.

Can. 769 – Doctrina christiana proponatur modo auditorum condicioni accommodato atque ratione temporum necessitatibus aptata.

Can. 770 – Parochi certis temporibus, iuxta Episcopi dioecesani praescripta, illas ordinent praedicationes, quas exercitia spiritualia et sacras missiones vocant, vel alias formas necessitatibus aptatas.

Can. 771 – § 1. Solliciti sint animarum pastores, praesertim Episcopi et parochi, ut Dei verbum iis quoque fidelibus nuntietur, qui ob vitae suae condicionem communi et ordinaria cura pastorali non satis fruantur aut eadem penitus careant.

§ 2. Provideant quoque, ut Evangelii nuntium perveniat ad non credentes in territorio degentes, quippe quos, non secus ac fideles, animarum cura complecti debeat.

Can. 772 – § 1. Ad exercitium praedicationis quod attinet, ab omnibus praeterea serventur normae ab Episcopo dioecesano latae.

§ 2. Ad sermonem de doctrina christiana faciendum via radiophonica aut televisifica, serventur praescripta ab Episcoporum conferentia statuta.

Caput II
DE CATECHETICA INSTITUTIONE

Can. 773 – Proprium et grave officium pastorum praesertim animarum est catechesim populi christiani curare, ut fidelium fides, per doctrinae institutionem et vitae christianae experientiam, viva fiat explicita atque operosa.

Can. 774 – § 1. Sollicitudo catechesis, sub moderamine legitimae ecclesiasticae auctoritatis, ad omnia Ecclesiae membra pro sua cuiusque parte pertinet.

§ 2. Prae ceteris parentes obligatione tenentur verbo et exemplo filios in fide et vitae christianae praxi efformandi; pari obligatione adstringuntur, qui parentum locum tenent atque patrini.

Can. 775 – § 1. Servatis praescriptis ab Apostolica Sede latis, Episcopi dioecesani est normas de re catechetica edicere itemque prospicere ut apta catechesis instrumenta praesto sint, catechismum etiam parando, si opportunum id videatur, necnon incepta catechetica fovere atque coordinare.

§ 2. Episcoporum conferentiae est, si utile videatur, curare ut catechismi pro suo territorio, praevia Sedis Apostolicae approbatione, edantur.

§ 3. Apud Episcoporum conferentiam institui potest officium catecheticum, cuius praecipuum munus sit singulis dioecesibus in re catechetica auxilium praebere.

Can. 776 – Parochus, vi sui muneris, catecheticam efformationem adultorum, iuvenum et puerorum curare tenetur, quem in finem sociam sibi operam adhibeat clericorum paroeciae addictorum, sodalium institutorum vitae consecratae necnon societatum vitae apostolicae, habita ratione indolis uniuscuiusque instituti, necnon christifidelium laicorum, praesertim catechistarum; hi omnes, nisi legitime impediti, operam suam libenter praestare ne renuant. Munus parentum, in catechesi familiari, de quo in can. 774, § 2, promoveat et foveat.

Can. 777 – Peculiari modo parochus, attentis normis ab Episcopo dioecesano statutis, curet:

1° ut apta catechesis impertiatur pro sacramentorum celebratione;

2° ut pueri, ope catecheticae institutionis per congruum tempus impertitae, rite praeparentur ad primam receptionem sacramentorum paenitentiae et sanctissimae Eucharistiae necnon ad sacramentum confirmationis;

3° ut iidem, prima communione recepta, uberius ac profundius catechetica efformatione excolantur;

4° ut catechetica institutio iis etiam tradatur, quantum eorum condicio sinat, qui corpore vel mente sint praepediti;

5° ut iuvenum et adultorum fides, variis formis et inceptis, muniatur, illuminetur atque evolvatur.

Can. 778 – Curent Superiores religiosi et societatum vitae apostolicae ut in suis ecclesiis, scholis aliisve operibus sibi quoquo modo concreditis, catechetica institutio sedulo impertiatur.

Can. 779 – Institutio catechetica tradatur omnibus adhibitis auxiliis, subsidiis didacticis et communicationis instrumentis, quae efficaciora videantur ut fideles, ratione eorum indoli, facultatibus et aetati necnon vitae condicionibus aptata, plenius catholicam doctrinam ediscere eamque aptius in praxim deducere valeant.

Can. 780 – Curent locorum Ordinarii ut catechistae ad munus suum rite explendum debite praeparentur, ut nempe continua formatio eisdem praebeatur, utque Ecclesiae doctrinam apte cognoscant atque normas disciplinis paedagogicis proprias theoretice ac practice addiscant.

TITULUS II
DE ACTIONE ECCLESIAE MISSIONALI

Can. 781 – Cum tota Ecclesia natura sua sit missionaria et opus evangelizationis habendum sit fundamentale officium populi Dei, christifideles omnes, propriae responsabilitatis conscii, partem suam in opere missionali assumant.

Can. 782 – § 1. Suprema directio et coordinatio inceptorum et actionum quae ad opus missionale atque ad cooperationem missionariam pertinent, competit Romano Pontifici et Collegio Episcoporum.

§ 2. Singuli Episcopi, utpote Ecclesiae universae atque omnium Ecclesiarum sponsores, operis missionalis peculiarem sollicitudinem habeant, praesertim incepta missionalia in propria Ecclesia particulari suscitando, fovendo ac sustinendo.

Can. 783 – Sodales institutorum vitae consecratae, cum vi ipsius consecrationis sese servitio Ecclesiae dedicent, obligatione tenentur ad operam, ratione suo instituto propria, speciali modo in actione missionali navandam.

Can. 784 – Missionarii, qui scilicet a competenti auctoritate ecclesiastica ad opus missionale explendum mittuntur, eligi possunt autochthoni vel non, sive clerici saeculares, sive institutorum vitae consecratae vel societatis vitae apostolicae sodales, sive alii christifideles laici.

Can. 785 – § 1. In opere missionali peragendo assumantur catechistae, christifideles nempe laici debite instructi et vita christiana praestantes, qui, sub moderamine missionarii, doctrinae evangelicae proponendae et liturgicis exercitiis caritatisque operibus ordinandis sese impendant.

§ 2. Catechistae efformentur in scholis ad hoc destinatis vel, ubi desint, sub moderamine missionariorum.

Can. 786 – Actio proprie missionalis, qua Ecclesia implantatur in populis vel coetibus ubi nondum radicata est, ab Ecclesia absolvitur praesertim mittendo Evangelii praecones donec novellae Ecclesiae plene constituantur, instructae scilicet propriis viribus et sufficientibus mediis, quibus opus evangelizandi per se ipsae peragere valeant.

Can. 787 – § 1. Missionarii, vitae ac verbi testimonio, dialogum sincerum cum non credentibus in Christum instituant, ut ipsis, ratione eorundem ingenio et culturae aptata, aperiantur viae quibus ad evangelicum nuntium cognoscendum adduci valeant.

§ 2. Curent ut quos ad evangelicum nuntium recipiendum aestiment paratos, veritates fidei edoceant, ita quidem ut ipsi ad baptismum recipiendum, libere id petentes, admitti possint.

Can. 788 – § 1. Qui voluntatem amplectendi fidem in Christum manifestaverint, expleto tempore praecatechumenatus, liturgicis caerimoniis admittantur ad catechumenatum, atque eorum nomina scribantur in libro ad hoc destinato.

§ 2. Catechumeni, per vitae christianae institutionem et tirocinium, apte initientur mysterio salutis atque introducantur in vitam fidei, liturgiae et caritatis populi Dei atque apostolatus.

§ 3. Conferentiae Episcoporum est statuta edere quibus catechumenatus ordinetur, determinando quaenam a catechumenis sint praestanda, atque definiendo quaenam eis agnoscantur praerogativae.

Can. 789 – Neophyti, apta institutione ad veritatem evangelicam penitius cognoscendam et officia per baptismum suscepta implenda efformentur; sincero amore erga Christum eiusque Ecclesiam imbuantur.

Can. 790 – § 1. Episcopi dioecesani in territoriis missionis est:

1° promovere, moderari et coordinare incepta et opera, quae ad actionem missionalem spectant;

2° curare ut debitae ineantur conventiones cum Moderatoribus institutorum quae operi missionali se dedicant, utque relationes cum iisdem in bonum cedant missionis.

§ 2. Praescriptis ab Episcopo dioecesano de quibus in § 1, n. 1° editis, subsunt omnes missionarii, etiam religiosi eorumque auxiliares in eius dicione degentes.

Can. 791 – In singulis dioecesibus ad cooperationem missionalem fovendam:

1° promoveantur vocationes missionales;

2° sacerdos deputetur ad incepta pro missionibus efficaciter promovenda, praesertim *Pontificia Opera Missionalia*;

3° celebretur dies annualis pro missionibus;

4° solvatur quotannis congrua pro missionibus stips, Sanctae Sedi transmittenda.

Can. 792 – Episcoporum conferentiae opera instituant ac promoveant, quibus ii qui e terris missionum laboris aut studii causa ad earundem territorium accedant, fraterne recipiantur et congruenti pastorali cura adiuventur.

TITULUS III
DE EDUCATIONE CATHOLICA

Can. 793 – § 1. Parentes, necnon qui eorum locum tenent, obligatione adstringuntur et iure gaudent prolem educandi; parentes catholici officium quoque et ius habent ea eligendi media et instituta quibus, iuxta locorum adiuncta, catholicae filiorum educationi aptius prospicere queant.

§ 2. Parentibus ius est etiam iis fruendi auxiliis a societate civili praestandis, quibus in catholica educatione filiorum procuranda indigeant.

Can. 794 – § 1. Singulari ratione officium et ius educandi spectat ad Ecclesiam, cui divinitus missio concredita est homines adiuvandi, ut ad christianae vitae plenitudinem pervenire valeant.

§ 2. Animarum pastoribus officium est omnia disponendi, ut educatione catholica omnes fideles fruantur.

Can. 795 – Cum vera educatio integram persequi debeat personae humanae formationem, spectantem ad finem eius ultimum et simul ad bonum commune societatum, pueri et iuvenes ita excolantur ut suas dotes physicas, morales et intellectuales harmonice evolvere valeant, perfectiorem responsabilitatis sensum libertatisque rectum usum acquirant et ad vitam socialem active participandam conformentur.

Caput I

DE SCHOLIS

Can. 796 – § 1. Inter media ad excolendam educationem christifideles magni faciant scholas, quae quidem parentibus, in munere educationis implendo, praecipuo auxilio sunt.

§ 2. Cum magistris scholarum, quibus filios educandos concredant, parentes arcte cooperentur oportet; magistri vero in officio suo persolvendo intime collaborent cum parentibus, qui quidem libenter audiendi sunt eorumque consociationes vel conventus instaurentur atque magni existimentur.

Can. 797 – Parentes in scholis eligendis vera libertate gaudeant oportet; quare christifideles solliciti esse debent ut societas civilis hanc libertatem parentibus agnoscat atque, servata iustitia distributiva, etiam subsidiis tueatur.   79382

Can. 798 – Parentes filios concredant illis scholis in quibus educationi catholicae provideatur; quod si facere non valeant, obligatione tenentur curandi, ut extra scholas debitae eorundem educationi catholicae prospiciatur.

Can. 799 – Christifideles enitantur ut in societate civili leges quae iuvenum formationem ordinant, educationi eorum religiosae et morali quoque, iuxta parentum conscientiam, in ipsis scholis prospiciant.

Can. 800 – § 1. Ecclesiae ius est scholas cuiusvis disciplinae, generis et gradus condendi ac moderandi.

§ 2. Christifideles scholas catholicas foveant, pro viribus adiutricem operam conferentes ad easdem condendas et sustentandas.

Can. 801 – Instituta religiosa quibus missio educationis propria est, fideliter hanc suam missionem retinentes, satagant educationi catholicae etiam per suas scholas, consentiente Episcopo dioecesano conditas, sese impendere.

Can. 802 – § 1. Si praesto non sint scholae in quibus educatio tradatur christiano spiritu imbuta, Episcopi dioecesani est curare ut condantur.

§ 2. Ubi id expediat, Episcopus dioecesanus provideat ut scholae quoque condantur professionales et technicae necnon aliae quae specialibus necessitatibus requirantur.

Can. 803 – § 1. Schola catholica ea intellegitur quam auctoritas ecclesiastica competens aut persona iuridica ecclesiastica publica moderatur, aut auctoritas ecclesiastica documento scripto uti talem agnoscit.

§ 2. Institutio et educatio in schola catholica principiis doctrinae catholicae nitatur oportet; magistri recta doctrina et vitae probitate praestent.

§ 3. Nulla schola, etsi reapse catholica, nomen *scholae catholicae* gerat, nisi de consensu competentis auctoritatis ecclesiasticae.

Can. 804 – § 1. Ecclesiae auctoritati subicitur institutio et educatio religiosa catholica quae in quibuslibet scholis impertitur aut variis communicationis socialis instrumentis procuratur; Episcoporum conferentiae est de hoc actionis campo normas generales edicere, atque Episcopi dioecesani est eundem ordinare et in eum invigilare.

§ 2. Loci Ordinarius sollicitus sit ut qui ad religionis institutionem in scholis, etiam non catholicis, deputentur magistri, recta doctrina, vitae christianae testimonio atque arte paedagogica sint praestantes.

Can. 805 – Loci Ordinario pro sua dioecesi, ius est nominandi aut approbandi magistros religionis, itemque, si religionis morumve ratio id requirat, amovendi aut exigendi ut amoveantur.

Can. 806 – § 1. Episcopo dioecesano competit ius invigilandi et invisendi scholas catholicas in suo territorio sitas, eas etiam quae ab institutorum religiosorum sodalibus conditae sint aut dirigantur; eidem item competit praescripta edere quae ad generalem attinent ordinationem scholarum catholicarum : quae praescripta valent de scholis quoque quae ab iisdem sodalibus diriguntur, salva quidem eorundem quoad internum earum scholarum moderamen autonomia.

§ 2. Curent scholarum catholicarum Moderatores, advigilante loci Ordinario, ut institutio quae in iisdem traditur pari saltem gradu ac in aliis scholis regionis, ratione scientifica sit praestans.

Caput II
DE CATHOLICIS UNIVERSITATIBUS
ALIISQUE STUDIORUM SUPERIORUM INSTITUTIS

Can. 807 – Ius est Ecclesiae erigendi et moderandi studiorum universitates, quae quidem ad altiorem hominum culturam et pleniorem personae humanae promotionem necnon ad ipsius Ecclesiae munus docendi implendum conferant.

Can. 808 – Nulla studiorum universitas, etsi reapse catholica, titulum seu nomen *universitatis catholicae* gerat, nisi de consensu competentis auctoritatis ecclesiasticae.

Can. 809 – Episcoporum conferentiae curent ut habeantur, si fieri possit et expediat, studiorum universitates aut saltem facultates, in ipsarum territorio apte distributae, in quibus variae disciplinae, servata quidem earum scientifica autonomia, investigentur et tradantur, doctrinae catholicae ratione habita.

Can. 810 – § 1. Auctoritati iuxta statuta competenti officium est providendi ut in universitatibus catholicis nominentur docentes qui, praeterquam idoneitate scientifica et paedagogica, doctrinae integritate et vitae probitate praestent utque, deficientibus his requisitis, servato modo procedendi in statutis definito, a munere removeantur.

§ 2. Episcoporum conferentiae et Episcopi dioecesani, quorum interest, officium habent et ius invigilandi, ut in iisdem universitatibus principia doctrinae catholicae fideliter serventur.

Can. 811 – § 1. Curet auctoritas ecclesiastica competens ut in universitatibus catholicis erigatur facultas aut institutum aut saltem cathedra theologiae, in qua lectiones laicis quoque studentibus tradantur.

§ 2. In singulis universitatibus catholicis lectiones habeantur, in quibus eae praecipue tractentur quaestiones theologicae, quae cum disciplinis earundem facultatum sunt conexae.

Can. 812 – Qui in studiorum superiorum institutis quibuslibet disciplinas tradunt theologicas, auctoritatis ecclesiasticae competentis mandatum habeant oportet.

Can. 813 – Episcopus dioecesanus impensam habeat curam pastoralem studentium, etiam per paroeciae erectionem, vel saltem per sacerdotes ad hoc stabiliter deputatos, et provideat ut apud universitates, etiam non catholicas, centra habeantur universitaria catholica, quae iuventuti adiutorio sint, praesertim spirituali.

Can. 814 – Quae de universitatibus statuuntur praescripta, pari ratione applicantur aliis studiorum superiorum institutis.

Caput III
DE UNIVERSITATIBUS ET FACULTATIBUS ECCLESIASTICIS

Can. 815 – Ecclesiae, vi muneris sui veritatem revelatam nuntiandi, propriae sunt universitates vel facultates ecclesiasticae ad disciplinas sacras vel cum sacris conexas pervestigandas, atque studentes in iisdem disciplinis scientifice instituendos.

Can. 816 – § 1. Universitates et facultates ecclesiasticae constitui tantum possunt erectione ab Apostolica Sede facta aut approbatione ab eadem concessa; eidem competit etiam earundem superius moderamen.

§ 2. Singulae universitates et facultates ecclesiasticae sua habere debent statuta et studiorum rationem ab Apostolica Sede approbata.

Can. 817 – Gradus academicos, qui effectus canonicos in Ecclesia habeant, nulla universitas vel facultas conferre valet, quae non sit ab Apostolica Sede erecta vel approbata.

Can. 818 – Quae de universitatibus catholicis in cann. 810, 812 et 813 statuuntur praescripta, de universitatibus facultatibusque ecclesiasticis quoque valent.

Can. 819 – Quatenus dioecesis aut instituti religiosi immo vel ipsius Ecclesiae universae bonum id requirat, debent Episcopi dioecesani aut institutorum Superiores competentes ad universitates vel facultates ecclesiasticas mittere iuvenes et clericos et sodales indole, virtute et ingenio praestantes.

Can. 820 – Curent universitatum et facultatum ecclesiasticarum Moderatores ac professores ut variae universitatis facultates mutuam sibi, prout obiectum siverit, praestent operam, utque inter propriam universitatem vel facultatem et alias universitates et facultates, etiam non ecclesiasticas, mutua habeatur cooperatio, qua nempe eaedem coniuncta opera, conventibus, investigationibus scientificis coordinatis aliisque mediis, ad maius scientiarum incrementum conspirent.

Can. 821 – Provideant Episcoporum conferentia atque Episcopus dioecesanus ut, ubi fieri possit, condantur instituta superiora scientiarum religiosarum, in quibus nempe edoceantur disciplinae theologicae aliaeque quae ad culturam christianam pertineant.

TITULUS IV
DE INSTRUMENTIS COMMUNICATIONIS SOCIALIS
ET IN SPECIE DE LIBRIS

Can. 822 – § 1. Ecclesiae pastores, in suo munere explendo iure Ecclesiae proprio utentes, instrumenta communicationis socialis adhibere satagant.

§ 2. Iisdem pastoribus curae sit fideles edocere se officio teneri cooperandi ut instrumentorum communicationis socialis usus humano christianoque spiritu vivificetur.

§ 3. Omnes christifideles, ii praesertim qui quoquo modo in eorundem instrumentorum ordinatione aut usu partem habent, solliciti sint operam adiutricem actioni pastorali praestare, ita ut Ecclesia etiam iisdem instrumentis munus suum efficaciter exerceat.

Can. 823 – § 1. Ut veritatum fidei morumque integritas servetur, officium et ius est Ecclesiae pastoribus invigilandi, ne scriptis aut usu instrumentorum communicationis socialis christifidelium fidei aut moribus detrimentum afferatur; item exigendi, ut quae scripta fidem moresve tangant a christifidelibus edenda suo iudicio subiciantur; necnon reprobandi scripta quae rectae fidei aut bonis moribus noceant.

§ 2. Officium et ius, de quibus in § 1, competunt Episcopis, tum singulis tum in conciliis particularibus vel Episcoporum conferentiis adunatis quoad christifideles suae curae commissos, supremae autem Ecclesiae auctoritati quoad universum Dei populum.

Can. 824 – § 1. Nisi aliud statuatur, loci Ordinarius, cuius licentia aut approbatio ad libros edendos iuxta canones huius tituli est petenda, est loci Ordinarius proprius auctoris aut Ordinarius loci in quo libri publici iuris fient.

§ 2. Quae in canonibus huius tituli statuuntur de libris, quibuslibet scriptis divulgationi publicae destinatis applicanda sunt, nisi aliud constet.

Can. 825 – § 1. Libri sacrarum Scripturarum edi non possunt nisi ab Apostolica Sede aut ab Episcoporum conferentia approbati sint; itemque ut eorundem versiones in linguam vernaculam edi possint, requiritur ut ab eadem auctoritate sint approbatae atque insimul necessariis et sufficientibus explicationibus sint instructae.

§ 2. Versiones sacrarum Scripturarum convenientibus explicationibus instructas, communi etiam cum fratribus seiunctis opera, parare atque edere possunt christifideles catholici, de licentia Episcoporum conferentiae.

Can. 826 – § 1. Ad libros liturgicos quod attinet, serventur praescripta can. 838.

§ 2. Ut iterum edantur libri liturgici necnon eorum versiones in linguam vernaculam eorumve partes, constare debet de concordantia cum editione approbata ex attestatione Ordinarii loci in quo publici iuris fiunt.

§ 3. Libri precum pro publico vel privato fidelium usu ne edantur nisi de licentia loci Ordinarii.

Can. 827 – § 1. Catechismi necnon alia scripta ad institutionem catecheticam pertinentia eorumve versiones, ut edantur, approbatione egent loci Ordinarii, firmo praescripto can. 775, § 2.

§ 2. Nisi cum approbatione competentis auctoritatis ecclesiasticae editi sint aut ab ea postea approbati, in scholis, sive elementariis sive mediis sive superioribus, uti textus, quibus institutio nititur, adhiberi non possunt libri qui quaestiones respiciunt ad sacram Scripturam, ad theologiam, ius canonicum, historiam ecclesiasticam, et ad religiosas aut morales disciplinas pertinentes.

§ 3. Commendatur ut libri materias de quibus in § 2 tractantes, licet non adhibeantur uti textus in institutione tradenda, itemque scripta in quibus aliquid habetur quod religionis aut morum honestatis peculiariter intersit, iudicio subiciantur loci Ordinarii.

§ 4. In ecclesiis oratoriisve exponi, vendi aut dari non possunt libri vel alia scripta de quaestionibus religionis aut morum tractantia, nisi cum licentia competentis auctoritatis ecclesiasticae edita sint aut ab ea postea approbata.

Can. 828 – Collectiones decretorum aut actorum ab aliqua auctoritate ecclesiastica editas, iterum edere non licet, nisi impetrata prius eiusdem auctoritatis licentia et servatis condicionibus ab eadem praescriptis.

Can. 829 – Approbatio vel licentia alicuius operis edendi pro textu originali valet, non vero pro eiusdem novis editionibus vel translationibus.

Can. 830 – § 1. Integro manente iure uniuscuiusque loci Ordinarii committendi personis sibi probatis iudicium de libris, ab Episcoporum conferentia confici potest elenchus censorum, scientia, recta doctrina et prudentia praestantium, qui curiis dioecesanis praesto sint, aut constitui etiam potest commissio censorum, quam loci Ordinarii consulere possint.

§ 2. Censor, in suo obeundo officio, omni personarum acceptione seposita, prae oculis tantummodo habeat Ecclesiae de fide et moribus doctrinam, uti a magisterio ecclesiastico proponitur.

§ 3. Censor sententiam suam scripto dare debet; quae si faverit, Ordinarius pro suo prudenti iudicio licentiam concedat ut editio fiat, expresso suo nomine necnon tempore ac loco concessae licentiae; quod si eam non concedat, rationes denegationis cum operis scriptore Ordinarius communicet.

Can. 831 – § 1. In diariis, libellis aut foliis periodicis quae religionem catholicam aut bonos mores manifesto impetere solent, ne quidpiam conscribant christifideles, nisi iusta et rationabili de causa; clerici autem et institutorum religiosorum sodales, tantummodo de licentia loci Ordinarii.

§ 2. Episcoporum conferentiae est normas statuere de requisitis ut clericis atque sodalibus institutorum religiosorum partem habere liceat in tractandis via radiophonica aut televisifica quaestionibus, quae ad doctrinam catholicam aut mores attineant.

Can. 832 – Institutorum religiosorum sodales ut scripta quaestiones religionis morumve tractantia edere possint, licentia quoque egent sui Superioris maioris ad normam constitutionum.

TITULUS V
DE FIDEI PROFESSIONE

Can. 833 – Obligatione emittendi personaliter professionem fidei, secundum formulam a Sede Apostolica probatam, tenentur:

1° coram praeside eiusve delegato, omnes qui Concilio Oecumenico vel particulari, synodo Episcoporum atque synodo dioecesanae intersunt cum voto sive deliberativo sive consultivo; praeses autem coram Concilio aut synodo;

2° promoti ad cardinalitiam dignitatem iuxta sacri Collegii statuta;

3° coram delegato ab Apostolica Sede, omnes promoti ad episcopatum, itemque qui Episcopo dioecesano aequiparantur;

4° coram collegio consultorum, Administrator dioecesanus;

5° coram Episcopo dioecesano eiusve delegato, Vicarii generales et Vicarii episcopales necnon Vicarii iudiciales;

6° coram loci Ordinario eiusve delegato, parochi, rector, magistri theologiae et philosophiae in seminariis, initio suscepti muneris; promovendi ad ordinem diaconatus;

7° coram Magno Cancellario eoque deficiente coram Ordinario loci eorumve delegatis, rector universitatis ecclesiasticae vel catholicae, initio suscepti muneris; coram rectore, si sit sacerdos, vel coram loci Ordinario eorumve delegatis, docentes qui disciplinas ad fidem vel mores pertinentes in quibusvis universitatibus tradunt, initio suscepti muneris;

8° Superiores in institutis religiosis et societatibus vitae apostolicae clericalibus, ad normam constitutionum.

LIBER IV
DE ECCLESIAE MUNERE SANCTIFICANDI

Can. 834 – § 1. Munus sanctificandi Ecclesia peculiari modo adimplet per sacram liturgiam, quae quidem habetur ut Iesu Christi muneris sacerdotalis exercitatio, in qua hominum sanctificatio per signa sensibilia significatur ac modo singulis proprio efficitur, atque a mystico Iesu Christi Corpore, Capite nempe et membris, integer cultus Dei publicus exercetur.

§ 2. Huiusmodi cultus tunc habetur, cum defertur nomine Ecclesiae a personis legitime deputatis et per actus ab Ecclesiae auctoritate probatos.

Can. 835 – § 1. Munus sanctificandi exercent imprimis Episcopi, qui sunt magni sacerdotes, mysteriorum Dei praecipui dispensatores, atque totius vitae liturgicae in Ecclesia sibi commissa moderatores, promotores atque custodes.

§ 2. Illud quoque exercent presbyteri, qui nempe, et ipsi Christi sacerdotii participes, ut eius ministri sub Episcopi auctoritate, ad cultum divinum celebrandum et populum sanctificandum consecrantur.

§ 3. Diaconi in divino cultu celebrando partem habent, ad normam iuris praescriptorum.

§ 4. In munere sanctificandi propriam sibi partem habent ceteri quoque christifideles actuose in liturgicis celebrationibus, in eucharistica praesertim, suo modo participando; peculiari modo idem munus participant parentes vitam coniugalem spiritu christiano ducendo et educationem christianam filiorum procurando.

Can. 836 – Cum cultus christianus, in quo sacerdotium commune christifidelium exercetur, opus sit quod a fide procedit et eadem innititur, ministri sacri eandem excitare et illustrare sedulo curent, ministerio praesertim verbi, quo fides nascitur et nutritur.

Can. 837 – § 1. Actiones liturgicae non sunt actiones privatae, sed celebrationes Ecclesiae ipsius, quae est « unitatis sacramentum », scilicet plebs sancta sub Episcopis adunata et ordinata; quare ad universum corpus Ecclesiae pertinent illudque manifestant et afficiunt; singula vero membra ipsius attingunt diverso modo, pro diversitate ordinum, munerum et actualis participationis.

§ 2. Actiones liturgicae, quatenus suapte natura celebrationem communem secumferant, ubi id fieri potest, cum frequentia et actuosa participatione christifidelium celebrentur.

Can. 838 – § 1. Sacrae liturgiae moderatio ab Ecclesiae auctoritate unice pendet: quae quidem est penes Apostolicam Sedem et, ad normam iuris, penes Episcopum dioecesanum.

§ 2. Apostolicae Sedis est sacram liturgiam Ecclesiae universae ordinare, libros liturgicos edere eorumque versiones in linguas vernaculas recognoscere, necnon advigilare ut ordinationes liturgicae ubique fideliter observentur.

§ 3. Ad Episcoporum conferentias spectat versiones librorum liturgicorum in linguas vernaculas, convenienter intra limites in ipsis libris liturgicis definitos aptatas, parare, easque edere, praevia recognitione Sanctae Sedis.

§ 4. Ad Episcopum dioecesanum in Ecclesia sibi commissa pertinet, intra limites suae competentiae, normas de re liturgica dare, quibus omnes tenentur.

Can. 839 – § 1. Aliis quoque mediis munus sanctificationis peragit Ecclesia, orationibus scilicet, quibus Deum deprecatur ut christifideles sanctificati sint in veritate, paenitentiae necnon caritatis operibus, quae quidem magnopere ad Regnum Christi in animis radicandum et roborandum adiuvant et ad mundi salutem conferunt.

§ 2. Curent locorum Ordinarii ut orationes necnon pia et sacra exercitia populi christiani normis Ecclesiae plene congruant.

PARS I
DE SACRAMENTIS

Can. 840 – Sacramenta Novi Testamenti, a Christo Domino instituta et Ecclesiae concredita, utpote actiones Christi et Ecclesiae, signa exstant ac media quibus fides exprimitur et roboratur, cultus Deo redditur et hominum sanctificatio efficitur, atque ideo ad communionem ecclesiasticam inducendam, firmandam et manifestandam summopere conferunt; quapropter in iis celebrandis summa veneratione debitaque diligentia uti debent tum sacri ministri tum ceteri christifideles.

Can. 841 – Cum sacramenta eadem sint pro universa Ecclesia et ad divinum depositum pertineant, unius supremae Ecclesiae auctoritatis est probare vel definire quae ad eorum validitatem sunt requisita, atque eiusdem aliusve auctoritatis competentis, ad normam can. 838, §§ 3 et 4, est decernere quae ad eorum celebrationem, administrationem et receptionem licitam necnon ad ordinem in eorum celebratione servandum spectant.

Can. 842 – § 1. Ad cetera sacramenta valide admitti nequit, qui baptismum non recepit.

§ 2. Sacramenta baptismi, confirmationis et sanctissimae Eucharistiae ita inter se coalescunt, ut ad plenam initiationem christianam requirantur.

Can. 843 – § 1. Ministri sacri denegare non possunt sacramenta iis qui opportune eadem petant, rite sint dispositi, nec iure ab iis recipiendis prohibeantur.

§ 2. Animarum pastores ceterique christifideles, pro suo quisque ecclesiastico munere, officium habent curandi ut qui sacramenta petunt debita evangelizatione necnon catechetica institutione ad eadem recipienda praeparentur, attentis normis a competenti auctoritate editis.

Can. 844 – § 1. Ministri catholici sacramenta licite administrant solis christifidelibus catholicis, qui pariter eadem a solis ministris catholicis licite recipiunt, salvis huius canonis §§ 2, 3 et 4, atque can. 861, § 2 praescriptis.

§ 2. Quoties necessitas id postulet aut vera spiritualis utilitas id suadeat, et dummodo periculum vitetur erroris vel indifferentismi, licet christifidelibus quibus physice aut moraliter impossibile sit accedere ad ministrum catholicum, sacramenta paenitentiae, Eucharistiae et unctionis infirmorum recipere a ministris non catholicis, in quorum Ecclesia valida exsistunt praedicta sacramenta.

§ 3. Ministri catholici licite sacramenta paenitentiae, Eucharistiae et unctionis infirmorum administrant membris Ecclesiarum orientalium quae plenam cum Ecclesia catholica communionem non habent, si sponte id petant et rite sint disposita; quod etiam valet quoad membra aliarum Ecclesiarum, quae iudicio Sedis Apostolicae, ad sacramenta quod attinet, in pari condicione ac praedictae Ecclesiae orientales versantur.

§ 4. Si adsit periculum mortis aut, iudicio Episcopi dioecesani aut Episcoporum conferentiae, alia urgeat gravis necessitas, ministri catholici licite eadem sacramenta administrant ceteris quoque christianis plenam communionem cum Ecclesia catholica non habentibus, qui ad suae communitatis ministrum accedere nequeant atque sponte id petant, dummodo quoad eadem sacramenta fidem catholicam manifestent et rite sint dispositi.

§ 5. Pro casibus de quibus in §§ 2, 3 et 4, Episcopus dioecesanus aut Episcoporum conferentia generales normas ne ferant, nisi post consultationem cum auctoritate competenti saltem locali Ecclesiae vel communitatis non catholicae, cuius interest.

Can. 845 – § 1. Sacramenta baptismi, confirmationis et ordinis, quippe quae characterem imprimant, iterari nequeunt.

§ 2. Si, diligenti inquisitione peracta, prudens adhuc dubium supersit num sacramenta de quibus in § 1 revera aut valide collata fuerint, sub condicione conferantur.

Can. 846 – § 1. In sacramentis celebrandis fideliter serventur libri liturgici a competenti auctoritate probati; quapropter nemo in iisdem quidpiam proprio marte addat, demat aut mutet.

§ 2. Minister sacramenta celebret secundum proprium ritum.

Can. 847 – § 1. In administrandis sacramentis, in quibus sacra olea adhibenda sunt, minister uti debet oleis ex olivis aut aliis ex plantis expressis atque, salvo praescripto can. 999, n. 2, ab Episcopo consecratis vel benedictis, et quidem recenter; veteribus ne utatur, nisi adsit necessitas.

§ 2. Parochus olea sacra a proprio Episcopo impetret eaque decenti custodia diligenter asservet.

Can. 848 – Minister, praeter oblationes a competenti auctoritate definitas, pro sacramentorum administratione nihil petat, cauto semper ne egentes priventur auxilio sacramentorum ratione paupertatis.

TITULUS I
DE BAPTISMO

Can. 849 – Baptismus, ianua sacramentorum, in re vel saltem in voto ad salutem necessarius, quo homines a peccatis liberantur, in Dei filios regenerantur atque indelebili charactere Christo configurati Ecclesiae incorporantur, valide confertur tantummodo per lavacrum aquae verae cum debita verborum forma.

CAPUT I
DE BAPTISMI CELEBRATIONE

Can. 850 – Baptismus ministratur secundum ordinem in probatis liturgicis libris praescriptum, excepto casu necessitatis urgentis, in quo ea tantum observari debent, quae ad validitatem sacramenti requiruntur.

Can. 851 – Baptismi celebratio debite praeparetur oportet; itaque:

1° adultus, qui baptismum recipere intendit, ad catechumenatum admittatur et, quatenus fieri potest, per varios gradus ad initiationem sacramentalem perducatur, secundum ordinem initiationis ab Episcoporum conferentia aptatum et peculiares normas ab eadem editas;

2° infantis baptizandi parentes, itemque qui munus patrini sunt suscepturi, de significatione huius sacramenti deque obligationibus cum eo cohaerentibus rite edoceantur; parochus per se vel per alios curet ut ita pastoralibus monitionibus, immo et communi precatione, debite parentes instruantur, plures adunando familias atque, ubi fieri possit, eas visitando.

Can. 852 – § 1. Quae in canonibus de baptismo adulti habentur praescripta, applicantur omnibus qui, infantia egressi, rationis usum assecuti sunt.

§ 2. Infanti assimilatur, etiam ad baptismum quod attinet, qui non est sui compos.

Can. 853 – Aqua in baptismo conferendo adhibenda, extra casum necessitatis, benedicta sit oportet, secundum librorum liturgicorum praescripta.

Can. 854 – Baptismus conferatur sive per immersionem sive per infusionem, servatis Episcoporum conferentiae praescriptis.

Can. 855 – Curent parentes, patrini et parochus ne imponatur nomen a sensu christiano alienum.

Can. 856 – Licet baptismus quolibet die celebrari possit, commendatur tamen ut ordinarie die dominica aut, si fieri possit, in vigilia Paschatis, celebretur.

Can. 857 – § 1. Extra casum necessitatis, proprius baptismi locus est ecclesia aut oratorium.

§ 2. Pro regula habeatur ut adultus baptizetur in propria ecclesia paroeciali, infans vero in ecclesia paroeciali parentum propria, nisi iusta causa aliud suadeat.

Can. 858 – § 1. Quaevis ecclesia paroecialis baptismalem fontem habeat, salvo iure cumulativo aliis ecclesiis iam quaesito.

§ 2. Loci Ordinarius, audito loci parocho, potest ad fidelium commoditatem permittere aut iubere, ut fons baptismalis habeatur etiam in alia ecclesia aut oratorio intra paroeciae fines.

Can. 859 – Si ad ecclesiam paroecialem aut ad aliam ecclesiam vel oratorium, de quo in can. 858, § 2, baptizandus, propter locorum

distantiam aliave adiuncta, sine gravi incommodo accedere vel transferri nequeat, baptismus conferri potest et debet in alia propinquiore
ecclesia vel oratorio, aut etiam alio in loco decenti.

Can. 860 – § 1. Praeter casum necessitatis, baptismus ne conferatur in domibus privatis, nisi loci Ordinarius gravi de causa id permiserit.

§ 2. In valetudinariis, nisi aliter Episcopus dioecesanus statuerit,
baptismus ne celebretur, nisi in casu necessitatis vel alia ratione pastorali cogente.

CAPUT II

DE BAPTISMI MINISTRO

Can. 861 – § 1. Minister ordinarius baptismi est Episcopus, presbyter et diaconus, firmo praescripto can. 530, n. 1.

§ 2. Absente aut impedito ministro ordinario, licite baptismum confert catechista aliusve ad hoc munus ab Ordinario loci deputatus, immo,
in casu necessitatis, quilibet homo debita intentione motus; solliciti
sint animarum pastores, praesertim parochus, ut christifideles de recto
baptizandi modo edoceantur.

Can. 862 – Excepto casu necessitatis, nemini licet, sine debita
licentia, in alieno territorio baptismum conferre, ne suis quidem subditis.

Can. 863 – Baptismus adultorum, saltem eorum qui aetatem
quattuordecim annorum expleverunt, ad Episcopum dioecesanum deferatur ut, si id expedire iudicaverit, ab ipso administretur.

CAPUT III

DE BAPTIZANDIS

Can. 864 – Baptismi capax est omnis et solus homo nondum
baptizatus.

Can. 865 – § 1. Ut adultus baptizari possit, ~~eum~~ oportet voluntatem baptismum recipiendi manifestaverit, de fidei veritatibus obli-
gationibusque christianis sufficienter sit instructus atque in vita christiana per catechumenatum sit probatus; admoneatur etiam ut de peccatis suis doleat.

§ 2. Adultus, qui in periculo mortis versatur, baptizari potest si,
aliquam de praecipuis fidei veritatibus cognitionem habens, quovis

modo intentionem suam baptismum recipiendi manifestaverit et pro-
mittat se christianae religionis mandata esse servaturum.

Can. 866 – Adultus qui baptizatur, nisi gravis obstet ratio, statim
post baptismum confirmetur atque celebrationem eucharisticam, communionem etiam recipiendo, participet.

Can. 867 – § 1. Parentes obligatione tenentur curandi ut infantes
intra priores hebdomadas baptizentur; quam primum post nativitatem,
immo iam ante eam, parochum adeant ut sacramentum pro filio petant
et debite ad illud praeparentur.

§ 2. Si infans in periculo mortis versetur, sine ulla mora baptizetur.

Can. 868 – § 1. Ut infans licite baptizetur, oportet:

1° parentes, saltem eorum unus aut qui legitime eorundem locum tenet, consentiant;

2° spes habeatur fundata eum in religione catholica educatum
iri; quae si prorsus deficiat, baptismus secundum praescripta iuris
particularis differatur, monitis de ratione parentibus.

§ 2. Infans parentum catholicorum, immo et non catholicorum, in
periculo mortis licite baptizatur, etiam invitis parentibus.

Can. 869 – § 1. Si dubitetur num quis baptizatus fuerit, aut baptismus valide collatus fuerit, dubio quidem post seriam investigationem permanente, baptismus eidem sub condicione conferatur.

§ 2. Baptizati in communitate ecclesiali non catholica non sunt
sub condicione baptizandi, nisi, inspecta materia et verborum forma
in baptismo collato adhibitis necnon attenta intentione baptizati adulti
et ministri baptizantis, seria ratio adsit de baptismi validitate dubitandi.

§ 3. Quod si, in casibus de quibus in §§ 1 et 2, dubia remaneat
baptismi collatio aut validitas, baptismus ne conferatur nisi postquam
baptizando, si sit adultus, doctrina de baptismi sacramento exponatur,
atque eidem aut, si de infante agitur, eius parentibus rationes dubiae
validitatis baptismi celebrati declarentur.

Can. 870 – Infans expositus aut inventus, nisi re diligenter inve-
stigata de eius baptismo constet, baptizetur.

Can. 871 – Fetus abortivi, si vivant, quatenus fieri potest, baptizentur.

Caput IV

DE PATRINIS

Can. 872 – Baptizando, quantum fieri potest, detur patrinus, cuius est baptizando adulto, in initiatione christiana adstare, et baptizandum infantem una cum parentibus ad baptismum praesentare itemque operam dare ut baptizatus vitam christianam baptismo congruam ducat obligationesque eidem inhaerentes fideliter adimpleat.

Can. 873 – Patrinus unus tantum vel matrina una vel etiam unus et una assumantur.

Can. 874 – § 1. Ut quis ad munus patrini suscipiendum admittatur, oportet :

1° ab ipso baptizando eiusve parentibus aut ab eo qui eorum locum tenet aut, his deficientibus, a parocho vel ministro sit designatus atque aptitudinem et intentionem habeat hoc munus gerendi ;

2° decimum sextum aetatis annum expleverit, nisi alia aetas ab Episcopo dioecesano statuta fuerit vel exceptio iusta de causa parocho aut ministro admittenda videatur ;

3° sit catholicus, confirmatus et sanctissimum Eucharistiae sacramentum iam receperit, idemque vitam ducat fidei et muneri suscipiendo congruam ;

4° nulla poena canonica legitime irrogata vel declarata sit innodatus ;

5° non sit pater aut mater baptizandi.

§ 2. Baptizatus ad communitatem ecclesialem non catholicam pertinens, nonnisi una cum patrino catholico, et quidem ut testis tantum baptismi, admittatur.

Caput V

DE COLLATI BAPTISMI PROBATIONE ET ADNOTATIONE

Can. 875 – Qui baptismum administrat curet ut, nisi adsit patrinus, habeatur saltem testis quo collatio baptismi probari possit.

Can. 876 – Ad collatum baptismum comprobandum, si nemini fiat praeiudicium, sufficit declaratio unius testis omni exceptione maioris, aut ipsius baptizati iusiurandum, si ipse in aetate adulta baptismum receperit.

Can. 877 – § 1. Parochus loci, in quo baptismus celebratur, debet nomina baptizatorum, mentione facta de ministro, parentibus, patrinis necnon, si adsint, testibus, de loco ac die collati baptismi, in baptizatorum libro sedulo et sine ulla mora referre, simul indicatis die et loco nativitatis.

§ 2. Si de filio agatur e matre non nupta nato, matris nomen inserendum est, si publice de eius maternitate constet aut ipsa sponte sua, scripto vel coram duobus testibus, id petat; item nomen patris inscribendum est, si eius paternitas probatur aliquo publico documento aut ipsius declaratione coram parocho et duobus testibus facta; in ceteris casibus, inscribatur baptizatus, nulla facta de patris aut parentum nomine indicatione.

§ 3. Si de filio adoptivo agitur, inscribantur nomina adoptantium necnon, saltem si ita fiat in actu civili regionis, parentum naturalium ad normam §§ 1 et 2, attentis Episcoporum conferentiae praescriptis.

Can. 878 – Si baptismus neque a parocho neque eo praesente administratus fuerit, minister baptismi, quicumque est, de collato baptismo certiorem facere debet parochum paroeciae in qua baptismus administratus est, ut baptismum adnotet ad normam can. 877, § 1.

TITULUS II
DE SACRAMENTO CONFIRMATIONIS

Can. 879 – Sacramentum confirmationis, quod characterem imprimit et quo baptizati, iter initiationis christianae prosequentes, Spiritus Sancti dono ditantur atque perfectius Ecclesiae vinculantur, eosdem roborat arctiusque obligat ut verbo et opere testes sint Christi fidemque diffundant et defendant.

Caput I
DE CONFIRMATIONIS CELEBRATIONE

Can. 880 – § 1. Sacramentum confirmationis confertur per unctionem chrismatis in fronte, quae fit manus impositione atque per verba in probatis liturgicis libris praescripta.

§ 2. Chrisma in sacramento confirmationis adhibendum debet esse ab Episcopo consecratum, etiamsi sacramentum a presbytero ministretur.

Can. 881 – Expedit ut confirmationis sacramentum in ecclesia, et quidem intra Missam celebretur; ex causa tamen iusta et rationabili, extra Missam et quolibet loco digno celebrari potest.

Caput II

DE CONFIRMATIONIS MINISTRO

Can. 882 – Confirmationis minister ordinàrius est Episcopus; valide hoc sacramentum confert presbyter quoque hac facultate vi iuris communis aut peculiaris concessionis competentis auctoritatis instructus.

Can. 883 – Ipso iure facultate confirmationem ministrandi gaudent:

1° intra fines suae dicionis, qui iure Episcopo dioecesano aequiparantur;

2° quoad personam de qua agitur, presbyter qui, vi officii vel mandati Episcopi dioecesani, infantia egressum baptizat aut iam baptizatum in plenam Ecclesiae catholicae communionem admittit;

3° quoad eos qui in periculo mortis versantur, parochus, immo quilibet presbyter.

Can. 884 – § 1. Episcopus dioecesanus confirmationem administret per se ipse aut curet ut per alium Episcopum administretur; quod si necessitas id requirat, facultatem concedere potest uni vel pluribus determinatis presbyteris, qui hoc sacramentum administrent.

§ 2. Gravi de causa, Episcopus itemque presbyter, vi iuris aut peculiaris concessionis competentis auctoritatis facultate confirmandi donatus, possunt in singulis casibus presbyteros, ut et ipsi sacramentum administrent, sibi sociare.

Can. 885 – § 1. Episcopus dioecesanus obligatione tenetur curandi ut sacramentum confirmationis subditis rite et rationabiliter petentibus conferatur.

§ 2. Presbyter, qui hac facultate gaudet, eadem uti debet erga eos in quorum favorem facultas concessa est.

Can. 886 – § 1. Episcopus in sua dioecesi sacramentum confirmationis legitime administrat etiam fidelibus non subditis, nisi obstet expressa proprii ipsorum Ordinarii prohibitio.

§ 2. Ut in aliena dioecesi confirmationem licite administret, Episcopus indiget, nisi agatur de suis subditis, licentia saltem rationabiliter praesumpta Episcopi dioecesani.

Can. 887 – Presbyter facultate confirmationem ministrandi gaudens, in territorio sibi designato hoc sacramentum extraneis quoque licite confert, nisi obstet proprii eorum Ordinarii vetitum; illud vero in alieno territorio nemini valide confert, salvo praescripto can. 883, n. 3.

Can. 888 – Intra territorium in quo confirmationem conferre valent, ministri in locis quoque exemptis eam ministrare possunt.

Caput III
DE CONFIRMANDIS

Can. 889 – § 1. Confirmationis recipiendae capax est omnis et solus baptizatus, nondum confirmatus.

§ 2. Extra periculum mortis, ut quis licite confirmationem recipiat, requiritur, si rationis usu polleat, ut sit apte institutus, rite dispositus et promissiones baptismales renovare valeat.

Can. 890 – Fideles tenentur obligatione hoc sacramentum tempestive recipiendi ; curent parentes, animarum pastores, praesertim parochi, ut fideles ad illud recipiendum rite instruantur et opportuno tempore accedant.

Can. 891 – Sacramentum confirmationis conferatur fidelibus circa aetatem discretionis, nisi Episcoporum conferentia aliam aetatem determinaverit, aut adsit periculum mortis vel, de iudicio ministri, gravis causa aliud suadeat.

Caput IV
DE PATRINIS

Can. 892 – Confirmando, quantum id fieri potest, adsit patrinus, cuius est curare ut confirmatus tamquam verus Christi testis se gerat obligationesque eidem sacramento inhaerentes fideliter adimpleat.

Can. 893 – § 1. Ut quis patrini munere fungatur, condiciones adimpleat oportet, de quibus in can. 874.

§ 2. Expedit ut tamquam patrinus assumatur qui idem munus in baptismo suscepit.

Caput V
DE COLLATAE CONFIRMATIONIS PROBATIONE ET ADNOTATIONE

Can. 894 – Ad collatam confirmationem probandam serventur praescripta can. 876.

Can. 895 – Nomina confirmatorum, facta mentione ministri, parentum et patrinorum, loci et diei collatae confirmationis in librum confirmatorum Curiae dioecesanae adnotentur, vel, ubi id praescripserit Episcoporum conferentia aut Episcopus dioecesanus, in librum in archivo paroeciali conservandum ; parochus debet de collata confirma-

tione monere parochum loci baptismi, ut adnotatio fiat in libro baptizatorum, ad normam can. 535, § 2.

Can. 896 – Si parochus loci praesens non fuerit, eundem de collata
confirmatione minister per se vel per alium quam primum certiorem
faciat.

TITULUS III
DE SANCTISSIMA EUCHARISTIA

Can. 897 – Augustissimum Sacramentum est sanctissima Eucharistia, in qua ipsemet Christus Dominus continetur, offertur ac sumitur,
et qua continuo vivit et crescit Ecclesia. Sacrificium eucharisticum,
memoriale mortis et resurrectionis Domini, in quo Sacrificium crucis
in saecula perpetuatur, totius cultus et vitae christianae est culmen et
fons, quo significatur et efficitur unitas populi Dei et corporis Christi
aedificatio perficitur. Cetera enim sacramenta et omnia ecclesiastica
apostolatus opera cum sanctissima Eucharistia cohaerent et ad eam
ordinantur.

Can. 898 – Christifideles maximo in honore sanctissimam Eucharistiam habeant, actuosam in celebratione augustissimi Sacrificii partem
habentes, devotissime et frequenter hoc sacramentum recipientes, atque
summa cum adoratione idem colentes; animarum pastores doctrinam de
hoc sacramento illustrantes, fideles hanc obligationem sedulo edoceant.

Caput I
DE EUCHARISTICA CELEBRATIONE

Can. 899 – § 1. Eucharistica celebratio actio est ipsius Christi et
Ecclesiae, in qua Christus Dominus, ministerio sacerdotis, semetipsum,
sub speciebus panis et vini substantialiter praesentem, Deo Patri offert
atque fidelibus in sua oblatione sociatis se praebet ut cibum spiritualem.

§ 2. In eucharistica Synaxi populus Dei in unum convocatur, Episcopo aut, sub eius auctoritate, presbytero praeside, personam Christi
gerente, atque omnes qui intersunt fideles, sive clerici sive laici, suo
quisque modo pro ordinum et liturgicorum munerum diversitate, participando concurrunt.

§ 3. Celebratio eucharistica ita ordinetur, ut omnes participantes
exinde plurimos capiant fructus, ad quos obtinendos Christus Dominus
Sacrificium eucharisticum instituit.

Art. 1

De sanctissimae Eucharistiae ministro

Can. 900 – § 1. Minister, qui in persona Christi sacramentum Eucharistiae conficere valet, est solus sacerdos valide ordinatus.

§ 2. Licite Eucharistiam celebrat sacerdos lege canonica non impeditus, servatis praescriptis canonum qui sequuntur.

Can. 901 – Integrum est sacerdoti Missam applicare pro quibusvis, tum vivis tum defunctis.

Can. 902 – Nisi utilitas christifidelium aliud requirat aut suadeat, sacerdotes Eucharistiam concelebrare possunt, integra tamen pro singulis libertate manente Eucharistiam individuali modo celebrandi, non vero eo tempore, quo in eadem ecclesia aut oratorio concelebratio habetur.

Can. 903 – Sacerdos ad celebrandum admittatur etiamsi rectori ecclesiae sit ignotus, dummodo aut litteras commendatitias sui Ordinarii vel sui Superioris, saltem intra annum datas, exhibeat, aut prudenter existimari possit eundem a celebratione non esse impeditum.

Can. 904 – Sacerdotes, memoria semper tenentes in mysterio Sacrificii eucharistici opus redemptionis continuo exerceri, frequenter celebrent; immo enixe commendatur celebratio cotidiana, quae quidem, etiam si praesentia fidelium haberi non possit, actus est Christi et Ecclesiae, in quo peragendo munus suum praecipuum sacerdotes adimplent.

Can. 905 – § 1. Exceptis casibus in quibus ad normam iuris licitum est pluries eadem die Eucharistiam celebrare aut concelebrare, non licet sacerdoti plus semel in die celebrare.

§ 2. Si sacerdotum penuria habeatur, concedere potest loci Ordinarius ut sacerdotes, iusta de causa, bis in die, immo, necessitate pastorali id postulante, etiam ter in diebus dominicis et festis de praecepto, celebrent.

Can. 906 – Nisi iusta et rationabili de causa, sacerdos Sacrificium eucharisticum ne celebret sine participatione alicuius saltem fidelis.

Can. 907 – In celebratione eucharistica diaconis et laicis non licet orationes, speciatim precem eucharisticam, proferre vel actionibus fungi, quae sacerdotis celebrantis sunt propriae.

Can. 908 – Sacerdotibus catholicis vetitum est una cum sacerdotibus vel ministris Ecclesiarum communitatumve ecclesialium plenam communionem cum Ecclesia catholica non habentium, Eucharistiam concelebrare.

+ SC:

+ ¹ Ritus servandus in concelebratione Missae et Ritus Communionis sub utraque specie (1965) Rite of Concelebration 67

+ GIRM:

Can. 909 – Sacerdos ne omittat ad eucharistici Sacrificii celebrationem oratione debite se praeparare, eoque expleto Deo gratias agere.

Can. 910 – § 1. Minister ordinarius sacrae communionis est Episcopus, presbyter et diaconus.

§ 2. Extraordinarius sacrae communionis minister est acolythus necnon alius christifidelis ad normam can. 230, § 3 deputatus.

Can. 911 – § 1. Officium et ius sanctissimam Eucharistiam per modum Viatici ad infirmos deferendi habent parochus et vicarii paroeciales, cappellani, necnon Superior communitatis in clericalibus institutis religiosis aut societatibus vitae apostolicae quoad omnes in domo versantes.

§ 2. In casu necessitatis aut de licentia saltem praesumpta parochi, cappellani vel Superioris, cui postea notitiam dari oportet, hoc facere debet quilibet sacerdos vel alius sacrae communionis minister.

Art. 2
De sanctissima Eucharistia participanda

Can. 912 – Quilibet baptizatus, qui iure non ~~prohibetur~~ PROHIBEATUR, admitti potest et debet ad sacram communionem.

Can. 913 – § 1. Ut sanctissima Eucharistia ministrari possit pueris, requiritur ut ipsi sufficienti cognitione et accurata praeparatione gaudeant, ita ut mysterium Christi pro suo captu percipiant et Corpus Domini cum fide et devotione sumere valeant.

§ 2. Pueris tamen in periculo mortis versantibus sanctissima Eucharistia ministrari potest, si Corpus Christi a communi cibo discernere et communionem reverenter suscipere possint.

Can. 914 – Parentum imprimis atque eorum qui parentum locum tenent necnon parochi officium est curandi ut pueri usum rationis assecuti debite praeparentur et quam primum, praemissa sacramentali confessione, hoc divino cibo reficiantur; parochi etiam est advigilare ne ad sacram Synaxim accedant pueri, qui rationis usum non sint adepti aut quos non sufficienter dispositos iudicaverit.

Can. 915 – Ad sacram communionem ne admittantur excommunicati et interdicti post irrogationem vel declarationem poenae aliique in manifesto gravi peccato obstinate perseverantes.

Can. 916 – Qui conscius est peccati gravis, sine praemissa sacramentali confessione Missam ne celebret neve Corpori Domini communicet, nisi adsit gravis ratio et deficiat opportunitas confitendi; quo in casu meminerit se obligatione teneri ad eliciendum actum perfectae contritionis, qui includit propositum quam primum confitendi.

Can. 917 – Qui sanctissimam Eucharistiam iam recepit, potest eam iterum eadem die suscipere solummodo intra eucharisticam celebrationem cui participat, salvo praescripto can. 921, § 2.

Can. 918 – Maxime commendatur ut fideles in ipsa eucharistica celebratione sacram communionem recipiant; ipsis tamen iusta de causa petentibus extra Missam ministretur, servatis liturgicis ritibus.

Can. 919 – § 1. Sanctissimam Eucharistiam recepturus per spatium saltem unius horae ante sacram communionem abstineat a quocumque cibo et potu, excepta tantummodo aqua atque medicina.

§ 2. Sacerdos, qui eadem die bis aut ter sanctissimam Eucharistiam celebrat, aliquid sumere potest ante secundam aut tertiam celebrationem, etiamsi non intercesserit spatium unius horae.

§ 3. Aetate provecti et infirmitate quadam laborantes necnon eorum curae addicti, sanctissimam Eucharistiam accipere possunt, etiamsi intra horam antecedentem aliquid sumpserint.

Can. 920 – § 1. Omnis fidelis, postquam ad sanctissimam Eucharistiam initiatus sit, obligatione tenetur semel saltem in anno, sacram communionem recipiendi.

§ 2. Hoc praeceptum impleri debet tempore paschali, nisi iusta de causa/ alio tempore intra annum adimpleatur.

Can. 921 – § 1. Christifideles qui versantur in periculo mortis, quavis ex causa procedenti, sacra communione per modum Viatici reficiantur.

§ 2. Etiamsi eadem die sacra communione refecti fuerint, valde tamen suadetur ut qui in vitae discrimen adducti sint, denuo communicent.

§ 3. Perdurante mortis periculo, commendatur ut sacra communio pluries, distinctis diebus, administretur.

Can. 922 – Sanctum Viaticum infirmis ne nimium differatur; qui animarum curam gerunt sedulo advigilent, ut eodem infirmi plene sui compotes reficiantur.

Can. 923 – Christifideles Sacrificium eucharisticum participare et sacram communionem suscipere possunt quolibet ritu catholico, firmo praescripto can. 844.

Art. 3

De ritibus
et caeremoniis eucharisticae celebrationis

Can. 924 – § 1. Sacrosanctum eucharisticum Sacrificium ~~celebrari~~ *offerri* debet ex pane et vino, cui modica aqua miscenda est.

§ 2. Panis debet esse mere triticeus et recenter confectus, ita ut nullum sit periculum corruptionis.

§ 3. Vinum debet esse naturale de genimine vitis et non corruptum.

Can. 925 – Sacra communio conferatur sub sola specie panis aut, ad normam legum liturgicarum, sub utraque specie; in casu autem necessitatis, etiam sub sola specie vini.

Can. 926 – In eucharistica celebratione secundum antiquam Ecclesiae latinae traditionem sacerdos adhibeat panem azymum ubicumque litat.

Can. 927 – Nefas est, urgente etiam extrema necessitate, alteram materiam sine altera, aut etiam utramque extra eucharisticam celebrationem, consecrare.

Can. 928 – Eucharistica celebratio peragatur lingua latina aut alia lingua, dummodo textus liturgici legitime approbati fuerint.

Can. 929 – Sacerdotes et diaconi in Eucharistia celebranda et ministranda sacra ornamenta rubricis praescripta deferant.

Can. 930 – § 1. Sacerdos infirmus aut aetate provectus, si stare nequeat, Sacrificium eucharisticum celebrare potest sedens, servatis quidem legibus liturgicis, non tamen coram populo, nisi de licentia loci Ordinarii.

§ 2. Sacerdos caecus aliave infirmitate laborans licite eucharisticum Sacrificium celebrat, adhibendo textum quemlibet Missae ex probatis, adstante, si casus ferat, alio sacerdote vel diacono, aut etiam laico rite instructo, qui eundem adiuvet.

Art. 4

DE TEMPORE
ET LOCO CELEBRATIONIS EUCHARISTIAE

Can. 931 – Eucharistiae celebratio et distributio fieri potest qualibet die et hora, iis exceptis, quae secundum liturgicas normas excluduntur.

Can. 932 – § 1. Celebratio eucharistica peragatur in loco sacro, nisi in casu particulari necessitas aliud postulet; quo in casu, in loco honesto celebratio fieri debet.

§ 2. Sacrificium eucharisticum peragendum est super altare dedicatum vel benedictum; extra locum sacrum adhiberi potest mensa conveniens, retentis semper tobalea et corporali.

Can. 933 – Iusta de causa et de licentia expressa Ordinarii loci licet sacerdoti Eucharistiam celebrare in templo alicuius Ecclesiae aut communitatis ecclesialis plenam communionem cum Ecclesia catholica non habentium, remoto scandalo.

Caput II
DE SANCTISSIMA EUCHARISTIA ASSERVANDA ET VENERANDA

Can. 934 – § 1. Sanctissima Eucharistia :

1° asservari debet in ecclesia cathedrali aut eidem aequiparata, in qualibet ecclesia paroeciali necnon in· ecclesia vel oratorio domui instituti religiosi aut societatis vitae apostolicae adnexo ;

2° asservari potest in sacello Episcopi et, de licentia Ordinarii loci, in aliis ecclesiis, oratoriis et sacellis.

§ 2. In locis sacris ubi sanctissima Eucharistia asservatur, adesse semper debet qui eius curam habeat et, quantum fieri potest, sacerdos saltem bis in mense Missam ibi celebret.

Can. 935 – Nemini licet sanctissimam Eucharistiam apud se retinere aut secum in itinere deferre, nisi necessitate pastorali urgente et servatis Episcopi dioecesani praescriptis.

Can. 936 – In domo instituti religiosi aliave pia domo, sanctissima Eucharistia asservetur tantummodo in ecclesia aut in oratorio principali domui adnexo ; potest tamen iusta de causa Ordinarius permittere, ut etiam in alio oratorio eiusdem domus asservetur.

Can. 937 – Nisi gravis obstet ratio, ecclesia in qua sanctissima Eucharistia asservatur, per aliquot saltem horas cotidie fidelibus pateat, ut coram sanctissimo Sacramento orationi vacare possint.

Can. 938 – § 1. Sanctissima Eucharistia habitualiter in uno tantum ecclesiae vel oratorii tabernaculo asservetur.

§ 2. Tabernaculum, in quo sanctissima Eucharistia asservatur, situm sit in aliqua ecclesiae vel oratorii parte insigni, conspicua, decore ornata, ad orationem apta.

§ 3. Tabernaculum, in quo habitualiter sanctissima Eucharistia asservatur, sit inamovibile, materia solida non transparenti confectum, et ita clausum ut quam maxime periculum profanationis vitetur.

§ 4. Gravi de causa, licet sanctissimam Eucharistiam, nocturno praesertim tempore, alio in loco tutiore et decoro asservare.

§ 5. Qui ecclesiae vel oratorii curam habet, prospiciat ut clavis tabernaculi, in quo sanctissima Eucharistia asservatur, diligentissime custodiatur.

Can. 939 – Hostiae consecratae quantitate fidelium necessitatibus sufficienti in pyxide seu vasculo serventur, et frequenter, veteribus rite consumptis, renoventur.

Can. 940 – Coram tabernaculo, in quo sanctissima Eucharistia asservatur, peculiaris perenniter luceat lampas, qua indicetur et honoretur Christi praesentia.

Can. 941 – § 1. In ecclesiis aut oratoriis quibus datum est asservare sanctissimam Eucharistiam, fieri possunt expositiones sive cum pyxide sive cum ostensorio, servatis normis in libris liturgicis praescriptis.

§ 2. Celebratione Missae durante, ne habeatur in eadem ecclesiae vel oratorii aula sanctissimi Sacramenti expositio.

Can. 942 – Commendatur ut in iisdem ecclesiis et oratoriis quotannis fiat sollemnis sanctissimi Sacramenti expositio per congruum tempus, etsi non continuum, protracta, ut communitas localis eucharisticum mysterium impensius meditetur et adoret; huiusmodi tamen expositio fiat tantum si congruus praevideatur fidelium concursus et servatis normis statutis.

Can. 943 – Minister expositionis sanctissimi Sacramenti et benedictionis eucharisticae est sacerdos vel diaconus; in peculiaribus adiunctis, solius expositionis et repositionis, sine tamen benedictione, est acolythus, minister extraordinarius sacrae communionis aliusve ab Ordinario loci deputatus, servatis Episcopi dioecesani praescriptis.

Can. 944 – § 1. Ubi de iudicio Episcopi dioecesani fieri potest, in publicum erga sanctissimam Eucharistiam venerationis testimonium, habeatur, praesertim in sollemnitate Corporis et Sanguinis Christi, processio per vias publicas ducta.

§ 2. Episcopi dioecesani est de processionibus statuere ordinationes, quibus earum participationi et dignitati prospiciatur.

Caput III

DE OBLATA AD MISSAE CELEBRATIONEM STIPE

Can. 945 – § 1. Secundum probatum Ecclesiae morem, sacerdoti cuilibet Missam celebranti aut concelebranti licet stipem oblatam recipere, ut iuxta certam intentionem Missam applicet.

§ 2. Enixe commendatur sacerdotibus ut, etiam nulla recepta stipe, Missam ad intentionem christifidelium praecipue egentium celebrent.

Can. 946 – Christifideles stipem offerentes ut ad suam intentionem Missa applicetur, ad bonum conferunt Ecclesiae atque eius curam in ministris operibusque sustinendis ea oblatione participant.

Can. 947 – A stipe Missarum quaelibet etiam species negotiationis vel mercaturae omnino arceatur.

Can. 948 – Distinctae applicandae sunt Missae ad eorum intentiones pro quibus singulis stips, licet exigua, oblata et acceptata est.

Can. 949 – Qui obligatione gravatur Missam celebrandi et applicandi ad intentionem eorum qui stipem obtulerunt, eadem obligatione tenetur, etiamsi sine ipsius culpa stipes perceptae perierint.

Can. 950 – Si pecuniae summa offertur pro Missarum applicatione, non indicato Missarum celebrandarum numero, hic supputetur attenta stipe statuta in loco in quo oblator commoratur, nisi aliam fuisse eius intentionem legitime praesumi debeat.

Can. 951 – § 1. Sacerdos plures eadem die Missas celebrans, singulas applicare potest ad intentionem pro qua stips oblata est, ea tamen lege ut, praeterquam in die Nativitatis Domini, stipem pro una tantum Missa faciat suam, ceteras vero in fines ab Ordinario praescriptos concredat, admissa quidem aliqua retributione ex titulo extrinseco.

§ 2. Sacerdos alteram Missam eadem die concelebrans, nullo titulo pro ea stipem recipere potest.

Can. 952 – § 1. Concilii provincialis aut conventus Episcoporum provinciae est pro universa provincia per decretum definire quaenam pro celebratione et applicatione Missae sit offerenda stips, nec licet sacerdoti summam maiorem expetere; ipsi tamen fas est stipem sponte oblatam definita maiorem pro Missae applicatione accipere, et etiam minorem.

§ 2. Ubi desit tale decretum, servetur consuetudo in dioecesi vigens.

§ 3. Sodales quoque institutorum religiosorum quorumlibet stare debent eidem decreto aut consuetudini loci, de quibus in §§ 1 et 2.

Can. 953 – Nemini licet tot stipes Missarum per se applicandarum accipere, quibus intra annum satisfacere non potest.

Can. 954 – Si certis in ecclesiis aut oratoriis Missae petuntur celebrandae numero plures quam ut ibidem celebrari possint, earundem celebratio alibi fieri licet, nisi contrariam voluntatem oblatores expresse manifestaverint.

Can. 955 – § 1. Qui celebrationem Missarum applicandarum aliis committere intendat, earum celebrationem quam primum sacerdotibus sibi acceptis committat, dummodo ipsi constet eos esse omni exceptione maiores; integram stipem receptam transmittere debet, nisi certo constet excessum supra summam in dioecesi debitam datum esse intuitu personae; obligatione etiam tenetur Missarum celebrationem curandi, donec tum susceptae obligationis tum receptae stipis testimonium acceperit.

§ 2. Tempus intra quod Missae celebrandae sunt, initium habet a die quo sacerdos easdem celebraturus recepit, nisi aliud constet.

§ 3. Qui aliis Missas celebrandas committunt, sine mora in librum referant tum Missas quas acceperunt, tum eas, quas aliis tradiderunt, notatis etiam earundem stipibus.

§ 4. Quilibet sacerdos accurate notare debet Missas quas celebrandas acceperit, quibusque satisfecerit.

Can. 956 – Omnes et singuli administratores causarum piarum aut quoquo modo obligati ad Missarum celebrationem curandam, sive clerici sive laici, onera Missarum quibus intra annum non fuerit satisfactum suis Ordinariis tradant, secundum modum ab his definiendum.

Can. 957 – Officium et ius advigilandi ut Missarum onera adimpleantur, in ecclesiis cleri saecularis pertinet ad loci Ordinarium, in ecclesiis institutorum religiosorum aut societatum vitae apostolicae ad eorum Superiores.

Can. 958 – § 1. Parochus necnon rector ecclesiae aliusve pii loci, in quibus stipes Missarum recipi solent, peculiarem habeant librum, in quo accurate adnotent Missarum celebrandarum numerum, intentionem, stipem oblatam, necnon celebrationem peractam.

§ 2. Ordinarius obligatione tenetur singulis annis huiusmodi libros per se aut per alios recognoscendi.

TITULUS IV
DE SACRAMENTO PAENITENTIAE

Can. 959 – In sacramento paenitentiae fideles peccata legitimo ministro confitentes, de iisdem contriti atque propositum sese emendandi habentes, per absolutionem ab eodem ministro impertitam, veniam peccatorum quae post baptismum commiserint a Deo obtinent simulque reconcilientur cum Ecclesia, quam peccando vulneraverunt.

Caput I
DE CELEBRATIONE SACRAMENTI

Can. 960 – Individualis et integra confessio atque absolutio unicum constituunt modum ordinarium, quo fidelis peccati gravis sibi conscius cum Deo et Ecclesia reconciliatur; solummodo impossibilitas physica vel moralis ab huiusmodi confessione excusat, quo in casu aliis quoque modis reconciliatio haberi potest.

Can. 961 – § 1. Absolutio pluribus insimul paenitentibus sine praevia individuali confessione, generali modo impertiri non potest, nisi:

1° immineat periculum mortis et tempus non suppetat sacerdoti vel sacerdotibus ad audiendas singulorum paenitentium confessiones;

2° adsit gravis necessitas, videlicet quando, attento paenitentium numero, confessariorum copia praesto non est ad rite audiendas singulorum confessiones intra congruum tempus, ita ut paenitentes, sine propria culpa, gratia sacramentali aut sacra communione diu carere cogantur; necessitas vero non censetur sufficiens, cum confessarii praesto esse non possunt, ratione solius magni concursus paenitentium, qualis haberi potest in magna aliqua festivitate aut peregrinatione.

§ 2. Iudicium ferre an dentur condiciones ad normam § 1, n. 2 requisitae, pertinet ad Episcopum dioecesanum, qui, attentis criteriis cum ceteris membris Episcoporum conferentiae concordatis, casus talis necessitatis determinare potest.

Can. 962 – § 1. Ut christifidelis sacramentali absolutione una simul pluribus data valide fruatur, requiritur non tantum ut sit apte dispositus, sed ut insimul sibi proponat singillatim debito tempore confiteri peccata gravia, quae in praesens ita confiteri nequit.

§ 2. Christifideles, quantum fieri potest etiam occasione absolutionis generalis recipiendae, de requisitis ad normam § 1 edoceantur et absolutioni generali, in casu quoque periculi mortis, si tempus suppetat, praemittatur exhortatio ut actum contritionis quisque elicere curet.

Can. 963 – Firma manente obligatione de qua in can. 989, is cui generali absolutione gravia peccata remittuntur, ad confessionem individualem quam primum, occasione data, accedat, antequam aliam recipiat absolutionem generalem, nisi iusta causa interveniat.

Can. 964 – § 1. Ad sacramentales confessiones excipiendas locus proprius est ecclesia aut oratorium.

§ 2. Ad sedem confessionalem quod attinet, normae ab Episcoporum conferentia statuantur, cauto tamen ut semper habeantur in loco patenti sedes confessionales crate fixa inter paenitentem et confessarium instructae, quibus libere uti possint fideles, qui id desiderent.

§ 3. Confessiones extra sedem confessionalem ne excipiantur, nisi iusta de causa.

Caput II

DE SACRAMENTI PAENITENTIAE MINISTRO

Can. 965 – Minister sacramenti paenitentiae est solus sacerdos.

Can. 966 – § 1. Ad validam peccatorum absolutionem requiritur ut minister, praeterquam potestate ordinis, facultate gaudeat eandem in fideles, quibus absolutionem impertitur, exercendi.

§ 2. Hac facultate donari potest sacerdos, sive ipso iure sive concessione ab auctoritate competenti facta ad normam can. 969.

Can. 967 – § 1. Praeter Romanum Pontificem, facultate christifidelium ubique terrarum confessiones excipiendi ipso iure gaudent Cardinales; itemque Episcopi, qui eadem et licite ubique utuntur, nisi Episcopus dioecesanus in casu particulari renuerit.

§ 2. Qui facultate confessiones habitualiter excipiendi gaudent sive vi officii sive vi concessionis Ordinarii loci incardinationis aut loci in quo domicilium habent, eandem facultatem ubique exercere possunt, nisi loci Ordinarius in casu particulari renuerit, firmis praescriptis can. 974, §§ 2 et 3.

§ 3. Ipso iure eadem facultate ubique potiuntur erga sodales aliosque in domo instituti aut societatis diu noctuque degentes, qui vi officii aut concessionis Superioris competentis ad normam cann. 968, § 2 et 969, § 2 facultate confessiones excipiendi sunt instructi; qui quidem eadem et licite utuntur, nisi aliquis Superior maior quoad proprios subditos in casu particulari renuerit.

Can. 968 – § 1. Vi officii pro sua quisque dicione facultate ad confessiones excipiendas gaudent loci Ordinarius, canonicus paenitentiarius, itemque parochus aliique qui loco parochi sunt.

§ 2. Vi officii facultate gaudent confessiones excipiendi suorum subditorum aliorumque, in domo diu noctuque degentium, Superiores instituti religiosi aut societatis vitae apostolicae, si sint clericales iuris pontificii, ad normam constitutionum potestate regiminis exsecutiva fruentes, firmo tamen praescripto can. 630, § 4.

Can. 969 – § 1. Solus loci Ordinarius competens est qui facultatem ad confessiones quorumlibet fidelium excipiendas conferat presbyteris quibuslibet; presbyteri autem qui sodales sunt institutorum religiosorum, eadem ne utantur sine licentia saltem praesumpta sui Superioris.

§ 2. Superior instituti religiosi aut societatis vitae apostolicae, de quo in can. 968, § 2, competens est qui facultatem ad excipiendas confessiones suorum subditorum aliorumque in domo diu noctuque degentium presbyteris quibuslibet conferat.

Can. 970 – Facultas ad confessiones excipiendas ne concedatur nisi presbyteris qui idonei per examen reperti fuerint, aut de eorum idoneitate aliunde constet.

Can. 971 – Facultatem ad excipiendas habitualiter confessiones loci Ordinarius presbytero, etsi domicilium vel quasi-domicilium in sua dicione habenti, ne concedat, nisi prius, quantum fieri potest, audito eiusdem presbyteri Ordinario.

Can. 972 – Facultas ad confessiones excipiendas a competenti auctoritate, de qua in can. 969, concedi potest ad tempus sive indeterminatum sive determinatum.

Can. 973 – Facultas ad confessiones habitualiter excipiendas scripto concedatur.

Can. 974 – § 1. Loci Ordinarius, itemque Superior competens, facultatem ad confessiones excipiendas habitualiter concessam ne revocet nisi gravem ob causam.

§ 2. Revocata facultate ad confessiones excipiendas a loci Ordinario qui eam concessit, de quo in can. 967, § 2, presbyter eandem facultatem ubique amittit; revocata eadem facultate ab alio loci Ordinario, eandem amittit tantum in territorio revocantis.

§ 3. Quilibet loci Ordinarius qui alicui presbytero revocaverit facultatem ad confessiones excipiendas, certiorem reddat Ordinarium qui ratione incardinationis est presbyteri proprius, aut, si agatur de sodali instituti religiosi, eiusdem competentem Superiorem.

§ 4. Revocata facultate ad confessiones excipiendas a proprio Superiore maiore, facultatem ad excipiendas confessiones ubique erga sodales instituti amittit presbyter; revocata autem eadem facultate ab alio Superiore competenti, eandem amittit erga solos in eiusdem dicione subditos.

Can. 975 – Praeterquam revocatione, facultas de qua in can. 967, § 2 cessat amissione officii vel excardinatione aut amissione domicilii.

Can. 976 – Quilibet sacerdos, licet ad confessiones excipiendas facultate careat, quoslibet paenitentes in periculo mortis versantes valide et licite absolvit a quibusvis censuris et peccatis, etiamsi praesens sit sacerdos approbatus.

Can. 977 – Absolutio complicis in peccato contra sextum Decalogi praeceptum invalida est, praeterquam in periculo mortis.

Can. 978 – § 1. Meminerit sacerdos in audiendis confessionibus se iudicis pariter et medici personam sustinere ac divinae iustitiae simul et misericordiae ministrum a Deo constitutum esse, ut honori divino et animarum saluti consulat.

§ 2. Confessarius, utpote minister Ecclesiae, in administrando sacramento, doctrinae Magisterii et normis a competenti auctoritate latis fideliter adhaereat.

Can. 979 – Sacerdos in quaestionibus ponendis cum prudentia et discretione procedat, attenta quidem condicione et aetate paenitentis, abstineatque a nomine complicis inquirendo.

Can. 980 – Si confessario dubium non est de paenitentis dispositione et hic absolutionem petat, absolutio ne denegetur nec differatur.

Can. 981 – Pro qualitate et numero peccatorum, habita tamen ratione paenitentis condicionis, salutares et convenientes satisfactiones confessarius iniungat; quas paenitens per se ipse implendi obligatione tenetur.

Can. 982 – Qui confitetur se falso confessarium innocentem apud auctoritatem ecclesiasticam denuntiasse de crimine sollicitationis ad peccatum contra sextum Decalogi praeceptum, ne absolvatur nisi prius falsam denuntiationem formaliter retractaverit et paratus sit ad damna, si quae habeantur, reparanda.

Can. 983 – § 1. Sacramentale sigillum inviolabile est; quare nefas est confessario verbis vel alio quovis modo et quavis de causa aliquatenus prodere paenitentem.

§ 2. Obligatione secretum servandi tenentur quoque interpres, si detur, necnon omnes alii ad quos ex confessione notitia peccatorum quoquo modo pervenerit.

Can. 984 – § 1. Omnino confessario prohibetur scientiae ex confessione acquisitae usus cum paenitentis gravamine, etiam quovis revelationis periculo excluso.

§ 2. Qui in auctoritate est constitutus, notitia quam de peccatis in confessione quovis tempore excepta habuerit, ad exteriorem gubernationem nullo modo uti potest.

Can. 985 – Magister novitiorum eiusque socius, rector seminarii aliusve instituti educationis sacramentales confessiones suorum alumnorum in eadem domo commorantium ne audiant, nisi alumni in casibus particularibus sponte id petant.

Can. 986 – § 1. Omnis cui animarum cura vi muneris est demandata, obligatione tenetur providendi ut audiantur confessiones fidelium sibi commissorum, qui rationabiliter audiri petant, utque iisdem opportunitas praebeatur ad confessionem individualem, diebus ac horis in eorum commodum statutis, accedendi.

§ 2. Urgente necessitate, quilibet confessarius obligatione tenetur confessiones christifidelium excipiendi, et in periculo mortis quilibet sacerdos.

Caput III

DE IPSO PAENITENTE

Can. 987 – Christifidelis, ut sacramenti paenitentiae remedium percipiat salutiferum, ita dispositus sit oportet ut, peccata quae commiserit repudians et propositum sese emendandi habens, ad Deum convertatur.

Can. 988 – § 1. Christifidelis obligatione tenetur in specie et numero confitendi omnia peccata gravia post baptismum perpetrata et nondum per claves Ecclesiae directe remissa neque in confessione individuali accusata, quorum post diligentem sui discussionem conscientiam habeat.

§ 2. Commendatur christifidelibus ut etiam peccata venialia confiteantur.

Can. 989 – Omnis fidelis, postquam ad annos discretionis pervenerit, obligatione tenetur peccata sua gravia, saltem semel in anno, fideliter confitendi.

Can. 990 – Nemo prohibetur quominus per interpretem confiteatur, vitatis quidem abusibus et scandalis atque firmo praescripto can. 983, § 2.

Can. 991 – Cuivis christifideli integrum est confessario legitime approbato etiam alius ritus, cui maluerit, peccata confiteri.

Caput IV
DE INDULGENTIIS

Can. 992 – Indulgentia est remissio coram Deo poenae temporalis pro peccatis, ad culpam quod attinet iam deletis, quam christifidelis, apte dispositus et certis ac definitis condicionibus, consequitur ope Ecclesiae quae, ut ministra redemptionis, thesaurum satisfactionum Christi et Sanctorum auctoritative dispensat et applicat.

Can. 993 – Indulgentia est partialis aut plenaria, prout a poena temporali pro peccatis debita liberat ex parte aut ex toto.

Can. 994 – Quivis fidelis potest indulgentias sive partiales sive plenarias, aut sibi ipsi lucrari, aut defunctis applicare ad modum suffragii.

Can. 995 – § 1. Praeter supremam Ecclesiae auctoritatem ii tantum possunt indulgentias elargiri, quibus haec potestas iure agnoscitur aut a Romano Pontifice conceditur.

§ 2. Nulla auctoritas infra Romanum Pontificem potest potestatem concedendi indulgentias aliis committere, nisi id ei a Sede Apostolica expresse fuerit indultum.

Can. 996 – § 1. Ut quis capax sit lucrandi indulgentias debet esse baptizatus, non excommunicatus, in statu gratiae saltem in fine operum praescriptorum.

§ 2. Ut vero subiectum capax eas lucretur, habere debet intentionem saltem eas acquirendi et opera iniuncta implere statuto tempore ac debito modo, secundum concessionis tenorem.

Can. 997 – Ad indulgentiarum concessionem et usum quod attinet, servanda sunt insuper cetera praescripta quae in peculiaribus Ecclesiae legibus continentur.

TITULUS V
DE SACRAMENTO UNCTIONIS INFIRMORUM

Can. 998 – Unctio infirmorum, qua Ecclesia fideles periculose aegrotantes Domino patienti et glorificato, ut eos allevet et salvet, commendat, confertur eos liniendo oleo atque verba proferendo in liturgicis libris praescripta.

CAPUT I
DE SACRAMENTI CELEBRATIONE

Can. 999 – Praeter Episcopum, oleum in unctione infirmorum adhibendum benedicere possunt:
1° qui iure Episcopo dioecesano aequiparantur;
2° in casu necessitatis, quilibet presbyter in ipsa tamen celebratione sacramenti.

Can. 1000 – § 1. Unctiones verbis, ordine et modo praescriptis in liturgicis libris, accurate peragantur; in casu tamen necessitatis, sufficit unctio unica in fronte vel etiam in alia corporis parte, integra formula prolata.

§ 2. Unctiones peragat minister propria manu, nisi gravis ratio usum instrumenti suadeat.

Can. 1001 – Curent animarum pastores et infirmorum propinqui, ut tempore opportuno infirmi hoc sacramento subleventur.

Can. 1002 – Celebratio communis unctionis infirmorum, pro pluribus infirmis simul, qui apte sint praeparati et rite dispositi, iuxta Episcopi dioecesani praescripta peragi potest.

CAPUT II
DE MINISTRO UNCTIONIS INFIRMORUM

Can. 1003 – § 1. Unctionem infirmorum valide administrat omnis et solus sacerdos.

§ 2. Officium et ius unctionis infirmorum ministrandi habent omnes sacerdotes, quibus demandata est cura animarum, erga fideles suo pastorali officio commissos; ex rationabili causa, quilibet alius sacerdos hoc sacramentum ministrare potest de consensu saltem praesumpto sacerdotis de quo supra.

§ 3. Cuilibet sacerdoti licet oleum benedictum secumferre ut, in casu necessitatis, sacramentum unctionis infirmorum ministrare valeat.

Caput III
DE IIS QUIBUS UNCTIO INFIRMORUM CONFERENDA SIT

Can. 1004 – § 1. Unctio infirmorum ministrari potest fideli qui, adepto rationis usu, ob infirmitatem vel senium in periculo incipit versari.

§ 2. Hoc sacramentum iterari potest, si infirmus, postquam convaluerit, denuo in gravem infirmitatem inciderit aut si, eadem infirmitate perdurante, discrimen factum gravius sit.

Can. 1005 – In dubio utrum infirmus rationis usum attigerit, an periculose aegrotet vel mortuus sit, hoc sacramentum ministretur.

Can. 1006 – Infirmis qui, cum suae mentis compotes essent, hoc sacramentum implicite saltem petierint, conferatur.

Can. 1007 – Unctio infirmorum ne conferatur illis, qui in manifesto gravi peccato obstinate perseverent.

TITULUS VI
DE ORDINE

Can. 1008 – Sacramento ordinis ex divina institutione inter christifideles quidam, charactere indelebili quo signantur, constituuntur sacri ministri, qui nempe consecrantur et deputantur ut, pro suo quisque gradu, in persona Christi Capitis munera docendi, sanctificandi et regendi adimplentes, Dei populum pascant.

Can. 1009 – § 1. Ordines sunt episcopatus, presbyteratus et diaconatus.

§ 2. Conferuntur manuum impositione et precatione consecratoria, quam pro singulis gradibus libri liturgici praescribunt.

Caput I
DE ORDINATIONIS CELEBRATIONE ET MINISTRO

Can. 1010 - Ordinatio intra Missarum sollemnia celebretur, die dominico vel festo de praecepto, sed ob rationes pastorales aliis etiam diebus, ferialibus non exceptis, fieri potest.

Can. 1011 – § 1. Ordinatio generaliter in cathedrali ecclesia celebretur; ob rationes tamen pastorales in alia ecclesia aut oratorio celebrari potest.

§ 2. Ad ordinationem invitandi sunt clerici aliique christifideles, ut quam maxima frequentia celebrationi intersint.

Can. 1012 – Sacrae ordinationis minister est Episcopus consecratus.

Can. 1013 – Nulli Episcopo licet quemquam consecrare in Episcopum, nisi prius constet de pontificio mandato.

Can. 1014 – Nisi Sedis Apostolicae dispensatio intercesserit, Episcopus consecrator principalis in consecratione episcopali duos saltem Episcopos consecrantes sibi adiungat; valde convenit autem, ut una cum iisdem omnes Episcopi praesentes electum consecrent.

Can. 1015 – § 1. Unusquisque ad presbyteratum et ad diaconatum a proprio Episcopo ordinetur aut cum legitimis eiusdem litteris dimissoriis.

§ 2. Episcopus proprius, iusta de causa non impeditus, per se ipse suos subditos ordinet; sed subditum orientalis ritus, sine apostolico indulto, licite ordinare non potest.

§ 3. Qui potest litteras dimissorias ad ordines recipiendos dare, potest quoque eosdem ordines per se ipse conferre, si charactere episcopali polleat.

Can. 1016 – Episcopus proprius, quod attinet ad ordinationem diaconalem eorum qui clero saeculari se adscribi intendant, est Episcopus dioecesis, in qua promovendus habet domicilium, aut dioecesis cui promovendus sese devovere statuit; quod attinet ad ordinationem presbyteralem clericorum saecularium, est Episcopus dioecesis, cui promovendus per diaconatum est incardinatus.

Can. 1017 – Episcopus extra propriam dicionem nonnisi cum licentia Episcopi dioecesani ordines conferre potest.

Can. 1018 – § 1. Litteras dimissorias pro saecularibus dare possunt:
1° Episcopus proprius, de quo in can. 1016;
2° Administrator apostolicus atque, de consensu collegii consultorum, Administrator dioecesanus; de consensu consilii, de quo in can. 495, § 2, Pro-vicarius et Pro-praefectus apostolicus.

§ 2. Administrator dioecesanus, Pro-vicarius et Pro-praefectus apostolicus litteras dimissorias ne iis concedant, quibus ab Episcopo dioecesano aut a Vicario vel Praefecto apostolico accessus ad ordines denegatus fuerit.

Can. 1019 – § 1. Superiori maiori instituti religiosi clericalis iuris pontificii aut societatis clericalis vitae apostolicae iuris pontificii competit ut suis subditis, iuxta constitutiones perpetuo vel definitive instituto aut societati adscriptis, concedat litteras dimissorias ad diaconatum et ad presbyteratum.

§ 2. Ordinatio ceterorum omnium alumnorum cuiusvis instituti aut societatis regitur iure clericorum saecularium, revocato quolibet indulto Superioribus concesso.

Can. 1020 – Litterae dimissoriae ne concedantur, nisi habitis antea omnibus testimoniis et documentis, quae iure exiguntur ad normam cann. 1050 et 1051.

Can. 1021 – Litterae dimissoriae mitti possunt ad quemlibet Episcopum communionem cum Sede Apostolica habentem, excepto tantum, citra apostolicum indultum, Episcopo ritus diversi a ritu promovendi.

Can. 1022 – Episcopus ordinans, acceptis legitimis litteris dimissoriis, ad ordinationem ne procedat, nisi de germana litterarum fide plane constet.

Can. 1023 – Litterae dimissoriae possunt ab ipso concedente aut ab eius successore limitibus circumscribi aut revocari, sed semel concessae non extinguuntur resoluto iure concedentis.

Caput II

DE ORDINANDIS

Can. 1024 – Sacram ordinationem valide recipit solus vir baptizatus.

Can. 1025 – § 1. Ad licite ordines presbyteratus vel diaconatus conferendos requiritur ut candidatus, probatione ad normam iuris peracta, debitis qualitatibus, iudicio proprii Episcopi aut Superioris maioris competentis, praeditus sit, nulla detineatur irregularitate nulloque impedimento, atque praerequisita, ad normam cann. 1033-1039 adimpleverit; praeterea documenta habeantur, de quibus in can. 1050, atque scrutinium peractum sit, de quo in can. 1051.

§ 2. Insuper requiritur ut, iudicio eiusdem legitimi Superioris, ad Ecclesiae ministerium utilis habeatur.

§ 3. Episcopo ordinanti proprium subditum, qui servitio alius dioecesis destinetur, constare debet ordinandum huic dioecesi addictum iri.

Art. 1

De requisitis in ordinandis

Can. 1026 – Ut quis ordinetur debita libertate gaudeat oportet; nefas est quemquam, quovis modo, ob quamlibet causam ad ordines recipiendos cogere, vel canonice idoneum ab iisdem recipiendis avertere.

Can. 1027 – Aspirantes ad diaconatum et presbyteratum accurata praeparatione efformentur, ad normam iuris.

Can. 1028 – Curet Episcopus dioecesanus aut Superior competens ut candidati, antequam ad ordinem aliquem promoveantur, rite edoceantur de iis, quae ad ordinem eiusque obligationes pertinent.

Can. 1029 – Ad ordines ii soli promoveantur qui, prudenti iudicio Episcopi proprii aut Superioris maioris competentis, omnibus perpensis, integram habent fidem, recta moventur intentione, debita pollent scientia, bona gaudent existimatione, integris moribus probatisque virtutibus atque aliis qualitatibus physicis et psychicis ordini recipiendo congruentibus sunt praediti.

Can. 1030 – Nonnisi ex causa canonica, licet occulta, proprius Episcopus vel Superior maior competens diaconis ad presbyteratum destinatis, sibi subditis, ascensum ad presbyteratum interdicere potest, salvo recursu ad normam iuris.

Can. 1031 – § 1. Presbyteratus ne conferatur nisi iis qui aetatis annum vigesimum quintum expleverint et sufficienti gaudeant maturitate, servato insuper intervallo sex saltem mensium inter diaconatum et presbyteratum; qui ad presbyteratum destinantur, ad diaconatus ordinem tantummodo post expletum aetatis annum vigesimum tertium admittantur.

§ 2. Candidatus ad diaconatum permanentem qui non sit uxoratus ad eundem diaconatum ne admittatur, nisi post expletum vigesimum quintum saltem aetatis annum; qui matrimonio coniunctus est, nonnisi post expletum trigesimum quintum saltem aetatis annum, atque de uxoris consensu.

§ 3. Integrum est Episcoporum conferentiis normam statuere, qua provectior ad presbyteratum et ad diaconatum permanentem requiratur aetas.

§ 4. Dispensatio ultra annum super aetate requisita ad normam §§ 1 et 2, Apostolicae Sedi reservatur.

Can. 1032 – § 1. Aspirantes ad presbyteratum promoveri possunt ad diaconatum solummodo post expletum quintum curriculi studiorum philosophico-theologicorum annum.

§ 2. Post expletum studiorum curriculum, diaconus per tempus congruum, ab Episcopo vel a Superiore maiore competenti definiendum, in cura pastorali partem habeat, diaconalem exercens ordinem, antequam ad presbyteratum promoveatur.

§ 3. Aspirans ad diaconatum permanentem, ad hunc ordinem ne promoveatur nisi post expletum formationis tempus.

Art. 2

De praerequisitis ad ordinationem

Can. 1033 – Licite ad ordines promovetur tantum qui recepit sacrae confirmationis sacramentum.

Can. 1034 – § 1. Ad diaconatum vel presbyteratum aspirans ne ordinetur, nisi prius per liturgicum admissionis ritum ab auctoritate, de qua in cann. 1016 et 1019, adscriptionem inter candidatos obtinuerit post praeviam suam petitionem propria manu exaratam et subscriptam, atque ab eadem auctoritate in scriptis acceptatam.

§ 2. Ad eandem admissionem obtinendam non tenetur, qui per vota in clericale institutum cooptatus est.

Can. 1035 – § 1. Antequam quis ad diaconatum sive permanentem sive transeuntem promoveatur, requiritur ut ministeria lectoris et acolythi receperit et per congruum tempus exercuerit.

§ 2. Inter acolythatus et diaconatus collationem intervallum intercedat sex saltem mensium.

Can. 1036 – Candidatus, ut ad ordinem diaconatus aut presbyteratus promoveri possit, Episcopo proprio aut Superiori maiori competenti declarationem tradat propria manu exaratam et subscriptam, qua testificetur se sponte ac libere sacrum ordinem suscepturum atque se ministerio ecclesiastico perpetuo mancipaturum esse, insimul petens ut ad ordinem recipiendum admittatur.

Can. 1037 – Promovendus ad diaconatum permanentem qui non sit uxoratus, itemque promovendus ad presbyteratum, ad ordinem diaconatus ne admittantur, nisi ritu praescripto publice coram Deo et Ecclesia obligationem caelibatus assumpserint, aut vota perpetua in instituto religioso emiserint.

Can. 1038 – Diaconus, qui ad presbyteratum promoveri renuat, ab ordinis recepti exercitio prohiberi non potest, nisi impedimento detineatur canonico aliave gravi causa, de iudicio Episcopi dioecesani aut Superioris maioris competentis aestimanda.

Can. 1039 – Omnes qui ad aliquem ordinem promovendi sunt, exercitiis spiritualibus vacent per quinque saltem dies, loco et modo ab Ordinario determinatis; Episcopus, antequam ad ordinationem procedat, certior factus sit oportet candidatos rite iisdem exercitiis vacasse.

Art. 3

DE IRREGULARITATIBUS ALIISQUE IMPEDIMENTIS

Can. 1040 – A recipiendis ordinibus arcentur qui quovis impedimento afficiuntur sive perpetuo, quod venit nomine irregularitatis, sive simplici; nullum autem impedimentum contrahitur, quod in canonibus qui sequuntur non contineatur.

Can. 1041 – Ad recipiendos ordines sunt irregulares:

1° qui aliqua forma laborat amentiae aliusve psychicae infirmitatis, qua, consultis peritis, inhabilis iudicatur ad ministerium rite implendum;

2° qui delictum apostasiae, haeresis aut schismatis commiserit;

3° qui matrimonium etiam civile tantum attentaverit, vel ipsemet vinculo matrimoniali aut ordine sacro aut voto publico perpetuo castitatis a matrimonio ineundo impeditus, vel cum muliere matrimonio valido coniuncta aut eodem voto adstricta;

4° qui voluntarium homicidium perpetraverit aut abortum procuraverit, effectu secuto, omnesque positive cooperantes;

5° qui seipsum vel alium graviter et dolose mutilaverit vel sibi vitam adimere tentaverit;

6° qui actum ordinis posuerit constitutis in ordine episcopatus vel presbyteratus reservatum, vel eodem carens, vel ab eius exercitio poena aliqua canonica declarata vel irrogata prohibitus.

Can. 1042 – Sunt a recipiendis ordinibus simpliciter impediti:

1° vir uxorem habens, nisi ad diaconatum permanentem legitime destinetur;

2° qui officium vel administrationem gerit clericis ad normam cann. 285 et 286 vetitam cuius rationem reddere debet, donec, depositis officio et administratione atque rationibus redditis, liber factus sit;

3° neophytus, nisi, iudicio Ordinarii, sufficienter probatus fuerit.

Can. 1043 – Christifideles obligatione tenentur impedimenta ad sacros ordines, si qua norint, Ordinario vel parocho ante ordinationem revelandi.

Can. 1044 – § 1. Ad exercendos ordines receptos sunt irregulares:

1° qui irregularitate ad ordines recipiendos dum afficiebatur, illegitime ordines recepit;

2° qui delictum commisit, de quo in can. 1041, n. 2, si delictum est publicum;

3° qui delictum commisit, de quibus in can. 1041, nn. 3, 4, 5, 6.

§ 2. Ab ordinibus exercendis impediuntur :

1° qui impedimento ad ordines recipiendos detentus, illegitime ordines recepit ;

2° qui amentia aliave infirmitate psychica de qua in can. 1041, n. 1 afficitur, donec Ordinarius, consulto perito, eiusdem ordinis exercitium permiserit.

Can. 1045 – Ignorantia irregularitatum atque impedimentorum ab eisdem non eximit.

Can. 1046 – Irregularitates et impedimenta multiplicantur ex diversis eorundem causis, non autem ex repetita eadem causa, nisi agatur de irregularitate ex homicidio voluntario aut ex procurato abortu, effectu secuto.

Can. 1047 – § 1. Uni Apostolicae Sedi reservatur dispensatio ab omnibus irregularitatibus, si factum quo innituntur ad forum iudiciale deductum fuerit.

§ 2. Eidem etiam reservatur dispensatio ab irregularitatibus et impedimentis ad ordines recipiendos, quae sequuntur :

1° ab irregularitatibus ex delictis publicis, de quibus in can. 1041, nn. 2 et 3 ;

2° ab irregularitate ex delicto sive publico sive occulto, de quo in can. 1041, n. 4 ;

3° ab impedimento, de quo in can. 1042, n. 1.

§ 3. Apostolicae Sedi etiam reservatur dispensatio ab irregularitatibus ad exercitium ordinis suscepti, de quibus in can. 1041, n. 3, in casibus publicis tantum, atque in eodem canone, n. 4, etiam in casibus occultis.

§ 4. Ab irregularitatibus et impedimentis Sanctae Sedi non reservatis dispensare valet Ordinarius.

Can. 1048 – In casibus occultis urgentioribus, si adiri nequeat Ordinarius aut cum de irregularitatibus agatur de quibus in can. 1041, nn. 3 et 4, Paenitentiaria, et si periculum immineat gravis damni aut infamiae, potest qui irregularitate ab ordine exercendo impeditur eundem exercere, firmo tamen manente onere quam primum recurrendi ad Ordinarium aut Paenitentiariam, reticito nomine et per confessarium.

Can. 1049 – § 1. In precibus ad obtinendam irregularitatum et impedimentorum dispensationem, omnes irregularitates et impedimenta indicanda sunt ; attamen, dispensatio generalis valet etiam pro reticitis bona fide, exceptis irregularitatibus de quibus in can. 1041, n. 4, aliisve ad forum iudiciale deductis, non autem pro reticitis mala fide.

§ 2. Si agatur de irregularitate ex voluntario homicidio aut ex procurato abortu, etiam numerus delictorum ad validitatem dispensationis exprimendus est.

§ 3. Dispensatio generalis ab irregularitatibus et impedimentis ad ordines recipiendos valet pro omnibus ordinibus.

Art. IV

De documentis requisitis et de scrutinio

Can. 1050 – Ut quis ad sacros ordines promoveri possit, sequentia requiruntur documenta :

1° testimonium de studiis rite peractis ad normam can. 1032 ;

2° si agatur de ordinandis ad presbyteratum, testimonium recepti diaconatus ;

3° si agatur de promovendis ad diaconatum, testimonium recepti baptismi et confirmationis, atque receptorum ministeriorum de quibus in can. 1035 ; item testimonium factae declarationis de qua in can. 1036, necnon, si ordinandus qui promovendus est ad diaconatum permanentem sit uxoratus, testimonia celebrati matrimonii et consensus uxoris.

Can. 1051 – Ad scrutinium de qualitatibus in ordinando requisitis quod attinet, serventur praescripta quae sequuntur :

1° habeatur testimonium rectoris seminarii vel domus formationis de qualitatibus ad ordinem recipiendum requisitis, scilicet de candidati recta doctrina, genuina pietate, bonis moribus, aptitudine ad ministerium exercendum ; itemque, rite peracta inquisitione, de eius statu valetudinis physicae et psychicae ;

2° Episcopus dioecesanus aut Superior maior, ut scrutinium rite peragatur, potest alia adhibere media quae sibi, pro temporis et loci adiunctis, utilia videantur, uti sunt litterae testimoniales, publicationes vel aliae informationes.

Can. 1052 – § 1. Ut Episcopus ordinationem iure proprio conferens ad eam procedere possit, ipsi constare debet documenta, de quibus in can. 1050, praesto esse atque, scrutinio ad normam iuris peracto, idoneitatem candidati positivis argumentis esse probatam.

§ 2. Ut Episcopus ad ordinationem procedat alieni subditi, sufficit ut litterae dimissoriae referant eadem documenta praesto esse, scrutinium ad normam iuris esse peractum atque de idoneitate candidati constare ; quod si promovendus sit sodalis instituti religiosi aut societatis vitae apostolicae, eaedem litterae insuper testari debent ipsum in institutum vel societatem definitive cooptatum fuisse et esse subditum Superioris qui dat litteras.

§ 3. Si, his omnibus non obstantibus, ob certas rationes Episcopus dubitat num candidatus sit idoneus ad ordines recipiendos, eundem ne promoveat.

Caput III

DE ADNOTATIONE
AC TESTIMONIO PERACTAE ORDINATIONIS

Can. 1053 – § 1. Expleta ordinatione, nomina singulorum ordinatorum ac ministri ordinantis, locus et dies ordinationis notentur in peculiari libro apud curiam loci ordinationis diligenter custodiendo, et omnia singularum ordinationum documenta accurate serventur.

§ 2. Singulis ordinatis det Episcopus ordinans authenticum ordinationis receptae testimonium; qui, si ab Episcopo extraneo cum litteris dimissoriis promoti fuerint, illud proprio Ordinario exhibeant pro ordinationis adnotatione in speciali libro in archivo servando.

Can. 1054 – Loci Ordinarius, si agatur de saecularibus, aut Superior maior competens, si agatur de ipsius subditis, notitiam uniuscuiusque celebratae ordinationis transmittat ad parochum loci baptismi, qui id adnotet in suo baptizatorum libro, ad normam can. 535, § 2.

TITULUS VII

DE MATRIMONIO

Can. 1055 – § 1. Matrimoniale foedus, quo vir et mulier inter se totius vitae consortium constituunt, indole sua naturali ad bonum coniugum atque ad prolis generationem et educationem ordinatum, a Christo Domino ad sacramenti dignitatem inter baptizatos evectum est.

§ 2. Quare inter baptizatos nequit matrimonialis contractus validus consistere, quin sit eo ipso sacramentum.

Can. 1056 – Essentiales matrimonii proprietates sunt unitas et indissolubilitas, quae in matrimonio christiano ratione sacramenti peculiarem obtinent firmitatem.

Can. 1057 – § 1. Matrimonium facit partium consensus inter personas iure habiles legitime manifestatus, qui nulla humana potestate suppleri valet.

§ 2. Consensus matrimonialis est actus voluntatis, quo vir et mulier foedere irrevocabili sese mutuo tradunt et accipiunt ad constituendum matrimonium.

Can. 1058 – Omnes possunt matrimonium contrahere, qui iure non prohibentur.

Can. 1059 – Matrimonium catholicorum, etsi una tantum pars sit baptizata, regitur iure non solum divino, sed etiam canonico, salva competentia civilis potestatis circa mere civiles eiusdem matrimonii effectus.

Can. 1060 – Matrimonium gaudet favore iuris; quare in dubio standum est pro valore matrimonii, donec contrarium probetur.

Can. 1061 – § 1. Matrimonium inter baptizatos validum dicitur ratum tantum, si non est consummatum; ratum et consummatum, si coniuges inter se humano modo posuerunt coniugalem actum per se aptum ad prolis generationem, ad quem natura sua ordinatur matrimonium, et quo coniuges fiunt una caro.

§ 2. Celebrato matrimonio, si coniuges cohabitaverint, praesumitur consummatio, donec contrarium probetur.

§ 3. Matrimonium invalidum dicitur putativum, si bona fide ab una saltem parte celebratum fuerit, donec utraque pars de eiusdem nullitate certa evadat.

Can. 1062 – § 1. Matrimonii promissio sive unilateralis sive bilateralis, quam sponsalia vocant, regitur iure particulari, quod ab Episcoporum conferentia, habita ratione consuetudinum et legum civilium, si quae sint, statutum fuit.

§ 2. Ex matrimonii promissione non datur actio ad petendam matrimonii celebrationem; datur tamen ad reparationem damnorum, si qua debeatur.

Caput I

DE CURA PASTORALI ET DE IIS
QUAE MATRIMONII CELEBRATIONI PRAEMITTI DEBENT

Can. 1063 – Pastores animarum obligatione tenentur curandi ut propria ecclesiastica communitas christifidelibus assistentiam praebeat, qua status matrimonialis in spiritu christiano servetur et in perfectione progrediatur. Haec assistentia imprimis praebenda est:

1° praedicatione, catechesi minoribus, iuvenibus et adultis aptata, immo usu instrumentorum communicationis socialis, quibus christifideles de significatione matrimonii christiani deque munere coniugum ac parentum christianorum instituantur;

2° praeparatione personali ad matrimonium ineundum, qua sponsi ad novi sui status sanctitatem et officia disponantur;

3° fructuosa liturgica matrimonii celebratione, qua eluceat coniuges mysterium unitatis et fecundi amoris inter Christum et Ecclesiam significare atque participare;

4° auxilio coniugatis praestito, ut ipsi foedus coniugale fideliter servantes atque tuentes, ad sanctiorem in dies plenioremque in familia vitam ducendam perveniant.

Can. 1064 – Ordinarii loci est curare ut debite ordinetur eadem assistentia, auditis etiam, si opportunum videatur, viris et mulieribus experientia et peritia probatis.

Can. 1065 – § 1. Catholici qui sacramentum confirmationis nondum receperint, illud, antequam ad matrimonium admittantur, recipiant, si id fieri possit sine gravi incommodo.

§ 2. Ut fructuose sacramentum matrimonii recipiatur, enixe sponsis commendatur, ut ad sacramenta paenitentiae et sanctissimae Eucharistiae accedant.

Can. 1066 – Antequam matrimonium celebretur, constare debet nihil eius validae ac licitae celebrationi obsistere.

Can. 1067 – Episcoporum conferentia statuat normas de examine sponsorum, necnon de publicationibus matrimonialibus aliisve opportunis mediis ad investigationes peragendas, quae ante matrimonium necessaria sunt, quibus diligenter observatis, parochus procedere possit ad matrimonio assistendum.

Can. 1068 – In periculo mortis, si aliae probationes haberi nequeant, sufficit, nisi contraria adsint indicia, affirmatio contrahentium, si casus ferat etiam iurata, se baptizatos esse et nullo detineri impedimento.

Can. 1069 – Omnes fideles obligatione tenentur impedimenta, si quae norint, parocho aut loci Ordinario, ante matrimonii celebrationem, revelandi.

Can. 1070 – Si alius quam parochus, cuius est assistere matrimonio, investigationes peregerit, de harum exitu quam primum per authenticum documentum eundem parochum certiorem reddat.

Can. 1071 – § 1. Excepto casu necessitatis, sine licentia Ordinarii loci ne quis assistat:

1° matrimonio vagorum;

2° matrimonio quod ad normam legis civilis agnosci vel celebrari nequeat;

3° matrimonio eius qui obligationibus teneatur naturalibus erga aliam partem filiosve ex praecedenti unione ortis;

4° matrimonio eius qui notorie catholicam fidem abiecerit;

5° matrimonio eius qui censura innodatus sit;

6° matrimonio filii familias minoris, insciis aut rationabiliter invitis parentibus;

7° matrimonio per procuratorem ineundo, de quo in can. 1105.

§ 2. Ordinarius loci licentiam assistendi matrimonio eius qui notorie catholicam fidem abiecerit ne concedat, nisi servatis normis de quibus in can. 1125, congrua congruis referendo.

Can. 1072 – Curent animarum pastores a matrimonii celebratione avertere iuvenes ante aetatem, qua secundum regionis receptos mores matrimonium iniri solet.

CAPUT II
DE IMPEDIMENTIS DIRIMENTIBUS IN GENERE

Can. 1073 – Impedimentum dirimens personam inhabilem reddit ad matrimonium valide contrahendum.

Can. 1074 – Publicum censetur impedimentum, quod probari in foro externo potest; secus est occultum.

Can. 1075 – § 1. Supremae tantum Ecclesiae auctoritatis est authentice declarare quandonam ius divinum matrimonium prohibeat vel dirimat.

§ 2. Uni quoque supremae auctoritati ius est alia impedimenta pro baptizatis constituere.

Can. 1076 – Consuetudo novum impedimentum inducens aut impedimentis exsistentibus contraria reprobatur.

Can. 1077 – § 1. Ordinarius loci propriis subditis ubique commorantibus et omnibus in proprio territorio actu degentibus vetare potest matrimonium in casu peculiari, sed ad tempus tantum, gravi de causa eaque perdurante.

§ 2. Vetito clausulam dirimentem una suprema Ecclesiae auctoritas addere potest.

Can. 1078 – § 1. Ordinarius loci proprios subditos ubique commorantes et omnes in proprio territorio actu degentes ab omnibus impedimentis iuris ecclesiastici dispensare potest, exceptis iis, quorum dispensatio Sedi Apostolicae reservatur.

§ 2. Impedimenta quorum dispensatio Sedi Apostolicae reservatur sunt:

1° impedimentum ortum ex sacris ordinibus aut ex voto publico perpetuo castitatis in instituto religioso iuris pontificii;

2° impedimentum criminis de quo in can. 1090.

§ 3. Numquam datur dispensatio ab impedimento consanguinitatis in linea recta aut in secundo gradu lineae collateralis.

Can. 1079 – § 1. Urgente mortis periculo, loci Ordinarius potest tum super forma in matrimonii celebratione servanda, tum super omnibus et singulis impedimentis iuris ecclesiastici sive publicis sive occultis, dispensare proprios subditos ubique commorantes et omnes in proprio territorio actu degentes, excepto impedimento orto ex sacro ordine presbyteratus.

§ 2. In eisdem rerum adiunctis, de quibus in § 1, sed solum pro casibus in quibus ne loci quidem Ordinarius adiri possit, eadem dispensandi potestate pollet tum parochus, tum minister sacer rite delegatus, tum sacerdos vel diaconus qui matrimonio, ad normam can. 1116, § 2, assistit.

§ 3. In periculo mortis confessarius gaudet potestate dispensandi ab impedimentis occultis pro foro interno sive intra sive extra actum sacramentalis confessionis.

§ 4. In casu de quo in § 2, loci Ordinarius censetur adiri non posse, si tantum per telegraphum vel telephonum id fieri possit.

Can. 1080 – § 1. Quoties impedimentum detegatur cum iam omnia sunt parata ad nuptias, nec matrimonium sine probabili gravis mali periculo differri possit usquedum a competenti auctoritate dispensatio obtineatur, potestate gaudent dispensandi ab omnibus impedimentis, iis exceptis de quibus in can. 1078, § 2, n. 1, loci Ordinarius et, dummodo casus sit occultus, omnes de quibus in can. 1079, §§ 2-3, servatis condicionibus ibidem praescriptis.

§ 2. Haec potestas valet etiam ad matrimonium convalidandum, si idem periculum sit in mora nec tempus suppetat recurrendi ad Sedem Apostolicam, vel ad loci Ordinarium, quod attinet ad impedimenta a quibus dispensare valet.

Can. 1081 – Parochus aut sacerdos vel diaconus, de quibus in can. 1079, § 2, de concessa dispensatione pro foro externo Ordinarium loci statim certiorem faciat; eaque adnotetur in libro matrimoniorum.

Can. 1082 – Nisi aliud ferat Paenitentiariae rescriptum, dispensatio in foro interno non sacramentali concessa super impedimento occulto, adnotetur in libro, qui in secreto curiae archivo asservandus est, nec alia dispensatio pro foro externo est necessaria, si postea occultum impedimentum publicum evaserit.

Caput III
DE IMPEDIMENTIS DIRIMENTIBUS IN SPECIE

Can. 1083 – § 1. Vir ante decimum sextum aetatis annum completum, mulier ante decimum quartum item completum, matrimonium validum inire non possunt.

§ 2. Integrum est Episcoporum conferentiae aetatem superiorem ad licitam matrimonii celebrationem statuere.

Can. 1084 – § 1. Impotentia coeundi antecedens et perpetua, sive ex parte viri sive ex parte mulieris, sive absoluta sive relativa, matrimonium ex ipsa eius natura dirimit.

§ 2. Si impedimentum impotentiae dubium sit, sive dubio iuris sive dubio facti, matrimonium non est impediendum, nec stante dubio, nullum declarandum.

§ 3. Sterilitas matrimonium nec prohibet nec dirimit, firmo praescripto can. 1098.

Can. 1085 – § 1. Invalide matrimonium attentat qui vinculo tenetur prioris matrimonii, quamquam non consummati.

§ 2. Quamvis prius matrimonium sit irritum aut solutum qualibet ex causa, non ideo licet aliud contrahere, antequam de prioris nullitate aut solutione legitime et certo constiterit.

Can. 1086 – § 1. Matrimonium inter duas personas, quarum altera sit baptizata in Ecclesia catholica vel in eandem recepta nec actu formali ab ea defecerit, et altera non baptizata, invalidum est.

§ 2. Ab hoc impedimento ne dispensetur, nisi impletis condicionibus de quibus in cann. 1125 et 1126.

§ 3. Si pars tempore contracti matrimonii tamquam baptizata communiter habebatur aut eius baptismus erat dubius, praesumenda est, ad normam can. 1060, validitas matrimonii, donec certo probetur alteram partem baptizatam esse, alteram vero non baptizatam.

Can. 1087 – Invalide matrimonium attentant qui in sacris ordinibus sunt constituti.

Can. 1088 – Invalide matrimonium attentant, qui voto publico perpetuo castitatis in instituto religioso adstricti sunt.

Can. 1089 – Inter virum et mulierem abductam vel saltem retentam intuitu matrimonii cum ea contrahendi, nullum matrimonium consistere potest, nisi postea mulier a raptore separata et in loco tuto ac libero constituta, matrimonium sponte eligat.

Can. 1090 – § 1. Qui intuitu matrimonii cum certa persona ineundi, huius coniugi vel proprio coniugi mortem intulerit, invalide hoc matrimonium attentat.

§ 2. Invalide quoque matrimonium inter se attentant qui mutua opera physica vel morali mortem coniugi intulerunt.

Can. 1091 – § 1. In linea recta consanguinitatis matrimonium irritum est inter omnes ascendentes et descendentes tum legitimos tum naturales.

§ 2. In linea collaterali irritum est usque ad quartum gradum inclusive.

§ 3. Impedimentum consanguinitatis non multiplicatur.

§ 4. Numquam matrimonium permittatur, si quod subest dubium num partes sint consanguineae in aliquo gradu lineae rectae aut in secundo gradu lineae collateralis.

Can. 1092 – Affinitas in linea recta dirimit matrimonium in quolibet gradu.

Can. 1093 – Impedimentum publicae honestatis oritur ex matrimonio invalido post instauratam vitam communem aut ex notorio vel publico concubinatu; et nuptias dirimit in primo gradu lineae rectae inter virum et consanguineas mulieris, ac vice versa.

Can. 1094 – Matrimonium inter se valide contrahere nequeunt qui cognatione legali ex adoptione orta, in linea recta aut in secundo gradu lineae collateralis, coniuncti sunt.

CAPUT IV

DE CONSENSU MATRIMONIALI

Can. 1095 – Sunt incapaces matrimonii contrahendi :

1° qui sufficienti rationis usu carent;

2° qui laborant gravi defectu discretionis iudicii circa iura et officia matrimonialia essentialia mutuo tradenda et acceptanda;

3° qui ob causas naturae psychicae obligationes matrimonii essentiales assumere non valent.

Can. 1096 – § 1. Ut consensus matrimonialis haberi possit, necesse est ut contrahentes saltem non ignorent matrimonium esse consortium permanens inter virum et mulierem ordinatum ad prolem, cooperatione aliqua sexuali, procreandam.

§ 2. Haec ignorantia post pubertatem non praesumitur.

Can. 1097 – § 1. Error in persona invalidum reddit matrimonium.

§ 2. Error in qualitate personae, etsi det causam contractui, matrimonium irritum non reddit, nisi haec qualitas directe et principaliter intendatur.

Can. 1098 – Qui matrimonium init deceptus dolo, ad obtinendum consensum patrato, circa aliquam alterius partis qualitatem, quae suapte natura consortium vitae coniugalis graviter perturbare potest, invalide contrahit.

Can. 1099 – Error circa matrimonii unitatem vel indissolubilitatem aut sacramentalem dignitatem, dummodo non determinet voluntatem, non vitiat consensum matrimonialem.

Can. 1100 – Scientia aut opinio nullitatis matrimonii consensum matrimonialem non necessario excludit.

Can. 1101 – § 1. Internus animi consensus praesumitur conformis verbis vel signis in celebrando matrimonio adhibitis.

§ 2. At si alterutra vel utraque pars positivo voluntatis actu excludat matrimonium ipsum vel matrimonii essentiale aliquod elementum, vel essentialem aliquam proprietatem, invalide contrahit.

Can. 1102 – § 1. Matrimonium sub condicione de futuro valide contrahi nequit.

§ 2. Matrimonium sub condicione de praeterito vel de praesenti initum est validum vel non, prout id quod condicioni subest, exsistit vel non.

§ 3. Condicio autem, de qua in § 2, licite apponi nequit, nisi cum licentia Ordinarii loci scripto data.

Can. 1103 – Invalidum est matrimonium initum ob vim vel metum gravem ab extrinseco, etiam haud consulto incussum, a quo ut quis se liberet, eligere cogatur matrimonium.

Can. 1104 – § 1. Ad matrimonium valide contrahendum necesse est ut contrahentes sint praesentes una simul sive per se ipsi, sive per procuratorem.

§ 2. Sponsi consensum matrimonialem verbis exprimant; si vero loqui non possunt, signis aequipollentibus.

Can. 1105 – § 1. Ad matrimonium per procuratorem valide ineundum requiritur :

1° ut adsit mandatum speciale ad contrahendum cum certa persona ;

2° ut procurator ab ipso mandante designetur, et munere suo per se ipse fungatur.

§ 2. Mandatum, ut valeat, subscribendum est a mandante et praeterea a parocho vel Ordinario loci in quo mandatum datur, aut a sacerdote ab alterutro delegato, aut a duobus saltem testibus, aut confici debet per documentum ad normam iuris civilis authenticum.

§ 3. Si mandans scribere nequeat, id in ipso mandato adnotetur et alius testis addatur qui scripturam ipse quoque subsignet ; secus mandatum irritum est.

§ 4. Si mandans, antequam procurator eius nomine contrahat, mandatum revocaverit aut in amentiam inciderit, invalidum est matrimonium, licet sive procurator sive altera pars contrahens haec ignoraverit.

Can. 1106 – Matrimonium per interpretem contrahi potest ; cui tamen parochus ne assistat, nisi de interpretis fide sibi constet.

Can. 1107 – Etsi matrimonium invalide ratione impedimenti vel defectus formae initum fuerit, consensus praestitus praesumitur perseverare, donec de eius revocatione constiterit.

CAPUT V

DE FORMA CELEBRATIONIS MATRIMONII

Can. 1108 – § 1. Ea tantum matrimonia valida sunt, quae contrahuntur coram loci Ordinario aut parocho aut sacerdote vel diacono ab alterutro delegato qui assistant, necnon coram duobus testibus, secundum tamen regulas expressas in canonibus qui sequuntur, et salvis exceptionibus de quibus in cann. 144, 1112, § 1, 1116 et 1127, §§ 2-3.

§ 2. Assistens matrimonio intellegitur tantum qui praesens exquirit manifestationem contrahentium consensus eamque nomine Ecclesiae recipit.

Can. 1109 – Loci Ordinarius et parochus, nisi per sententiam vel per decretum fuerint excommunicati vel interdicti vel suspensi ab officio aut tales declarati, vi officii, intra fines sui territorii, valide matrimoniis assistunt non tantum subditorum, sed etiam non subditorum, dummodo eorum alteruter sit ritus latini.

Can. 1110 – Ordinarius et parochus personalis vi officii matrimonio solummodo eorum valide assistunt, quorum saltem alteruter subditus sit intra fines suae dicionis.

Can. 1111 – § 1. Loci Ordinarius et parochus, quamdiu valide officio funguntur, possunt facultatem intra fines sui territorii matrimoniis assistendi, etiam generalem, sacerdotibus et diaconis delegare.

§ 2. Ut valida sit delegatio facultatis assistendi matrimoniis, determinatis personis expresse dari debet; si agitur de delegatione speciali, ad determinatum matrimonium danda est; si vero agitur de delegatione generali, scripto est concedenda.

Can. 1112 – § 1. Ubi desunt sacerdotes et diaconi, potest Episcopus dioecesanus, praevio voto favorabili Episcoporum conferentiae et obtenta licentia Sanctae Sedis, delegare laicos, qui matrimoniis assistant.

§ 2. Laicus seligatur idoneus, ad institutionem nupturientibus tradendam capax et qui liturgiae matrimoniali rite peragendae aptus sit.

Can. 1113 – Antequam delegatio concedatur specialis, omnia provideantur, quae ius statuit ad libertatem status comprobandam.

Can. 1114 – Assistens matrimonio illicite agit, nisi ipsi constiterit de libero statu contrahentium ad normam iuris atque, si fieri potest, de licentia parochi, quoties vi delegationis generalis assistit.

Can. 1115 – Matrimonia celebrentur in paroecia ubi alterutra pars contrahentium habet domicilium vel quasi-domicilium vel menstruam commorationem, aut, si de vagis agitur, in paroecia ubi actu commorantur; cum licentia proprii Ordinarii aut parochi proprii, alibi celebrari potest.

Can. 1116 – § 1. Si haberi vel adiri nequeat sine gravi incommodo assistens ad normam iuris competens, qui intendunt verum matrimonium inire, illud valide ac licite coram solis testibus contrahere possunt:

1° in mortis periculo;

2° extra mortis periculum, dummodo prudenter praevideatur earum rerum condicionem esse per mensem duraturam.

§ 2. In utroque casu, si praesto sit alius sacerdos vel diaconus qui adesse possit, vocari et, una cum testibus, matrimonii celebrationi adesse debet, salva coniugii validitate coram solis testibus.

Can. 1117 – Statuta superius forma servanda est, si saltem alterutra pars matrimonium contrahentium in Ecclesia catholica baptizata vel in eandem recepta sit neque actu formali ab ea defecerit, salvis praescriptis can. 1127, § 2.

Can. 1118 – § 1. Matrimonium inter catholicos vel inter partem catholicam et partem non catholicam baptizatam celebretur in ecclesia paroeciali; in alia ecclesia aut oratorio celebrari poterit de licentia Ordinarii loci vel parochi.

§ 2. Matrimonium in alio convenienti loco celebrari Ordinarius loci permittere potest.

§ 3. Matrimonium inter partem catholicam et partem non baptizatam in ecclesia vel in alio convenienti loco celebrari poterit.

Can. 1119 – Extra casum necessitatis, in matrimonii celebratione serventur ritus in libris liturgicis, ab Ecclesia probatis, praescripti aut legitimis consuetudinibus recepti.

Can. 1120 – Episcoporum conferentia exarare potest ritum proprium matrimonii, a Sancta Sede recognoscendum, congruentem locorum et populorum usibus ad spiritum christianum aptatis, firma tamen lege ut assistens matrimonio praesens requirat manifestationem consensus contrahentium eamque recipiat.

Can. 1121 – § 1. Celebrato matrimonio, parochus loci celebrationis vel qui eius vices gerit, etsi neuter eidem astiterit, quam primum adnotet in matrimoniorum regestis nomina coniugum, assistentis ac testium, locum et diem celebrationis matrimonii, iuxta modum ab Episcoporum conferentia aut ab Episcopo dioecesano praescriptum.

§ 2. Quoties matrimonium ad normam can. 1116 contrahitur, sacerdos vel diaconus, si celebrationi adfuerit, secus testes tenentur in solidum cum contrahentibus parochum aut Ordinarium loci de inito coniugio quam primum certiorem reddere.

§ 3. Ad matrimonium quod attinet cum dispensatione a forma canonica contractum, loci Ordinarius, qui dispensationem concessit, curet ut inscribatur dispensatio et celebratio in libro matrimoniorum tum curiae tum paroeciae propriae partis catholicae, cuius parochus inquisitiones de statu libero peregit; de celebrato matrimonio eundem Ordinarium et parochum quam primum certiorem reddere tenetur coniux catholicus, indicans etiam locum celebrationis necnon formam publicam servatam.

Can. 1122 – § 1. Matrimonium contractum adnotetur etiam in regestis baptizatorum, in quibus baptismus coniugum inscriptus est.

§ 2. Si coniux matrimonium contraxerit non in paroecia in qua baptizatus est, parochus loci celebrationis notitiam initi coniugii ad parochum loci collati baptismi quam primum transmittat.

Can. 1123 – Quoties matrimonium vel convalidatur pro foro externo, vel nullum declaratur, vel legitime praeterquam morte solvitur, parochus loci celebrationis matrimonii certior fieri debet, ut adnotatio in regestis matrimoniorum et baptizatorum rite fiat.

Caput VI

DE MATRIMONIIS MIXTIS

Can. 1124 – Matrimonium inter duas personas baptizatas, quarum altera sit in Ecclesia catholica baptizata vel in eandem post baptismum recepta, quaeque nec ab ea actu formali defecerit, altera vero Ecclesiae vel communitati ecclesiali plenam communionem cum Ecclesia catholica non habenti adscripta, sine expressa auctoritatis competentis licentia prohibitum est.

Can. 1125 – Huiusmodi licentiam concedere potest Ordinarius loci, si iusta et rationabilis causa habeatur; eam ne concedat, nisi impletis condicionibus quae sequuntur:

1° pars catholica declaret se paratam esse pericula a fide deficiendi removere atque sinceram promissionem praestet se omnia pro viribus facturam esse, ut universa proles in Ecclesia catholica baptizetur et educetur;

2° de his promissionibus a parte catholica faciendis altera pars tempestive certior fiat, adeo ut constet ipsam vere consciam esse promissionis et obligationis partis catholicae;

3° ambae partes edoceantur de finibus et proprietatibus essentialibus matrimonii, a neutro contrahente excludendis.

Can. 1126 – Episcoporum conferentiae est tum modum statuere, quo hae declarationes et promissiones, quae semper requiruntur, faciendae sint, tum rationem definire, qua de ipsis et in foro externo constet et pars non catholica certior reddatur.

Can. 1127 – § 1. Ad formam quod attinet in matrimonio mixto adhibendam, serventur praescripta can. 1108; si tamen pars catholica matrimonium contrahit cum parte non catholica ritus orientalis, forma canonica celebrationis servanda est ad liceitatem tantum; ad validitatem autem requiritur interventus ministri sacri, servatis aliis de iure servandis.

§ 2. Si graves difficultates formae canonicae servandae obstent, Ordinario loci partis catholicae ius est ab eadem in singulis casibus dispensandi, consulto tamen Ordinario loci in quo matrimonium celebratur, et salva ad validitatem aliqua publica forma celebrationis; Episcoporum conferentiae est normas statuere, quibus praedicta dispensatio concordi ratione concedatur.

§ 3. Vetatur, ne ante vel post canonicam celebrationem ad normam § 1, alia habeatur eiusdem matrimonii celebratio religiosa ad matrimonialem consensum praestandum vel renovandum; item ne fiat celebratio religiosa, in qua assistens catholicus et minister non catholicus insimul, suum quisque ritum peragens, partium consensum exquirant.

Can. 1128 – Locorum Ordinarii aliique animarum pastores curent, ne coniugi catholico et filiis e matrimonio mixto natis auxilium spirituale desit ad eorum obligationes adimplendas atque coniuges adiuvent ad vitae coniugalis et familiaris fovendam unitatem.

Can. 1129 – Praescripta cann. 1127 et 1128 applicanda sunt quoque matrimoniis, quibus obstat impedimentum disparitatis cultus, de quo in can. 1086, § 1.

Caput VII
DE MATRIMONIO SECRETO CELEBRANDO

Can. 1130 – Ex gravi et urgenti causa loci Ordinarius permittere potest, ut matrimonium secreto celebretur.

Can. 1131 – Permissio matrimonium secreto celebrandi secumfert:
  1° ut secreto fiant investigationes quae ante matrimonium peragendae sunt;
  2° ut secretum de matrimonio celebrato servetur ab Ordinario loci, assistente, testibus, coniugibus.

Can. 1132 – Obligatio secretum servandi, de qua in can. 1131, n. 2, ex parte Ordinarii loci cessat si grave scandalum aut gravis erga matrimonii sanctitatem iniuria ex secreti observantia immineat, idque notum fiat partibus ante matrimonii celebrationem.

Can. 1133 – Matrimonium secreto celebratum in peculiari tantummodo regesto, servando in secreto curiae archivo, adnotetur.

Caput VIII
DE MATRIMONII EFFECTIBUS

Can. 1134 – Ex valido matrimonio enascitur inter coniuges vinculum natura sua perpetuum et exclusivum; in matrimonio praeterea christiano coniuges ad sui status officia et dignitatem peculiari sacramento roborantur et veluti consecrantur.

Can. 1135 – Utrique coniugi aequum officium et ius est ad ea quae pertinent ad consortium vitae coniugalis.

Can. 1136 – Parentes officium gravissimum et ius primarium habent prolis educationem tum physicam, socialem et culturalem, tum moralem et religiosam pro viribus curandi.

Can. 1137 – Legitimi sunt filii concepti aut nati ex matrimonio valido vel putativo.

Can. 1138 – § 1. Pater is est, quem iustae nuptiae demonstrant, nisi evidentibus argumentis contrarium probetur.

§ 2. Legitimi praesumuntur filii, qui nati sunt saltem post dies 180 a die celebrati matrimonii, vel infra dies 300 a die dissolutae vitae coniugalis.

Can. 1139 – Filii illegitimi legitimantur per subsequens matrimonium parentum sive validum sive putativum, vel per rescriptum Sanctae Sedis.

Can. 1140 – Filii legitimati, ad effectus canonicos quod attinet, in omnibus aequiparantur legitimis, nisi aliud expresse iure cautum fuerit.

Caput IX
DE SEPARATIONE CONIUGUM

Art. 1
De dissolutione vinculi

Can. 1141 – Matrimonium ratum et consummatum nulla humana potestate nullaque causa, praeterquam morte, dissolvi potest.

Can. 1142 – Matrimonium non consummatum inter baptizatos vel inter partem baptizatam et partem non baptizatam a Romano Pontifice dissolvi potest iusta de causa, utraque parte rogante vel alterutra, etsi altera pars sit invita.

Can. 1143 – § 1. Matrimonium initum a duobus non baptizatis solvitur ex privilegio paulino in favorem fidei partis quae baptismum recepit, ipso facto quo novum matrimonium ab eadem parte contrahitur, dummodo pars non baptizata discedat.

§ 2. Discedere censetur pars non baptizata, si nolit cum parte baptizata cohabitare vel cohabitare pacifice sine contumelia Creatoris, nisi haec post baptismum receptum iustam illi dederit discedendi causam.

Can. 1144 – § 1. Ut pars baptizata novum matrimonium valide contrahat, pars non baptizata semper interpellari debet an :

    1° velit et ipsa baptismum recipere ;

    2° saltem velit cum parte baptizata pacifice cohabitare, sine contumelia Creatoris.

§ 2. Haec interpellatio post baptismum fieri debet; at loci Ordinarius, gravi de causa, permittere potest ut interpellatio ante baptismum
fiat, immo et ab interpellatione dispensare, sive ante sive post baptismum, dummodo constet modo procedendi saltem summario et extra-
iudiciali eam fieri non posse aut fore inutilem.

Can. 1145 – § 1. Interpellatio fiat regulariter de auctoritate loci
Ordinarii partis conversae; a quo Ordinario concedendae sunt alteri
coniugi, si quidem eas petierit, induciae ad respondendum, eodem tamen
monito ut, si induciae inutiliter praeterlabantur, eius silentium pro responsione negativa habeatur.

§ 2. Interpellatio etiam privatim facta ab ipsa parte conversa valet, immo est licita, si forma superius praescripta servari nequeat.

§ 3. In utroque casu de interpellatione facta deque eiusdem exitu
in foro externo legitime constare debet. .

Can. 1146 – Pars baptizata ius habet novas nuptias contrahendi
cum parte catholica:

1° si altera pars negative interpellationi responderit, aut si interpellatio legitime omissa fuerit;

2° si pars non baptizata, sive iam interpellata sive non, prius
perseverans in pacifica cohabitatione sine contumelia Creatoris, postea
sine iusta causa discesserit, firmis praescriptis cann. 1144 et 1145.

Can. 1147 – Ordinarius loci tamen, gravi de causa, concedere potest ut pars baptizata, utens privilegio paulino, contrahat matrimonium cum parte non catholica sive baptizata sive non baptizata, servatis etiam praescriptis canonum de matrimoniis mixtis.

Can. 1148 – § 1. Non baptizatus, qui plures uxores non baptizatas
simul habeat, recepto in Ecclesia catholica baptismo, si durum ei sit
cum earum prima permanere, unam ex illis, ceteris dimissis, retinere
potest. Idem valet de muliere non baptizata, quae plures maritos non
baptizatos simul habeat.

§ 2. In casibus de quibus in § 1, matrimonium, recepto baptismo, forma legitima contrahendum est, servatis etiam, si opus sit,
praescriptis de matrimoniis mixtis et aliis de iure servandis.

§ 3. Ordinarius loci, prae oculis habita condicione morali, sociali,
oeconomica locorum et personarum, curet ut primae uxoris ceterarum-
que dimissarum necessitatibus satis provisum sit, iuxta normas iustitiae, christianae caritatis et naturalis aequitatis.

Can. 1149 – Non baptizatus qui, recepto in Ecclesia catholica baptismo, cum coniuge non baptizato ratione captivitatis vel persecutionis

cohabitationem restaurare nequeat, aliud matrimonium contrahere potest, etiamsi altera pars baptismum interea receperit, firmo praescripto can. 1141.

Can. 1150 – In re dubia privilegium fidei gaudet favore iuris.

Art. 2

DE SEPARATIONE MANENTE VINCULO

Can. 1151 – Coniuges habent officium et ius servandi convictum coniugalem, nisi legitima causa eos excuset.

Can. 1152 – § 1. Licet enixe commendetur ut coniux, caritate christiana motus et boni familiae sollicitus, veniam non abnuat comparti adulterae atque vitam coniugalem non disrumpat, si tamen eiusdem culpam expresse aut tacite non condonaverit, ius ipsi est solvendi coniugalem convictum, nisi in adulterium consenserit aut eidem causam dederit aut ipse quoque adulterium commiserit.

§ 2. Tacita condonatio habetur si coniux innocens, postquam de adulterio certior factus est, sponte cum altero coniuge maritali affectu conversatus fuerit; praesumitur vero, si per sex menses coniugalem convictum servaverit, neque recursum apud auctoritatem ecclesiasticam vel civilem fecerit.

§ 3. Si coniux innocens sponte convictum coniugalem solverit, intra sex menses causam separationis deferat ad competentem auctoritatem ecclesiasticam, quae, omnibus inspectis adiunctis, perpendat si coniux innocens adduci possit ad culpam condonandam et ad separationem in perpetuum non protrahendam.

Can. 1153 – § 1. Si alteruter coniugum grave seu animi seu corporis periculum alteri aut proli facessat, vel aliter vitam communem nimis duram reddat, alteri legitimam praebet causam discedendi, decreto Ordinarii loci et, si periculum sit in mora, etiam propria auctoritate.

§ 2. In omnibus casibus, causa separationis cessante, coniugalis convictus restaurandus est, nisi ab auctoritate ecclesiastica aliter statuatur.

Can. 1154 – Instituta separatione coniugum, opportune semper cavendum est debitae filiorum sustentationi et educationi.

Can. 1155 – Coniux innocens laudabiliter alterum coniugem ad vitam coniugalem rursus admittere potest, quo in casu iuri separationis renuntiat.

Caput X

DE MATRIMONII CONVALIDATIONE

Art. 1

De convalidatione simplici

Can. 1156 – § 1. Ad convalidandum matrimonium irritum ob impedimentum dirimens, requiritur ut cesset impedimentum vel ab eodem dispensetur, et consensum renovet saltem pars impedimenti conscia.

§ 2. Haec renovatio iure ecclesiastico requiritur ad validitatem convalidationis, etiamsi initio utraque pars consensum praestiterit nec postea revocaverit.

Can. 1157 – Renovatio consensus debet esse novus voluntatis actus in matrimonium, quod pars renovans scit aut opinatur ab initio nullum fuisse.

Can. 1158 – § 1. Si impedimentum sit publicum, consensus ab utraque parte renovandus est forma canonica, salvo praescripto can. 1127, § 3.

§ 2. Si impedimentum probari nequeat, satis est ut consensus renovetur privatim et secreto, et quidem a parte impedimenti conscia, dummodo altera in consensu praestito perseveret, aut ab utraque parte, si impedimentum sit utrique parti notum.

Can. 1159 – § 1. Matrimonium irritum ob defectum consensus convalidatur, si pars quae non consenserat, iam consentiat, dummodo consensus ab altera parte praestitus perseveret.

§ 2. Si defectus consensus probari nequeat, satis est ut pars, quae non consenserat, privatim et secreto consensum praestet.

§ 3. Si defectus consensus probari potest, necesse est ut consensus forma canonica praestetur.

Can. 1160 – Matrimonium nullum ob defectum formae, ut validum fiat, contrahi denuo debet forma canonica, salvo praescripto can. 1127, § 3.

Art. 2

De sanatione in radice

Can. 1161 – § 1. Matrimonii irriti sanatio in radice est eiusdem, sine renovatione consensus, convalidatio, a competenti auctoritate concessa, secumferens dispensationem ab impedimento, si adsit, atque a forma canonica, si servata non fuerit, necnon retrotractionem effectuum canonicorum ad praeteritum.

§ 2. Convalidatio fit a momento concessionis gratiae; retrotractio vero intellegitur facta ad momentum celebrationis matrimonii, nisi aliud expresse caveatur.

§ 3. Sanatio in radice ne concedatur, nisi probabile sit partes in vita coniugali perseverare velle.

Can. 1162 – § 1. Si in utraque vel alterutra parte deficiat con-sensus, matrimonium nequit sanari in radice, sive consensus ab initio defuerit, sive ab initio praestitus, postea fuerit revocatus.

§ 2. Quod si consensus ab initio quidem defuerat, sed postea prae-stitus est, sanatio concedi potest a momento praestiti consensus.

Can. 1163 – § 1. Matrimonium irritum ob impedimentum vel ob defectum legitimae formae sanari potest, dummodo consensus utriusque partis perseveret.

§ 2. Matrimonium irritum ob impedimentum iuris naturalis aut di-vini positivi sanari potest solummodo postquam impedimentum cessavit.

Can. 1164 – Sanatio valide concedi potest etiam alterutra vel utra-que parte inscia; ne autem concedatur nisi ob gravem causam.

Can. 1165 – § 1. Sanatio in radice concedi potest ab Apostolica Sede.

§ 2. Concedi potest ab Episcopo dioecesano in singulis casibus, etiam si plures nullitatis rationes in eodem matrimonio concurrant, impletis condicionibus, de quibus in can. 1125, pro sanatione matrimonii mixti; concedi autem ab eodem nequit, si adsit impedimentum cuius dispensa-tio Sedi Apostolicae reservatur ad normam can. 1078, § 2, aut agatur de impedimento iuris naturalis aut divini positivi quod iam cessavit.

PARS II
DE CETERIS ACTIBUS CULTUS DIVINI

TITULUS I
DE SACRAMENTALIBUS

Can. 1166 – Sacramentalia sunt signa sacra, quibus, ad aliquam sa-cramentorum imitationem, effectus praesertim spirituales significantur et ex Ecclesiae impetratione obtinentur.

Can. 1167 – § 1. Nova sacramentalia constituere aut recepta authentice interpretari, ex eis aliqua abolere aut mutare, sola potest Sedes Apostolica.

§ 2. In sacramentalibus conficiendis seu administrandis accurate serventur ritus et formulae ab Ecclesiae auctoritate probata.

Can. 1168 – Sacramentalium minister est clericus debita potestate instructus; quaedam sacramentalia, ad normam librorum liturgicorum, de iudicio loci Ordinarii, a laicis quoque, congruis qualitatibus praeditis, administrari possunt.

Can. 1169 – § 1. Consecrationes et dedicationes valide peragere possunt qui charactere episcopali insigniti sunt, necnon presbyteri quibus iure vel legitima concessione id permittitur.

§ 2. Benedictiones, exceptis iis quae Romano Pontifici aut Episcopis reservantur, impertire potest quilibet presbyter.

§ 3. Diaconus illas tantum benedictiones impertire potest, quae ipsi expresse iure permittuntur.

Can. 1170 – Benedictiones, imprimis impertiendae catholicis, dari possunt catechumenis quoque, immo, nisi obstet Ecclesiae prohibitio, etiam non catholicis.

Can. 1171 – Res sacrae, quae dedicatione vel benedictione ad divinum cultum destinatae sunt, reverenter tractentur nec ad usum profanum vel non proprium adhibeantur, etiamsi in dominio sint privatorum.

Can. 1172 – § 1. Nemo exorcismos in obsessos proferre legitime potest, nisi ab Ordinario loci peculiarem et expressam licentiam obtinuerit.

§ 2. Haec licentia ab Ordinario loci concedatur tantummodo presbytero pietate, scientia, prudentia ac vitae integritate praedito.

TITULUS II
DE LITURGIA HORARUM

Can. 1173 – Ecclesia, sacerdotale munus Christi adimplens, liturgiam horarum celebrat, qua Deum ad populum suum loquentem audiens et memoriam mysterii salutis agens, Ipsum sine intermissione, cantu et oratione, laudat atque interpellat pro totius mundi salute.

Can. 1174 – § 1. Obligatione liturgiae horarum persolvendae adstringuntur clerici, ad normam can. 276, § 2, n. 3; sodales vero institutorum vitae consecratae necnon societatum vitae apostolicae, ad normam suarum constitutionum.

§ 2. Ad participandam liturgiam horarum, utpote actionem Ecclesiae, etiam ceteri christifideles, pro adiunctis, enixe invitantur.

Can. 1175 – In liturgia horarum persolvenda, quantum fieri potest, verum tempus servetur uniuscuiusque horae.

TITULUS III
DE EXEQUIIS ECCLESIASTICIS

Can. 1176 – § 1. Christifideles defuncti exequiis ecclesiasticis ad normam iuris donandi sunt.

§ 2. Exequiae ecclesiasticae, quibus Ecclesia defunctis spiritualem opem impetrat eorumque corpora honorat ac simul vivis spei solacium affert, celebrandae sunt ad normam legum liturgicarum.

§ 3. Enixe commendat Ecclesia, ut pia consuetudo defunctorum corpora sepeliendi servetur ; non tamen prohibet cremationem, nisi ob rationes christianae doctrinae contrarias electa fuerit.

CAPUT I
DE EXEQUIARUM CELEBRATIONE

Can. 1177 – § 1. Exequiae pro quolibet fideli defuncto generatim in propriae paroeciae ecclesia celebrari debent.

§ 2. Fas est autem cuilibet fideli, vel iis quibus fidelis defuncti exequias curare competit, aliam ecclesiam funeris eligere de consensu eius, qui eam regit, et monito defuncti parocho proprio.

§ 3. Si extra propriam paroeciam mors acciderit, neque cadaver ad eam translatum fuerit, neque aliqua ecclesia funeris legitime electa, exequiae celebrentur in ecclesia paroeciae ubi mors accidit, nisi alia iure particulari designata sit.

Can. 1178 – Exequiae Episcopi dioecesani in propria ecclesia cathedrali celebrentur, nisi ipse aliam ecclesiam elegerit.

Can. 1179 – Exequiae religiosorum aut sodalium societatis vitae apostolicae generatim celebrentur in propria ecclesia aut oratorio a Superiore, si institutum aut societas sint clericalia, secus a cappellano.

Can. 1180 – § 1. Si paroecia proprium habeat coemeterium, in eo tumulandi sunt fideles defuncti, nisi aliud coemeterium legitime electum fuerit ab ipso defuncto vel ab iis quibus defuncti sepulturam curare competit.

§ 2. Omnibus autem licet, nisi iure prohibeantur, eligere coemeterium sepulturae.

Can. 1181 – Ad oblationes occasione funerum quod attinet, serventur praescripta can. 1264, cauto tamen ne ulla fiat in exequiis personarum acceptio neve pauperes debitis exequiis priventur.

Can. 1182 – Expleta tumulatione, inscriptio in librum defunctorum fiat ad normam iuris particularis.

Caput II

DE IIS QUIBUS EXEQUIAE ECCLESIASTICAE CONCEDENDAE SUNT AUT DENEGANDAE

Can. 1183 – § 1. Ad exequias quod attinet, christifidelibus catechumeni accensendi sunt.

§ 2. Ordinarius loci permittere potest ut parvuli, quos parentes baptizare intendebant quique autem ante baptismum mortui sunt, exequiis ecclesiasticis donentur.

§ 3. Baptizatis alicui Ecclesiae aut communitati ecclesiali non catholicae adscriptis, exequiae ecclesiasticae concedi possunt de prudenti Ordinarii loci iudicio, nisi constet de contraria eorum voluntate et dummodo minister proprius haberi nequeat.

Can. 1184 – § 1. Exequiis ecclesiasticis privandi sunt, nisi ante mortem aliqua dederint paenitentiae signa :

1° notorii apostatae, haeretici et schismatici ;

2° qui proprii corporis cremationem elegerint ob rationes fidei christianae adversas ;

3° alii peccatores manifesti, quibus exequiae ecclesiasticae non sine publico fidelium scandalo concedi possunt.

§ 2. Occurrente aliquo dubio, consulatur loci Ordinarius, cuius iudicio standum est.

Can. 1185 – Excluso ab ecclesiasticis exequiis deneganda quoque est quaelibet Missa exequialis.

TITULUS IV

DE CULTU SANCTORUM, SACRARUM IMAGINUM ET RELIQUIARUM

Can. 1186 – Ad sanctificationem populi Dei fovendam, Ecclesia peculiari et filiali christifidelium venerationi commendat Beatam Mariam semper Virginem, Dei Matrem, quam Christus hominum omnium

Matrem constituit, atque verum et authenticum promovet cultum aliorum Sanctorum, quorum quidem exemplo christifideles aedificantur et
intercessione sustentantur.

Can. 1187 – Cultu publico eos tantum Dei servos venerari licet,
qui auctoritate Ecclesiae in album Sanctorum vel Beatorum relati sint.

Can. 1188 – Firma maneat praxis in ecclesiis sacras imagines fidelium venerationi proponendi; attamen moderato numero et congruo ordine exponantur, ne populi christiani admiratio excitetur, neve de-
votioni minus rectae ansa praebeatur.

Can. 1189 – Imagines pretiosae, idest vetustate, arte, aut cultu
praestantes, in ecclesiis vel oratoriis fidelium venerationi expositae, si
quando reparatione indigeant, numquam restaurentur sine data scripto
licentia ab Ordinario; qui, antequam eam concedat, peritos consulat.

Can. 1190 – § 1. Sacras reliquias vendere nefas est.

§ 2. Insignes reliquiae itemque aliae, quae magna populi veneratione
honorantur, nequeunt quoquo modo valide alienari neque perpetuo transferri sine Apostolicae Sedis licentia.

§ 3. Praescriptum § 2 valet etiam pro imaginibus, quae in aliqua ecclesia magna populi veneratione honorantur.

TITULUS V
DE VOTO ET IUREIURANDO

CAPUT I
DE VOTO

Can. 1191 – § 1. Votum, idest promissio deliberata ac libera Deo
facta de bono possibili et meliore, ex virtute religionis impleri debet.

§ 2. Nisi iure prohibeantur, omnes congruenti rationis usu pollentes,
sunt voti capaces.

§ 3. Votum metu gravi et iniusto vel dolo emissum ipso iure nullum est.

Can. 1192 – § 1. Votum est *publicum,* si nomine Ecclesiae a legitimo
Superiore acceptetur; secus *privatum.*

§ 2. *Sollemne,* si ab Ecclesia uti tale fuerit agnitum; secus *simplex.*

§ 3. *Personale,* quo actio voventis promittitur; *reale,* quo promittitur res aliqua; *mixtum,* quod personalis et realis naturam participat.

Can. 1193 – Votum non obligat, ratione sui, nisi emittentem.

Can. 1194 – Cessat votum lapsu temporis ad finiendam obligatio-nem appositi, mutatione substantiali materiae promissae, deficiente con-dicione a qua votum pendet aut eiusdem causa finali, dispensatione, commutatione.

Can. 1195 – Qui potestatem in voti materiam habet, potest voti obligationem tamdiu suspendere, quamdiu voti adimpletio sibi praeiu-dicium afferat.

Can. 1196 – Praeter Romanum Pontificem, vota privata possunt iusta de causa dispensare, dummodo dispensatio ne laedat ius aliis quaesitum :

1° loci Ordinarius et parochus, quod attinet ad omnes ipsorum subditos atque etiam peregrinos ;

2° Superior instituti religiosi aut societatis vitae apostolicae, si sint clericalia iuris pontificii, quod attinet ad sodales, novitios atque per-sonas, quae diu noctuque in domo instituti aut societatis degunt ;

3° ii quibus ab Apostolica Sede vel ab Ordinario loci delegata fuerit dispensandi potestas.

Can. 1197 – Opus voto privato promissum potest in maius vel in aequale bonum ab ipso vovente commutari ; in minus vero bonum, ab illo cui potestas est dispensandi ad normam can. 1196.

Can. 1198 – Vota ante professionem religiosam emissa suspendun-tur, donec vovens in instituto religioso permanserit.

Caput II

DE IUREIURANDO

Can. 1199 – § 1. Iusiurandum, idest invocatio Nominis divini in testem veritatis, praestari nequit, nisi in veritate, in iudicio et in iustitia.

§ 2. Iusiurandum quod canones exigunt vel admittunt, per procura-torem praestari valide nequit.

Can. 1200 – § 1. Qui libere iurat se aliquid facturum, peculiari re-ligionis obligatione tenetur implendi, quod iureiurando firmaverit.

§ 2. Iusiurandum dolo, vi aut metu gravi extortum, ipso iure nul-lum est.

Can. 1201 – § 1. Iusiurandum promissorium sequitur naturam et condiciones actus cui adicitur.

§ 2. Si actui directe vergenti in damnum aliorum aut in praeiudicium boni publici vel salutis aeternae iusiurandum adiciatur, nullam exinde actus consequitur firmitatem.

Can. 1202 – Obligatio iureiurando promissorio inducta desinit:

1° si remittatur ab eo in cuius commodum iusiurandum emissum fuerat;

2° si res iurata substantialiter mutetur, aut, mutatis adiunctis, fiat vel mala vel omnino indifferens, vel denique maius bonum impediat:

3° deficiente causa finali aut condicione sub qua forte iusiurandum datum est;

4° dispensatione, commutatione, ad normam can. 1203.

Can. 1203 – Qui suspendere, dispensare, commutare possunt votum, eandem potestatem eademque ratione habent circa iusiurandum promissorium; sed si iurisiurandi dispensatio vergat in praeiudicium aliorum qui obligationem remittere recusent, una Apostolica Sedes potest iusiurandum dispensare.

Can. 1204 – Iusiurandum stricte est interpretandum secundum ius et secundum intentionem iurantis aut, si hic dolo agat, secundum intentionem illius cui iusiurandum praestatur.

PARS III
DE LOCIS ET TEMPORIBUS SACRIS

TITULUS I
DE LOCIS SACRIS

Can. 1205 – Loca sacra ea sunt quae divino cultui fideliumve sepulturae deputantur dedicatione vel benedictione, quam liturgici libri ad hoc praescribunt.

Can. 1206 – Dedicatio alicuius loci spectat ad Episcopum dioecesanum et ad eos qui ipsi iure aequiparantur; iidem possunt cuilibet Episcopo vel, in casibus exceptionalibus, presbytero munus committere dedicationem peragendi in suo territorio.

Can. 1207 – Loca sacra benedicuntur ab Ordinario; benedictio tamen ecclesiarum reservatur Episcopo dioecesano; uterque vero potest alium sacerdotem ad hoc delegare.

Can. 1208 – De peracta dedicatione vel benedictione ecclesiae, itemque de benedictione coemeterii redigatur documentum, cuius alterum
exemplar in curia dioecesana, alterum in ecclesiae archivo servetur.

Can. 1209 – Dedicatio vel benedictio alicuius loci, modo nemini
damnum fiat, satis probatur etiam per unum testem omni exceptione
maiorem.

Can. 1210 – In loco sacro ea tantum admittantur quae cultui, pie-
tati, religioni exercendis vel promovendis inserviunt, ac vetatur quidquid
a loci sanctitate absonum sit. Ordinarius vero per modum actus alios
usus, sanctitati tamen loci non contrarios, permittere potest.

Can. 1211 – Loca sacra violantur per actiones graviter iniuriosas
cum scandalo fidelium ibi positas, quae, de iudicio Ordinarii loci, ita
graves et sanctitati loci contrariae sunt ut non liceat in eis cultum exercere, donec ritu paenitentiali ad normam librorum liturgicorum iniuria
reparetur.

Can. 1212 – Dedicationem vel benedictionem amittunt loca sacra,
si magna ex parte destructa fuerint, vel ad usus profanos permanenter
decreto competentis Ordinarii vel de facto reducta.

Can. 1213 – Potestates suas et munera auctoritas ecclesiastica in
locis sacris libere exercet.

Caput I
DE ECCLESIIS

Can. 1214 – Ecclesiae nomine intellegitur aedes sacra divino cultui
destinata, ad quam fidelibus ius est adeundi ad divinum cultum praesertim publice exercendum.

Can. 1215 – § 1. Nulla ecclesia aedificetur sine expresso Episcopi
dioecesani consensu scriptis dato.

§ 2. Episcopus dioecesanus consensum ne praebeat nisi, audito consilio presbyterali et vicinarum ecclesiarum rectoribus, censeat novam
ecclesiam bono animarum inservire posse, et media ad ecclesiae aedificationem et ad cultum divinum necessaria non esse defutura.

§ 3. Etiam instituta religiosa, licet consensum constituendae novae
domus in dioecesi vel civitate ab Episcopo dioecesano rettulerint, antequam tamen ecclesiam in certo ac determinato loco aedificent, eiusdem
licentiam obtinere debent.

Can. 1216 – In ecclesiarum aedificatione et refectione, adhibito peritorum consilio, serventur principia et normae liturgiae et artis sacrae.

Can. 1217 – § 1. Aedificatione rite peracta, nova ecclesia quam primum dedicetur aut saltem benedicatur, sacrae liturgiae legibus servatis.

§ 2. Sollemni ritu dedicentur ecclesiae, praesertim cathedrales et paroeciales.

Can. 1218 – Unaquaeque ecclesia suum habeat titulum qui, peracta ecclesiae dedicatione, mutari nequit.

Can. 1219 – In ecclesia legitime dedicata vel benedicta omnes actus cultus divini perfici possunt, salvis iuribus paroecialibus.

Can. 1220 – § 1. Curent omnes ad quos res pertinet, ut in ecclesiis illa munditia ac decor serventur, quae domum Dei addeceant, et ab iisdem arceatur quidquid a sanctitate loci absonum sit.

§ 2. Ad bona sacra et pretiosa tuenda ordinaria conservationis cura et opportuna securitatis media adhibeantur.

Can. 1221 – Ingressus in ecclesiam tempore sacrarum celebrationum sit liber et gratuitus.

Can. 1222 – § 1. Si qua ecclesia nullo modo ad cultum divinum adhiberi queat et possibilitas non detur eam reficiendi, in usum profanum non sordidum ab Episcopo dioecesano redigi potest.

§ 2. Ubi aliae graves causae suadeant ut aliqua ecclesia ad divinum cultum amplius non adhibeatur, eam Episcopus dioecesanus, audito consilio presbyterali, in usum profanum non sordidum redigere potest, de consensu eorum qui iura in eadem sibi legitime vindicent, et dummodo animarum bonum nullum inde detrimentum capiat.

Caput II

DE ORATORIIS ET DE SACELLIS PRIVATIS

Can. 1223 – Oratorii nomine intellegitur locus divino cultui, in commodum alicuius communitatis vel coetus fidelium eo convenientium, de licentia Ordinarii destinatus, ad quem etiam alii fideles de consensu Superioris competentis accedere possunt.

Can. 1224 – § 1. Ordinarius licentiam ad constituendum oratorium requisitam ne concedat, nisi prius per se vel per alium locum ad oratorium destinatum visitaverit et decenter instructum reppererit.

§ 2. Data autem licentia, oratorium ad usus profanos converti nequit sine eiusdem Ordinarii auctoritate.

Can. 1225 – In oratoriis legitime constitutis omnes celebrationes sacrae peragi possunt, nisi quae iure aut Ordinarii loci praescripto excipiantur, aut obstent normae liturgicae.

Can. 1226 – Nomine sacelli privati intellegitur locus divino cultui, in commodum unius vel plurium personarum physicarum, de licentia Ordinarii loci destinatus.

Can. 1227 – Episcopi sacellum privatum sibi constituere possunt, quod iisdem iuribus ac oratorium gaudet.

Can. 1228 – Firmo praescripto can. 1227, ad Missam aliasve sacras celebrationes in aliquo sacello privato peragendas requiritur Ordinarii loci licentia.

Can. 1229 – Oratoria et sacella privata benedici convenit secundum ritum in libris liturgicis praescriptum; debent autem esse divino tantum cultui reservata et ab omnibus domesticis usibus libera.

Caput III
DE SANCTUARIIS

Can. 1230 – Sanctuarii nomine intelleguntur ecclesia vel alius locus sacer ad quos, ob peculiarem pietatis causam, fideles frequentes, approbante Ordinario loci, peregrinantur.

Can. 1231 – Ut sanctuarium dici possit nationale, accedere debet approbatio Episcoporum conferentiae; ut dici possit internationale, requiritur approbatio Sanctae Sedis.

Can. 1232 – § 1. Ad approbanda statuta sanctuarii dioecesani, competens est Ordinarius loci; ad statuta sanctuarii nationalis, Episcoporum conferentia; ad statuta sanctuarii internationalis, sola Sancta Sedes.

§ 2. In statutis determinentur praesertim finis, auctoritas rectoris, dominium et administratio bonorum.

Can. 1233 – Sanctuariis quaedam privilegia concedi poterunt, quoties locorum circumstantiae, peregrinantium frequentia et praesertim fidelium bonum id suadere videantur.

Can. 1234 – § 1. In sanctuariis abundantius fidelibus suppeditentur media salutis, verbum Dei sedulo annuntiando, vitam liturgicam praesertim per Eucharistiae et paenitentiae celebrationem apte fovendo, necnon probatas pietatis popularis formas colendo.

§ 2. Votiva artis popularis et pietatis documenta in sanctuariis aut locis adiacentibus spectabilia serventur atque secure custodiantur.

Caput IV

DE ALTARIBUS

Can. 1235 – § 1. Altare, seu mensa super quam Sacrificium eucharisticum celebratur, *fixum* dicitur, si ita exstruatur ut cum pavimento cohaereat ideoque amoveri nequeat; *mobile* vero, si transferri possit.

§ 2. Expedit in omni ecclesia altare fixum inesse; ceteris vero in locis, sacris celebrationibus destinatis, altare fixum vel mobile.

Can. 1236 – § 1. Iuxta traditum Ecclesiae morem mensa altaris fixi sit lapidea, et quidem ex unico lapide naturali; attamen etiam alia materia digna et solida, de iudicio Episcoporum conferentiae, adhiberi potest. Stipites vero seu basis ex qualibet materia confici possunt.

§ 2. Altare mobile ex qualibet materia solida, usui liturgico congruenti, extrui potest.

Can. 1237 – § 1. Altaria fixa dedicanda sunt, mobilia vero dedicanda aut benedicenda, iuxta ritus in liturgicis libris praescriptos.

§ 2. Antiqua traditio Martyrum aliorumve Sanctorum reliquias sub altari fixo condendi servetur, iuxta normas in libris liturgicis traditas.

Can. 1238 – § 1. Altare dedicationem vel benedictionem amittit ad normam can. 1212.

§ 2. Per reductionem ecclesiae vel alius loci sacri ad usus profanos, altaria sive fixa sive mobilia non amittunt dedicationem vel benedictionem.

Can. 1239 – § 1. Altare tum fixum tum mobile divino dumtaxat cultui reservandum est, quolibet profano usu prorsus excluso.

§ 2. Subtus altare nullum sit reconditum cadaver; secus Missam super illud celebrare non licet.

Caput V

DE COEMETERIIS

Can. 1240 – § 1. Coemeteria Ecclesiae propria, ubi fieri potest, habeantur, vel saltem spatia in coemeteriis civilibus fidelibus defunctis destinata, rite benedicenda.

§ 2. Si vero hoc obtineri nequeat, toties quoties singuli tumuli rite benedicantur.

Can. 1241 – § 1. Paroeciae et instituta religiosa coemeterium proprium habere possunt.

§ 2. Etiam aliae personae iuridicae vel familiae habere possunt peculiare coemeterium seu sepulcrum, de iudicio Ordinarii loci benedi-
cendum.

Can. 1242 – In ecclesiis cadavera ne sepeliantur, nisi agatur de
Romano Pontifice aut Cardinalibus vel Episcopis dioecesanis etiam eme-
ritis in propria ecclesia sepeliendis.

Can. 1243 – Opportunae normae de disciplina in coemeteriis servanda, praesertim ad eorum indolem sacram tuendam et fovendam quod
attinet, iure particulari statuantur.

TITULUS II
DE TEMPORIBUS SACRIS

Can. 1244 – § 1. Dies, festos itemque dies paenitentiae, universae
Ecclesiae communes, constituere, transferre, abolere, unius est supremae
ecclesiasticae auctoritatis, firmo praescripto can. 1246, § 2.

§ 2. Episcopi dioecesani peculiares suis dioecesibus seu locis dies
festos aut dies paenitentiae possunt, per modum tantum actus, indicere.

Can. 1245 – Firmo iure Episcoporum dioecesanorum de quo in
can. 87, parochus, iusta de causa et secundum Episcopi dioecesani praescripta, singulis in casibus concedere potest dispensationem ab obligatione servandi diem festum vel diem paenitentiae aut commutationem
eiusdem in alia pia opera ; idque potest etiam Superior instituti religiosi
aut societatis vitae apostolicae, si sint clericalia iuris pontificii, quoad
proprios subditos aliosque in domo diu noctuque degentes.

Caput I
DE DIEBUS FESTIS

Can. 1246 – § 1. Dies dominica in qua mysterium paschale celebratur, ex apostolica traditione, in universa Ecclesia uti primordialis
dies festus de praecepto servanda est. Itemque servari debent dies Nativitatis Domini Nostri Iesu Christi, Epiphaniae, Ascensionis et sanctissimi Corporis et Sanguinis Christi, Sanctae Dei Genetricis Mariae,
eiusdem Immaculatae Conceptionis et Assumptionis, sancti Ioseph,
sanctorum Petri et Pauli Apostolorum, omnium denique Sanctorum.

§ 2. Episcoporum conferentia tamen potest, praevia Apostolicae
Sedis approbatione, quosdam ex diebus festis de praecepto abolere vel
ad diem dominicam transferre.

Can. 1247 - Die dominica aliisque diebus festis de praecepto fideles obligatione tenentur Missam participandi; abstineant insuper ab illis operibus et negotiis quae cultum Deo reddendum, laetitiam diei Domini propriam, aut debitam mentis ac corporis relaxationem impediant.

Can. 1248 - § 1. Praecepto de Missa participanda satisfacit qui Missae assistit ubicumque celebratur ritu catholico vel ipso die festo vel vespere diei praecedentis.

§ 2. Si deficiente ministro sacro aliave gravi de causa participatio eucharisticae celebrationis impossibilis evadat, valde commendatur ut fideles in liturgia Verbi, si quae sit in ecclesia paroeciali aliove sacro loco, iuxta Episcopi dioecesani praescripta celebrata, partem habeant, aut orationi per debitum tempus personaliter aut in familia vel pro opportunitate in familiarum coetibus vacent.

Caput II

DE DIEBUS PAENITENTIAE

Can. 1249 - Omnes christifideles, suo quisque modo, paenitentiam agere ex lege divina tenentur; ut vero cuncti communi quadam paenitentiae observatione inter se coniungantur, dies paenitentiales praescribuntur, in quibus christifideles speciali modo orationi vacent, opera pietatis et caritatis exerceant, se ipsos abnegent, proprias obligationes fidelius adimplendo et praesertim ieiunium et abstinentiam, ad normam canonum qui sequuntur, observando.

Can. 1250 - Dies et tempora paenitentialia in universa Ecclesia sunt singulae feriae sextae totius anni et tempus quadragesimae.

Can. 1251 - Abstinentia a carnis comestione vel ab alio cibo iuxta conferentiae Episcoporum praescripta, servetur singulis anni sextis feriis, nisi cum aliquo die inter sollemnitates recensito occurrant; abstinentia vero et ieiunium, feria quarta Cinerum et feria sexta in Passione et Morte Domini Nostri Iesu Christi.

Can. 1252 - Lege abstinentiae tenentur qui decimum quartum aetatis annum expleverint; lege vero ieiunii adstringuntur omnes aetate maiores usque ad annum inceptum sexagesimum. Curent tamen animarum pastores et parentes ut etiam ii qui, ratione minoris aetatis ad legem ieiunii et abstinentiae non tenentur, ad genuinum paenitentiae sensum informentur.

Can. 1253 - Episcoporum conferentia potest pressius determinare observantiam ieiunii et abstinentiae, necnon alias formas paenitentiae, praesertim opera caritatis et exercitationes pietatis, ex toto vel ex parte pro abstinentia et ieiunio substituere.

LIBER V
DE BONIS ECCLESIAE TEMPORALIBUS

Can. 1254 – § 1. Ecclesia catholica bona temporalia iure nativo, independenter a civili potestate, acquirere, retinere, administrare et alienare valet ad fines sibi proprios prosequendos.

§ 2. Fines vero proprii praecipue sunt: cultus divinus ordinandus, honesta cleri aliorumque ministrorum sustentatio procuranda, opera sacri apostolatus et caritatis, praesertim erga egenos, exercenda.

Can. 1255 – Ecclesia universa atque Apostolica Sedes, Ecclesiae particulares necnon alia quaevis persona iuridica, sive publica sive privata, subiecta sunt capacia bona temporalia acquirendi, retinendi, administrandi et alienandi ad normam iuris.

Can. 1256 – Dominium bonorum, sub suprema auctoritate Romani Pontificis, ad eam pertinet iuridicam personam, quae eadem bona legitime acquisiverit.

Can. 1257 – § 1. Bona temporalia omnia quae ad Ecclesiam universam, Apostolicam Sedem aliasve in Ecclesia personas iuridicas publicas pertinent, sunt bona ecclesiastica et reguntur canonibus qui sequuntur, necnon propriis statutis.

§ 2. Bona temporalia personae iuridicae privatae reguntur propriis statutis, non autem hisce canonibus, nisi expresse aliud caveatur.

Can. 1258 – In canonibus qui sequuntur nomine Ecclesiae significatur non solum Ecclesia universa aut Sedes Apostolica, sed etiam quaelibet persona iuridica publica in Ecclesia, nisi ex contextu sermonis vel ex natura rei aliud appareat.

TITULUS I
DE ACQUISITIONE BONORUM

Can. 1259 – Ecclesia acquirere bona temporalia potest omnibus iustis modis iuris sive naturalis sive positivi, quibus aliis licet.

Can. 1260 – Ecclesiae nativum ius est exigendi a christifidelibus, quae ad fines sibi proprios sint necessaria.

Can. 1261 - § 1. Integrum est christifidelibus bona temporalia in favorem Ecclesiae conferre.

§ 2. Episcopus dioecesanus fideles de obligatione, de qua in can. 222, § 1, monere tenetur et opportuno modo eam urgere.

Can. 1262 - Fideles subsidia Ecclesiae conferant per subventiones rogatas et iuxta normas ab Episcoporum conferentia latas.

Can. 1263 - Ius est Episcopo dioecesano, auditis consilio a rebus oeconomicis et consilio presbyterali, pro dioecesis necessitatibus, personis iuridicis publicis suo regimini subiectis, moderatum tributum, earum redditibus proportionatum, imponendi ; ceteris personis physicis et iuridicis ipsi licet tantum, in casu gravis necessitatis et sub iisdem condicionibus, extraordinariam et moderatam exactionem imponere, salvis legibus et consuetudinibus particularibus quae eidem potiora iura tribuant.

Can. 1264 - Nisi aliud iure cautum sit, conventus Episcoporum provinciae est :

1° praefinire taxas pro actibus potestatis exsecutivae gratiosae vel pro exsecutione rescriptorum Sedis Apostolicae, ab ipsa Sede Apostolica approbandas ;

2° definire oblationes occasione ministrationis sacramentorum et sacramentalium.

Can. 1265 - § 1. Salvo iure religiosorum mendicantium, vetatur persona quaevis privata, sive physica sive iuridica, sine proprii Ordinarii et Ordinarii loci licentia, in scriptis data, stipem cogere pro quolibet pio aut ecclesiastico instituto vel fine.

§ 2. Episcoporum conferentia potest normas de stipe quaeritanda statuere, quae ab omnibus servari debent, iis non exclusis, qui ex institutione mendicantes vocantur et sunt.

Can. 1266 - In omnibus ecclesiis et oratoriis, etiam ad instituta religiosa pertinentibus, quae de facto habitualiter christifidelibus pateant, Ordinarius loci praecipere potest ut specialis stips colligatur pro determinatis inceptis paroecialibus, dioecesanis, nationalibus vel universalibus, ad curiam dioecesanam postea sedulo mittenda.

Can. 1267 - § 1. Nisi contrarium constet, oblationes quae fiunt Superioribus vel administratoribus cuiusvis personae iuridicae ecclesiasticae, etiam privatae, praesumuntur ipsi personae iuridicae factae.

§ 2. Oblationes, de quibus in § 1, repudiari nequeunt, nisi iusta de causa et, in rebus maioris momenti, de licentia Ordinarii, si agitur de

persona iuridica publica; eiusdem Ordinarii licentia requiritur ut ac-
ceptentur quae onere modali vel condicione gravantur, firmo praescripto
can. 1295.

§ 3. Oblationes a fidelibus ad certum finem factae, nonnisi ad eundem finem destinari possunt.

Can. 1268 – Praescriptionem, tamquam acquirendi et se liberandi modum, Ecclesia pro bonis temporalibus recipit, ad normam
cann. 197-199.

Can. 1269 – Res sacrae, si in dominio privatorum sunt, praescriptione acquiri a privatis personis possunt, sed eas adhibere ad
usus profanos non licet, nisi dedicationem vel benedictionem amiserint; si vero ad personam iuridicam ecclesiasticam publicam pertinent,
tantum ab alia persona iuridica ecclesiastica publica acquiri possunt.

Can. 1270 – Res immobiles, mobiles pretiosae, iura et actiones sive
personales sive reales, quae pertinent ad Sedem Apostolicam, spatio
centum annorum praescribuntur; quae ad aliam personam iuridicam
publicam ecclesiasticam, spatio triginta annorum.

Can. 1271 – Episcopi, ratione vinculi unitatis et caritatis, pro suae
dioecesis facultatibus, conferant ad media procuranda, quibus Sedes
Apostolica secundum temporum condiciones indiget, ut servitium erga
Ecclesiam universam rite praestare valeat.

Can. 1272 – In regionibus ubi beneficia proprie dicta adhuc exsistunt, Episcoporum conferentiae est, opportunis normis cum Apostolica
Sede concordatis et ab ea approbatis, huiusmodi beneficiorum regimen
moderari, ita ut reditus, immo quatenus possibile sit ipsa dos beneficiorum ad institutum, de quo in can. 1274, § 1, paulatim deferatur.

TITULUS II
DE ADMINISTRATIONE BONORUM

Can. 1273 – Romanus Pontifex, vi primatus regiminis, est omnium
bonorum ecclesiasticorum supremus administrator et dispensator.

Can. 1274 – § 1. Habeatur in singulis dioecesibus speciale institutum, quod bona vel oblationes colligat eum in finem ut sustentationi
clericorum, qui in favorem dioecesis servitium praestant, ad normam
can. 281 provideatur, nisi aliter eisdem provisum sit.

§ 2. Ubi praevidentia socialis in favorem cleri nondum apte ordinata est, curet Episcoporum conferentia ut habeatur institutum, quo
securitati sociali clericorum satis provideatur.

§ 3. In singulis dioecesibus constituatur, quatenus opus sit, massa communis qua valeant Episcopi obligationibus erga alias personas Ecclesiae deservientes satisfacere variisque dioecesis necessitatibus occurrere, quaque etiam dioeceses divitiores possint pauperioribus subvenire.

§ 4. Pro diversis locorum adiunctis, fines de quibus in §§ 2 et 3 aptius obtineri possunt per instituta dioecesana inter se foederata, vel per cooperationem aut etiam per convenientem consociationem pro variis dioecesibus, immo et pro toto territorio ipsius Episcoporum conferentiae constitutam.

§ 5. Haec instituta, si fieri possit, ita constituenda sunt, ut efficaciam quoque in iure civili obtineant.

Can. 1275 – Massa bonorum ex diversis dioecesibus provenientium administratur secundum normas ab Episcopis, quorum interest, opportune concorJatas.

Can. 1276 – § 1. Ordinarii est sedulo advigilare administrationi omnium bonorum, quae ad personas iuridicas publicas sibi subiectas pertinent, salvis legitimis titulis quibus eidem Ordinario potiora iura tribuantur.

§ 2. Habita ratione iurium, legitimarum consuetudinum et circumstantiarum, Ordinarii, editis peculiaribus instructionibus intra fines iuris universalis et particularis, universum administrationis bonorum ecclesiasticorum negotium ordinandum curent.

Can. 1277 – Episcopus dioecesanus quod attinet ad actus administrationis ponendos, qui, attento statu oeconomico dioecesis, sunt maioris momenti, consilium a rebus oeconomicis et collegium consultorum audīre debet; eiusdem tamen consilii atque etiam collegii consultorum consensu eget, praeterquam in casibus iure universali vel tabulis fundationis specialiter expressis, ad ponendos actus extraordinariae administrationis. Conferentiae autem Episcoporum est definire quinam actus habendi sint extraordinariae administrationis.

Can. 1278 – Praeter munera de quibus in can. 494, §§ 3 et 4, oeconomo committi possunt ab Episcopo dioecesano munera de quibus in cann. 1276, § 1 et 1279, § 2.

Can. 1279 – § 1. Administratio bonorum ecclesiasticorum ei competit, qui immediate regit personam ad quam eadem bona pertinent, nisi aliud ferant ius particulare, statuta aut legitima consuetudo, et salvo iure Ordinarii interveniendi in casu neglegentiae administratoris.

§ 2. In administratione bonorum personae iuridicae publicae, quae ex iure vel tabulis fundationis aut propriis statutis suos non habeat administratores, Ordinarius, cui eadem subiecta est, personas idoneas ad triennium assumat; eaedem ab Ordinario iterum nominari possunt.

Can. 1280 – Quaevis persona iuridica suum habeat consilium a rebus oeconomicis vel saltem duos consiliarios, qui administratorem, ad normam statutorum, in munere adimplendo adiuvent.

Can. 1281 – § 1. Firmis statutorum praescriptis, administratores invalide ponunt actus qui fines modumque ordinariae administrationis excedunt, nisi prius ab Ordinario facultatem scripto datam obtinuerint.

§ 2. In statutis definiantur actus qui finem et modum ordinariae administrationis excedunt; si vero de hac re sileant statuta, competit Episcopo dioecesano, audito consilio a rebus oeconomicis, huiusmodi actus pro personis sibi subiectis determinare.

§ 3. Nisi quando et quatenus in rem suam versum sit, persona iuridica non tenetur respondere de actibus ab administratoribus invalide positis; de actibus autem ab administratoribus illegitime sed valide positis respondebit ipsa persona iuridica, salva eius actione seu recursu adversus administratores qui damna eidem intulerint.

Can. 1282 – Omnes, sive clerici sive laici, qui legitimo titulo partes habent in administratione bonorum ecclesiasticorum, munera sua adimplere tenentur nomine Ecclesiae, ad normam iuris.

Can. 1283 – Antequam administratores suum munus ineant:

1° debent se bene et fideliter administraturos coram Ordinario vel eius delegato iureiurando spondere;

2° accuratum ac distinctum inventarium, ab ipsis subscribendum, rerum immobilium, rerum mobilium sive pretiosarum sive utcumque ad bona culturalia pertinentium aliarumve cum descriptione atque aestimatione earundem redigatur, redactumque recognoscatur;

3° huius inventarii alterum exemplar conservetur in tabulario administrationis, alterum in archivo curiae; et in utroque quaelibet immutatio adnotetur, quam patrimonium subire contingat.

Can. 1284 – § 1. Omnes administratores diligentia boni patrisfamilias suum munus implere tenentur.

§ 2. Exinde debent:

1° vigilare ne bona suae curae concredita quoquo modo pereant aut detrimentum capiant, initis in hunc finem, quatenus opus sit, contractibus assecurationis;

2° curare ut proprietas bonorum ecclesiasticorum modis civiliter validis in tuto ponatur;

3° praescripta servare iuris tam canonici quam civilis, aut quae a fundatore vel donatore vel legitima auctoritate imposita sint, ac praesertim cavere ne ex legum civilium inobservantia damnum Ecclesiae obveniat;

4° reditus bonorum ac proventus accurate et iusto tempore exigere exactosque tuto servare et secundum fundatoris mentem aut legitimas normas impendere;

5° foenus vel mutui vel hypothecae causa solvendum, statuto tempore solvere, ipsamque debiti summam capitalem opportune reddendam curare;

6° pecuniam, quae de expensis supersit et utiliter collocari possit, de consensu Ordinarii in fines personae iuridicae occupare;

7° accepti et expensi libros bene ordinatos habere;

8° rationem administrationis singulis exeuntibus annis componere;

9° documenta et instrumenta, quibus Ecclesiae aut instituti iura in bona nituntur, rite ordinare et in archivo convenienti et apto custodire; authentica vero eorum exemplaria, ubi commode fieri potest, in archivo curiae deponere.

§ 3. Provisiones accepti et expensi, ut ab administratoribus quotannis componantur enixe commendatur; iuri autem particulari relinquitur eas praecipere et pressius determinare modos quibus exhibendae sint.

Can. 1285 – Intra limites dumtaxat ordinariae administrationis fas est administratoribus de bonis mobilibus, quae ad patrimonium stabile non pertinent, donationes ad fines pietatis aut christianae caritatis facere.

Can. 1286 – Administratores bonorum :

1° in operarum locatione leges etiam civiles, quae ad laborem et vitam socialem attinent, adamussim servent, iuxta principia ab Ecclesia tradita;

2° iis, qui operam ex condicto praestant, iustam et honestam mercedem tribuant, ita ut iidem suis et suorum necessitatibus convenienter providere valeant.

Can. 1287 – § 1. Reprobata contraria consuetudine, administratores tam clerici quam laici quorumvis bonorum ecclesiasticorum, quae ab Episcopi dioecesani potestate regiminis non sint legitime subducta, singulis annis officio tenentur rationes Ordinario loci exhibendi, qui eas consilio a rebus oeconomicis examinandas committat.

§ 2. De bonis, quae a fidelibus Ecclesiae offeruntur, administratores rationes fidelibus reddant iuxta normas iure particulari statuendas.

Can. 1288 – Administratores litem nomine personae iuridicae publicae ne inchoent neve contestentur in foro civili, nisi licentiam scripto datam Ordinarii proprii obtinuerint.

Can. 1289 – Quamvis ad administrationem non teneantur titulo officii ecclesiastici, administratores munus susceptum arbitratu suo dimittere nequeunt; quod si ex arbitraria dimissione damnum Ecclesiae obveniat, ad restitutionem tenentur.

TITULUS III
DE CONTRACTIBUS AC PRAESERTIM DE ALIENATIONE

Can. 1290 – Quae ius civile in territorio statuit de contractibus tam in genere, quam in specie et de solutionibus, eadem iure canonico quoad res potestati regiminis Ecclesiae subiectas iisdem cum effectibus serventur, nisi iuri divino contraria sint aut aliud iure canonico caveatur, et firmo praescripto can. 1547.

Can. 1291 – Ad valide alienanda bona, quae personae iuridicae publicae ex legitima assignatione patrimonium stabile constituunt et quorum valor summam iure definitam excedit, requiritur licentia auctoritatis ad normam iuris competentis.

Can. 1292 – § 1. Salvo praescripto can. 638, § 3, cum valor bonorum, quorum alienatio proponitur, continetur intra summam minimam et summam maximam ab Episcoporum conferentia pro sua cuiusque regione definiendas, auctoritas competens, si agatur de personis iuridicis Episcopo dioecesano non subiectis, propriis determinatur statutis; secus, auctoritas competens est Episcopus dioecesanus cum consensu consilii a rebus oeconomicis et collegii consultorum necnon eorum quorum interest. Eorundem quoque consensu eget ipse Episcopus dioecesanus ad bona dioecesis alienanda.

§ 2. Si tamen agatur de rebus quarum valor summam maximam excedit, vel de rebus ex voto Ecclesiae donatis, vel de rebus pretiosis artis vel historiae causa, ad validitatem alienationis requiritur insuper licentia Sanctae Sedis.

§ 3. Si res alienanda sit divisibilis, in petenda licentia pro alienatione exprimi debent partes antea alienatae; secus licentia irrita est.

§ 4. Ii, qui in alienandis bonis consilio vel consensu partem habere debent, ne praebeant consilium vel consensum nisi prius exacte fuerint edocti tam de statu oeconomico personae iuridicae cuius bona alienanda proponuntur, quam de alienationibus iam peractis.

Can. 1293 – § 1. Ad alienanda bona, quorum valor summam minimam definitam excedit, requiritur insuper:

1° iusta causa, veluti urgens necessitas, evidens utilitas, pietas, caritas vel gravis alia ratio pastoralis;

2° aestimatio rei alienandae a peritis scripto facta.

§ 2. Aliae quoque cautelae a legitima auctoritate praescriptae serventur, ut Ecclesiae damnum vitetur.

Can. 1294 – § 1. Res alienari minore pretio ordinarie non debet, quam quod in aestimatione indicatur.

§ 2. Pecunia ex alienatione percepta vel in commodum Ecclesiae caute collocetur vel, iuxta alienationis fines, prudenter erogetur.

Can. 1295 – Requisita ad normam cann. 1291-1294, quibus etiam statuta personarum iuridicarum conformanda sunt, servari debent non solum in alienatione, sed etiam in quolibet negotio, quo condicio patrimonialis personae iuridicae peior fieri possit.

Can. 1296 – Si quando bona ecclesiastica sine debitis quidem sollemnitatibus canonicis alienata fuerint, sed alienatio sit civiliter valida, auctoritatis competentis est decernere, omnibus mature perpensis, an et qualis actio, personalis scilicet vel realis, a quonam et contra quemnam instituenda sit ad Ecclesiae iura vindicanda.

Can. 1297 – Conferentiae Episcoporum est, attentis locorum adiunctis, normas statuere de bonis Ecclesiae locandis, praesertim de licentia a competenti auctoritate ecclesiastica obtinenda.

Can. 1298 – Nisi res sit minimi momenti, bona ecclesiastica propriis administratoribus eorumve propinquis usque ad quartum consanguinitatis vel affinitatis gradum non sunt vendenda aut locanda sine speciali competentis auctoritatis licentia scripto data.

TITULUS IV
DE PIIS VOLUNTATIBUS IN GENERE
ET DE PIIS FUNDATIONIBUS

Can. 1299 – § 1. Qui ex iure naturae et canonico libere valet de suis bonis statuere, potest ad causas pias, sive per actum inter vivos sive per actum mortis causa, bona relinquere.

§ 2. In dispositionibus mortis causa in bonum Ecclesiae serventur, si fieri possit, sollemnitates iuris civilis; quae si omissae fuerint, heredes moneri debent de obligatione, qua tenentur, adimplendi testatoris voluntatem.

Can. 1300 – Voluntates fidelium facultates suas in pias causas donantium vel relinquentium, sive per actum inter vivos sive per actum mortis causa, legitime acceptatae, diligentissime impleantur etiam circa modum administrationis et erogationis bonorum, firmo praescripto can. 1301, § 3.

Can. 1301 – § 1. Ordinarius omnium piarum voluntatum tam mortis causa quam inter vivos exsecutor est.

§ 2. Hoc ex iure Ordinarius vigilare potest ac debet, etiam per visitationem, ut piae voluntates impleantur, eique ceteri exsecutores, perfuncti munere, reddere rationem tenentur.

§ 3. Clausulae huic Ordinarii iuri contrariae, ultimis voluntatibus adiectae, tamquam non appositae habeantur.

Can. 1302 – § 1. Qui bona ad pias causas sive per actum inter vivos sive ex testamento fiduciarie accepit, debet de sua fiducia Ordinarium certiorem reddere, eique omnia istiusmodi bona mobilia vel immobilia cum oneribus adiunctis indicare; quod si donator id expresse et omnino prohibuerit, fiduciam ne acceptet.

§ 2. Ordinarius debet exigere ut bona fiduciaria in tuto collocentur, itemque vigilare pro exsecutione piae voluntatis ad normam can. 1301.

§ 3. Bonis fiduciariis alicui sodali instituti religiosi aut societatis vitae apostolicae commissis, si quidem bona sint attributa loco seu dioecesi eorumve incolis aut piis causis iuvandis, Ordinarius, de quo in §§ 1 et 2, est loci Ordinarius; secus est Superior maior in instituto clericali iuris pontificii et in clericalibus societatibus vitae apostolicae iuris pontificii, aut Ordinarius eiusdem sodalis proprius in aliis institutis religiosis.

Can. 1303 – § 1. Nomine piarum fundationum in iure veniunt:

1° *piae fundationes autonomae,* scilicet universitates rerum ad fines de quibus in can. 114, § 2 destinatae et a competenti auctoritate ecclesiastica in personam iuridicam erectae;

2° *piae fundationes non autonomae,* scilicet bona temporalia alicui personae iuridicae publicae quoquo modo data cum onere in diuturnum tempus, iure particulari determinandum, ex reditibus annuis Missas celebrandi aliasque praefinitas functiones ecclesiasticas peragendi, aut fines de quibus in can. 114, § 2 aliter persequendi.

§ 2. Bona piae fundationis non autonomae, si concredita fuerint personae iuridicae Episcopo dioecesano subiectae, expleto tempore, ad institutum de quo in can. 1274, § 1 destinari debent, nisi alia fuerit fundatoris voluntas expresse manifestata; secus ipsi personae iuridicae cedunt.

Can. 1304 – § 1. Ut fundatio a persona iuridica valide acceptari possit, requiritur licentia Ordinarii in scriptis data; qui eam ne praebeat, antequam legitime compererit personam iuridicam tum novo oneri suscipiendo, tum iam susceptis satisfacere posse; maximeque caveat ut reditus omnino respondeant oneribus adiunctis, secundum cuiusque loci vel regionis morem.

§ 2. Ulteriores condiciones ad constitutionem et acceptationem fundationum quod attinet, iure particulari definiantur.

Can. 1305 – Pecunia et bona mobilia, dotationis nomine assignata, statim in loco tuto ab Ordinario approbando deponantur eum in finem, ut eadem pecunia vel bonorum mobilium pretium custodiantur et quam primum caute et utiliter secundum prudens eiusdem Ordinarii iudicium, auditis et iis quorum interest et proprio a rebus oeconomicis consilio, collocentur in commodum eiusdem fundationis cum expressa et individua mentione oneris.

Can. 1306 – § 1. Fundationes, etiam viva voce factae, scripto consignentur.

§ 2. Alterum tabularum exemplar in curiae archivo, alterum in archivo personae iuridicae ad quam fundatio spectat, tuto asserventur.

Can. 1307 – § 1. Servatis praescriptis cann. 1300-1302, et 1287, onerum ex piis fundationibus incumbentium tabella conficiatur, quae in loco patenti exponatur, ne obligationes adimplendae in oblivionem cadant.

§ 2. Praeter librum de quo in can. 958, § 1, alter liber retineatur et apud parochum vel rectorem servetur, in quo singula onera eorumque adimpletio et eleemosynae adnotentur.

Can. 1308 – § 1. Reductio onerum Missarum, ex iusta tantum et necessaria causa facienda, reservatur Sedi Apostolicae, salvis praescriptis quae sequuntur.

§ 2. Si in tabulis fundationum id expresse caveatur, Ordinarius ob imminutos reditus onera Missarum reducere valet.

§ 3. Episcopo dioecesano competit potestas reducendi ob deminutionem redituum, quamdiu causa perduret, ad rationem eleemosynae in dioecesi legitime vigentis, Missas legatorum vel quoquo modo fundatas, quae sint per se stantia, dummodo nemo sit qui obligatione teneatur et utiliter cogi possit ad eleemosynae augmentum faciendum.

§ 4. Eidem competit potestas reducendi onera seu legata Missarum gravantia institutum ecclesiasticum, si reditus insufficientes evaserint ad finem proprium eiusdem instituti congruenter consequendum.

§ 5. Iisdem potestatibus, de quibus in §§ 3 et 4, gaudet supremus Moderator instituti religiosi clericalis iuris pontificii.

Can. 1309 – Iisdem auctoritatibus, de quibus in can. 1308, potestas insuper competit transferendi, congrua de causa, onera Missarum in dies, ecclesias vel altaria diversa ab illis, quae in fundationibus sunt statuta.

Can. 1310 – § 1. Fidelium voluntatum pro piis causis reductio, moderatio, commutatio, si fundator potestatem hanc Ordinario expresse concesserit, potest ab eodem fieri ex iusta tantum et necessaria causa.

§ 2. Si exsecutio onerum impositorum, ob imminutos reditus aliamve causam, nulla administratorum culpa, impossibilis evaserit, Ordinarius, auditis iis quorum interest et proprio consilio a rebus oeconomicis atque servata, meliore quo fieri potest modo, fundatoris voluntate, poterit eadem onera aeque imminuere, excepta Missarum reductione, quae praescriptis can. 1308 regitur.

§ 3. In ceteris casibus recurrendum est ad Sedem Apostolicam.

LIBER VI
DE SANCTIONIBUS IN ECCLESIA

PARS I
DE DELICTIS ET POENIS IN GENERE

TITULUS I
DE DELICTORUM PUNITIONE GENERATIM

Can. 1311 – Nativum et proprium Ecclesiae ius .est christifideles delinquentes poenalibus sanctionibus coercere.

Can. 1312 – § 1. Sanctiones poenales in Ecclesia sunt:

1° poenae medicinales seu censurae, quae in cann. 1331-1333 recensentur;

2° poenae expiatoriae, de quibus in can. 1336.

§ 2. Lex alias poenas expiatorias constituere potest, quae christifidelem aliquo bono spirituali vel temporali privent et supernaturali Ecclesiae fini sint consentaneae.

§ 3. Praeterea remedia poenalia et paenitentiae adhibentur, illa quidem praesertim ad delicta praecavenda, hae potius ad poenam substituendam vel augendam.

TITULUS II
DE LEGE POENALI AC DE PRAECEPTO POENALI

Can. 1313 – § 1. Si post delictum commissum lex mutetur, applicanda est lex reo favorabilior.

§ 2. Quod si lex posterior tollat legem vel saltem poenam, haec statim cessat.

Can. 1314 – Poena plerumque est ferendae sententiae, ita ut reum non teneat, nisi postquam irrogata sit; est autem latae sententiae, ita ut in eam incurratur ipso facto commissi delicti, si lex vel praeceptum id expresse statuat.

Can. 1315 – § 1. Qui legislativam habet potestatem, potest etiam poenales leges ferre; potest autem suis legibus etiam legem divinam vel legem ecclesiasticam, a superiore auctoritate latam, congrua poena munire, servatis suae competentiae limitibus ratione territorii vel personarum.

§ 2. Lex ipsa potest poenam determinare vel prudenti iudicis aestimatione determinandam relinquere.

§ 3. Lex particularis potest etiam poenis universali lege constitutis in aliquod delictum alias addere; id autem ne faciat, nisi ex gravissima necessitate. Quod si lex universalis indeterminatam vel facultativam poenam comminetur, lex particularis potest etiam in illius locum poenam determinatam vel obligatoriam constituere.

Can. 1316 – Curent Episcopi dioecesani ut, quatenus fieri potest, in eadem civitate vel regione uniformes ferantur, si quae ferendae sint, poenales leges.

Can. 1317 – Poenae eatenus constituantur, quatenus vere necessariae sint ad aptius providendum ecclesiasticae disciplinae. Dimissio autem e statu clericali lege particulari constitui nequit.

Can. 1318 – Latae sententiae poenas ne comminetur legislator, nisi forte in singularia quaedam delicta dolosa, quae vel graviori esse possint scandalo vel efficaciter puniri poenis ferendae sententiae non possint; censuras autem, praesertim excommunicationem, ne constituat, nisi maxima cum moderatione et in sola delicta graviora.

Can. 1319 – § 1. Quatenus quis potest vi potestatis regiminis in foro externo praecepta imponere, eatenus potest etiam poenas determinatas, exceptis expiatoriis perpetuis, per praeceptum comminari.

§ 2. Praeceptum poenale ne feratur, nisi re mature perpensa, et iis servatis, quae in cann. 1317 et 1318 de legibus particularibus statuuntur.

Can. 1320 – In omnibus in quibus religiosi subsunt Ordinario loci, possunt ab eodem poenis coerceri.

TITULUS III

DE SUBIECTO POENALIBUS SANCTIONIBUS OBNOXIO

Can. 1321 – § 1. Nemo punitur, nisi externa legis vel praecepti violatio, ab eo commissa, sit graviter imputabilis ex dolo vel ex culpa.

§ 2. Poena lege vel praecepto statuta is tenetur, qui legem vel praeceptum deliberate violavit; qui vero id egit ex omissione debitae diligentiae, non punitur, nisi lex vel praeceptum aliter caveat.

§ 3. Posita externa violatione, imputabilitas praesumitur, nisi aliud appareat.

Can. 1322 – Qui habitualiter rationis usu carent, etsi legem vel praeceptum violaverint dum sani videbantur, delicti incapaces habentur.

Can. 1323 – Nulli poenae est obnoxius qui, cum legem vel praeceptum violavit:

1° sextum decimum aetatis annum nondum explevit;

2° sine culpa ignoravit se legem vel praeceptum violare; ignorantiae autem inadvertentia et error aequiparantur;

3° egit ex vi physica vel ex casu fortuito, quem praevidere vel cui praeviso occurrere non potuit;

4° metu gravi, quamvis relative tantum, coactus egit, aut ex necessitate vel gravi incommodo, nisi tamen actus sit intrinsece malus aut vergat in animarum damnum;

5° legitimae tutelae causa contra iniustum sui vel alterius aggressorem egit, debitum servans moderamen;

6° rationis usu carebat, firmis praescriptis cann. 1324, § 1, n. 2 et 1325;

7° sine culpa putavit aliquam adesse ex circumstantiis, de quibus in nn. 4 vel 5.

Can. 1324 – § 1. Violationis auctor non eximitur a poena, sed poena lege vel praecepto statuta temperari debet vel in eius locum paenitentia adhiberi, si delictum patratum sit:

1° ab eo, qui rationis usum imperfectum tantum habuerit;

2° ab eo qui rationis usu carebat propter ebrietatem aliamve similem mentis perturbationem, quae culpabilis fuerit;

3° ex gravi passionis aestu, qui non omnem tamen mentis deliberationem et voluntatis consensum praecesserit et impedierit, et dummodo passio ipsa ne fuerit voluntarie excitata vel nutrita;

4° a minore, qui aetatem sedecim annorum explevit; minor < 18 (c 97)

5° ab eo, qui metu gravi, quamvis relative tantum, coactus est, aut ex necessitate vel gravi incommodo, si delictum sit intrinsece malum vel in animarum damnum vergat;

6° ab eo, qui legitimae tutelae causa contra iniustum sui vel alterius aggressorem egit, nec tamen debitum servavit moderamen;

7° adversus aliquem graviter et iniuste provocantem;

8° ab eo, qui per errorem, ex sua tamen culpa, putavit aliquam adesse ex circumstantiis, de quibus in can. 1323, nn. 4 vel 5;

9° ab eo, qui sine culpa ignoravit poenam legi vel praecepto esse adnexam;

10° ab eo, qui egit sine plena imputabilitate, dummodo haec gravis permanserit.

§ 2. Idem potest iudex facere, si qua alia adsit circumstantia, quae delicti gravitatem deminuat.

§ 3. In circumstantiis, de quibus in § 1, reus poena latae sententiae non tenetur.

Can. 1325 – Ignorantia crassa vel supina vel affectata numquam considerari potest in applicandis praescriptis cann. 1323 et 1324; item ebrietas aliaeve mentis perturbationes, si sint de industria ad delictum patrandum vel excusandum quaesitae, et passio, quae voluntarie excitata vel nutrita sit.

Can. 1326 – § 1. Iudex gravius punire potest quam lex vel praeceptum statuit:

1° eum, qui post condemnationem vel poenae declarationem ita delinquere pergit, ut ex adiunctis prudenter eius pertinacia in mala voluntate conici possit;

2° eum, qui in dignitate aliqua constitutus est, vel qui auctoritate aut officio abusus est ad delictum patrandum;

3° reum, qui, cum poena in delictum culposum constituta sit, eventum praevidit et nihilominus cautiones ad eum vitandum omisit, quas diligens quilibet adhibuisset.

§ 2. In casibus, de quibus in § 1, si poena constituta sit latae sententiae, alia poena addi potest vel paenitentia.

Can. 1327 – Lex particularis potest alias circumstantias eximentes, attenuantes vel aggravantes, praeter casus in cann. 1323-1326, statuere, sive generali norma, sive pro singulis delictis. Item in praecepto possunt circumstantiae statui, quae a poena praecepto constituta eximant, vel eam attenuent vel aggravent.

Can. 1328 – § 1. Qui aliquid ad delictum patrandum egit vel omisit, nec tamen, praeter suam voluntatem, delictum consummavit, non tenetur poena in delictum consummatum statuta, nisi lex vel praeceptum aliter caveat.

§ 2. Quod si actus vel omissiones natura sua ad delicti exsecutionem conducant, auctor potest paenitentiae vel remedio poenali subici, nisi sponte ab incepta delicti exsecutione destiterit. Si autem scandalum aliudve grave damnum vel periculum evenerit, auctor, etsi sponte destiterit, iusta potest poena puniri, leviore tamen quam quae in delictum consummatum constituta est.

Can. 1329 – § 1. Qui communi delinquendi consilio in delictum concurrunt, neque in lege vel praecepto expresse nominantur, si poenae ferendae sententiae in auctorem principalem constitutae sint, iisdem poenis subiciuntur vel aliis eiusdem vel minoris gravitatis.

§ 2. In poenam latae sententiae delicto adnexam incurrunt complices, qui in lege vel praecepto non nominantur, si sine eorum opera delictum patratum non esset, et poena sit talis naturae, ut ipsos afficere possit; secus poenis ferendae sententiae puniri possunt.

Can. 1330 – Delictum quod in declaratione consistat vel in alia voluntatis vel doctrinae vel scientiae manifestatione, tamquam non consummatum censendum est, si nemo eam declarationem vel manifestationem percipiat.

TITULUS IV
DE POENIS ALIISQUE PUNITIONIBUS

Caput I
DE CENSURIS

Can. 1331 – |§ 1. Excommunicatus vetatur :

1° ullam habere participationem ministerialem in celebrandis Eucharistiae Sacrificio vel quibuslibet aliis cultus caerimoniis ;

2° sacramenta vel sacramentalia celebrare et sacramenta recipere ;

3° ecclesiasticis officiis vel ministeriis vel muneribus quibuslibet fungi vel actus regiminis ponere.

§ 2. Quod si excommunicatio irrogata vel declarata sit, reus :

1° si agere velit contra praescriptum § 1, n. 1, est arcendus aut a liturgica actione est cessandum, nisi gravis obstet causa ;

2° invalide ponit actus regiminis, qui ad normam § 1, n. 3, sunt illiciti ;

3° vetatur frui privilegiis antea concessis ;

4° nequit valide consequi dignitatem, officium aliudve munus in Ecclesia ;

5° fructus dignitatis, officii, muneris cuiuslibet, pensionis, quam quidem habeat in Ecclesia, non facit suos.

Can. 1332 – Interdictus tenetur vetitis, de quibus in can. 1331, § 1, nn. 1 et 2 ; quod si interdictum irrogatum vel declaratum sit, praescriptum can. 1331, § 2, n. 1 servandum est.

Can. 1333 – § 1. Suspensio, quae clericos tantum afficere potest, vetat :

1° vel omnes vel aliquos actus potestatis ordinis ;

2° vel omnes vel aliquos actus potestatis regiminis ;

3° exercitium vel omnium vel aliquorum iurium vel munerum officio inhaerentium.

§ 2. In lege vel praecepto statui potest, ut post sententiam condemnatoriam vel declaratoriam actus regiminis suspensus valide ponere nequeat.

§ 3. Vetitum numquam afficit :

1° officia vel regiminis potestatem, quae non sint sub potestate Superioris poenam constituentis;

2° ius habitandi, si quod reus ratione officii habeat;

3° ius administrandi bona, quae ad ipsius suspensi officium forte pertineant, si poena sit latae sententiae.

§ 4. Suspensio vetans fructus, stipendium, pensiones aliave eiusmodi percipere, obligationem secumfert restituendi quidquid illegitime, quamvis bona fide, perceptum sit.

Can. 1334 – § 1. Suspensionis ambitus, intra limites canone praecedenti statutos, aut ipsa lege vel praecepto definitur, aut sententia vel decreto quo poena irrogatur.

§ 2. Lex, non autem praeceptum, potest latae sententiae suspensionem, nulla addita determinatione vel limitatione, constituere; eiusmodi autem poena omnes effectus habet, qui in can. 1333, § 1 recensentur.

Can. 1335 – Si censura vetet celebrare sacramenta vel sacramentalia vel ponere actum regiminis, vetitum suspenditur, quoties id necessarium sit ad consulendum fidelibus in mortis periculo constitutis; quod si censura latae sententiae non sit declarata, vetitum praeterea suspenditur, quoties fidelis petit sacramentum vel sacramentale vel actum regiminis; id autem petere ex qualibet iusta causa licet.

Caput II

DE POENIS EXPIATORIIS

Can. 1336 – § 1. Poenae expiatoriae, quae delinquentem afficere possunt aut in perpetuum aut in tempus praefinitum aut in tempus indeterminatum, praeter alias, quas forte lex constituerit, hae sunt:

1° prohibitio vel praescriptio commorandi in certo loco vel territorio;

2° privatio potestatis, officii, muneris, iuris, privilegii, facultatis, gratiae, tituli, insignis, etiam mere honorifici;

3° prohibitio ea exercendi, quae sub n. 2 recensentur, vel prohibitio ea in certo loco vel extra certum locum exercendi; quae prohibitiones numquam sunt sub poena nullitatis;

4° translatio poenalis ad aliud officium;

5° dimissio e statu clericali.

§ 2. Latae sententiae eae tantum poenae expiatoriae esse possunt, quae in § 1, n. 3 recensentur.

Can. 1337 – § 1. Prohibitio commorandi in certo loco vel territorio sive clericos sive religiosos afficere potest; praescriptio autem commorandi, clericos saeculares et, intra limites constitutionum, religiosos.

§ 2. Ut praescriptio commorandi in certo loco vel territorio irrogetur, accedat oportet consensus Ordinarii illius loci, nisi agatur de domo extradioecesanis quoque clericis paenitentibus vel emendandis destinata.

Can. 1338 – § 1. Privationes et prohibitiones, quae in can. 1336, § 1, nn. 2 et 3 recensentur, numquam afficiunt potestates, officia, munera, iura, privilegia, facultates, gratias, titulos, insignia, quae non sint sub potestate Superioris poenam constituentis.

§ 2. Potestatis ordinis privatio dari nequit, sed tantum prohibitio eam vel aliquos eius actus exercendi; item dari nequit privatio graduum academicorum.

§ 3. De prohibitionibus, quae in can. 1336, § 1, n. 3 indicantur, norma servanda est, quae de censuris datur in can. 1335.

Caput III

DE REMEDIIS POENALIBUS ET PAENITENTIIS

Can. 1339 – § 1. Eum, qui versatur in proxima delinquendi occasione, vel in quem, ex investigatione peracta, gravis cadit suspicio delicti commissi, Ordinarius per se vel per alium monere potest.

§ 2. Eum vero, ex cuius conversatione scandalum vel gravis ordinis perturbatio oriatur, etiam corripere potest, modo peculiaribus personae et facti condicionibus accommodato.

§ 3. De monitione et correptione constare semper debet saltem ex aliquo documento, quod in secreto curiae archivo servetur.

Can. 1340 – § 1. Paenitentia, quae imponi potest in foro externo, est aliquod religionis vel pietatis vel caritatis opus peragendum.

§ 2. Ob transgressionem occultam numquam publica imponatur paenitentia.

§ 3. Paenitentias Ordinarius pro sua prudentia addere potest poenali remedio monitionis vel correptionis.

TITULUS V

DE POENIS APPLICANDIS

Can. 1341 – Ordinarius proceduram iudicialem vel administrativam ad poenas irrogandas vel declarandas tunc tantum promovendam curet, cum perspexerit neque fraterna correctione neque correptione neque aliis pastoralis sollicitudinis viis satis posse scandalum reparari, iustitiam restitui, reum emendari.

Can. 1342 – § 1. Quoties iustae obstent causae ne iudicialis pro-cessus fiat, poena irrogari vel declarari potest per decretum extra iudicium; remedia poenalia autem et paenitentiae applicari possunt per decretum in quolibet casu.

§ 2. Per decretum irrogari vel declarari non possunt poenae per-petuae, neque poenae quas lex vel praeceptum eas constituens vetet per decretum applicare.

§ 3. Quae in lege vel praecepto dicuntur de iudice, quod attinet ad poenam irrogandam vel declarandam in iudicio, applicanda sunt ad Superiorem, qui per·decretum extra iudicium poenam irroget vel de-claret, nisi aliter constet neque agatur de praescriptis quae ad proce-dendi tantum rationem attineant.

Can. 1343 – Si lex vel praeceptum iudici det potestatem appli-candi vel non applicandi poenam, iudex potest etiam, pro sua conscien-tia et prudentia, poenam temperare vel in eius locum paenitentiam imponere.

Can. 1344 – Etiamsi lex utatur verbis praeceptivis, iudex pro sua conscientia et prudentia potest:

1° poenae irrogationem in tempus magis opportunum differre, si ex praepropera rei punitione maiora mala eventura praevideantur;

2° a poena irroganda abstinere vel poenam mitiorem irrogare aut paenitentiam adhibere, si reus emendatus sit et scandalum repa-raverit, aut si ipse satis a civili auctoritate punitus sit vel punitum iri praevideatur;

3° si reus primum post vitam laudabiliter peractam deliquerit neque necessitas urgeat reparandi scandalum, obligationem servandi poenam expiatoriam suspendere, ita tamen ut, si reus intra tempus ab ipso iudice determinatum rursus deliquerit, poenam utrique de-licto debitam luat, nisi interim tempus decurrerit ad actionis poenalis pro priore delicto praescriptionem.

Can. 1345 – Quoties delinquens vel usum rationis imperfectum tan-tum habuerit, vel delictum ex metu vel necessitate vel passionis aestu vel in ebrietate aliave simili mentis perturbatione patraverit, iudex potest etiam a qualibet punitione irroganda abstinere, si censeat aliter posse melius consuli eius emendationi.

Can. 1346 – Quoties reus plura delicta patraverit, si nimius videatur poenarum ferendae sententiae cumulus, prudenti iudicis arbitrio relin-quitur poenas intra aequos terminos moderari.

Can. 1347 – § 1. Censura irrogari valide nequit, nisi antea reus semel saltem monitus sit ut a contumacia recedat, dato congruo ad resipiscentiam tempore.

§ 2. A contumacia recessisse dicendus est reus, quem delicti vere paenituerit, quique praeterea congruam damnorum et scandali reparationem dederit vel saltem serio promiserit.

Can. 1348 – Cum reus ab accusatione absolvitur vel nulla poena ei irrogatur, Ordinarius potest opportunis monitis aliisque pastoralis sollicitudinis viis, vel etiam, si res ferat, poenalibus remediis eius utilitati et publico bono consulere.

Can. 1349 – Si poena sit indeterminata neque aliud lex caveat, iudex poenas graviores, praesertim censuras, ne irroget, nisi casus gravitas id omnino postulet; perpetuas autem poenas irrogare non potest.

Can. 1350 – § 1. In poenis clerico irrogandis semper cavendum est, ne iis quae ad honestam sustentationem sunt necessaria ipse careat, nisi agatur de dimissione e statu clericali.

§ 2. Dimisso autem e statu clericali, qui propter poenam vere indigeat, Ordinarius meliore quo fieri potest modo providere curet.

Can. 1351 – Poena reum ubique tenet, etiam resoluto iure eius qui poenam constituit vel irrogavit, nisi aliud expresse caveatur.

Can. 1352 – § 1. Si poena vetet recipere sacramenta vel sacramentalia, vetitum suspenditur, quamdiu reus in mortis periculo versatur.

§ 2. Obligatio servandi poenam latae sententiae, quae neque declarata sit neque sit notoria in loco ubi delinquens versatur, eatenus ex toto vel ex parte suspenditur, quatenus reus eam servare nequeat sine periculo gravis scandali vel infamiae.

Can. 1353 – Appellatio vel recursus a sententiis iudicialibus vel a decretis, quae poenam quamlibet irrogent vel declarent, habent effectum suspensivum.

TITULUS VI
DE POENARUM CESSATIONE

Can. 1354 – § 1. Praeter eos, qui in cann. 1355-1356 recensentur, omnes, qui a lege, quae poena munita est, dispensare possunt vel a praecepto poenam comminanti eximere, possunt etiam eam poenam remittere.

§ 2. Potest praeterea lex vel praeceptum, poenam constituens, aliis quoque potestatem facere remittendi.

§ 3. Si Apostolica Sedes poenae remissionem sibi vel aliis reservaverit, reservatio stricte est interpretanda.

Can. 1355 – § 1. Poenam lege constitutam si sit irrogata vel declarata remittere possunt, dummodo non sit Apostolicae Sedi reservata:

1° Ordinarius, qui iudicium ad poenam irrogandam vel declarandam promovit vel decreto eam per se vel per alium irrogavit vel declaravit;

2° Ordinarius loci in quo delinquens versatur, consulto tamen, nisi propter extraordinarias circumstantias impossibile sit, Ordinario, de quo sub n. 1.

§ 2. Poenam latae sententiae nondum declaratam lege constitutam, si Sedi Apostolicae non sit reservata, potest Ordinarius remittere suis subditis et iis qui in ipsius territorio versantur vel ibi deliquerint, et etiam quilibet Episcopus in actu tamen sacramentalis confessionis.

Can. 1356 – § 1. Poenam ferendae vel latae sententiae constitutam praecepto quod non sit ab Apostolica Sede latum, remittere possunt:

1° Ordinarius loci, in quo delinquens versatur;

2° si poena sit irrogata vel declarata, etiam Ordinarius qui iudicium ad poenam irrogandam vel declarandam promovit vel decreto eam per se vel per alium irrogavit vel declaravit.

§ 2. Antequam remissio fiat, consulendus est, nisi propter extraordinarias circumstantias impossibile sit, praecepti auctor.

Can. 1357 – § 1. Firmis praescriptis cann. 508 et 976, censuram latae sententiae excommunicationis vel interdicti non declaratam confessarius remittere potest in foro interno sacramentali, si paenitenti durum sit in statu gravis peccati permanere per tempus necessarium ut Superior competens provideat.

§ 2. In remissione concedenda confessarius paenitenti onus iniungat recurrendi intra mensem sub poena reincidentiae ad Superiorem competentem vel ad sacerdotem facultate praeditum, et standi huius mandatis; interim imponat congruam paenitentiam et, quatenus urgeat, scandali et damni reparationem; recursus autem fieri potest etiam per confessarium, sine nominis mentione.

§ 3. Eodem onere recurrendi tenentur, postquam convaluerint, ii quibus ad normam can. 976 remissa est censura irrogata vel declarata vel Sedi Apostolicae reservata.

Can. 1358 – § 1. Remissio censurae dari non potest nisi delinquenti qui a contumacia, ad normam can. 1347, § 2, recesserit; recedenti autem denegari nequit.

§ 2. Qui censuram remittit, potest ad normam can. 1348 providere vel etiam paenitentiam imponere.

Can. 1359 – Si quis pluribus poenis detineatur, remissio valet tantummodo pro poenis in ipsa expressis; generalis autem remissio omnes aufert poenas, iis exceptis quas in petitione reus mala fide reticuerit.

Can. 1360 – Poenae remissio metu gravi extorta irrita est.

Can. 1361 – § 1. Remissio dari potest etiam absenti vel sub condicione.

§ 2. Remissio in foro externo detur scripto, nisi gravis causa aliud suadeat.

§ 3. Caveatur ne remissionis petitio vel ipsa remissio divulgetur, nisi quatenus id vel utile sit ad rei famam tuendam vel necessarium ad scandalum reparandum.

Can. 1362 – § 1. Actio criminalis praescriptione extinguitur triennio, nisi agatur:

1° de delictis Congregationi pro Doctrina Fidei reservatis;

2° de actione ob delicta de quibus in cann. 1394, 1395, 1397, 1398, quae quinquennio praescribitur;

3° de delictis quae non sunt iure communi punita, si lex particularis alium praescriptionis terminum statuerit.

§ 2. Praescriptio decurrit ex die quo delictum patratum est, vel, si delictum sit permanens vel habituale, ex die quo cessavit.

Can. 1363 – § 1. Si intra terminos de quibus in can. 1362, ex die quo sententia condemnatoria in rem iudicatam transierit computandos, non sit reo notificatum exsecutorium iudicis decretum de quo in can. 1651, actio ad poenam exsequendam praescriptione extinguitur.

§ 2. Idem valet, servatis servandis, si poena per decretum extra iudicium irrogata sit.

PARS II
DE POENIS IN SINGULA DELICTA

TITULUS I
DE DELICTIS CONTRA RELIGIONEM
ET ECCLESIAE UNITATEM

Can. 1364 – § 1. Apostata a fide, haereticus vel schismaticus in excommunicationem latae sententiae incurrit, firmo praescripto can. 194, § 1, n. 2; clericus praeterea potest poenis, de quibus in can. 1336, § 1, nn. 1, 2 et 3, puniri.

§ 2. Si diuturna contumacia vel scandali gravitas postulet, aliae poenae addi possunt, non excepta dimissione e statu clericali.

Can. 1365 - Reus vetitae communicationis in sacris iusta poena puniatur.

Can. 1366 - Parentes vel parentum locum tenentes, qui liberos in religione acatholica baptizandos vel educandos tradunt, censura aliave iusta poena puniantur.

Can. 1367 - Qui species consecratas abicit aut in sacrilegum finem abducit vel retinet, in excommunicationem latae sententiae Sedi Apostolicae reservatam incurrit; clericus praeterea alia poena, non exclusa dimissione e statu clericali, puniri potest.

Can. 1368 - Si quis, asserens vel promittens aliquid coram ecclesiastica auctoritate, periurium committit, iusta poena puniatur.

Can. 1369 - Qui in publico spectaculo vel concione, vel in scripto publice evulgato, vel aliter instrumentis communicationis socialis utens, blasphemiam profert, aut bonos mores graviter laedit, aut in religionem vel Ecclesiam iniurias exprimit vel odium contemptumve excitat, iusta poena puniatur.

TITULUS II
DE DELICTIS CONTRA ECCLESIASTICAS AUCTORITATES ET ECCLESIAE LIBERTATEM

Can. 1370 - § 1. Qui vim physicam in Romanum Pontificem adhibet, in excommunicationem latae sententiae Sedi Apostolicae reservatam incurrit, cui, si clericus sit, alia poena, non exclusa dimissione e statu clericali, pro delicti gravitate addi potest.

§ 2. Qui id agit in eum qui episcopali charactere pollet, in interdictum latae sententiae et, si sit clericus, etiam in suspensionem latae sententiae incurrit.

§ 3. Qui vim physicam in clericum vel religiosum adhibet in fidei vel Ecclesiae vel ecclesiasticae potestatis vel ministerii contemptum, iusta poena puniatur.

Can. 1371 - Iusta poena puniatur :
1° qui, praeter casum de quo in can. 1364, § 1, doctrinam a Romano Pontifice vel a Concilio Oecumenico damnatam docet vel doctrinam, de qua in can. 752, pertinaciter respuit, et ab Apostolica Sede vel ab Ordinario admonitus non retractat ;
2° qui aliter Sedi Apostolicae, Ordinario, vel Superiori legitime praecipienti vel prohibenti non obtemperat, et post monitum in inoboedientia persistit.

Can. 1372 - Qui contra Romani Pontificis actum ad Concilium Oecumenicum vel ad Episcoporum collegium recurrit censura puniatur.

Can. 1373 – Qui publice aut subditorum simultates vel odia adversus Sedem Apostolicam vel Ordinarium excitat propter aliquem potestatis vel ministerii ecclesiastici actum, aut subditos ad inoboedientiam in eos provocat, interdicto vel aliis iustis poenis puniatur.

Can. 1374 – Qui nomen dat consociationi, quae contra Ecclesiam machinatur, iusta poena puniatur; qui autem eiusmodi consociationem promovet vel moderatur, interdicto puniatur.

Can. 1375 – Qui impediunt libertatem ministerii vel electionis vel potestatis ecclesiasticae aut legitimum bonorum sacrorum aliorumve ecclesiasticorum bonorum usum, aut perterrent electorem vel electum vel eum qui potestatem vel ministerium ecclesiasticum exercuit, iusta poena puniri possunt.

Can. 1376 – Qui rem sacram, mobilem vel immobilem, profanat iusta poena puniatur.

Can. 1377 – Qui sine praescripta licentia bona ecclesiastica alienat, iusta poena puniatur.

TITULUS III
DE MUNERUM ECCLESIASTICORUM USURPATIONE
DEQUE DELICTIS IN IIS EXERCENDIS

Can. 1378 – § 1. Sacerdos qui contra praescriptum can. 977 agit, ⁴ ειs in excommunicationem latae sententiae Sedi Apostolicae reservatam incurrit.

§ 2. In poenam latae sententiae interdicti vel, si sit clericus, suspensionis incurrit:

1° qui ad ordinem sacerdotalem non promotus liturgicam eucharistici Sacrificii actionem attentat;

2° qui, praeter casum de quo in § 1, cum sacramentalem absolutionem dare valide nequeat, eam impertire attentat, vel sacramentalem confessionem audit.

§ 3. In casibus de quibus in § 2, pro delicti gravitate, aliae poenae, non exclusa excommunicatione, addi possunt.

Can. 1379 – Qui, praeter casus de quibus in can. 1378, sacramentum se administrare simulat, iusta poena puniatur.

Can. 1380 – Qui per simoniam sacramentum celebrat vel recipit, interdicto vel suspensione puniatur.

Can. 1381 – § 1. Quicumque officium ecclesiasticum usurpat, iusta poena puniatur.

§ 2. Usurpationi aequiparatur illegitima, post privationem vel cessationem a munere, eiusdem retentio.

Can. 1382 – Episcopus qui sine pontificio mandato aliquem consecrat in Episcopum, itemque qui ab eo consecrationem recipit, in excommunicationem latae sententiae Sedi Apostolicae reservatam incurrunt.

Can. 1383 – Episcopus qui, contra praescriptum can. 1015, alienum subditum sine legitimis litteris dimissoriis ordinavit, prohibetur per annum ordinem conferre. Qui vero ordinationem recepit, est ipso facto a recepto ordine suspensus.

Can. 1384 – Qui, praeter casus, de quibus in cann. 1378-1383, sacerdotale munus vel aliud sacrum ministerium illegitime exsequitur, iusta poena puniri potest.

Can. 1385 – Qui quaestum illegitime facit ex Missae stipe, censura vel alia iusta poena puniatur.

Can. 1386 – Qui quidvis donat vel pollicetur ut quis, munus in Ecclesia exercens, illegitime quid agat vel omittat, iusta poena puniatur; item qui ea dona vel pollicitationes acceptat.

Can. 1387 – Sacerdos, qui in actu vel occasione vel praetextu confessionis paenitentem ad peccatum contra sextum Decalogi praeceptum sollicitat, pro delicti gravitate, suspensione, prohibitionibus, privationibus puniatur, et in casibus gravioribus dimittatur e statu clericali.

Can. 1388 – § 1. Confessarius, qui sacramentale sigillum directe violat, in excommunicationem latae sententiae Sedi Apostolicae reservatam incurrit; qui vero indirecte tantum, pro delicti gravitate puniatur.

§ 2. Interpres aliique, de quibus in can. 983, § 2, qui secretum violant, iusta poena puniantur, non exclusa excommunicatione.

Can. 1389 – § 1. Ecclesiastica potestate vel munere abutens pro actus vel omissionis gravitate puniatur, non exclusa officii privatione, nisi in eum abusum iam poena sit lege vel praecepto constituta.

§ 2. Qui vero, ex culpabili neglegentia, ecclesiasticae potestatis vel ministerii vel muneris actum illegitime cum damno alieno ponit vel omittit, iusta poena puniatur.

TITULUS IV
DE CRIMINE FALSI

Can. 1390 – § 1. Qui confessarium de delicto, de quo in can. 1387, apud ecclesiasticum Superiorem falso denuntiat, in interdictum latae sententiae incurrit et, si sit clericus, etiam in suspensionem.

§ 2. Qui aliam ecclesiastico Superiori calumniosam praebet delicti denuntiationem, vel aliter alterius bonam famam laedit, iusta poena, non exclusa censura, puniri potest.

§ 3. Calumniator potest cogi etiam ad congruam satisfactionem praestandam.

Can. 1391 – Iusta poena pro delicti gravitate puniri potest:

1° qui ecclesiasticum documentum publicum falsum conficit, vel verum mutat, destruit, occultat, vel falso vel mutato utitur;

2° qui alio falso vel mutato documento utitur in re ecclesiastica;

3° qui in publico ecclesiastico documento falsum asserit.

TITULUS V

DE DELICTIS CONTRA SPECIALES OBLIGATIONES

Can. 1392 – Clerici vel religiosi mercaturam vel negotiationem contra canonum praescripta exercentes pro delicti gravitate puniantur.

Can. 1393 – Qui obligationes sibi ex poena impositas violat, iusta poena puniri potest.

Can. 1394 – § 1. Firmo praescripto can. 194, § 1, n. 3, clericus matrimonium, etiam civiliter tantum, attentans, in suspensionem latae sententiae incurrit; quod si monitus non resipuerit et scandalum dare perrexerit, gradatim privationibus ac vel etiam dimissione e statu clericali puniri potest.

§ 2. Religiosus a votis perpetuis, qui non sit clericus, matrimonium etiam civiliter tantum attentans in interdictum latae sententiae incurrit, firmo praescripto can. 694.

Can. 1395 – § 1. Clericus concubinarius, praeter casum de quo in can. 1394, et clericus in alio peccato externo contra sextum Decalogi praeceptum cum scandalo permanens, suspensione puniantur, cui, persistente post monitionem delicto, aliae poenae gradatim addi possunt usque ad dimissionem e statu clericali.

§ 2. Clericus qui aliter contra sextum Decalogi praeceptum deliquerit, si quidem delictum vi vel minis vel publice vel cum minore infra aetatem sedecim annorum patratum sit, iustis poenis puniatur, non exclusa, si casus ferat, dimissione e statu clericali.

Can. 1396 – Qui graviter violat residentiae obligationem cui ratione ecclesiastici officii tenetur, iusta poena puniatur, non exclusa, post monitionem, officii privatione.

TITULUS VI
DE DELICTIS CONTRA HOMINIS
VITAM ET LIBERTATEM

Can. 1397 – Qui homicidium patrat, vel hominem vi aut fraude rapit vel detinet vel mutilat vel graviter vulnerat, privationibus et prohibitionibus, de quibus in can. 1336, pro delicti gravitate puniatur; homicidium autem in personas de quibus in can. 1370, poenis ibi statutis punitur.

Can. 1398 – Qui abortum procurat, effectu secuto, in excommunicationem latae sententiae incurrit.

TITULUS VII
NORMA GENERALIS

Can. 1399 – Praeter casus hac vel aliis legibus statutos, divinae vel canonicae legis externa violatio tunc tantum potest iusta quidem poena puniri, cum specialis violationis gravitas punitionem postulat, et necessitas urget scandala praeveniendi vel reparandi.

LIBER VII
DE PROCESSIBUS

PARS I
DE IUDICIIS IN GENERE

Can. 1400 – § 1. Obiectum iudicii sunt:

1° personarum physicarum vel iuridicarum iura persequenda aut vindicanda, vel facta iuridica declaranda;

2° delicta, quod spectat ad poenam irrogandam vel declarandam.

§ 2. Attamen controversiae ortae ex actu potestatis administrativae deferri possunt solummodo ad Superiorem vel ad tribunal administrativum.

Can. 1401 – Ecclesia iure proprio et exclusivo cognoscit:

1° de causis quae respiciunt res spirituales et spiritualibus adnexas;

2° de violatione legum ecclesiasticarum deque omnibus in quibus inest ratio peccati, quod attinet ad culpae definitionem et poenarum ecclesiasticarum irrogationem.

Can. 1402 – Omnia Ecclesiae tribunalia reguntur canonibus qui sequuntur, salvis normis tribunalium Apostolicae Sedis.

Can. 1403 – § 1. Causae canonizationis Servorum Dei reguntur peculiari lege pontificia.

§ 2. Iisdem causis applicantur praeterea praescripta huius Codicis, quoties in eadem lege ad ius universale remissio fit vel de normis agitur quae, ex ipsa rei natura, easdem quoque causas afficiunt.

TITULUS I
DE FORO COMPETENTI

Can. 1404 – Prima Sedes a nemine iudicatur.

Can. 1405 – § 1. Ipsius Romani Pontificis dumtaxat ius est iudicandi in causis de quibus in can. 1401:

1° eos qui supremum tenent civitatis magistratum;

2° Patres Cardinales;

3° Legatos Sedis Apostolicae, et in causis poenalibus Episcopos;

4° alias causas quas ipse ad suum advocaverit iudicium.

§ 2. Iudex de actu vel instrumento a Romano Pontifice in forma specifica confirmato videre non potest, nisi ipsius praecesserit mandatum.

§ 3. Rotae Romanae reservatur iudicare:

1° Episcopos in contentiosis, firmo praescripto can. 1419, § 2;

2° Abbatem primatem, vel Abbatem superiorem congregationis monasticae, et supremum Moderatorem institutorum religiosorum iuris pontificii;

3° dioeceses aliasve personas ecclesiasticas, sive physicas sive iuridicas, quae Superiorem infra Romanum Pontificem · non habent.

Can. 1406 - § 1. Violato praescripto can. 1404, acta et decisiones pro · infectis habentur.

§ 2. In causis, de quibus in can. 1405, aliorum iudicum incompetentia est absoluta.

Can. 1407 - § 1. Nemo in prima instantia conveniri potest, nisi coram iudice ecclesiastico qui competens sit ob unum ex titulis qui in cann. 1408-1414 determinantur.

§ 2. Incompetentia iudicis, cui nullus ex his titulis suffragatur, dicitur relativa.

§ 3. Actor sequitur forum partis conventae; quod si pars conventa multiplex forum habet, optio fori actori conceditur.

Can. 1408 - Quilibet conveniri potest coram tribunali domicilii vel quasi-domicilii.

Can. 1409 - § 1. Vagus forum habet in loco ubi actu commoratur.

§ 2. Is, cuius neque domicilium aut quasi-domicilium neque locus commorationis nota sint, conveniri potest in foro actoris, dummodo aliud forum legitimum non suppetat.

Can. 1410 - Ratione rei sitae, pars conveniri potest coram tribunali loci, ubi res litigiosa sita est, quoties actio in rem directa sit, aut de spolio agatur.

Can. 1411 - § 1. Ratione contractus pars conveniri potest coram tribunali loci in quo contractus initus est vel adimpleri debet, nisi partes concorditer aliud tribunal elegerint.

§ 2. Si causa versetur circa obligationes quae ex alio titulo prove-
niant, pars conveniri potest coram tribunali loci, in quo obligatio vel
orta est vel est adimplenda.

Can. 1412 – In causis poenalibus accusatus, licet absens, conveniri potest coram tribunali loci, in quo delictum patratum est.

Can. 1413 – Pars conveniri potest :
1° in causis quae circa administrationem versantur, coram tribunali loci ubi administratio gesta est ;
2° in causis quae respiciunt hereditates vel legata pia, coram
tribunali ultimi domicilii vel quasi-domicilii vel commorationis, ad
normam cann. 1408-1409, illius de cuius hereditate vel legato pio agitur,
nisi agatur de mera exsecutione legati, quae videnda est secundum ordi-
narias competentiae normas.

Can. 1414 – Ratione conexionis, ab uno eodemque tribunali et in
eodem processu cognoscendae sunt causae inter se conexae, nisi legis
praescriptum obstet.

Can. 1415 – Ratione praeventionis, si duo vel plura tribunalia
aeque competentia sunt, ei ius est causam cognoscendi, quod prius
partem conventam legitime citaverit.

Can. 1416 – Conflictus competentiae inter tribunalia eidem tribunali appellationis subiecta, ab hoc tribunali solvuntur ; a Signatura
Apostolica, si eidem tribunali appellationis non subsunt.

TITULUS II

DE VARIIS TRIBUNALIUM GRADIBUS ET SPECIEBUS

Can. 1417 – § 1. Ob primatum Romani Pontificis integrum est
cuilibet fideli causam suam sive contentiosam sive poenalem, in quovis
iudicii gradu et in quovis litis statu, cognoscendam ad Sanctam Sedem
deferre vel apud eandem introducere.

§ 2. Provocatio tamen ad Sedem Apostolicam interposita non suspendit, praeter casum appellationis, exercitium iurisdictionis in iudice
qui causam iam cognoscere coepit ; quique idcirco poterit iudicium prosequi usque ad definitivam sententiam, nisi Sedes Apostolica iudici
significaverit se causam advocasse.

Can. 1418 – Quodlibet tribunal ius habet in auxilium vocandi aliud
tribunal ad causam instruendam vel ad actus intimandos.

Caput I
DE TRIBUNALI PRIMAE INSTANTIAE

Art. 1
De iudice

Can. 1419 – § 1. In unaquaque dioecesi et pro omnibus causis iure expresse non exceptis, iudex primae instantiae est Episcopus dioecesanus, qui iudicialem potestatem exercere potest per se ipse vel per alios, secundum canones qui sequuntur.

§ 2. Si vero agatur de iuribus aut bonis temporalibus personae iuridicae ab Episcopo repraesentatae, iudicat in primo gradu tribunal appellationis.

Can. 1420 – § 1. Quilibet Episcopus dioecesanus tenetur Vicarium iudicialem seu Officialem constituere cum potestate ordinaria iudicandi, a Vicario generali distinctum, nisi parvitas dioecesis aut paucitas causarum aliud suadeat.

§ 2. Vicarius iudicialis unum constituit tribunal cum Episcopo, sed nequit iudicare causas quas Episcopus sibi reservat.

§ 3. Vicario iudiciali dari possunt adiutores, quibus nomen est Vicariorum iudicialium adiunctorum seu Vice-officialium.

§ 4. Tum Vicarius iudicialis tum Vicarii iudiciales adiuncti esse debent sacerdotes, integrae famae, in iure canonico doctores vel saltem licentiati, annos nati non minus triginta.

§ 5. Ipsi, sede vacante, a munere non cessant nec ab Administratore dioecesano amoveri possunt; adveniente autem novo Episcopo, indigent confirmatione.

Can. 1421 – § 1. In dioecesi constituantur ab Episcopo iudices dioecesani, qui sint clerici.

§ 2. Episcoporum conferentia permittere potest ut etiam laici iudices constituantur, e quibus, suadente necessitate, unus assumi potest ad collegium efformandum.

§ 3. Iudices sint integrae famae et in iure canonico doctores vel saltem licentiati.

Can. 1422 – Vicarius iudicialis, Vicarii iudiciales adiuncti et ceteri iudices nominantur ad definitum tempus, firmo praescripto can. 1420, § 5, nec removeri possunt nisi ex legitima gravique causa.

Can. 1423 – § 1. Plures dioecesani Episcopi, probante Sede Apostolica, possunt concordes, in locum tribunalium dioecesanorum de quibus in cann. 1419-1421, unicum constituere in suis dioecesibus tribunal primae instantiae; quo in casu ipsorum Episcoporum coetui vel Episcopo ab eisdem designato omnes competunt potestates, quas Episcopus dioecesanus habet circa suum tribunal.

§ 2. Tribunalia, de quibus in § 1, constitui possunt vel ad causas quaslibet vel ad aliqua tantum causarum genera.

Can. 1424 – Unicus iudex in quolibet iudicio duos assessores, clericos vel laicos probatae vitae, sibi consulentes asciscere potest.

Can. 1425 – § 1. Reprobata contraria consuetudine, tribunali collegiali trium iudicum reservantur:

1° causae contentiosae: *a*) de vinculo sacrae ordinationis; *b*) de vinculo matrimonii, firmis praescriptis cann. 1686 et 1688;

2° causae poenales: *a*) de delictis quae poenam dimissionis e statu clericali secumferre possunt; *b*) de irroganda vel declaranda excommunicatione.

§ 2. Episcopus causas difficiliores vel maioris momenti committere potest iudicio trium vel quinque iudicum.

§ 3. Vicarius iudicialis ad singulas causas cognoscendas iudices ex ordine per turnum advocet, nisi Episcopus in singulis casibus aliter statuerit.

§ 4. In primo iudicii gradu, si forte collegium constitui nequeat, Episcoporum conferentia, quamdiu huiusmodi impossibilitas perduret, permittere potest ut Episcopus causas unico iudici clerico committat, qui, ubi fieri possit, assessorem et auditorem sibi asciscat.

§ 5. Iudices semel designatos ne subroget Vicarius iudicialis, nisi ex gravissima causa in decreto exprimenda.

Can. 1426 – § 1. Tribunal collegiale collegialiter procedere debet, et per maiorem suffragiorum partem sententias ferre.

§ 2. Eidem praeesse debet, quatenus fieri potest, Vicarius iudicialis vel Vicarius iudicialis adiunctus.

Can. 1427 – § 1. Si controversia sit inter religiosos vel domos eiusdem instituti religiosi clericalis iuris pontificii, iudex primae instantiae, nisi aliud in constitutionibus caveatur, est Superior provincialis, aut, si monasterium sit sui iuris, Abbas localis.

§ 2. Salvo diverso constitutionum praescripto, si res contentiosa agatur inter duas provincias, in prima instantia iudicabit per se ipse vel per delegatum supremus Moderator; si inter duo monasteria, Abbas superior congregationis monasticae.

§ 3. Si demum controversia enascatur inter religiosas personas physicas vel iuridicas diversorum institutorum religiosorum, aut etiam eiusdem instituti clericalis iuris dioecesani vel laicalis, aut inter personam religiosam et clericum saecularem vel laicum vel personam iuridicam non religiosam, iudicat in prima instantia tribunal dioecesanum.

Art. 2

De auditoribus et relatoribus

Can. 1428 – § 1. Iudex vel tribunalis collegialis praeses possunt auditorem designare ad causae instructionem peragendam, eum seligentes aut ex tribunalis iudicibus aut ex personis ab Episcopo ad hoc munus approbatis.

§ 2. Episcopus potest ad auditoris munus approbare clericos vel laicos, qui bonis moribus, prudentia et doctrina fulgeant.

§ 3. Auditoris est, secundum iudicis mandatum, probationes tantum colligere easque collectas iudici tradere; potest autem, nisi iudicis mandatum obstet, interim decidere quae et quomodo probationes colligendae sint, si forte de hac re quaestio oriatur, dum ipse munus suum exercet.

Can. 1429 – Tribunalis collegialis praeses debet unum ex iudicibus collegii ponentem seu relatorem designare, qui in coetu iudicum de causa referat et sententias in scriptis redigat; in ipsius locum idem praeses alium ex iusta causa substituere potest.

Art. 3

De promotore iustitiae, vinculi defensore et notario

Can. 1430 – Ad causas contentiosas, in quibus bonum publicum in discrimen vocari potest, et ad causas poenales constituatur in dioecesi promotor iustitiae, qui officio tenetur providendi bono publico.

Can. 1431 – § 1. In causis contentiosis, Episcopi dioecesani est iudicare utrum bonum publicum in discrimen vocari possit necne, nisi interventus promotoris iustitiae a lege praecipiatur vel ex natura rei evidenter necessarius sit.

§ 2. Si in praecedenti instantia intervenerit promotor iustitiae, in ulteriore gradu huius interventus praesumitur necessarius.

Can. 1432 – Ad causas, in quibus agitur de nullitate sacrae ordinationis aut de nullitate vel solutione matrimonii, constituatur in dioecesi defensor vinculi, qui officio tenetur proponendi et exponendi omnia quae rationabiliter adduci possint adversus nullitatem vel solutionem.

Can. 1433 – In causis in quibus promotoris iustitiae aut defensoris vinculi praesentia requiritur, iis non citatis, acta irrita sunt, nisi ipsi, etsi non citati, revera interfuerint, aut saltem ante sententiam, actis inspectis, munere suo fungi potuerint.

Can. 1434 – Nisi aliud expresse caveatur:

1° quoties lex praecipit ut iudex partes earumve alteram audiat, etiam promotor iustitiae et vinculi defensor, si iudicio intersint, audiendi sunt;

2° quoties instantia partis requiritur ut iudex aliquid decernere possit, instantia promotoris iustitiae vel vinculi defensoris, qui iudicio intersint, eandem vim habet.

Can. 1435 – Episcopi est promotorem iustitiae et vinculi defensorem nominare, qui sint clerici vel laici, integrae famae, in iure canonico doctores vel licentiati, ac prudentia et iustitiae zelo probati.

Can. 1436 – § 1. Eadem persona, non autem in eadem causa, officium promotoris iustitiae et defensoris vinculi gerere potest.

§ 2. Promotor et defensor constitui possunt tum ad universitatem causarum tum ad singulas causas; possunt autem ab Episcopo, iusta de causa, removeri.

Can. 1437 – § 1. Cuilibet processui intersit notarius, adeo ut nulla habeantur acta, si non fuerint ab eo subscripta.

§ 2. Acta, quae notarii conficiunt, publicam fidem faciunt.

CAPUT II

DE TRIBUNALI SECUNDAE INSTANTIAE

Can. 1438 – Firmo praescripto can. 1444, § 1, n. 1:

1° a tribunali Episcopi suffraganei appellatur ad tribunal Metropolitae, salvo praescripto can. 1439;

2° in causis in prima instantia pertractatis coram Metropolita fit appellatio ad tribunal quod ipse, probante Sede Apostolica, stabiliter designaverit;

3° pro causis coram Superiore provinciali actis tribunal secundae instantiae est penes supremum Moderatorem; pro causis actis coram Abbate locali, penes Abbatem superiorem congregationis monasticae.

Can. 1439 – § 1. Si quod tribunal primae instantiae unicum pro pluribus dioecesibus, ad normam can. 1423, constitutum sit, Episcoporum conferentia debet tribunal secundae instantiae, probante Sede Apostolica, constituere, nisi dioeceses sint omnes eiusdem archidioecesis suffraganeae.

§ 2. Episcoporum conferentia potest, probante Sede Apostolica, unum vel plura tribunalia secundae instantiae constituere, etiam praeter casus de quibus in § 1.

§ 3. Quod attinet ad tribunalia secundae instantiae, de quibus in §§ 1-2, Episcoporum conferentia vel Episcopus ab ea designatus omnes habent potestates, quae Episcopo dioecesano competunt circa suum tribunal.

Can. 1440 – Si competentia ratione gradus, ad normam cann. 1438 et 1439 non servetur, incompetentia iudicis est absoluta.

Can. 1441 – Tribunal secundae instantiae eodem modo quo tribunal primae instantiae constitui debet. Si tamen in primo iudicii gradu, secundum can. 1425, § 4, iudex unicus sententiam tulit, tribunal secundae instantiae collegialiter procedat.

Caput III

DE APOSTOLICAE SEDIS TRIBUNALIBUS

Can. 1442 – Romanus Pontifex pro toto orbe catholico iudex est supremus, qui vel per se ipse ius dicit, vel per ordinaria Sedis Apostolicae tribunalia, vel per iudices a se delegatos.

Can. 1443 – Tribunal ordinarium a Romano Pontifice constitutum appellationibus recipiendis est Rota Romana.

Can. 1444 – § 1. Rota Romana iudicat :

1° in secunda instantia, causas quae ab ordinariis tribunalibus primae instantiae diiudicatae fuerint et ad Sanctam Sedem per appellationem legitimam deferantur ;

2° in tertia vel ulteriori instantia, causas ab ipsa Rota Romana et ab aliis quibusvis tribunalibus iam cognitas, nisi res iudicata habeatur.

§ 2. Hoc tribunal iudicat etiam in prima instantia causas de quibus in can. 1405, § 3, aliasve quas Romanus Pontifex sive motu proprio, sive ad instantiam partium ad suum tribunal advocaverit et Rotae Romanae commiserit ; easque, nisi aliud cautum sit in commissi muneris rescripto, ipsa Rota iudicat etiam in secunda et ulteriore instantia.

Can. 1445 – § 1. Supremum Signaturae Apostolicae Tribunal cognoscit :

1° querelas nullitatis et petitiones restitutionis in integrum et alios recursus contra sententias rotales ;

2° recursus in causis de statu personarum, quas ad novum examen Rota Romana admittere renuit ;

3° exceptiones suspicionis aliasque causas contra Auditores Rotae Romanae propter acta in exercitio ipsorum muneris ;

4° conflictus competentiae de quibus in can. 1416.

§ 2. Ipsum Tribunal videt de contentionibus ortis ex actu potestatis administrativae ecclesiasticae ad eam legitime delatis, de aliis controversiis administrativis quae a Romano Pontifice vel a Romanae Curiae dicasteriis ipsi deferantur, et de conflictu competentiae inter eadem dicasteria.

§ 3. Supremi huius Tribunalis praeterea est:

1° rectae administrationi iustitiae invigilare et in advocatos vel procuratores, si opus sit, animadvertere;

2° tribunalium competentiam prorogare;

3° promovere et approbare erectionem tribunalium, de quibus in cann. 1423 et 1439.

TITULUS III
DE DISCIPLINA IN TRIBUNALIBUS SERVANDA

Caput I
DE OFFICIO IUDICUM ET TRIBUNALIS MINISTRORUM

Can. 1446 – § 1. Christifideles omnes, in primis autem Episcopi, sedulo annitantur ut, salva iustitia, lites in populo Dei, quantum fieri possit, vitentur et pacifice quam primum componantur.

§ 2. Iudex in limine litis, et etiam quolibet alio momento, quotiescumque spem aliquam boni exitus perspicit, partes hortari et adiuvare ne omittat, ut de aequa controversiae solutione quaerenda communi consilio curent, viasque ad hoc propositum idoneas ipsis indicet, gravibus quoque hominibus ad mediationem adhibitis.

§ 3. Quod si circa privatum partium bonum lis versetur, dispiciat iudex num transactione vel arbitrorum iudicio, ad normam cann. 1717-1720, controversia finem habere utiliter possit.

Can. 1447 – Qui causae interfuit tamquam iudex, promotor iustitiae, defensor vinculi, procurator, advocatus, testis aut peritus, nequit postea valide eandem causam in alia instantia tamquam iudex definire aut in eadem munus assessoris sustinere.

Can. 1448 – § 1. Iudex cognoscendam ne suscipiat causam, in qua ratione consanguinitatis vel affinitatis in quolibet gradu lineae rectae et usque ad quartum gradum lineae collateralis, vel ratione tutelae et curatelae, intimae vitae consuetudinis, magnae simultatis, vel lucri faciendi aut damni vitandi, aliquid ipsius intersit.

§ 2. In iisdem adiunctis ab officio suo abstinere debent iustitiae promotor, defensor vinculi, assessor et auditor.

Can. 1449 – § 1. In casibus, de quibus in can. 1448, nisi iudex ipse abstineat, pars potest eum recusare.

§ 2. De recusatione videt Vicarius iudicialis; si ipse recusetur, videt Episcopus qui tribunali praeest.

§ 3. Si Episcopus sit iudex et contra eum recusatio opponatur, ipse abstineat a iudicando.

§ 4. Si recusatio opponatur contra promotorem iustitiae, defensorem vinculi aut alios tribunalis administros, de hac exceptione videt praeses in tribunali collegiali vel ipse iudex, si unicus sit.

Can. 1450 – Recusatione admissa, personae mutari debent, non vero iudicii gradus.

Can. 1451 – § 1. Quaestio de recusatione expeditissime definienda est, auditis partibus, promotore iustitiae vel vinculi defensore, si inter-sint, neque ipsi recusati sint.

§ 2. Actus positi a iudice antequam recusetur, validi sunt; qui autem positi sunt post propositam recusationem, rescindi debent, si pars petat intra decem dies ab admissa recusatione.

Can. 1452 – § 1. In negotio quod privatorum solummodo interest, iudex procedere potest dumtaxat ad instantiam partis. Causa autem legitime introducta, iudex procedere potest et debet etiam ex officio in causis poenalibus aliisque, quae publicum Ecclesiae bonum aut animarum salutem respiciunt.

§ 2. Potest autem praeterea iudex partium neglegentiam in probationibus afferendis vel in exceptionibus opponendis supplere, quoties id necessarium censeat ad vitandam graviter iniustam sententiam, firmis praescriptis can. 1600.

Can. 1453 – Iudices et tribunalia curent ut quam primum, salva iustitia, causae omnes terminentur, utque in tribunali primae instantiae ultra annum ne protrahantur, in tribunali vero secundae instantiae, ultra sex menses.

Can. 1454 – Omnes qui tribunal constituunt aut eidem opem ferunt, iusiurandum de munere rite et fideliter implendo praestare debent.

Can. 1455 – § 1. In iudicio poenali semper, in contentioso autem si ex revelatione alicuius actus processualis praeiudicium partibus obvenire possit, iudices et tribunalis adiutores tenentur ad secretum officii servandum.

§ 2. Tenentur etiam semper ad secretum servandum de discussione quae inter iudices in tribunali collegiali ante ferendam sententiam habetur, tum etiam de variis suffragiis et opinionibus ibidem prolatis, firmo praescripto can. 1609, § 4.

§ 3. Immo, quoties natura causae vel probationum talis sit ut ex actorum vel probationum evulgatione aliorum fama periclitetur, vel prae-

beatur ansa dissidiis, aut scandalum aliudve id genus incommodum oriatur, iudex poterit testes, peritos, partes earumque advocatos vel procuratores iureiurando astringere ad secretum servandum.

Can. 1456 – Iudex et omnes tribunalis administri, occasione agendi
iudicii, dona quaevis acceptare prohibentur.

Can. 1457 – § 1. Iudices qui, cum certe et evidenter competentes
sint, ius reddere recusent, vel nullo suffragante iuris praescripto se
competentes declarent atque causas cognoscant ac definiant, vel secreti
legem violent, vel ex dolo aut gravi neglegentia aliud litigantibus damnum inferant, congruis poenis a competenti auctoritate puniri possunt,
non exclusa officii privatione.

§ 2. Iisdem sanctionibus subsunt tribunalis ministri et adiutores,
si officio suo, ut supra, defuerint; quos omnes etiam iudex punire potest.

CAPUT II
DE ORDINE COGNITIONUM

Can. 1458 – Causae cognoscendae sunt eo ordine quo fuerunt propositae et in albo inscriptae, nisi ex iis aliqua celerem prae ceteris expe-
ditionem exigat, quod quidem peculiari decreto, rationibus suffulto,
statuendum est.

Can. 1459 – § 1. Vitia, quibus sententiae nullitas haberi potest,
in quolibet iudicii statu vel gradu excipi possunt itemque a iudice ex
officio declarari.

§ 2. Praeter casus de quibus in § 1, exceptiones dilatoriae, eae praesertim quae respiciunt personas et modum iudicii, proponendae sunt
ante contestationem litis, nisi contestata iam lite emerserint, et quam
primum definiendae.

Can. 1460 – § 1. Si exceptio proponatur contra iudicis competentiam, hac de re ipse iudex videre debet.

§ 2. In casu exceptionis de incompetentia relativa, si iudex se competentem pronuntiet, eius decisio non admittit appellationem, at non
prohibentur querela nullitatis et restitutio in integrum.

§ 3. Quod si iudex se incompetentem declaret, pars quae se gravatam
reputat, potest intra quindecim dies utiles provocare ad tribunal appellationis.

Can. 1461 – Iudex in quovis stadio causae se absolute incompetentem agnoscens, suam incompetentiam declarare debet.

Can. 1462 – § 1. Exceptiones rei iudicatae, transactionis et aliae
peremptoriae quae dicuntur *litis finitae,* proponi et cognosci debent ante

contestationem litis; qui serius eas opposuerit, non est reiciendus, sed condemnetur ad expensas, nisi probet se oppositionem malitiose non distulisse.

§ 2. Aliae exceptiones peremptoriae proponantur in contestatione litis, et suo tempore tractandae sunt secundum regulas circa quaestiones incidentes.

Can. 1463 – § 1. Actiones reconventionales proponi valide nequeunt, nisi intra triginta dies a lite contestata.

§ 2. Eaedem autem cognoscantur simul cum conventionali actione, hoc est pari gradu cum ea, nisi eas separatim cognoscere necessarium sit aut iudex id opportunius existimaverit.

Can. 1464 – Quaestiones de cautione pro expensis iudicialibus praestanda aut de concessione gratuiti patrocinii, quod statim ab initio postulatum fuerit, et aliae huiusmodi regulariter videndae sunt ante litis contestationem.

CAPUT III

DE TERMINIS ET DILATIONIBUS

Can. 1465 – § 1. Fatalia legis quae dicuntur, id est termini perimendis iuribus lege constituti, prorogari non possunt, neque valide, nisi petentibus partibus, coarctari.

§ 2. Termini autem iudiciales et conventionales, ante eorum lapsum, poterunt, iusta intercedente causa, a iudice, auditis vel petentibus partibus, prorogari, numquam autem, nisi partibus consentientibus, valide coarctari.

§ 3. Caveat tamen iudex ne nimis diuturna lis fiat ex prorogatione.

Can. 1466 – Ubi lex terminos haud statuat ad actus processuales peragendos, iudex illos praefinire debet, habita ratione naturae uniuscuiusque actus.

Can. 1467 – Si die ad actum iudicialem indicto vacaverit tribunal, terminus intellegitur prorogatus ad primum sequentem diem non feriatum.

CAPUT IV

DE LOCO IUDICII

Can. 1468 – Uniuscuiusque tribunalis sedes sit, quantum fieri potest, stabilis, quae statutis horis pateat.

Can. 1469 – § 1. Iudex e territorio suo vi expulsus vel a iurisdictione ibi exercenda impeditus, potest extra territorium iurisdictionem suam exercere et sententiam ferre, certiore tamen hac de re facto Episcopo dioecesano.

§ 2. Praeter casum de quo in § 1, iudex, ex iusta causa et auditis partibus, potest ad probationes acquirendas etiam extra proprium territorium se conferre, de licentia tamen Episcopi dioecesani loci adeundi et in sede ab eodem designata.

Caput V

DE PERSONIS IN AULAM ADMITTENDIS ET DE MODO CONFICIENDI ET CONSERVANDI ACTA

Can. 1470 – § 1. Nisi aliter lex particularis caveat, dum causae coram tribunali aguntur, ii tantummodo adsint in aula quos lex aut iudex ad processum expediendum necessarios esse statuerit.

§ 2. Omnes iudicio assistentes, qui reverentiae et oboedientiae tribunali debitae graviter defuerint, iudex potest congruis poenis ad officium reducere, advocatos praeterea et procuratores etiam a munere apud tribunalia ecclesiastica exercendo suspendere.

Can. 1471 – Si qua persona interroganda utatur lingua iudici vel partibus ignota, adhibeatur interpres iuratus a iudice designatus. Declarationes tamen scripto redigantur lingua originaria et translatio addatur. Interpres etiam adhibeatur si surdus vel mutus interrogari debet, nisi forte malit iudex quaestionibus a se datis scripto respondeatur.

Can. 1472 – § 1. Acta iudicialia, tum quae meritum quaestionis respiciunt, seu acta causae, tum quae ad formam procedendi pertinent, seu acta processus, scripto redacta esse debent.

§ 2. Singula folia actorum numerentur et authenticitatis signo muniantur.

Can. 1473 – Quoties in actis iudicialibus partium aut testium subscriptio requiritur, si pars aut testis subscribere nequeat vel nolit, id in ipsis actis adnotetur, simulque iudex et notarius fidem faciant actum ipsum de verbo ad verbum parti aut testi perlectum fuisse, et partem aut testem vel non potuisse vel noluisse subscribere.

Can. 1474 – § 1. In casu appellationis, actorum exemplar, fide facta a notario de eius authenticitate, ad tribunal superius mittatur.

§ 2. Si acta exarata fuerint lingua tribunali superiori ignota, transferantur in aliam eidem tribunali cognitam, cautelis adhibitis, ut de fideli translatione constet.

Can. 1475 – § 1. Iudicio expleto, documenta quae in privatorum dominio sunt, restitui debent, retento tamen eorum exemplari.

§ 2. Notarii et cancellarius sine iudicis mandato tradere prohibentur exemplar actorum iudicialium et documentorum, quae sunt processui acquisita.

TITULUS IV
DE PARTIBUS IN CAUSA

Cᴀᴘᴜᴛ I
DE ACTORE ET DE PARTE CONVENTA

Can. 1476 – Quilibet, sive baptizatus sive non baptizatus, potest in iudicio agere; pars autem legitime conventa respondere debet.

Can. 1477 – Licet actor vel pars conventa procuratorem vel advocatum constituerit, semper tamen tenetur in iudicio ipsemet adesse ad praescriptum iuris vel iudicis.

Can. 1478 – § 1. Minores et ii, qui rationis usu destituti sunt, stare in iudicio tantummodo possunt per eorum parentes aut tutores vel curatores, salvo praescripto § 3.

§ 2. Si iudex existimet minorum iura esse in conflictu cum iuribus parentum vel tutorum vel curatorum, aut hos non satis tueri posse ipsorum iura, tunc stent in iudicio per tutorem vel curatorem a iudice datum.

§ 3. Sed in causis spiritualibus et cum spiritualibus conexis, si minores usum rationis assecuti sint, agere et respondere queunt sine parentum vel tutoris consensu, et quidem per se ipsi, si aetatem quattuordecim annorum expleverint; secus per curatorem a iudice constitutum.

§ 4. Bonis interdicti, et ii qui minus firmae mentis sunt, stare in iudicio per se ipsi possunt tantummodo ut de propriis delictis respondeant, aut ad praescriptum iudicis; in ceteris agere et respondere debent per suos curatores.

Can. 1479 – Quoties adest tutor aut curator ab auctoritate civili constitutus, idem potest a iudice ecclesiastico admitti, audito, si fieri potest, Episcopo dioecesano eius cui datus est; quod si non adsit aut non videatur admittendus, ipse iudex tutorem aut curatorem pro causa designabit.

Can. 1480 – § 1. Personae iuridicae in iudicio stant per suos legitimos repraesentantes.

§ 2. In casu vero defectus vel neglegentiae repraesentantis, potest ipse Ordinarius per se vel per alium stare in iudicio nomine personarum iuridicarum, quae sub eius potestate sunt.

Caput II

DE PROCURATORIBUS AD LITES ET ADVOCATIS

Can. 1481 – § 1. Pars libere potest advocatum et procuratorem sibi constituere; sed praeter casus in §§ 2 et 3 statutos, potest etiam per se ipsa agere et respondere, nisi iudex procuratoris vel advocati ministerium necessarium existimaverit.

§ 2. In iudicio poenali accusatus aut a se constitutum aut a iudice datum semper habere debet advocatum.

§ 3. In iudicio contentioso, si agatur de minoribus aut de iudicio in quo bonum publicum vertitur, exceptis causis matrimonialibus, iudex parti carenti defensorem ex officio constituat.

Can. 1482 – § 1. Unicum sibi quisque potest constituere procuratorem, qui nequit alium sibimet substituere, nisi expressa facultas eidem facta fuerit.

§ 2. Quod si tamen, iusta causa suadente, plures ab eodem constituantur, hi ita designentur, ut detur inter ipsos locus praeventioni.

§ 3. Advocati autem plures simul constitui queunt.

Can. 1483 – Procurator et advocatus esse debent aetate maiores et bonae famae; advocatus debet praeterea esse catholicus, nisi Episcopus dioecesanus aliter permittat, et doctor in iure canonico, vel alioquin vere peritus et ab eodem Episcopo approbatus.

Can. 1484 – § 1. Procurator et advocatus antequam munus suscipiant, mandatum authenticum apud tribunal deponere debent.

§ 2. Ad iuris tamen extinctionem impediendam iudex potest procuratorem admittere etiam non exhibito mandato, praestita, si res ferat, idonea cautione; actus autem qualibet vi caret, si intra terminum peremptorium a iudice statuendum, procurator mandatum rite non exhibeat.

Can. 1485 – Nisi speciale mandatum habuerit, procurator non potest valide renuntiare actioni, instantiae vel actis iudicialibus, nec transigere, pacisci, compromittere in arbitros et generatim ea agere pro quibus ius requirit mandatum speciale.

Can. 1486 – § 1. Ut procuratoris vel advocati remotio effectum sortiatur, necesse est ipsis intimetur, et, si lis iam contestata fuerit, iudex et adversa pars certiores facti sint de remotione.

§ 2. Lata definitiva sententia, ius et officium appellandi, si mandans non renuat, procuratori manet.

Can. 1487 – Tum procurator tum advocatus possunt a iudice, dato decreto, repelli sive ex officio sive ad instantiam partis, gravi tamen de causa.

Can. 1488 – § 1. Vetatur uterque emere litem, aut sibi de immodico emolumento vel rei litigiosae parte vindicata pacisci. Quae si fecerint, nulla est pactio, et a iudice poterunt poena pecuniaria mulctari. Advocatus praeterea tum ab officio suspendi, tum etiam, si recidivus sit, ab Episcopo, qui tribunali praeest, ex albo advocatorum expungi potest.

§ 2. Eodem modo puniri possunt advocati et procuratores qui a competentibus tribunalibus causas, in fraudem legis, subtrahunt ut ab aliis favorabilius definiantur.

Can. 1489 – Advocati ac procuratores qui ob dona aut pollicitationes aut quamlibet aliam rationem suum officium prodiderint, a patrocinio exercendo suspendantur, et mulcta pecuniaria aliisve congruis poenis plectantur.

Can. 1490 – In unoquoque tribunali, quatenus fieri possit, stabiles patroni constituantur, ab ipso tribunali stipendium recipientes, qui munus advocati vel procuratoris in causis praesertim matrimonialibus pro partibus quae eos seligere malint, exerceant.

TITULUS V
DE ACTIONIBUS ET EXCEPTIONIBUS

Caput I
DE ACTIONIBUS ET EXCEPTIONIBUS IN GENERE

Can. 1491 – Quodlibet ius non solum actione munitur, nisi aliud expresse cautum sit, sed etiam exceptione.

Can. 1492 – § 1. Quaevis actio extinguitur praescriptione ad normam iuris aliove legitimo modo, exceptis actionibus de statu personarum, quae numquam extinguuntur.

§ 2. Exceptio, salvo praescripto can. 1462, semper competit et est suapte natura perpetua.

Can. 1493 – Actor pluribus simul actionibus, quae tamen inter se non confligant, sive de eadem re sive de diversis, aliquem convenire potest, si aditi tribunalis competentiam non egrediantur.

Can. 1494 – § 1. Pars conventa potest coram eodem iudice in eodem iudicio contra actorem vel propter causae nexum cum actione principali vel ad submovendam vel ad minuendam actoris petitionem, actionem reconventionalem instituere.

§ 2. Reconventio reconventionis non admittitur.

Can. 1495 – Actio reconventionalis proponenda est iudici coram quo actio prior instituta est, licet ad unam causam dumtaxat delegato vel alioquin relative incompetenti.

Caput II

DE ACTIONIBUS ET EXCEPTIONIBUS IN SPECIE

Can. 1496 – § 1. Qui probabilibus saltem argumentis ostenderit super aliqua re ab alio detenta ius se habere, sibique damnum imminere nisi res ipsa custodienda tradatur, ius habet obtinendi a iudice eiusdem rei sequestrationem.

§ 2. In similibus rerum adiunctis obtinere potest, ut iuris exercitium alicui inhibeatur.

Can. 1497 – § 1. Ad crediti quoque securitatem sequestratio rei admittitur, dummodo de creditoris iure satis constet.

§ 2. Sequestratio extendi potest etiam ad res debitoris quae quolibet titulo apud alias personas reperiantur, et ad debitoris credita.

Can. 1498 – Sequestratio rei et inhibitio exercitii iuris decerni nullatenus possunt, si damnum quod timetur possit aliter reparari et idonea cautio de eo reparando offeratur.

Can. 1499 – Iudex potest ei, cui sequestrationem rei vel inhibitionem exercitii iuris concedit, praeviam imponere cautionem de damnis, si ius suum non probaverit, resarciendis.

Can. 1500 – Ad naturam et vim actionis possessoriae quod attinet, serventur praescripta iuris civilis loci ubi sita est res de cuius possessione agitur.

PARS II
DE IUDICIO CONTENTIOSO

SECTIO I
DE IUDICIO CONTENTIOSO ORDINARIO

TITULUS I
DE CAUSAE INTRODUCTIONE

Caput I
DE LIBELLO LITIS INTRODUCTORIO

Can. 1501 – Iudex nullam causam cognoscere potest, nisi petitio, ad normam canonum, proposita sit ab eo cuius interest, vel a promotore iustitiae.

Can. 1502 – Qui aliquem convenire vult, debet libellum competenti iudici exhibere, in quo controversiae obiectum proponatur, et ministerium iudicis expostuletur.

Can. 1503 – § 1. Petitionem oralem iudex admittere potest, quoties vel actor libellum exhibere impediatur vel causa sit facilis investigationis et minoris momenti.

§ 2. In utroque tamen casu iudex notarium iubeat scriptis actum redigere qui actori legendus est et ab eo probandus, quique locum tenet libelli ab actore scripti ad omnes iuris effectus.

Can. 1504 – Libellus, quo lis introducitur, debet:

1° exprimere coram quo iudice causa introducatur, quid petatur et a quo petatur;

2° indicare quo iure innitatur actor et generatim saltem quibus factis et probationibus ad evincenda ea quae asseruntur;

3° subscribi ab actore vel eius procuratore, appositis die, mense et anno, necnon loco in quo actor vel eius procurator habitant, aut residere se dixerint actorum recipiendorum gratia;

4° indicare domicilium vel quasi-domicilium partis conventae.

Can. 1505 – § 1. Iudex unicus vel tribunalis collegialis praeses, postquam viderint et rem esse suae competentiae et actori legitimam personam standi in iudicio non deesse, debent suo decreto quam primum libellum aut admittere aut reicere.

§ 2. Libellus reici potest tantum :

1° si iudex vel tribunal incompetens sit;

2° si sine dubio constet actori legitimam deesse personam standi in iudicio;

3° si non servata sint praescripta can. 1504, nn. 1-3;

4° si certo pateat ex ipso libello petitionem quolibet carere fundamento, neque fieri posse, ut aliquod ex processu fundamentum appareat.

§ 3. Si libellus reiectus fuerit ob vitia quae emendari possunt, actor novum libellum rite confectum potest eidem iudici denuo exhibere.

§ 4. Adversus libelli reiectionem integrum semper est parti intra tempus utile decem dierum recursum rationibus suffultum interponere vel ad tribunal appellationis vel ad collegium, si libellus reiectus fuerit a praeside; quaestio autem reiectionis expeditissime definienda est.

Can. 1506 – Si iudex intra mensem ab exhibito libello decretum non ediderit, quo libellum admittit vel reicit ad normam can. 1505, pars, cuius interest, instare potest ut iudex suo munere fungatur; quod si nihilominus iudex sileat, inutiliter lapsis decem diebus a facta instantia, libellus pro admisso habeatur.

Caput II

DE CITATIONE ET DENUNTIATIONE ACTORUM IUDICIALIUM

Can. 1507 – § 1. In decreto, quo actoris libellus admittitur, debet iudex vel praeses ceteras partes in iudicium vocare seu citare ad litem contestandam, statuens utrum eae scripto respondere debeant an coram ipso se sistere ad dubia concordanda. Quod si ex scriptis responsionibus perspiciat necessitatem partes convocandi, id potest novo decreto statuere.

§ 2. Si libellus pro admisso habetur ad normam can. 1506, decretum citationis in iudicium fieri debet intra viginti dies a facta instantia, de qua in eo canone.

§ 3. Quod si partes litigantes de facto coram iudice se sistant ad causam agendam, opus non est citatione, sed actuarius significet in actis partes iudicio adfuisse.

Can. 1508 – § 1. Decretum citationis in iudicium debet statim parti conventae notificari, et simul ceteris, qui comparere debent, notum fieri.

§ 2. Citationi libellus litis introductorius adiungatur, nisi iudex propter graves causas censeat libellum significandum non esse parti, antequam haec deposuerit in iudicium.

§ 3. Si lis moveatur adversus eum qui non habet liberum exercitium suorum iurium, vel liberam administrationem rerum de quibus discep-

tatur, citatio denuntianda est, prout casus ferat, tutori, curatori, procuratori speciali, seu ei qui ipsius nomine iudicium suscipere tenetur
ad normam iuris.

Can. 1509 – § 1. Citationum, decretorum, sententiarum aliorumque iudicialium actorum notificatio facienda est per publicos tabellarios
vel alio modo qui tutissimus sit, servatis normis lege particulari statutis.

§ 2. De facto notificationis et de eius modo constare debet in actis.

Can. 1510 – Conventus, qui citatoriam schedam recipere recuset,
vel qui impedit quominus citatio ad se perveniat, legitime citatus habeatur.

Can. 1511 – Si citatio non fuerit legitime notificata, nulla sunt
acta processus, salvo praescripto can. 1507, § 3.

Can. 1512 – Cum citatio legitime notificata fuerit aut partes coram iudice steterint ad causam agendam :
   1° res desinit esse integra ;
   2° causa fit propria illius iudicis aut tribunalis ceteroquin competentis, coram quo actio instituta est ;
   3° in iudice delegato firma redditur iurisdictio, ita ut non expiret
resoluto iure delegantis ;
   4° interrumpitur praescriptio, nisi aliud cautum sit ;
   5° lis pendere incipit ; et ideo statim locum habet principium « *lite
pendente, nihil innovetur* ».

TITULUS II
DE LITIS CONTESTATIONE

Can. 1513 – § 1. Contestatio litis habetur cum per iudicis decretum controversiae termini, ex partium petitionibus et responsionibus
desumpti, definiuntur.

§ 2. Partium petitiones responsionesque, praeterquam in libello litis introductorio, possunt vel in responsione ad citationem exprimi vel
in declarationibus ore coram iudice factis ; in causis autem difficilioribus
partes convocandae sunt a iudice ad dubium vel dubia concordanda,
quibus in sententia respondendum sit.

§ 3. Decretum iudicis partibus notificandum est ; quae nisi iam con-
senserint, possunt intra decem dies ad ipsum iudicem recurrere, ut mutetur ; quaestio autem expeditissime ipsius iudicis decreto dirimenda est.

Can. 1514 – Controversiae termini semel statuti mutari valide nequeunt, nisi novo decreto, ex gravi causa, ad instantiam partis et auditis
reliquis partibus earumque rationibus perpensis.

Can. 1515 – Lite contestata, possessor rei alienae desinit esse bonae fidei; ideoque, si damnatur ut rem restituat, fructus quoque a contestationis die reddere debet et damna sarcire.

Can. 1516 – Lite contestata, iudex congruum tempus partibus praestituat probationibus proponendis et explendis.

TITULUS III
DE LITIS INSTANTIA

Can. 1517 – Instantiae initium fit citatione; finis autem non solum pronuntiatione sententiae definitivae, sed etiam aliis modis iure praefinitis.

Can. 1518 – Si pars litigans moriatur aut statum mutet aut cesset ab officio cuius ratione agit:

1° causa nondum conclusa, instantia suspenditur donec heres defuncti aut successor aut is, cuius intersit, litem resumat;

2° causa conclusa, iudex procedere debet ad ulteriora, citato procuratore, si adsit, secus defuncti herede vel successore.

Can. 1519 – § 1. Si a munere cesset tutor vel curator vel procurator, qui sit ad normam can. 1481, §§ 1 et 3 necessarius, instantia interim suspenditur.

§ 2. Alium autem tutorem vel curatorem iudex quam primum constituat; procuratorem vero ad litem constituere potest, si pars neglexerit intra brevem terminum ab ipso iudice statutum.

Can. 1520 – Si nullus actus processualis, nullo obstante impedimento, ponatur a partibus per sex menses, instantia perimitur. Lex particularis alios peremptionis terminos statuere potest.

Can. 1521 – Peremptio obtinet ipso iure et adversus omnes, minores quoque aliosve minoribus aequiparatos, atque etiam ex officio declarari debet, salvo iure petendi indemnitatem adversus tutores, curatores, administratores, procuratores, qui culpa se caruisse non probaverint.

Can. 1522 – Peremptio exstinguit acta processus, non vero acta causae; immo haec vim habere possunt etiam in alia instantia, dummodo causa inter easdem personas et super eadem re intercedat; sed ad extraneos quod attinet, non aliam vim obtinent nisi documentorum.

Can. 1523 – Perempti iudicii expensas, quas quisque ex litigantibus fecerit, ipse ferat.

Can. 1524 – § 1. In quolibet statu et gradu iudicii potest actor instantiae renuntiare; item tum actor tum pars conventa possunt processus actis renuntiare sive omnibus sive nonnullis tantum.

§ 2. Tutores et administratores personarum iuridicarum, ut renuntiare possint instantiae, egent consilio vel consensu eorum, quorum concursus requiritur ad ponendos actus, qui ordinariae administrationis fines excedunt.

§ 3. Renuntiatio, ut valeat, peragenda est scripto, eademque a parte vel ab eius procuratore, speciali tamen mandato munito, debet subscribi, cum altera parte communicari, ab eaque acceptari vel saltem non impugnari, et a iudice admitti.

Can. 1525 – Renuntiatio a iudice admissa, pro actis quibus renuntiatum est, eosdem parit effectus ac peremptio instantiae, itemque obligat renuntiantem ad solvendas expensas actorum, quibus renuntiatum fuit.

TITULUS IV
DE PROBATIONIBUS

Can. 1526 – § 1. Onus probandi incumbit ei qui asserit.

§ 2. Non indigent probatione :
1° quae ab ipsa lege praesumuntur ;
2° facta ab uno ex contendentibus asserta et ab altero admissa, nisi iure vel a iudice probatio nihilominus exigatur.

Can. 1527 – § 1. Probationes cuiuslibet generis, quae ad causam cognoscendam utiles videantur et sint licitae, adduci possunt.

§ 2. Si pars instet ut probatio a iudice reiecta admittatur, ipse iudex rem expeditissime definiat.

Can. 1528 – Si pars vel testis se sistere ad respondendum coram iudice renuant, licet eos audire etiam per laicum a iudice designatum aut requirere eorum declarationem coram publico notario vel quovis alio legitimo modo.

Can. 1529 – Iudex ad probationes colligendas ne procedat ante litis contestationem nisi ob gravem causam.

Caput I
DE PARTIUM DECLARATIONIBUS

Can. 1530 – Iudex ad veritatem aptius eruendam partes interrogare semper potest, immo debet, ad instantiam partis vel ad probandum factum quod publice interest extra dubium poni.

Can. 1531 – § 1. Pars legitime interrogata respondere debet et veritatem integre fateri.

§ 2. Quod si respondere recusaverit, iudicis est aestimare quid ad factorum probationem exinde erui possit.

Can. 1532 – In casibus, in quibus bonum publicum in causa est, iudex partibus iusiurandum de veritate dicenda aut saltem de veritate dictorum deferat, nisi gravis causa aliud suadeat; in aliis casibus, potest pro sua prudentia.

Can. 1533 – Partes, promotor iustitiae et defensor vinculi possunt iudici exhibere articulos, super quibus pars interrogetur.

Can. 1534 – Circa partium interrogationem cum proportione serventur, quae in cann. 1548, § 2, n. 1, 1552 et 1558-1565 de testibus statuuntur.

Can. 1535 – Assertio de aliquo facto, scripto vel ore, coram iudice competenti, ab aliqua parte circa ipsam iudicii materiam, sive sponte sive iudice interrogante, contra se peracta, est confessio iudicialis.

Can. 1536 – § 1. Confessio iudicialis unius partis, si agatur de negotio aliquo privato et in causa non sit bonum publicum, ceteras relevat ab onere probandi.

§ 2. In causis autem quae respiciunt bonum publicum, confessio iudicialis et partium declarationes, quae non sint confessiones, vim probandi habere possunt, a iudice aestimandam una cum ceteris causae adiunctis, at vis plenae probationis ipsis tribui nequit, nisi alia accedant elementa quae eas omnino corroborent.

Can. 1537 – Quoad extraiudicialem confessionem in iudicium deductam, iudicis est, perpensis omnibus adiunctis, aestimare quanti ea sit facienda.

Can. 1538 – Confessio vel alia quaevis partis declaratio qualibet vi caret, si constet eam ex errore facti esse prolatam, aut vi vel metu gravi extortam.

CAPUT II

DE PROBATIONE PER DOCUMENTA

Can. 1539 – In quolibet iudicii genere admittitur probatio per documenta tum publica tum privata.

Art. 1

De natura et fide documentorum

Can. 1540 – § 1. Documenta publica ecclesiastica ea sunt, quae persona publica in exercitio sui muneris in Ecclesia confecit, servatis sollemnitatibus iure praescriptis.

§ 2. Documenta publica civilia ea sunt, quae secundum uniuscuius- que loci leges talia iure censentur.

§ 3. Cetera documenta sunt privata.

Can. 1541 – Nisi contrariis et evidentibus argumentis aliud evin- catur, documenta publica fidem faciunt de omnibus quae directe et principaliter in iis affirmantur.

Can. 1542 – Documentum privatum, sive agnitum a parte sive re- cognitum a iudice, eandem probandi vim habet adversus auctorem vel subscriptorem et causam ab iis habentes, ac confessio extra iudicium facta; adversus extraneos eandem vim habet ac partium declaratio- nes quae non sint confessiones, ad normam can. 1536, § 2.

Can. 1543 – Si abrasa, correcta, interpolata aliove vitio documenta infecta demonstrentur, iudicis est aestimare an et quanti huiusmodi documenta sint facienda.

Art. 2

De productione documentorum

Can. 1544 – Documenta vim probandi in iudicio non habent, nisi originalia sint aut in exemplari authentico exhibita et penes tribuna- lis cancellariam deposita, ut a iudice et ab adversario examinari possint.

Can. 1545 – Iudex praecipere potest ut documentum utrique parti commune exhibeatur in processu.

Can. 1546 – § 1. Nemo exhibere tenetur documenta, etsi communia, quae communicari nequeunt sine periculo damni ad normam can. 1548, § 2, n. 2 aut sine periculo violationis secreti servandi.

§ 2. Attamen si qua saltem documenti particula describi possit et in exemplari exhiberi sine memoratis incommodis, iudex decernere potest ut eadem producatur.

Caput III

DE TESTIBUS ET ATTESTATIONIBUS

Can. 1547 – Probatio per testes in quibuslibet causis admittitur, sub iudicis moderatione.

Can. 1548 – § 1. Testes iudici legitime interroganti veritatem fateri debent.

§ 2. Salvo praescripto can. 1550, § 2, n. 2, ab obligatione respondendi eximuntur:

1° clerici, quod attinet ad ea quae ipsis manifestata sunt ratione sacri ministerii; civitatum magistratus, medici, obstetrices, advocati, notarii aliique qui ad secretum officii etiam ratione praestiti consilii tenentur, quod attinet ad negotia huic secreto obnoxia;

2° qui ex testificatione sua sibi aut coniugi aut proximis consanguineis vel affinibus infamiam, periculosas vexationes, aliave mala gravia obventura timent.

Art. 1

QUI TESTES ESSE POSSINT

Can. 1549 – Omnes possunt esse testes, nisi expresse iure repellantur vel in totum vel ex parte.

Can. 1550 – § 1. Ne admittantur ad testimonium ferendum minores infra decimum quartum aetatis annum et mente debiles; audiri tamen poterunt ex decreto iudicis, quo id expedire declaretur.

§ 2. Incapaces habentur:

1° qui partes sunt in causa, aut partium nomine in iudicio consistunt, iudex eiusve assistentes, advocatus aliique qui partibus in eadem causa assistunt vel astiterunt;

2° sacerdotes, quod attinet ad ea omnia quae ipsis ex confessione sacramentali innotuerunt, etsi poenitens eorum manifestationem petierit; immo audita a quovis et quoquo modo occasione confessionis, ne ut indicium quidem veritatis recipi possunt.

Art. 2

DE INDUCENDIS ET EXCLUDENDIS TESTIBUS

Can. 1551 – Pars, quae testem induxit, potest eius examini renuntiare; sed adversa pars postulare potest ut nihilominus testis examinetur.

Can. 1552 – § 1. Cum probatio per testes postulatur, eorum nomina et domicilium tribunali indicentur.

§ 2. Exhibeantur, intra terminum a iudice praestitutum, articuli argumentorum super quibus petitur testium interrogatio; alioquin petitio censeatur deserta.

Can. 1553 – Iudicis est nimiam multitudinem testium refrenare.

Can. 1554 – Antequam testes examinentur, eorum nomina cum partibus communicentur; quod si id, prudenti iudicis existimatione, fieri sine gravi difficultate nequeat, saltem ante testimoniorum publicationem fiat.

Can. 1555 – Firmo praescripto can. 1550, pars petere potest ut testis excludatur, si iusta exclusionis causa demonstretur ante testis excussionem.

Can. 1556 – Citatio testis fit decreto iudicis testi legitime notificato.

Can. 1557 – Testis rite citatus pareat aut causam suae absentiae iudici notam faciat.

Art. 3

De testium examine

Can. 1558 – § 1. Testes sunt examini subiciendi in ipsa tribunalis sede, nisi aliud iudici videatur.

§ 2. Cardinales, Patriarchae, Episcopi et ii qui, suae civitatis iure, simili favore gaudent, audiantur in loco ab ipsis selecto.

§ 3. Iudex decernat ubi audiendi sint ii, quibus propter distantiam, morbum aliudve impedimentum impossibile vel difficile sit tribunalis sedem adire, firmis praescriptis cann. 1418 et 1469, § 2.

Can. 1559 – Examini testium partes assistere nequeunt, nisi iudex, praesertim cum res est de bono privato, eas admittendas censuerit. Assistere tamen possunt earum advocati vel procuratores, nisi iudex propter rerum et personarum adiuncta censuerit secreto esse procedendum.

Can. 1560 – § 1. Testes seorsim singuli examinandi sunt.

§ 2. Si testes inter se aut cum parte in re gravi dissentiant, iudex discrepantes inter se conferre seu comparare potest, remotis, quantum fieri poterit, dissidiis et scandalo.

Can. 1561 – Examen testis fit a iudice, vel ab eius delegato aut auditore, cui assistat oportet notarius; quapropter partes, vel promotor iustitiae, vel defensor vinculi, vel advocati qui examini intersint, si alias interrogationes testi faciendas habeant, has non testi, sed iudici vel eius locum tenenti proponant, ut eas ipse deferat, nisi aliter lex particularis caveat.

Can. 1562 – § 1. Iudex testi in mentem revocet gravem obligationem dicendi totam et solam veritatem.

§ 2. Iudex testi deferat iuramentum iuxta can. 1532; quod si testis renuat illud emittere, iniuratus audiatur.

Can. 1563 – Iudex imprimis testis identitatem comprobet; exquirat quaenam sit ipsi cum partibus necessitudo et, cum ipsi interrogationes specificas circa causam defert, sciscitetur quoque fontes eius scientiae et quo definito tempore ea, quae asserit, cognoverit.

Can. 1564 – Interrogationes breves sunto, interrogandi captui accommodatae, non plura simul complectentes, non captiosae, non subdolae, non suggerentes responsionem, remotae a cuiusvis offensione et pertinentes ad causam quae agitur.

Can. 1565 – § 1. Interrogationes non sunt cum testibus antea communicandae.

§ 2. Attamen si ea quae testificanda sunt ita a memoria sint remota, ut nisi prius recolantur certo affirmari nequeant, poterit iudex nonnulla testem praemonere, si id sine periculo fieri posse censeat.

Can. 1566 – Testes ore testimonium dicant, et scriptum ne legant, nisi de calculo et rationibus agatur; hoc enim in casu, adnotationes, quas secum attulerint, consulere poterunt.

Can. 1567 – § 1. Responsio statim redigenda est scripto a notario et referre debet ipsa editi testimonii verba, saltem quod attinet ad ea quae iudicii materiam directe attingunt.

§ 2. Admitti potest usus machinae magnetophonicae, dummodo dein responsiones scripto consignentur et subscribantur, si fieri potest, a deponentibus.

Can. 1568 – Notarius in actis mentionem faciat de praestito, remisso aut recusato iureiurando, de partium aliorumque praesentia, de interrogationibus ex officio additis et generatim de omnibus memoria dignis quae forte acciderint, cum testes excutiebantur.

Can. 1569 – § 1. In fine examinis, testi legi debent quae notarius de eius depositione scripto redegit, vel ipsi audita facere quae ope magnetophonii de eius depositione incisa sunt, data eidem testi facultate addendi, supprimendi, corrigendi, variandi.

§ 2. Denique actui subscribere debent testis, iudex et notarius.

Can. 1570 – Testes, quamvis iam excussi, poterunt parte postulante aut ex officio, antequam acta seu testificationes publici iuris fiant,
denuo ad examen vocari, si iudex id necessarium vel utile ducat, dummodo collusionis vel corruptelae quodvis absit periculum.

Can. 1571 – Testibus, iuxta aequam iudicis taxationem, refundi
debent tum expensae, quas fecerint, tum lucrum, quod amiserint, te-
stificationis reddendae causa.

Art. 4

DE TESTIMONIORUM FIDE

Can. 1572 – In aestimandis testimoniis iudex, requisitis, si opus
sit, testimonialibus litteris, consideret:

1° quae condicio sit personae, quaeve honestas;

2° utrum de scientia propria, praesertim de visu et auditu proprio testificetur, an de sua opinione, de fama, aut de auditu ab aliis;

3° utrum testis constans sit et firmiter sibi cohaereat, an varius,
incertus vel vacillans;

4° utrum testimonii contestes habeat, aliisve probationis elementis confirmetur necne.

Can. 1573 – Unius testis depositio plenam fidem facere non potest, nisi agatur de teste qualificato qui deponat de rebus ex officio
gestis, aut rerum et personarum adiuncta aliud suadeant.

Caput IV

DE PERITIS

Can. 1574 – Peritorum opera utendum est quoties ex iuris vel
iudicis praescripto eorum examen et votum, praeceptis artis vel scientiae
innixum, requiruntur ad factum aliquod comprobandum vel ad veram
alicuius rei naturam dignoscendam.

Can. 1575 – Iudicis est peritos nominare, auditis vel proponentibus partibus, aut, si casus ferat, relationes ab aliis peritis iam factas
assumere.

Can. 1576 – Easdem ob causas quibus testis, etiam periti excluduntur aut recusari possunt.

Can. 1577 – § 1. Iudex, attentis iis quae a litigantibus forte dedu-
cantur, singula capita decreto suo definiat circa quae periti opera versari debeat.

§ 2. Perito remittenda sunt acta causae aliaque documenta et subsidia quibus egere potest ad suum munus rite et fideliter exsequendum.

§ 3. Iudex, ipso perito audito, tempus praefiniat intra quod examen perficiendum est et relatio proferenda.

Can. 1578 – § 1. Periti suam quisque relationem a ceteris distinctam conficiant, nisi iudex unam a singulis subscribendam fieri iubeat: quod si fiat, sententiarum discrimina, si qua fuerint, diligenter adnotentur.

§ 2. Periti debent indicare perspicue quibus documentis vel aliis idoneis modis certiores facti sint de personarum vel rerum vel locorum identitate, qua via et ratione processerint in explendo munere sibi demandato et quibus potissimum argumentis suae conclusiones nitantur.

§ 3. Peritus accersiri potest a iudice ut explicationes, quae ulterius necessariae videantur, suppeditet.

Can. 1579 – § 1. Iudex non peritorum tantum conclusiones, etsi concordes, sed cetera quoque causae adiuncta attente perpendat.

§ 2. Cum reddit rationes decidendi, exprimere debet quibus motus argumentis peritorum conclusiones aut admiserit aut reiecerit.

Can. 1580 – Peritis solvenda sunt expensae et honoraria a iudice ex bono et aequo determinanda, servato iure particulari.

Can. 1581 – § 1. Partes possunt peritos privatos, a iudice probandos, designare.

§ 2. Hi, si iudex admittat, possunt acta causae, quatenus opus sit, inspicere, peritiae exsecutioni interesse; semper autem possunt suam relationem exhibere.

Caput V
DE ACCESSU ET DE RECOGNITIONE IUDICIALI

Can. 1582 – Si ad definitionem causae iudex opportunum duxerit ad aliquem locum accedere vel aliquam rem inspicere, decreto id praestituat, quo ea quae in accessu praestanda sint, auditis partibus, summatim describat.

Can. 1583 – Peractae recognitionis instrumentum conficiatur.

Caput VI
DE PRAESUMPTIONIBUS

Can. 1584 – Praesumptio est rei incertae probabilis coniectura; eaque alia est iuris, quae ab ipsa lege statuitur; alia hominis, quae a iudice conicitur.

Can. 1585 – Qui habet pro se iuris praesumptionem, liberatur ab onere probandi, quod recidit in partem adversam.

Can. 1586 – Praesumptiones, quae non statuuntur a iure, iudex ne coniciat, nisi ex facto certo et determinato, quod cum eo, de quo controversia est, directe cohaereat.

TITULUS V
DE CAUSIS INCIDENTIBUS

Can. 1587 – Causa incidens habetur, quoties, incepto per citatio· nem iudicio, quaestio proponitur quae, tametsi libello, quo lis introdu· citur, non contineatur expresse, nihilominus ita ad causam pertinet ut resolvi plerumque debeat ante quaestionem principalem.

Can. 1588 – Causa incidens proponitur scripto vel ore, indicato nexu qui intercedit inter ipsam et causam principalem, coram iudice competenti ad causam principalem definiendam.

Can. 1589 – § 1. Iudex, recepta petitione et auditis partibus, expe· ditissime decernat utrum proposita incidens quaestio fundamentum habere videatur et nexum cum principali iudicio, an vero sit in limine reicienda ; et, si eam admittat, utrum talis sit gravitatis, ut solvi debeat per sententiam interlocutoriam vel per decretum.

§ 2. Si vero iudicet quaestionem incidentem non esse resolvendam ante sententiam definitivam, decernat ut eiusdem ratio habeatur, cum causa principalis definietur.

Can. 1590 – § 1. Si quaestio incidens solvi debeat per sententiam, serventur normae de processu contentioso orali, nisi, attenta rei gra· vitate, aliud iudici videatur.

§ 2. Si vero solvi debeat per decretum, tribunal potest rem com· mittere auditori vel praesidi.

Can. 1591 – Antequam finiatur causa principalis, iudex vel tribunal potest decretum vel sententiam interlocutoriam, iusta intercedente ra· tione, revocare aut reformare, sive ad partis instantiam, sive ex officio, auditis partibus.

CAPUT I
DE PARTIBUS NON COMPARENTIBUS

Can. 1592 – § 1. Si pars conventa citata non comparuerit nec ido· neam absentiae excusationem attulerit aut non responderit ad normam can. 1507, § 1, iudex eam a iudicio absentem declaret et decernat ut causa, servatis servandis, usque ad sententiam definitivam eiusque ex· secutionem procedat.

§ 2. Antequam decretum, de quo in § 1, feratur, debet, etiam per novam citationem si opus fuerit, constare citationem, legitime factam, ad partem conventam tempore utili pervenisse.

Can. 1593 – § 1. Si pars conventa dein in iudicio se sistat aut responsum dederit ante causae definitionem, conclusiones probationesque afferre potest, firmo praescripto can. 1600; caveat autem iudex, ne de industria in longiores et non necessarias moras iudicium protrahatur.

§ 2. Etsi non comparuerit aut responsum non dederit ante causae definitionem, impugnationibus uti potest adversus sententiam; quod si probet se legitimo impedimento fuisse detentam, quod sine sua culpa antea demonstrare non potuerit, querela nullitatis uti potest.

Can. 1594 – Si die et hora ad litis contestationem praestitutis actor neque comparuerit neque idoneam excusationem attulerit:

1° iudex eum citet iterum;

2° si actor novae citationi non paruerit, praesumitur instantiae renuntiasse ad normam cann. 1524-1525;

3° quod si postea in processu intervenire velit, servetur can. 1593.

Can. 1595 – § 1. Pars absens a iudicio, sive actor sive pars conventa, quae iustum impedimentum non comprobaverit, tenetur obligatione tum solvendi litis expensas, quae ob ipsius absentiam factae sunt, tum etiam, si opus sit, indemnitatem alteri parti praestandi.

§ 2. Si tum actor tum pars conventa fuerint absentes a iudicio, ipsi obligatione expensas litis solvendi tenentur in solidum.

Caput II

DE INTERVENTU TERTII IN CAUSA

Can. 1596 – § 1. Is cuius interest admitti potest ad interveniendum in causa, in qualibet litis instantia, sive ut pars quae proprium ius defendit, sive accessorie ad aliquem litigantem adiuvandum.

§ 2. Sed ut admittatur, debet ante conclusionem in causa libellum iudici exhibere, in quo breviter suum ius interveniendi demonstret.

§ 3. Qui intervenit in causa, admittendus est in eo statu in quo causa reperitur, assignato eidem brevi ac peremptorio termino ad probationes suas exhibendas, si causa ad periodum probatoriam pervenerit.

Can. 1597 – Tertium, cuius interventus videatur necessarius, iudex, auditis partibus, debet in iudicium vocare.

TITULUS VI

DE ACTORUM PUBLICATIONE, DE CONCLUSIONE IN CAUSA ET DE CAUSAE DISCUSSIONE

Can. 1598 – § 1. Acquisitis probationibus, iudex decreto partibus et earum advocatis permittere debet, sub poena nullitatis, ut acta nondum eis nota apud tribunalis cancellariam inspiciant; quin etiam advocatis id petentibus dari potest actorum exemplar; in causis vero ad bonum publicum spectantibus iudex ad gravissima pericula evitanda aliquod actum nemini manifestandum esse decernere potest, cauto tamen ut ius defensionis semper integrum maneat.

§ 2. Ad probationes complendas partes possunt alias iudici proponere; quibus acquisitis, si iudex necessarium duxerit, iterum est locus decreto de quo in § 1.

Can. 1599 – § 1. Expletis omnibus quae ad probationes producendas pertinent, ad conclusionem in causa devenitur.

§ 2. Haec conclusio habetur quoties aut partes declarent se nihil aliud adducendum habere, aut utile proponendis probationibus tempus a iudice praestitutum elapsum sit, aut iudex declaret se satis instructam causam habere.

§ 3. De peracta conclusione in causa, quocumque modo ea acciderit, iudex decretum ferat.

Can. 1600 – § 1. Post conclusionem in causa iudex potest adhuc eosdem testes vel alios vocare aut alias probationes, quae antea non fuerint petitae, disponere tantummodo:

1° in causis, in quibus agitur de solo privato partium bono, si omnes partes consentiant;

2° in ceteris causis, auditis partibus et dummodo gravis exstet ratio itemque quodlibet fraudis vel subornationis periculum removeatur;

3° in omnibus causis, quoties verisimile est, nisi probatio nova admittatur, sententiam iniustam futuram esse propter rationes, de quibus in can. 1645, § 2, nn. 1-3.

§ 2. Potest autem iudex iubere vel admittere ut exhibeatur documentum, quod forte antea sine culpa eius cuius interest, exhiberi non potuit.

§ 3. Novae probationes publicentur, servato can. 1598, § 1.

Can. 1601 – Facta conclusione in causa, iudex congruum temporis spatium praestituat ad defensiones vel animadversiones exhibendas.

Can. 1602 – § 1. Defensiones et animadversiones scriptae sint, nisi disputationem pro tribunali sedente iudex, consentientibus partibus, satis esse censeat.

§ 2. Si defensiones cum praecipuis documentis typis imprimantur, praevia iudicis licentia requiritur, salva secreti obligatione, si qua sit.

§ 3. Quoad extensionem defensionum, numerum exemplarium, aliaque huiusmodi adiuncta, servetur ordinatio tribunalis.

Can. 1603 – § 1. Communicatis vicissim defensionibus atque animadversionibus, utrique parti responsiones exhibere licet, intra breve tempus a iudice praestitutum.

§ 2. Hoc ius partibus semel tantum esto, nisi iudici gravi ex causa iterum videatur concedendum; tunc autem concessio, uni parti facta, alteri quoque data censeatur.

§ 3. Promotor iustitiae et defensor vinculi ius habent iterum replicandi partium responsionibus.

Can. 1604 – § 1. Omnino prohibentur partium vel advocatorum vel etiam aliorum informationes iudici datae, quae maneant extra acta causae.

§ 2. Si causae discussio scripto facta sit, iudex potest statuere ut moderata disputatio fiat ore pro tribunali sedente, ad quaestiones nonnullas illustrandas.

Can. 1605 – Disputationi orali, de qua in cann. 1602, § 1 et 1604, § 2, assistat notarius ad hoc ut, si iudex praecipiat aut pars postulet et iudex consentiat, de disceptatis et conclusis scripto statim referre possit.

Can. 1606 – Si partes parare sibi tempore utili defensionem neglexerint, aut se remittant iudicis scientiae et conscientiae, iudex, si ex actis et probatis rem habeat plane perspectam, poterit statim sententiam pronuntiare, requisitis tamen animadversionibus promotoris iustitiae et defensoris vinculi, si iudicio intersint.

TITULUS VII
DE IUDICIS PRONUNTIATIONIBUS

Can. 1607 – Causa iudiciali modo pertractata, si sit principalis, definitur a iudice per sententiam definitivam; si sit incidens, per sententiam interlocutoriam, firmo praescripto can. 1589, § 1.

Can. 1608 – § 1. Ad pronuntiationem cuiuslibet sententiae requiritur in iudicis animo moralis certitudo circa rem sententia definiendam.

§ 2. Hanc certitudinem iudex haurire debet ex actis et probatis.

§ 3. Probationes autem aestimare iudex debet ex sua conscientia, firmis praescriptis legis de quarundam probationum efficacia.

§ 4. Iudex qui eam certitudinem adipisci non potuit, pronuntiet non constare de iure actoris et conventum absolutum dimittat, nisi agatur de causa iuris favore fruente, quo in casu pro ipsa pronuntiandum est.

Can. 1609 – § 1. In tribunali collegiali, qua die et hora iudices ad deliberandum conveniant, collegii praeses statuat, et nisi peculiaris causa aliud suadeat, in ipsa tribunalis sede conventus habeatur.

§ 2. Assignata conventui die, singuli iudices scriptas afferant conclusiones suas in merito causae, et rationes tam in iure quam in facto, quibus ad conclusionem suam venerint; quae conclusiones actis causae adiungantur, secreto servandae.

§ 3. Post divini Nominis invocationem, prolatis ex ordine singulorum conclusionibus secundum praecedentiam, ita tamen ut semper a causae ponente seu relatore initium fiat, habeatur discussio sub tribunalis praesidis ductu, praesertim ut constabiliatur quid statuendum sit in parte dispositiva sententiae.

§ 4. In discussione autem fas unicuique est a pristina sua conclusione recedere. Iudex vero qui ad decisionem aliorum accedere noluit, exigere potest ut, si fiat appellatio, suae conclusiones ad tribunal superius transmittantur.

§ 5. Quod si iudices in prima discussione ad sententiam devenire aut nolint aut nequeant, differri poterit decisio ad novum conventum, non tamen ultra hebdomadam, nisi ad normam can. 1600 complenda sit causae instructio.

Can. 1610 – § 1. Si iudex sit unicus, ipse sententiam exarabit.

§ 2. In tribunali collegiali, ponentis seu relatoris est exarare sententiam, desumendo motiva ex iis quae singuli iudices in discussione attulerunt, nisi a maiore numero iudicum praefinita fuerint motiva praeferenda; sententia dein singulorum iudicum subicienda est approbationi.

§ 3. Sententia edenda est non ultra mensem a die quo causa definita est, nisi, in tribunali collegiali, iudices gravi ex ratione longius tempus praestituerint.

Can. 1611 – Sententia debet:
1° definire controversiam coram tribunali agitatam, data singulis dubiis congrua responsione;
2° determinare quae sint partium obligationes ex iudicio ortae et quomodo implendae sint;

3° exponere rationes seu motiva, tam in iure quam in facto, quibus dispositiva sententiae pars innititur;

4° statuere de litis expensis.

Can. 1612 – § 1. Sententia, post divini Nominis invocationem, exprimat oportet ex ordine qui sit iudex aut tribunal; qui sit actor, pars conventa, procurator, nominibus et domiciliis rite designatis, promotor iustitiae, defensor vinculi, si partem in iudicio habuerint.

§ 2. Referre postea debet breviter facti speciem cum partium conclusionibus et formula dubiorum.

§ 3. Hisce subsequatur pars dispositiva sententiae, praemissis rationibus quibus innititur.

§ 4. Claudatur cum indicatione diei et loci in quibus prolata est et cum subscriptione iudicis vel, si de tribunali collegiali agatur, omnium iudicum et notarii.

Can. 1613 – Regulae superius positae de sententia definitiva, sententiae quoque interlocutoriae aptandae sunt.

Can. 1614 – Sententia quam primum publicetur, indicatis modis quibus impugnari potest; neque ante publicationem vim ullam habet, etiamsi dispositiva pars, iudice permittente, partibus significata sit.

Can. 1615 – Publicatio seu intimatio sententiae fieri potest vel tradendo exemplar sententiae partibus aut earum procuratoribus, vel eisdem transmittendo idem exemplar ad normam can. 1509.

Can. 1616 – § 1. Si in sententiae textu vel error irrepserit in calculis, vel error materialis acciderit in transcribenda parte dispositiva aut in factis vel partium petitionibus referendis, vel omissa sint quae can. 1612, § 4 requirit, sententia ab ipso tribunali, quod eam tulit, corrigi vel compleri debet sive ad partis instantiam sive ex officio, semper tamen auditis partibus et decreto ad calcem sententiae apposito.

§ 2. Si qua pars refragetur, quaestio incidens decreto definiatur.

Can. 1617 – Ceterae iudicis pronuntiationes, praeter sententiam, sunt decreta, quae si mere ordinatoria non sint, vim non habent, nisi saltem summarie motiva exprimant, vel ad motiva in alio actu expressa remittant.

Can. 1618 – Sententia interlocutoria vel decretum vim sententiae definitivae habent, si iudicium impediunt vel ipsi iudicio aut alicui ipsius gradui finem ponunt, quod attinet ad aliquam saltem partem in causa.

TITULUS VIII
DE IMPUGNATIONE SENTENTIAE

Cᴀᴘᴜᴛ I
DE QUERELA NULLITATIS CONTRA SENTENTIAM

Can. 1619 – Firmis cann. 1622 et 1623, nullitates actuum, positivo iure statutae, quae, cum essent notae parti querelam proponenti, non sint ante sententiam iudici denuntiatae, per ipsam sententiam sanantur, quoties agitur de causa ad privatorum bonum attinenti.

Can. 1620 – Sententia vitio insanabilis nullitatis laborat, si :

1° lata est a iudice absolute incompetenti ;

2° lata est ab eo, qui careat potestate iudicandi in tribunali in quo causa definita est ;

3° iudex vi vel metu gravi coactus sententiam tulit ;

4° iudicium factum est sine iudiciali petitione, de qua in can. 1501, vel non institutum fuit adversus aliquam partem conventam ;

5° lata est inter partes, quarum altera saltem non habeat personam standi in iudicio ;

6° nomine alterius quis egit sine legitimo mandato ;

7° ius defensionis alterutri parti denegatum fuit ;

8° controversia ne ex parte quidem definita est.

Can. 1621 – Querela nullitatis, de qua in can. 1620, proponi potest per modum exceptionis in perpetuum, per modum vero actionis coram iudice qui sententiam tulit intra decem annos a die publicationis sententiae.

Can. 1622 – Sententia vitio sanabilis nullitatis dumtaxat laborat, si :

1° lata est a non legitimo numero iudicum, contra praescriptum can. 1425, § 1 ;

2° motiva seu rationes decidendi non continet ;

3° subscriptionibus caret iure praescriptis ;

4° non refert indicationem anni, mensis, diei et loci in quo prolata fuit ;

5° actu iudiciali nullo innititur, cuius nullitas non sit ad normam can. 1619 sanata ;

6° lata est contra partem legitime absentem, iuxta can. 1593, § 2.

Can. 1623 – Querela nullitatis in casibus, de quibus in can. 1622, proponi potest intra tres menses a notitia publicationis sententiae.

Can. 1624 – De querela nullitatis videt ipse iudex qui sententiam tulit; quod si pars vereatur ne iudex, qui sententiam querela nullitatis impugnatam tulit, praeoccupatum animum habeat ideoque eum suspectum existimet, exigere potest ut alius iudex in eius locum subrogetur ad normam can. 1450.

Can. 1625 – Querela nullitatis proponi potest una cum appellatione, intra terminum ad appellationem statutum.

Can. 1626 – § 1. Querelam nullitatis interponere possunt non solum partes, quae se gravatas putant, sed etiam promotor iustitiae aut defensor vinculi, quoties ipsis ius est interveniendi.

§ 2. Ipse iudex potest ex officio sententiam nullam a se latam retractare vel emendare intra terminum ad agendum can. 1623 statutum, nisi interea appellatio una cum querela nullitatis interposita fuerit, aut nullitas sanata sit per decursum termini de quo in can. 1623.

Can. 1627 – Causae de querela nullitatis secundum normas de processu contentioso orali tractari possunt.

Caput II

DE APPELLATIONE

Can. 1628 – Pars quae aliqua sententia se gravatam putat, itemque promotor iustitiae et defensor vinculi in causis in quibus eorum praesentia requiritur, ius habent a sententia appellandi ad iudicem superiorem, salvo praescripto can. 1629.

Can. 1629 – Non est locus appellationi:

1° a sententia ipsius Summi Pontificis vel Signaturae Apostolicae;

2° a sententia vitio nullitatis infecta, nisi cumuletur cum querela nullitatis ad normam can. 1625;

3° a sententia quae in rem iudicatam transiit;

4° a iudicis decreto vel a sententia interlocutoria, quae non habeant vim sententiae definitivae, nisi cumuletur cum appellatione a sententia definitiva;

5° a sententia vel a decreto in causa de qua ius cavet expeditissime rem esse definiendam.

Can. 1630 – § 1. Appellatio interponi debet coram iudice a quo sententia prolata sit, intra peremptorium terminum quindecim dierum utilium a notitia publicationis sententiae.

§ 2. Si ore fiat, notarius eam scripto coram ipso appellante redigat.

Can. 1631 – Si quaestio oriatur de iure appellandi, de ea videat expeditissime tribunal appellationis iuxta normas processus contentiosi oralis.

Can. 1632 – § 1. Si in appellatione non indicetur ad quod tribunal ipsa dirigatur, praesumitur facta tribunali de quo in cann. 1438 et 1439.

§ 2. Si alia pars ad aliud tribunal appellationis provocaverit, de causa videt tribunal quod superioris est gradus, salvo can. 1415.

Can. 1633 – Appellatio prosequenda est coram iudice *ad quem* dirigitur intra mensem ab eius interpositione, nisi iudex *a quo* longius tempus ad eam prosequendam parti praestituerit.

Can. 1634 – § 1. Ad prosequendam appellationem requiritur et sufficit ut pars ministerium invocet iudicis superioris ad impugnatae sententiae emendationem, adiuncto exemplari huius sententiae et indicatis appellationis rationibus.

§ 2. Quod si pars exemplar impugnatae sententiae intra utile tempus a tribunali *a quo* obtinere nequeat, interim termini non decurrunt, et impedimentum significandum est iudici appellationis, qui iudicem *a quo* praecepto obstringat officio suo quam primum satisfaciendi.

§ 3. Interea iudex *a quo* debet acta ad normam can. 1474 iudici appellationis transmittere.

Can. 1635 – Inutiliter elapsis fatalibus appellatoriis sive coram iudice *a quo* sive coram iudice *ad quem,* deserta censetur appellatio.

Can. 1636 – § 1. Appellans potest appellationi renuntiare cum effectibus, de quibus in can. 1525.

§ 2. Si appellatio proposita sit a vinculi defensore vel a promotore iustitiae, renuntiatio fieri potest, nisi lex aliter caveat, a vinculi defensore vel promotore iustitiae tribunalis appellationis.

Can. 1637 – § 1. Appellatio facta ab actore prodest etiam convento, et vicissim.

§ 2. Si plures sunt conventi vel actores et ab uno vel contra unum tantum ex ipsis sententia impugnetur, impugnatio censetur ab omnibus et contra omnes facta, quoties res petita est individua aut obligatio solidalis.

§ 3. Si interponatur ab una parte super aliquo sententiae capite, pars adversa, etsi fatalia appellationis fuerint transacta, potest super aliis capitibus incidenter appellare intra terminum peremptorium quindecim dierum a die, quo ipsi appellatio principalis notificata est.

§ 4. Nisi aliud constet, appellatio praesumitur facta contra omnia sententiae capita.

Can. 1638 – Appellatio exsecutionem sententiae suspendit.

Can. 1639 – § 1. Salvo praescripto can. 1683, in gradu appellationis non potest admitti nova petendi causa, ne per modum quidem utilis cumulationis; ideoque litis contestatio in eo tantum versari potest, ut prior sententia vel confirmetur vel reformetur sive ex toto sive ex parte.

§ 2. Novae autem probationes admittuntur tantum ad normam can. 1600.

Can. 1640 – In gradu appellationis eodem modo, quo in prima instantia, congrua congruis referendo, procedendum est; sed, nisi forte complendae sint probationes, statim post litem ad normam can. 1513, § 1 et can. 1639, § 1 contestatam, ad causae discussionem deveniatur et ad sententiam.

TITULUS IX

DE RE IUDICATA ET DE RESTITUTIONE IN INTEGRUM

CAPUT I

DE RE IUDICATA

Can. 1641 – Firmo praescripto can. 1643, res iudicata habetur :

1° si duplex intercesserit inter easdem partes sententia conformis de eodem petito et ex eadem causa petendi ;

2° si appellatio adversus sententiam non fuerit intra tempus utile proposita ;

3° si, in gradu appellationis, instantia perempta sit vel eidem renuntiatum fuerit ;

4° si lata sit sententia definitiva, a qua non datur appellatio ad normam can. 1629.

Can. 1642 – § 1. Res iudicata firmitate iuris gaudet nec impugnari potest directe, nisi ad normam can. 1645, § 1.

§ 2. Eadem facit ius inter partes et dat actionem iudicati atque exceptionem rei iudicatae, quam iudex ex officio quoque declarare potest ad impediendam novam eiusdem causae introductionem.

Can. 1643 – Numquam transeunt in rem iudicatam causae de statu personarum, haud exceptis causis de coniugum separatione.

Can. 1644 – § 1. Si duplex sententia conformis in causa de statu personarum prolata sit, potest quovis tempore ad tribunal appellationis provocari, novis iisque gravibus probationibus vel argumentis intra peremptorium terminum triginta dierum a proposita impugnatione allatis.

Tribunal autem appellationis intra mensem ab exhibitis novis probationibus et argumentis debet decreto statuere utrum nova causae propositio admitti debeat necne.

§ 2. Provocatio ad superius tribunal ut nova causae propositio obtineatur, exsecutionem sententiae non suspendit, nisi aut lex aliter caveat aut tribunal appellationis ad normam can. 1650, § 3 suspensionem iubeat.

Caput II
DE RESTITUTIONE IN INTEGRUM

Can. 1645 – § 1. Adversus sententiam quae transierit in rem iudicatam, dummodo de eius iniustitia manifesto constet, datur restitutio in integrum.

§ 2. De iniustitia autem manifesto constare non censetur, nisi :

1° sententia ita probationibus innitatur, quae postea falsae deprehensae sint, ut sine illis probationibus pars sententiae dispositiva non sustineatur ;

2° postea detecta fuerint documenta, quae facta nova et contrariam decisionem exigentia indubitanter probent ;

3° sententia ex dolo partis prolata fuerit in damnum alterius ;

4° legis non mere processualis praescriptum evidenter neglectum fuerit ;

5° sententia adversetur praecedenti decisioni, quae in rem iudicatam transierit.

Can. 1646 – § 1. Restitutio in integrum propter motiva, de quibus in can. 1645, § 2, nn. 1-3, petenda est a iudice qui sententiam tulit intra tres menses a die cognitionis eorundem motivorum computandos.

§ 2. Restitutio in integrum propter motiva, de quibus in can. 1645, § 2, nn. 4 et 5, petenda est a tribunali appellationis, intra tres menses a notitia publicationis sententiae ; quod si in casu, de quo in can. 1645, § 2, n. 5, notitia praecedentis decisionis serius habeatur, terminus ab hac notitia decurrit.

§ 3. Termini de quibus supra non decurrunt, quamdiu laesus minoris sit aetatis.

Can. 1647 – § 1. Petitio restitutionis in integrum sententiae exsecutionem nondum inceptam suspendit.

§ 2. Si tamen ex probabilibus indiciis suspicio sit petitionem factam esse ad moras exsecutioni nectendas, iudex decernere potest ut sententia exsecutioni demandetur, assignata tamen restitutionem petenti idonea cautione ut, si restituatur in integrum, indemnis fiat.

Can. 1648 – Concessa restitutione in integrum, iudex pronuntiare debet de merito causae.

TITULUS X
DE EXPENSIS IUDICIALIBUS
ET DE GRATUITO PATROCINIO

Can. 1649 – § 1. Episcopus, cuius est tribunal moderari, statuat normas :

1° de partibus damnandis ad expensas iudiciales solvendas vel compensandas ;

2° de procuratorum, advocatorum, peritorum et interpretum honorariis deque testium indemnitate ;

3° de gratuito patrocinio vel expensarum deminutione concedendis ;

4° de damnorum refectione quae debetur ab eo qui non solum in iudicio succubuit, sed temere litigavit ;

5° de pecuniae deposito vel cautione praestanda circa expensas solvendas et damna reficienda.

§ 2. A pronuntiatione circa expensas, honoraria et damna reficienda non datur distincta appellatio, sed pars recurrere potest intra quindecim dies ad eundem iudicem, qui poterit taxationem emendare.

TITULUS XI
DE EXSECUTIONE SENTENTIAE

Can. 1650 – § 1. Sententia quae transiit in rem iudicatam, exsecutioni mandari potest, salvo praescripto can. 1647.

§ 2. Iudex qui sententiam tulit et, si appellatio proposita sit, etiam iudex appellationis, sententiae, quae nondum transierit in rem iudicatam, provisoriam exsecutionem iubere possunt ex officio vel ad instantiam partis, idoneis, si casus ferat, praestitis cautionibus, si agatur de provisionibus seu praestationibus ad necessariam sustentationem ordinatis, vel alia iusta causa urgeat.

§ 3. Quod si sententia, de qua in § 2, impugnetur, iudex qui de impugnatione cognoscere debet, si videt hanc probabiliter fundatam esse et irreparabile damnum ex exsecutione oriri posse, potest vel exsecutionem ipsam suspendere vel eam cautioni subicere.

Can. 1651 – Non antea exsecutioni locus esse poterit, quam exsecutorium iudicis decretum habeatur, quo edicatur sententiam ipsam exsecutioni mandari debere ; quod decretum pro diversa causarum natura vel in ipso sententiae tenore includatur vel separatim edatur.

Can. 1652 – Si sententiae exsecutio praeviam rationum redditionem exigat, quaestio incidens habetur, ab illo ipso iudice decidenda, qui tulit sententiam exsecutioni mandandam.

Can. 1653 – § 1. Nisi lex particularis aliud statuat, sententiam exsecutioni mandare debet per se vel per alium Episcopus dioecesis, in qua sententia primi gradus lata est.

§ 2. Quod si hic renuat vel neglegat, parte cuius interest instante vel etiam ex officio, exsecutio spectat ad auctoritatem cui tribunal appellationis ad normam can. 1439, § 3 subicitur.

§ 3. Inter religiosos exsecutio sententiae spectat ad Superiorem qui sententiam exsecutioni mandandam tulit aut iudicem delegavit.

Can. 1654 – § 1. Exsecutor, nisi quid eius arbitrio in ipso sententiae tenore fuerit permissum, debet sententiam ipsam, secundum obvium verborum sensum, exsecutioni mandare.

§ 2. Licet ei videre de exceptionibus circa modum et vim exsecutionis, non autem de merito causae; quod si habeat aliunde compertum sententiam esse nullam vel manifeste iniustam ad normam cann. 1620, 1622, 1645, abstineat ab exsecutione, et rem ad tribunal a quo lata est sententia remittat, partibus certioribus factis.

Can. 1655 – § 1. Quod attinet ad reales actiones, quoties adiudicata actori res aliqua est, haec actori tradenda est statim ac res iudicata habetur.

§ 2. Quod vero attinet ad actiones personales, cum reus damnatus est ad rem mobilem praestandam, vel ad solvendam pecuniam, vel ad aliud dandum aut faciendum, iudex in ipso tenore sententiae vel exsecutor pro suo arbitrio et prudentia terminum statuat ad implendam obligationem, qui tamen neque infra quindecim dies coarctetur neque sex menses excedat.

SECTIO II

DE PROCESSU CONTENTIOSO ORALI

Can. 1656 – § 1. Processu contentioso orali, de quo in hac sectione, tractari possunt omnes causae a iure non exclusae, nisi pars processum contentiosum ordinarium petat.

§ 2. Si processus oralis adhibeatur extra casus iure permissos, actus iudiciales sunt nulli.

Can. 1657 – Processus contentiosus oralis fit in primo gradu coram iudice unico, ad normam can. 1424.

Can. 1658 – § 1. Libellus quo lis introducitur, praeter ea quae in can. 1504 recensentur, debet:

1° facta quibus actoris petitiones innitantur, breviter, integre et perspicue exponere;

2° probationes quibus actor facta demonstrare intendit, quasque simul afferre nequit, ita indicare ut statim colligi a iudice possint.

§ 2. Libello adnecti debent, saltem in exemplari authentico, documenta quibus petitio innititur.

Can. 1659 – § 1. Si conamen conciliationis ad normam can. 1446, § 2 inutile cesserit, iudex, si aestimet libellum aliquo fundamento niti, intra tres dies, decreto ad calcem ipsius libelli apposito, praecipiat ut exemplar petitionis notificetur parti conventae, facta huic facultate mittendi, intra quindecim dies, ad cancellariam tribunalis scriptam responsionem.

§ 2. Haec notificatio effectus habet citationis iudicialis, de quibus in can. 1512.

Can. 1660 – Si exceptiones partis conventae id exigant, iudex parti actrici praefiniat terminum ad respondendum, ita ut ex allatis utriusque partis elementis ipse controversiae obiectum perspectum habeat.

Can. 1661 – § 1. Elapsis terminis, de quibus in cann. 1659 et 1660, iudex, perspectis actis, formulam dubii determinet; dein ad audientiam, non ultra triginta dies celebrandam, omnes citet qui in ea interesse debent, addita pro partibus dubii formula.

§ 2. In citatione partes certiores fiant se posse, tres saltem ante audientiam dies, aliquod breve scriptum tribunali exhibere ad sua asserta comprobanda.

Can. 1662 – In audientia primum tractantur quaestiones de quibus in cann. 1459-1464.

Can. 1663 – § 1. Probationes colliguntur in audientia, salvo praescripto can. 1418.

§ 2. Pars eiusque advocatus assistere possunt excussioni ceterarum partium, testium et peritorum.

Can. 1664 – Responsiones partium, testium, peritorum, petitiones et exceptiones advocatorum, redigendae sunt scripto a notario, sed summatim et in iis tantummodo quae pertinent ad substantiam rei controversae, et a deponentibus subsignandae.

Can. 1665 – Probationes, quae non sint in petitione vel responsione allatae aut petitae, potest iudex admittere tantum ad normam can. 1452; postquam autem vel unus testis auditus est, iudex potest tantummodo ad normam can. 1600 novas probationes decernere.

Can. 1666 – Si in audientia probationes omnes colligi non potuerint, altera statuatur audientia.

Can. 1667 – Probationibus collectis, fit in eadem audientia discussio oralis.

Can. 1668 – § 1. Nisi ex discussione aliquid supplendum in causae instructione comperiatur, vel aliud exsistat quod impediat sententiam rite proferri, iudex illico, expleta audientia, causam seorsum decidat; dispositiva sententiae pars statim coram partibus praesentibus legatur.

§ 2. Potest autem tribunal propter rei difficultatem vel aliam iustam causam usque ad quintum utilem diem decisionem differre.

§ 3. Integer sententiae textus, motivis expressis, quam primum, ordinarie non ultra quindecim dies, partibus notificetur.

Can. 1669 – Si tribunal appellationis perspiciat in inferiore iudicii gradu processum contentiosum oralem esse adhibitum in casibus a iure exclusis, nullitatem sententiae declaret et causam remittat tribunali quod sententiam tulit.

Can. 1670 – In ceteris quae ad rationem procedendi attinent, serventur praescripta canonum de iudicio contentioso ordinario. Tribunal autem potest suo decreto, motivis praedito, normis processualibus, quae non sint ad validitatem statutae, derogare, ut celeritati, salva iustitia, consulat.

PARS III
DE QUIBUSDAM PROCESSIBUS SPECIALIBUS

TITULUS I
DE PROCESSIBUS MATRIMONIALIBUS

CAPUT I
DE CAUSIS AD MATRIMONII NULLITATEM DECLARANDAM

Art. 1
DE FORO COMPETENTI

Can. 1671 – Causae matrimoniales baptizatorum iure proprio ad iudicem ecclesiasticum spectant.

Can. 1672 – Causae de effectibus matrimonii mere civilibus pertinent ad civilem magistratum, nisi ius particulare statuat easdem causas, si incidenter et accessorie agantur, posse a iudice ecclesiastico cognosci ac definiri.

Can. 1673 – In causis de matrimonii nullitate, quae non sint Sedi Apostolicae reservatae, competentes sunt:

1° tribunal loci in quo matrimonium celebratum est;

2° tribunal loci in quo pars conventa domicilium vel quasi-domicilium habet;

3° tribunal loci in quo pars actrix domicilium habet, dummodo utraque pars in territorio eiusdem Episcoporum conferentiae degat et Vicarius iudicialis domicilii partis conventae, ipsa audita, consentiat;

4° tribunal loci in quo de facto colligendae sunt pleraeque probationes, dummodo accedat consensus Vicarii iudicialis domicilii partis conventae, qui prius ipsam interroget, num quid excipiendum habeat.

Art. 2

DE IURE IMPUGNANDI MATRIMONIUM

Can. 1674 – Habiles sunt ad matrimonium impugnandum:

1° coniuges;

2° promotor iustitiae, cum nullitas iam divulgata est, si matrimonium convalidari nequeat aut non expediat.

Can. 1675 – § 1. Matrimonium quod, utroque coniuge vivente, non fuit accusatum, post mortem alterutrius vel utriusque coniugis accusari non potest, nisi quaestio de validitate sit praeiudicialis ad aliam solvendam controversiam sive in foro canonico sive in foro civili.

§ 2. Si autem coniux moriatur pendente causa, servetur can. 1518.

Art. 3

DE OFFICIO IUDICUM

Can. 1676 – Iudex, antequam causam acceptet et quotiescumque spem boni exitus perspicit, pastoralia media adhibeat, ut coniuges, si fieri potest, ad matrimonium forte convalidandum et ad coniugalem convictum restaurandum inducantur.

Can. 1677 – § 1. Libello accepto, praeses vel ponens procedat ad notificationem decreti citationis ad normam can. 1508.

§ 2. Transacto termino quindecim dierum a notificatione, praeses vel ponens, nisi alterutra pars sessionem ad litem contestandam petierit, intra decem dies formulam dubii vel dubiorum decreto suo statuat ex officio et partibus notificet.

§ 3. Formula dubii non tantum quaerat an constet de nullitate matrimonii in casu, sed determinare etiam debet quo capite vel quibus capitibus nuptiarum validitas impugnetur.

§ 4. Post decem dies a notificatione decreti, si partes nihil opposuerint, praeses vel ponens novo decreto causae instructionem disponat.

Art. 4

De probationibus

Can. 1678 – § 1. Defensori vinculi, partium patronis et, si in iudicio sit, etiam promotori iustitiae ius est:

1° examini partium, testium et peritorum adesse, salvo praescripto can. 1559;

2° acta iudicialia, etsi nondum publicata, invisere et documenta a partibus producta recognoscere.

§ 2. Examini, de quo in § 1, n. 1, partes assistere nequeunt.

Can. 1679 – Nisi probationes aliunde plenae habeantur, iudex, ad partium depositiones ad normam can. 1536 aestimandas, testes de ipsarum partium credibilitate, si fieri potest, adhibeat, praeter alia indicia et adminicula.

Can. 1680 – In causis de impotentia vel de consensus defectu propter mentis morbum iudex unius periti vel plurium opera utatur, nisi ex adiunctis inutilis evidenter appareat; in ceteris causis servetur praescriptum can. 1574.

Art. 5

De sententia et appellatione

Can. 1681 – Quoties in instructione causae dubium valde probabile emerserit de non secuta matrimonii consummatione, tribunal potest, suspensa de consensu partium causa nullitatis, instructionem complere pro dispensatione super rato, ac tandem acta transmittere ad Sedem Apostolicam una cum petitione dispensationis ab alterutro vel utroque coniuge et cum voto tribunalis et Episcopi.

Can. 1682 – § 1. Sententia, quae matrimonii nullitatem primum declaraverit, una cum appellationibus, si quae sint, et ceteris iudicii actis, intra viginti dies a sententiae publicatione ad tribunal appellationis ex officio transmittatur.

§ 2. Si sententia pro matrimonii nullitate prolata sit in primo iudicii gradu, tribunal appellationis, perpensis animadversionibus defensoris vinculi et, si quae sint, etiam partium, suo decreto vel decisionem continenter confirmet vel ad ordinarium examen novi gradus causam admittat.

Can. 1683 – Si in gradu appellationis novum nullitatis matrimonii caput afferatur, tribunal potest, tamquam in prima instantia, illud admittere et de eo iudicare.

Can. 1684 – § 1. Postquam sententia, quae matrimonii nullitatem primum declaravit, in gradu appellationis confirmata est vel decreto vel altera sententia, ii, quorum matrimonium declaratum est nullum, possunt novas nuptias contrahere statim ac decretum vel altera sententia ipsis notificata est, nisi vetito ipsi sententiae aut decreto apposito vel ab Ordinario loci statuto id prohibeatur.

§ 2. Praescripta can. 1644 servanda sunt, etiam si sententia, quae matrimonii nullitatem declaraverit, non altera sententia sed decreto confirmata sit.

Can. 1685 – Statim ac sententia facta est exsecutiva, Vicarius iudicialis debet eandem notificare Ordinario loci in quo matrimonium celebratum est. Is autem curare debet ut quam primum de decreta nullitate matrimonii et de vetitis forte statutis in matrimoniorum et baptizatorum libris mentio fiat.

Art. 6

De processu documentali

Can. 1686 – Recepta petitione ad normam can. 1677 proposita, Vicarius iudicialis vel iudex ab ipso designatus potest, praetermissis sollemnitatibus ordinarii processus sed citatis partibus et cum interventu defensoris vinculi, matrimonii nullitatem sententia declarare, si ex documento, quod nulli contradictioni vel exceptioni sit obnoxium, certo constet de exsistentia impedimenti dirimentis vel de defectu legitimae formae, dummodo pari certitudine pateat dispensationem datam non esse, aut de defectu validi mandati procuratoris.

Can. 1687 – § 1. Adversus hanc declarationem defensor vinculi, si prudenter existimaverit vel vitia de quibus in can. 1686 vel dispensationis defectum non esse certa, appellare debet ad iudicem secundae instantiae, ad quem acta sunt transmittenda quique scripto monendus est agi de processu documentali.

§ 2. Integrum manet parti, quae se gravatam putet, ius appellandi.

Can. 1688 – Iudex alterius instantiae, cum interventu defensoris vinculi et auditis partibus, decernet eodem modo, de quo in can. 1686, utrum sententia sit confirmanda, an potius procedendum in causa sit iuxta ordinarium tramitem iuris; quo in casu eam remittit ad tribunal primae instantiae.

Art. 7

Normae Generales

Can. 1689 – In sententia partes moneantur de obligationibus moralibus vel etiam civilibus, quibus forte teneantur, altera erga alteram et erga prolem, ad sustentationem et educationem praestandam.

Can. 1690 – Causae ad matrimonii nullitatem declarandam nequeunt processu contentioso orali tractari.

Can. 1691 – In ceteris quae ad rationem procedendi attinent, applicandi sunt, nisi rei natura obstet, canones de iudiciis in genere et de iudicio contentioso ordinario, servatis specialibus normis circa causas de statu personarum et causas ad bonum publicum spectantes.

Caput II

DE CAUSIS SEPARATIONIS CONIUGUM

Can. 1692 – § 1. Separatio personalis coniugum baptizatorum, nisi aliter pro locis particularibus legitime provisum sit, decerni potest Episcopi dioecesani decreto, vel iudicis sententia ad normam canonum qui sequuntur.

§ 2. Ubi decisio ecclesiastica effectus civiles non sortitur, vel si sententia civilis praevidetur non contraria iuri divino, Episcopus dioecesis commorationis coniugum poterit, perpensis peculiaribus adiunctis, licentiam concedere adeundi forum civile.

§ 3. Si causa versetur etiam circa effectus mere civiles matrimonii, satagat iudex ut, servato praescripto § 2, causa inde ab initio ad forum civile deferatur.

Can. 1693 – § 1. Nisi qua pars vel promotor iustitiae processum contentiosum ordinarium petant, processus contentiosus oralis adhibeatur.

§ 2. Si processus contentiosus ordinarius adhibitus sit et appellatio proponatur, tribunal secundi gradus ad normam can. 1682, § 2 procedat, servatis servandis.

Can. 1694 – Quod attinet ad tribunalis competentiam, serventur praescripta can. 1673.

Can. 1695 – Iudex, antequam causam acceptet et quotiescumque spem boni exitus perspicit, pastoralia media adhibeat, ut coniuges concilientur et ad coniugalem convictum restaurandum inducantur.

Can. 1696 – Causae de coniugum separatione ad publicum quoque bonum spectant; ideoque iis interesse semper debet promotor iustitiae, ad normam can. 1433.

Caput III

DE PROCESSU AD DISPENSATIONEM SUPER MATRIMONIO RATO ET NON CONSUMMATO

Can. 1697 – Soli coniuges, vel alteruter, quamvis altero invito, ius habent petendi gratiam dispensationis super matrimonio rato et non consummato.

Can. 1698 – § 1. Una Sedes Apostolica cognoscit de facto inconsummationis matrimonii et de exsistentia iustae causae ad dispensationem concedendam.

§ 2. Dispensatio vero ab uno Romano Pontifice conceditur.

Can. 1699 – § 1. Competens ad accipiendum libellum, quo petitur dispensatio, est Episcopus dioecesanus domicilii vel quasi-domicilii oratoris, qui, si constiterit de fundamento precum, processus instructionem disponere debet.

§ 2. Si tamen casus propositus speciales habeat difficultates ordinis iuridici vel moralis, Episcopus dioecesanus consulat Sedem Apostolicam.

§ 3. Adversus decretum quo Episcopus libellum reicit, patet recursus ad Sedem Apostolicam.

Can. 1700 – § 1. Firmo praescripto can. 1681, horum processuum instructionem committat Episcopus, stabiliter vel in singulis casibus, tribunali suae vel alienae dioecesis aut idoneo sacerdoti.

§ 2. Quod si introducta sit petitio iudicialis ad declarandam nullitatem eiusdem matrimonii, instructio ad idem tribunal committatur.

Can. 1701 – § 1. In his processibus semper intervenire debet vinculi defensor.

§ 2. Patronus non admittitur, sed, propter casus difficultatem, Episcopus permittere potest ut iurisperiti opera orator vel pars conventa iuvetur.

Can. 1702 – In instructione uterque coniux audiatur et serventur, quatenus fieri possit, canones de probationibus colligendis in iudicio contentioso ordinario et in causis de matrimonii nullitate, dummodo cum horum processuum indole componi queant.

Can. 1703 – § 1. Non fit publicatio actorum; iudex tamen, si conspiciat petitioni partis oratricis vel exceptioni partis conventae grave obstaculum obvenire ob adductas probationes, id parti cuius interest prudenter patefaciat.

§ 2. Parti instanti documentum allatum vel testimonium receptum iudex ostendere poterit et tempus praefinire ad deductiones exhibendas.

Can. 1704 – § 1. Instructor, peracta instructione, omnia acta cum apta relatione deferat ad Episcopum, qui votum pro rei veritate promat tum super facto inconsummationis tum super iusta causa ad dispensandum et gratiae opportunitate.

§ 2. Si instructio processus commissa sit alieno tribunali ad normam can. 1700, animadversiones pro vinculo in eodem foro conficiantur, sed votum de quo in § 1 spectat ad Episcopum committentem, cui instructor simul cum actis aptam relationem tradat.

Can. 1705 – § 1. Acta omnia Episcopus una cum suo voto et animadversionibus defensoris vinculi transmittat ad Sedem Apostolicam.

§ 2. Si, iudicio Apostolicae Sedis, requiratur supplementum instructionis, id Episcopo significabitur, indicatis elementis circa quae instructio complenda est.

§ 3. Quod si Apostolica Sedes rescripserit ex deductis non constare de inconsummatione, tunc iurisperitus de quo in can. 1701, § 2 potest acta processus, non vero votum Episcopi, invisere in sede tribunalis ad perpendendum num quid grave adduci possit ad petitionem denuo proponendam.

Can. 1706 – Rescriptum dispensationis a Sede Apostolica transmittitur ad Episcopum; is vero rescriptum partibus notificabit et praeterea parocho tum loci contracti matrimonii tum suscepti baptismi quam primum mandabit, ut in libris matrimoniorum et baptizatorum de concessa dispensatione mentio fiat.

Caput IV

DE PROCESSU PRAESUMPTAE MORTIS CONIUGIS

Can. 1707 – § 1. Quoties coniugis mors authentico documento ecclesiastico vel civili comprobari nequit, alter coniux a vinculo matrimonii solutus non habeatur, nisi post declarationem de morte praesumpta ab Episcopo dioecesano prolatam.

§ 2. Declarationem, de qua in § 1, Episcopus dioecesanus tantummodo proferre valet si, peractis opportunis investigationibus, ex testium depositionibus, ex fama aut ex indiciis moralem certitudinem de coniugis obitu obtinuerit. Sola coniugis absentia, quamvis diuturna, non sufficit.

§ 3. In casibus incertis et implexis Episcopus Sedem Apostolicam consulat.

TITULUS II

DE CAUSIS AD SACRAE ORDINATIONIS NULLITATEM DECLARANDAM

Can. 1708 – Validitatem sacrae ordinationis ius habent accusandi sive ipse clericus sive Ordinarius, cui clericus subest vel in cuius dioecesi ordinatus est.

Can. 1709 – § 1. Libellus mitti debet ad competentem Congregationem, quae decernet utrum causa ab ipsa Curiae Romanae Congregatione an a tribunali ab ea designato sit agenda.

§ 2. Misso libello, clericus ordines exercere ipso iure vetatur.

Can. 1710 – Si Congregatio causam ad tribunal remiserit, serventur, nisi rei natura obstet, canones de iudiciis in genere et de iudicio contentioso ordinario, salvis praescriptis huius tituli.

Can. 1711 – In his causis defensor vinculi iisdem gaudet iuribus iisdemque tenetur officiis, quibus defensor vinculi matrimonialis.

Can. 1712 – Post secundam sententiam, quae nullitatem sacrae ordinationis confirmavit, clericus omnia iura statui clericali propria amittit et ab omnibus obligationibus liberatur.

TITULUS III

DE MODIS EVITANDI IUDICIA

Can. 1713 – Ad evitandas iudiciales contentiones transactio seu reconciliatio utiliter adhibetur, aut controversia iudicio unius vel plurium arbitrorum committi potest.

Can. 1714 – De transactione, de compromisso, deque iudicio arbitrali serventur normae a partibus selectae vel, si partes nullas selegerint, lex ab Episcoporum conferentia lata, si qua sit, vel lex civilis vigens in loco ubi conventio initur.

Can. 1715 – § 1. Nequit transactio aut compromissum valide fieri circa ea quae ad bonum publicum pertinent, aliaque de quibus libere disponere partes non possunt.

§ 2. Si agitur de bonis ecclesiasticis temporalibus, serventur, quoties materia id postulat, sollemnitates iure statutae pro rerum ecclesiasticarum alienatione.

Can. 1716 – § 1. Si lex civilis arbitrali sententiae vim non agno scat, nisi a iudice confirmetur, sententia arbitralis de controversia ec clesiastica, ut vim habeat in foro canonico, confirmatione indiget iudicis ecclesiastici loci, in quo lata est.

§ 2. Si autem lex civilis admittat sententiae arbitralis coram civili iudice impugnationem, in foro canonico eadem impugnatio proponi po test coram iudice ecclesiastico, qui in primo gradu competens est ad con troversiam iudicandam.

PARS IV

DE PROCESSU POENALI

Caput I

DE PRAEVIA INVESTIGATIONE

Can. 1717 – § 1. Quoties Ordinarius notitiam, saltem veri simi lem, habet de delicto, caute inquirat, per se vel per aliam idoneam personam, circa facta et circumstantias et circa imputabilitatem, nisi haec inquisitio omnino superflua videatur.

§ 2. Cavendum est ne ex hac investigatione bonum cuiusquam nomen in discrimen vocetur.

§ 3. Qui investigationem agit, easdem habet, quas auditor in pro cessu, potestates et obligationes; idemque nequit, si postea iudicialis processus promoveatur, in eo iudicem agere.

Can. 1718 – § 1. Cum satis collecta videantur elementa, decernat Ordinarius:

1° num processus ad poenam irrogandam vel declarandam promo veri possit;

2° num id, attento can. 1341, expediat;

3° utrum processus iudicialis sit adhibendus an, nisi lex vetet, sit procedendum per decretum extra iudicium.

§ 2. Ordinarius decretum, de quo in § 1, revocet vel mutet, quoties ex novis elementis aliud sibi decernendum videtur.

§ 3. In ferendis decretis, de quibus in §§ 1 et 2, audiat Ordinarius, si prudenter censeat, duos iudices aliosve iuris peritos.

§ 4. Antequam ad normam § 1 decernat, consideret Ordinarius num, ad vitanda inutilia iudicia, expediat ut, partibus consentientibus, vel ipse vel investigator quaestionem de damnis ex bono et aequo dirimat.

Can. 1719 – Investigationis acta et Ordinarii decreta, quibus in vestigatio initur vel clauditur, eaque omnia quae investigationem prae cedunt, si necessaria non sint ad poenalem processum, in secreto curiae archivo custodiantur.

Caput II
DE PROCESSUS EVOLUTIONE

Can. 1720 – Si Ordinarius censuerit per decretum extra iudicium esse procedendum :

1° reo accusationem atque probationes, data facultate sese defendendi, significet, nisi reus, rite vocatus, comparere neglexerit ;

2° probationes et argumenta omnia cum duobus assessoribus accurate perpendat ;

3° si de delicto certo constet neque actio criminalis sit extincta, decretum ferat ad normam cann. 1342-1350, expositis, breviter saltem, rationibus in iure et in facto.

Can. 1721 – § 1. Si Ordinarius decreverit processum poenalem iudicialem esse ineundum, acta investigationis promotori iustitiae tradat, qui accusationis libellum iudici ad normam cann. 1502 et 1504 exhibeat.

§ 2. Coram tribunali superiore partes actoris gerit promotor iustitiae apud illud tribunal constitutus.

Can. 1722 – Ad scandala praevenienda, ad testium libertatem protegendam et ad iustitiae cursum tutandum, potest Ordinarius, audito promotore iustitiae et citato ipso accusato, in quolibet processus stadio accusatum a sacro ministerio vel ab aliquo officio et munere ecclesiastico arcere, ei imponere vel interdicere commorationem in aliquo loco vel territorio, vel etiam publicam sanctissimae Eucharistiae participationem prohibere ; quae omnia, causa cessante, sunt revocanda, eaque ipso iure finem habent, cessante processu poenali.

Can. 1723 – § 1. Iudex reum citans debet eum invitare ad advocatum, ad normam can. 1481, § 1, intra terminum ab ipso iudice praefinitum, sibi constituendum.

§ 2. Quod si reus non providerit, iudex ante litis contestationem advocatum ipse nominet, tamdiu in munere mansurum quamdiu reus sibi advocatum non constituerit.

Can. 1724 – § 1. In quolibet iudicii gradu renuntiatio instantiae fieri potest a promotore iustitiae, mandante vel consentiente Ordinario, ex cuius deliberatione processus promotus est.

§ 2. Renuntiatio, ut valeat, debet a reo acceptari, nisi ipse sit a iudicio absens declaratus.

Can. 1725 – In causae discussione, sive scripto haec fit sive ore, accusatus semper ius habeat ut ipse vel eius advocatus vel procurator postremus scribat vel loquatur.

Can. 1726 – In quolibet poenalis iudicii gradu et stadio, si evidenter constet delictum non esse a reo patratum, iudex debet id sententia declarare et reum absolvere, etiamsi simul constet actionem criminalem esse extinctam.

Can. 1727 – § 1. Appellationem proponere potest reus, etiam si sententia ipsum ideo tantum dimiserit, quia poena erat facultativa, vel quia iudex potestate usus est, de qua in cann. 1344 et 1345.

§ 2. Promotor iustitiae appellare potest quoties censet scandali reparationi vel iustitiae restitutioni satis provisum non esse.

Can. 1728 – § 1. Salvis praescriptis canonum huius tituli, in iudicio poenali applicandi sunt, nisi rei natura obstet, canones de iudiciis in genere et de iudicio contentioso ordinario, servatis specialibus normis de causis quae ad bonum publicum spectant.

§ 2. Accusatus ad confitendum delictum non tenetur, nec ipsi iusiurandum deferri potest.

Caput III
DE ACTIONE AD DAMNA REPARANDA

Can. 1729 – § 1. Pars laesa potest actionem contentiosam ad damna reparanda ex delicto sibi illata in ipso poenali iudicio exercere, ad normam can. 1596.

§ 2. Interventus partis laesae, de quo in § 1, non amplius admittitur, si factus non sit in primo iudicii poenalis gradu.

§ 3. Appellatio in causa de damnis fit ad normam cann. 1628-1640, etiamsi appellatio in poenali iudicio fieri non possit; quod si utraque appellatio, licet a diversis partibus, proponatur, unicum fiat iudicium appellationis, salvo praescripto can. 1734.

Can. 1730 – § 1. Ad nimias poenalis iudicii moras vitandas potest iudex iudicium de damnis differre usque dum sententiam definitivam in iudicio poenali protulerit.

§ 2. Iudex, qui ita egerit, debet, postquam sententiam tulerit in poenali iudicio, de damnis cognoscere, etiamsi iudicium poenale propter propositam impugnationem adhuc pendeat, vel reus absolutus sit propter causam quae non auferat obligationem reparandi damna.

Can. 1731 – Sententia lata in poenali iudicio, etiamsi in rem iudicatam transierit, ·nullo modo ius facit erga partem laesam, nisi haec intervenerit ad normam can. 1733.

PARS V

DE RATIONE PROCEDENDI
IN RECURSIBUS ADMINISTRATIVIS
ATQUE IN PAROCHIS AMOVENDIS
VEL TRANSFERENDIS

SECTIO I

DE RECURSU ADVERSUS DECRETA ADMINISTRATIVA

Can. 1732 – Quae in canonibus huius sectionis de decretis statuun-tur, eadem applicanda sunt ad omnes administrativos actus singulares, qui in foro externo extra iudicium dantur, iis exceptis, qui ab ipso Romano Pontifice vel ab ipso Concilio Oecumenico ferantur.

Can. 1733 – § 1. Valde optandum est ut, quoties quis gravatum se decreto putet, vitetur inter ipsum et decreti auctorem contentio atque inter eos de aequa solutione quaerenda communi consilio curetur, gra-vibus quoque personis ad mediationem et studium forte adhibitis, ita ut per idoneam viam controversia praecaveatur vel dirimatur.

§ 2. Episcoporum conferentia statuere potest ut in unaquaque dioe-cesi officium quoddam vel consilium stabiliter constituatur, cui, se-cundum normas ab ipsa conferentia statuendas, munus sit aequas solu-tiones quaerere et suggerere; quod si conferentia id non iusserit, potest Episcopus eiusmodi consilium vel officium constituere.

§ 3. Officium vel consilium, de quo in § 2, tunc praecipue operam navet, cum revocatio decreti petita est ad normam can. 1734, neque ter-mini ad recurrendum sunt elapsi; quod si adversus decretum recursus propositus sit, ipse Superior, qui de recursu videt, recurrentem et decreti auctorem hortetur, quotiescumque spem boni exitus perspicit, ad eius-modi solutiones quaerendas.

Can. 1734 – § 1. Antequam quis recursum proponat, debet decreti revocationem vel emendationem scripto ab ipsius auctore petere; qua petitione proposita, etiam suspensio exsecutionis eo ipso petita intel-legitur.

§ 2. Petitio fieri debet intra peremptorium terminum decem dierum utilium a decreto legitime intimato.

§ 3. Normae §§ 1 et 2 non valent:

1° de recursu proponendo ad Episcopum adversus decreta lata ab auctoritatibus, quae ei subsunt;

2° de recursu proponendo adversus decretum, quo recursus hie-rarchicus deciditur, nisi decisio data sit ab Episcopo;

3° de recursibus proponendis ad normam cann. 57 et 1735.

Can. 1735 – Si intra triginta dies, ex quo petitio, de qua in can. 1734, ad auctorem decreti pervenit, is novum decretum intimet, quo vel prius emendet vel petitionem reiciendam esse decernat, termini ad recurrendum decurrunt ex novi decreti intimatione; si autem intra triginta dies nihil decernat, termini decurrunt ex tricesimo die.

Can. 1736 – § 1. In iis materiis, in quibus recursus hierarchicus suspendit decreti exsecutionem, idem efficit etiam petitio, de qua in can. 1734.

§ 2. In ceteris casibus, nisi intra decem dies, ex quo petitio de qua in can. 1734 ad ipsum auctorem decreti pervenit, is exsecutionem suspendendam decreverit, potest suspensio interim peti ab eius Superiore hierarchico, qui eam decernere potest gravibus tantum de causis et cauto semper ne quid salus animarum detrimenti capiat.

§ 3. Suspensa decreti exsecutione ad normam § 2, si postea recursus proponatur, is qui de recursu videre debet, ad normam can. 1737, § 3 decernat utrum suspensio sit confirmanda an revocanda.

§ 4. Si nullus recursus intra statutum terminum adversus decretum proponatur, suspensio exsecutionis, ad normam § 1 vel § 2 interim effecta, eo ipso cessat.

Can. 1737 – § 1. Qui se decreto gravatum esse contendit, potest ad Superiorem hierarchicum eius, qui decretum tulit, propter quodlibet iustum motivum recurrere; recursus proponi potest coram ipso decreti auctore, qui eum statim ad competentem Superiorem hierarchicum transmittere debet.

§ 2. Recursus proponendus est intra peremptorium terminum quindecim dierum utilium, qui in casibus de quibus in can. 1734, § 3 decurrunt ex die quo decretum intimatum est, in ceteris autem casibus decurrunt ad normam can. 1735.

§ 3. Etiam in casibus, in quibus recursus non suspendit ipso iure decreti exsecutionem neque suspensio ad normam can. 1736, § 2 decreta est, potest tamen gravi de causa Superior iubere ut exsecutio suspendatur, cauto tamen ne quid salus animarum detrimenti capiat.

Can. 1738 – Recurrens semper ius habet advocatum vel procuratorem adhibendi, vitatis inutilibus moris; immo vero patronus ex officio constituatur, si recurrens patrono careat et Superior id necessarium censeat; semper tamen potest Superior iubere ut recurrens ipse compareat ut interrogetur.

Can. 1739 – Superiori, qui de recursu videt, licet, prout casus ferat, non solum decretum confirmare vel irritum declarare, sed etiam rescindere, revocare, vel, si id Superiori magis expedire videatur, emendare, subrogare, ei obrogare.

SECTIO II

DE PROCEDURA IN PAROCHIS AMOVENDIS
VEL TRANSFERENDIS

Caput I

DE MODO PROCEDENDI IN AMOTIONE PAROCHORUM

Can. 1740 – Cum alicuius parochi ministerium ob aliquam causam, etiam citra gravem ipsius culpam, noxium aut saltem inefficax evadat, potest ipse ab Episcopo dioecesano a paroecia amoveri.

Can. 1741 – Causae, ob quas parochus a sua paroecia legitime amoveri potest, hae praesertim sunt:

1° modus agendi qui ecclesiasticae communioni grave detrimentum vel perturbationem afferat;

2° imperitia aut permanens mentis vel corporis infirmitas, quae parochum suis muneribus utiliter obeundis imparem reddunt;

3° bonae existimationis amissio penes probos et graves paroecianos vel aversio in parochum, quae praevideantur non brevi cessaturae;

4° gravis neglectus vel violatio officiorum paroecialium quae post monitionem persistat;

5° mala rerum temporalium administratio cum gravi Ecclesiae damno, quoties huic malo aliud remedium afferri nequeat.

Can. 1742 – § 1. Si ex instructione peracta constiterit adesse causam de qua in can. 1740, Episcopus rem discutiat cum duobus parochis e coetu ad hoc stabiliter a consilio presbyterali, Episcopo proponente, selectis; quod si exinde censeat ad amotionem esse deveniendum, causa et argumentis ad validitatem indicatis, parocho paterne suadeat ut intra tempus quindecim dierum renuntiet.

§ 2. De parochis qui sunt sodales instituti religiosi aut societatis vitae apostolicae, servetur praescriptum can. 682, § 2.

Can. 1743 – Renuntiatio a parocho fieri potest non solum pure et simpliciter, sed etiam sub condicione, dummodo haec ab Episcopo legitime acceptari possit et reapse acceptetur.

Can. 1744 – § 1. Si parochus intra praestitutos dies non responderit, Episcopus iteret invitationem prorogando tempus utile ad respondendum.

§ 2. Si Episcopo constiterit parochum alteram invitationem recepisse, non autem respondisse etsi nullo impedimento detentum, aut si parochus renuntiationem nullis adductis motivis recuset, Episcopus decretum amotionis ferat.

Can. 1745 – Si vero parochus causam adductam eiusque rationes oppugnet, motiva allegans quae insufficientia Episcopo videantur, hic ut valide agat:

1° invitet illum ut, inspectis actis, suas impugnationes in relatione scripta colligat, immo probationes in contrarium, si quas habeat, afferat;

2° deinde, completa, si opus sit, instructione, una cum iisdem parochis de quibus in can. 1742, § 1, nisi alii propter illorum impossibilitatem sint designandi, rem perpendat;

3° tandem statuat utrum parochus sit amovendus necne, et mox decretum de re ferat.

Can. 1746 – Amoto parocho, Episcopus consulat sive assignatione alius officii, si ad hoc idoneus sit, sive pensione, prout casus ferat et adiuncta permittant.

Can. 1747 – § 1. Parochus amotus debet a parochi munere exercendo abstinere, quam primum liberam relinquere paroecialem domum, et omnia quae ad paroeciam pertinent ei tradere, cui Episcopus paroeciam commiserit.

§ 2. Si autem de infirmo agatur, qui e paroeciali domo sine incommodo nequeat alio transferri, Episcopus eidem relinquat eius usum etiam exclusivum, eadem necessitate durante.

§ 3. Pendente recursu adversus amotionis decretum, Episcopus non potest novum parochum nominare, sed per administratorem paroecialem interim provideat.

Caput II
DE MODO PROCEDENDI IN TRANSLATIONE PAROCHORUM

Can. 1748 – Si bonum animarum vel Ecclesiae necessitas aut utilitas postulet, ut parochus a sua, quam utiliter regit, ad aliam paroeciam aut ad aliud officium transferatur, Episcopus eidem translationem scripto proponat ac suadeat ut pro Dei atque animarum amore consentiat.

Can. 1749 – Si parochus consilio ac suasionibus Episcopi obsequi non intendat, rationes in scriptis exponat.

Can. 1750 – Episcopus, si, non obstantibus allatis rationibus, iudicet a proposito non esse recedendum, cum duobus parochis ad normam can. 1742, § 1 selectis, rationes perpendat quae translationi faveant vel obstent; quod si exinde translationem peragendam censeat, paternas exhortationes parocho iteret.

Can. 1751 – § 1. His peractis, si adhuc et parochus renuat et Episcopus putet translationem esse faciendam, hic decretum translationis ferat, statuens paroeciam, elapso praefinito tempore, esse vacaturam.

§ 2. Hoc tempore inutiliter transacto, paroeciam vacantem declaret.

Can. 1752 – In causis translationis applicentur praescripta canonis 1747, servata aequitate canonica et prae oculis habita salute animarum, quae in Ecclesia suprema semper lex esse debet.

INDEX

Pars III

DE INSTITUTIS VITAE CONSECRATAE ET DE SOCIETATIBUS VITAE APOSTOLICAE

Sectio I

De institutis vitae consecratae